ANMERKUNGEN ZU HONECKER

Henrik Eberle

ANMERKUNGEN ZU HONECKER

Schwarzkopf & Schwarzkopf Verlag

Ich war, bin und bleibe Kommunist.
Erich Honecker, 1991

INHALT

DIE FAMILIE HONECKER

Großvater
Andreas Honecker
Bergmann
* 29.6.1842 in Wiebelskirchen
† 7.3.1912 in Wiebelskirchen

Großmutter
Elise Honecker geb. Schönwolf
* 23.8.1847 in Hengsteroda bei Kassel; † 9.1.1888 in Wiebelskirchen

Heirat 20.10.1868

Großvater
Georg Weidenhof
Walzmeister
* 28.2.1852 in Neunkirchen; † ?

Großmutter
Katharina Weidenhof geb. Jernes
* 6.2.1854 in Neunkirchen
† 17.10.1914 in Neunkirchen

Heirat 18.3.1876

Vater
Wilhelm Honecker
Bergmann
* 8.3.1881 in Wiebelskirchen
† 4.12.1969 in Ottweiler

Mutter
Karoline Honecker geb. Weidenhof
* 2.6.1883 in Neunkirchen
† 22.4.1963 in Wiebelskirchen

Heirat 9.12.1905 in Neunkirchen

Geschwister
Katharina Honecker
* 19.2.1906 in Neunkirchen
† 29.8.1925 in Neunkirchen (Tbc)

Wilhelm Honecker
* 22.9.1907 in Neunkirchen
† 21.4.1944 gefallen in Ungarn

Frieda Honecker
* 11.5.1909 in Neunkirchen
† 29.11.1974 in Dudweiler

Erich Honecker
* 25.8.1912 in Neunkirchen
† 29.5.1994 in Santiago de Chile

Gertrud Hoppstädter geb. Honecker
* 8.3.1917 in Wiebelskirchen

Karl-Robert Honecker
* 12.2.1923 in Wiebelskirchen
† 3.10.1947 in Wiebelskirchen

Das Haus in der Kuchenbergstr. 88 in Wiebelskirchen (vorher Wilhelmstraße, dann Neunkirchenerstraße) wurde von Vater Wilhelm Honecker 1869 gebaut und ist seitdem in Familienbesitz. Das Geburtshaus Erich Honeckers befindet sich in der Max-Braun-Straße 26 (früher Karlstraße) in Wiebelskirchen, wurde nach Neunkirchen eingemeindet.

I. IN KÜRZE

Honecker, Erich.
** 25.8.1912 in Wiebelskirchen, † 29.5.1994 in Santiago de Chile*

Geboren am 25. August 1912 als Sohn eines Bergmanns und Sozialisten. Erich Honecker wird Knecht, beginnt eine Dachdeckerlehre, schlägt dann aber eine Funktionärslaufbahn im Kommunistischen Jugendverband Deutschlands (KJVD) ein. Aufgrund seiner organisatorischen Fähigkeiten und einer für überdurchschnittlich erachteten rhetorischen Begabung delegiert ihn der KJVD an die Leninschule in Moskau. Als politischer Leiter des KJVD im Saargebiet organisiert er antifaschistische Tätigkeit. Wegen der illegalen Arbeit im Deutschen Reich wird er 1937 vom Volksgerichtshof zu zehn Jahren Zuchthaus verurteilt. Nach der Befreiung aus dem Zuchthaus Brandenburg wird er 1945 Jugendsekretär des Zentralkomitees der Kommunistischen Partei Deutschlands und Vorsitzender des Zentralen Antifaschistischen Jugendausschusses, 1946 Mitbegründer und Vorsitzender der Freien Deutschen Jugend, 1950 Kandidat des Politbüros der aus KPD und SPD hervorgegangenen Sozialistischen Einheitspartei Deutschlands (SED). Nach dem Besuch der Parteihochschule des ZK der Kommunistischen Partei der Sowjetunion wird ihm in der SED die Verantwortung für Sicherheitsfragen übertragen. 1971 wählt ihn das ZK der SED zum 1. Sekretär (ab 1976 Generalsekretär), die Volkskammer 1976 zum Staatsoberhaupt der Deutschen Demokratischen Republik. Rücktritt von allen Ämtern am 18. Oktober 1989. Nach entwürdigender Behandlung durch Verwaltungs- und Justizbehörden des in Auflösung befindlichen Staates DDR flüchtet Honecker in die Hoheit der sowjetischen Streitkräfte in Deutschland, 1991 nach Moskau. Nach dem Zerfall der Sowjetunion liefern ihn russische Behörden nach Deutschland aus, wo ihn ein Prozess erwartet. Wegen eines rapide wachsenden Tumors in der Leber wird das Verfahren eingestellt. Honecker stirbt am 29. Mai 1994 in Santiago de Chile. Seine Urne wurde noch nicht bestattet.

Erich Honecker gilt als anerkannter Friedens- und Sozialpolitiker, vielen aber trotzdem als »schlechter Mensch« (BILD). Der von ihm geschaffene überdimensionierte Sicherheitsapparat kann den

Zusammenbruch des Staates nicht verhindern. Honecker gelingt es aber, den Untergang der DDR durch geschicktes Taktieren im Spannungsfeld Bonn-Moskau hinauszuzögern.

Eine Mitverantwortung für die ca. 1000 Opfer seines diktatorischen Regimes hat Honecker bis zu seinem Tod abgelehnt.

II. LEBEN

ABSCHNITT 1: AUFSTIEG

Erich Honecker ist ein Sonntagskind. Er kommt am 25. August 1912 in der gemieteten Mansardenwohnung der Eltern in Neunkirchen im Saarland zur Welt. Erich ist das vierte Kind der Honeckers, später werden noch zwei weitere hinzukommen. Vater Wilhelm ist Bergarbeiter, genauso wie es sein Vater gewesen war und es Erichs großer Bruder Willi werden würde.

Nach dem Tod des Großvaters ziehen die Honeckers 1913 in das ererbte Haus in Wiebelskirchen. Dieses Haus hat vier kleine Zimmer im ersten Stock, in den beiden Dachkammern wohnen die Kinder. Eine aus zwei Zimmern im Erdgeschoß bestehende Wohnung ist vermietet. Im Garten steht ein Kirschbaum. Der Vater hat einen Stall für eine Kuh und Ziegen gebaut. Außerdem halten die Honeckers Kaninchen. Üppig ist die Ernährung trotzdem nicht, im Sommer 1923 kommt der Elfjährige per »Kinderlandverschickung« nach Pommern, um sich bei einem Bauern sattzuessen und seinen Körper zu kraftigen.

Sein Schulzeugnis zieren Einsen und Zweien. Lieblingsfächer sind Geschichte und Gesang, auch Geografie und Rechnen scheint er gemocht zu haben. Hier widersprechen sich seine Angaben und die seiner Mitschüler. Fest steht, dass Deutsch ihm verhasst ist, hier bekommt er die einzige Drei. Zimperlich ist Erich Honecker nicht. Er rauft gern mit Schulkameraden und Geschwistern. Auf der Stirn behält er davon eine große Narbe zurück. Einen Lehrer, der ihn verprügeln wollte, hat er gebissen. Und schon hier zeigt sich eine Härte, die von Mitschülern mit Verblüffung registriert wurde: »Wenn er mal Prügel bekam, hat er immer gelacht. Der Erich konnte einfach nicht heulen.«[1]

Der Junge bekommt eine feste politische Orientierung von zu Hause mit. Sein Vater, evangelisch getauft[2], verliert im Ersten Weltkrieg den Glauben. So betritt Erich mit 16 Jahren zum ersten Mal eine Kirche – um dort ein Dach zu decken. Religionsersatz ist die geistige Welt der Arbeiterbewegung, schon früh will der junge Erich die Namen Karl Liebknecht und Lenin gehört haben. Das

»ABC des Kommunismus« von Nikolai Bucharin steht im Bücherregal des Vaters, Erich liest es. Vater Wilhelm ist Vertrauensmann auf der Grube Dechen, Erich erlebt mit, wie die Arbeiter in der Stube einen Streik planen.[3]

Als ihn 1990 der Dichter Reinhold Andert interviewt, schaut Erich Honecker zurück. Am Dorf Wiebelskirchen gefällt ihm der »Zusammenhalt seiner Bewohner«. Gestört hat ihn, dass sich sein Vater »ständig in Auseinandersetzungen mit der Grubendirektion befand.«[4]

Obwohl hier eine das ganze Leben bestimmende Harmoniesucht sichtbar wird, verweigert sich Erich der Politisierung nicht. Der Vater meldet den Zehnjährigen in der Kommunistischen Kindergruppe an. Die wöchentlichen Bildungsabende genießt der aufgeweckte Junge und begreift dabei das kommunistische Prinzip der bedingungslosen Opposition: »Wir hatten ja einen Gegner, und der hat uns zusammengeschlossen.« Sein Feindbild resultiert aber auch aus eigener Anschauung. 1990 erinnert er sich: »In der damaligen Zeit haben alle bei uns sehr bescheiden gelebt, selbstverständlich mit Ausnahme von Geschäftsleuten.«[5]

Als Erich Honecker die ersten politischen Gehversuche unternimmt, hat die KPD die Mehrheit im Gemeinderat von Wiebelskirchen. Die Vertrauensleute der Bergarbeiter sind mehrheitlich Kommunisten, alte Gewerkschafter wechseln in den ersten Nachkriegsjahren von der SPD zur KPD.[6]

Idole Erich Honeckers sind aber nicht die um Lohnverbesserungen streitenden Arbeiterfunktionäre. Sein Held ist der Revolutionär Max Hoelz. Hoelz gründet eine Arbeiterrepublik im Vogtland. Als diese 1921 durch die Reichswehr zerschlagen wird, lässt er Bomben detonieren. Seine Miliz überfällt Banken und Sparkassen. Man fasst ihn, das Urteil lautet: »Lebenslänglich Zuchthaus.« Den Genossen gilt er nach der Ermordung von Rosa Luxemburg und Karl Liebknecht als weiterer Märtyrer in der Geschichte der noch jungen Partei. Der inhaftierte Hoelz wird Spitzenkandidat der KPD. Es erweist sich, dass das Delikt, für das er verurteilt wurde, von einem anderen begangen worden war. Das Reichsgericht beschließt seine Freilassung. In den nächsten Jahren ist Hoelz einer der aktivsten Agitatoren für die revolutionäre Sache.

Honecker begegnet ihm aber, wie es scheint, nicht persönlich.

Mit vierzehn Jahren tritt Erich dem Turnverein »Fichte« und dem Kommunistischen Jugendverband Deutschlands (KJVD) bei. Doch bevor er dort aktiv wird, steht die Frage der Berufswahl.

Als Kind will Honecker Lokomotivführer werden. »Jeder Junge hat irgendeinen Traum. Das war mein Traum. So ein Lokführer, der sein Stahlross durch die Lande lenkt, Grenzen überquert.« Der typische Familienberuf des Bergmanns ist ihm verhasst. Die Familie traut dem schmächtigen, tuberkulosegefährdeten Jungen den harten Beruf wohl auch nicht zu. Also wird im Verwandtenkreis nach einer Lehrstelle gesucht. Der Onkel ist Dachdeckermeister. Ihm ist Erich schon öfter zur Hand gegangen. »Mir hat das gefallen. Ich war gern mit meinem Onkel auf dem Dach«, formuliert er 1990. Warum er die Lehrstelle zunächst nicht antritt, wissen wir nicht. Vielleicht ist es pubertäres Aufbegehren, der Wunsch dem dominanten Vater zu entkommen.[7] Er geht nach Neudorf bei Bublitz in Pommern und wird Knecht beim Bauern Streich, bei dem er einst zur »Kinderlandverschickung« war.[8] Zwar wird auch hier hart gearbeitet, aber es gibt wenigstens immer genug zu essen. Die Arbeit liegt ihm: »Ich habe auch mit der Sense gearbeitet. Das ging ruck, zuck.« Er erinnert sich: »Da hat man nicht schlecht gelebt, und es hat außerdem Spaß gemacht.« Honecker weiß noch 1990 die genaue Zahl der Kühe (24), Pferde (8) und Schweine (25 bis 30). Und er erzählt sogar: »Der Bauer hat gehofft, dass ich einmal eine seiner Töchter heiraten werde, aber ich war damals noch zu jung und hatte in dieser Richtung noch keine Bestrebungen.«[9]

Was vertreibt Erich Honecker aus diesem Paradies?

In seinen Erinnerungen findet der Leser keine Antwort. Vermuten wir also einmal, dass es sich genau umgekehrt verhalten hat. Dann ergibt die Geschichte einen Sinn, liest sich freilich weniger schön. Was also, wenn sich der 16-jährige Honecker in eine der sieben Töchter des Bauern verliebt hat? Und was hätte der Bauer getan, wenn sich ein dahergelaufener Bergmannssohn als Schwiegersohn angepriesen hätte? Es wird wohl so gewesen sein: Bauer Streich hat Erich Honecker an die Luft gesetzt.

Die pommersche Episode schärft den Sinn des Heranwachsenden für Klassenfragen. Seinen Ehrgeiz hat sie in jedem Fall geweckt.

FUNKTIONÄR

Wieder im Schoß der Familie, beginnt er nun die Lehre in der Dachdeckerfirma seines Onkels. Die Heimkehr nach Wiebelskirchen ist auch die Rückkehr ins kommunistische Milieu. Seine erste Funktion ist die des Kassierers. 1929, vielleicht auch erst 1930, tritt er der Partei bei, noch im selben Jahr ist er Mitglied der Ortsgruppenleitung.[10] Der Ausspruch des Parteiführers Ernst Thälmann, nicht nur die Jungen, auch die Alten würden den Sozialismus in Deutschland noch erleben, bestärkt ihn in dem Glauben, sich einer Organisation mit Zukunft angeschlossen zu haben.

Karriere macht er innerhalb des Kommunistischen Jugendverbandes. Dort wird er 1929 hauptberuflicher Agitations- und Propaganda-Leiter, die Lehre bricht er ab. Erich Honecker ist jetzt auch Mitglied der Bezirksleitung des KJVD im Saarland. Er schreibt Zeitungsartikel und Flugblätter. Er wandert mit Jungen Pionieren und singt mit ihnen Lieder. Er erzählt den Kindern von der russischen Revolution und ihren beiden Führern Lenin und Stalin. Erich Honecker ist aktiv, unermüdlich und fanatisch.

Da sich der Politische Leiter der KPD des Saargebietes fortlaufend in Berlin über die »Faulenzer« in seinem Bezirk beschwert, wird ihm Honecker positiv aufgefallen sein.[11] Vor allem versteht sich Honecker auf das reibungslose Ausführen von Anweisungen. Paragraph 46 des Statuts des KJVD besagt: »Die strengste Verbandsdisziplin ist die höchste Pflicht aller Verbandsmitglieder und Verbandsorganisationen. Die Beschlüsse der Kommunistischen Jugendinternationale, des Verbandskongresses, des Zentralkomitees sowie überhaupt aller Instanzen müssen strikt und genau durchgeführt werden.«[12] Honeckers Zuverlässigkeit und Rastlosigkeit werden in Berlin bekannt. Die Führung des Verbandes delegiert das politische Talent an die Schule der Kommunistischen Jugendinternationale in Moskau. Hier trägt Erich Honecker den Namen Fritz Molter. Er lernt alles, was er wissen muss, also studiert er vor allem Stalins »Grundlagen des Leninismus«. Neben politischer Indoktrination wird auch und vor allem Wissen vermittelt. Unterrichtssprache ist Deutsch. Ein Arbeitseinsatz führt ihn in die noch zu bauende Stadt Magnitogorsk. Vom Elan der Komsomolzen beim sozialistischen Aufbau ist Erich Honecker überwältigt. Er verliebt sich in die Sowjetunion und in die Arbeiterin Natascha Grejewna.

Die Abschlussbeurteilung der Leninschule bescheinigt ihm »Interesse und Fähigkeiten«, er sei ein »starker und selbstständiger Junge«. Die schriftlichen Arbeiten und die Studienergebnisse bewertete man immerhin mit »gut«.[13] Trotzdem verschweigt er diese Einschätzung in seiner Autobiographie, zitiert aber genüsslich den zweiten Teil der Beurteilung, die ihm bei Wissensaneignung die Note 5 (also »sehr gut«) bescheinigte. Die Beurteilung wies auch darauf hin, dass es »Fritz« gut verstehe, die Theorie »mit dem Klassenkampf in Deutschland zu verbinden.«[14] Das ist kein Lob über den Theoretiker, wohl aber eines über den praktischen Revolutionär. Er wird es rechtfertigen.

Nach seiner Rückkehr übernimmt Erich Honecker die Leitung des Jugendverbandes und lässt sich als »Führer des KJVD, Bezirk Saargebiet« titulieren.[15] Reden hält er frei, doch schon damals vermittelt er Inhalte, nicht Emotionen. Neben seiner unbestrittenen Parteitreue hat er sich eine gewisse Stromlinienförmigkeit und Wendigkeit zugelegt. Der Historiker Klaus-Michael Mallmann nennt ihn distanziert ein »Spitzenprodukt des kommunistischen Nachwuchses«.[16]

Honecker wird auch Unterführer in der Jungfront des Rotfrontkämpferbundes. Hier treibt man Sport, der RFB verfügt über eigene Box-, Ringer-, Judo- und Jiu-Jitsu-Staffeln.[17]

Nach der Machtübernahme der Nationalsozialisten in Deutschland fliehen zahlreiche Kommunisten via Saarland nach Frankreich. Manch einem kann er helfen, Solidarität wird in seinem Leben immer ein Bezugspunkt bleiben. Er selbst wird nach der Verhaftung der KJVD-Spitze im Ruhrgebiet nach Essen geschickt. Sein Titel »Politischer Leiter« steht nur auf dem Papier, es geht um den Aufbau neuer, illegaler Strukturen.[18] Schon am 4. März 1934 registriert die Staatspolizei in Düsseldorf, dass sich eine neue Parteileitung gebildet habe und erwähnt als Organisationsleiter des KJVD Erich »Honnecker«. Berlin versichert man: »Diese Versuche des Wiederaufbaus werden in Verbindung mit zuverlässigen Gewährspersonen aufmerksam beobachtet, damit zu gegebener Zeit zugegriffen werden kann.«[19] Honecker wird verhaftet, aber wieder freigelassen und flüchtet nach Holland.

Inzwischen erbittet das Geheime Staatspolizeiamt in Berlin »die näheren Personalien« des Genannten zwecks »Vervollständigung der Kartei«. Am 24. Juli 1934 erhebt der Generalstaatsanwalt in Hamm (Westfalen) Anklage gegen 12 Personen, die das »hochverräterische Unternehmen, die Verfassung des Deutschen Reiches gewaltsam zu ändern, vorbereitet haben«. Der Schlosser(!) Erich Honecker (jetzt richtig geschrieben) ist dabei, denn er sei als »Redner in kommunistischen Versammlungen vielfach hervorgetreten«. Im August wird das Verfahren allerdings wegen »Abwesenheit« »vorläufig« eingestellt.

Die Partei zieht ihn im Herbst 1934 von der illegalen Arbeit ab und setzt ihn im Abstimmungskampf um das Saargebiet ein. Hier lernt er Herbert Wehner (Deckname Kurt Funk) kennen und schätzen, in seinen Erinnerungen bescheinigt er 1981(!) dem später als »Parteifeind« Stigmatisierten: »Ich habe damals viel von ihm gelernt.«[20] Wehner gibt als Politbüromitglied und »Oberberater« für die KP die Parteilinie vor. So kämpft Honecker für ein unabhängiges Saarland. Er spricht auf Jugendveranstaltungen, ist in Zeitungsanzeigen auch als Hauptredner angekündigt. Vergeblich: Am 13. Januar 1935 stimmen nicht einmal 10 Prozent für die Position der KPD, die Mehrheit will den Anschluss an das Deutsche Reich.

In der ersten Reihe des »Saarkampfes« stehen Personen, denen Honecker später wiederbegegnen sollte. Der Reichstagsabgeordnete Max Maddalena landet wie Honecker im Zuchthaus Brandenburg. Dort stirbt er 1943, Honecker lässt später Einheiten der Nationalen Volksarmee nach ihm benennen. Er trifft die bekannten Journalisten Alexander Abusch und Albert Norden, der eine wird Kulturminister der DDR, der andere Mitglied des Politbüros. Den Dichter Erich Weinert verehrt Honecker, seit er dessen Vorträge auf Kundgebungen miterlebt hat. Weinert teilt sich später mit Walter Ulbricht vor Stalingrad einen Platz im Schützengraben, sie versuchen deutsche Truppen zum Überlaufen zu animieren. Der Zweck wird verfehlt, doch Weinert und Ulbricht bleiben Freunde fürs Leben. Und Freunde Weinerts werden auch Freunde Ulbrichts sein. Auch die innige – aber oft wenig herzliche – Verbindung mit Paul Verner nimmt im Saarland ihren Anfang. Nach 1945 sind beide Kandidaten für den Chefposten in der FDJ, noch später rangeln sie um Stellungen im Sekretariat des ZK.

Obwohl Honecker nur zweite Garnitur ist, sammelt die dem Saarland am nächsten liegende Gestapo-Leitstelle in Trier Informationen über ihn. Man notiert, der gesuchte Honecker »befinde sich noch im Saargebiet«. Unmittelbar vor dem Anschluss des Saargebietes versichert die Trierer Gestapo den Vorgesetzten in Berlin, das zu seiner »Ergreifung Erforderliche« sei »veranlasst«.[21]

Doch im September 1935, neun Monate nach dem Anschluss, muss der Generalstaatsanwalt in Hamm erneut die Abwesenheit Honeckers konstatieren, vermutlich halte er sich in Frankreich auf. Diese Information war korrekt, doch dass Honecker dann mit einem falschen holländischen Pass als »Marten Tjaden« nach Prag fuhr, um von dort aus mehrere Reisen nach Berlin zu unternehmen, erfährt die Gestapo erst von ihm selbst.[22]

Honecker soll Chef des KJVD-Gauverbandes Berlin-Brandenburg werden und Bruno Baum ablösen. Beschlossen wurde das vom Politbüro der Partei. Als Reinhold Andert ihn 1990 fragt, warum er gerade diese Funktion übernahm, zuckt Honecker mit den Schultern: »Ich wurde gar nicht gefragt.«[23] Erklärbar ist es aber doch. Bruno Baum war in Berlin schon vor 1933 aktiv gewesen und polizeilich bekannt. Außerdem sah er »jüdisch« aus, was ohnehin zu fortlaufenden Schikanen und Polizeikontrollen führte.[24]

Von Honecker existieren lediglich Beschreibungen. Da er in Berlin keine Bekannten hat, kann ihn auch niemand denunzieren. Die Polizei sucht einen »Herbert«, einen »Fritz« und eben einen »Erich Honecker«, ein blonder Holländer namens »Marten Tjaden« ist erst einmal unauffällig.

Viele Mitglieder hat der verbotene Kommunistische Jugendverband ohnehin nicht mehr. Die verbliebenen tarnen sich als Sportgruppen oder sind – um wenigstens den organisatorischen Zusammenhang aufrechtzuerhalten – in die Hitlerjugend eingetreten. Öffentliche Veranstaltungen des KJVD gibt es nicht, die Tätigkeit beschränkt sich auf das Sammeln von Stimmungsberichten und das Ablegen von Flugblättern sowie kleinformatigen Zeitungen an belebten Orten. Diskussionen im kleinen Kreis bleiben fruchtlos, spektakuläre Aktionen finden nicht statt. Das nationalsozialistische Regime reagiert trotzdem mit eiserner Härte, schon das Aufrechterhalten der Organisation gilt als Widerstand. Das Abfassen von Informationsberichten über die Lage im Reich wird als Spionage gewertet. Honecker betreut weniger als 100 Aktivisten in der 4-Millionen-Stadt Berlin – und doch sucht die Gestapo hartnäckig nach ihm.

Wie die Polizei Honecker schließlich fasst, ist den Gerichtsakten zu entnehmen. Demnach war es so, dass die Gestapo ein Mädchen beschattete, das schon zu legaler Zeit im KJVD mitgearbeitet hatte. Zwar hatte man sie, Charlotte Hirsch, einmal verhaftet, dann aber auf freien Fuß gesetzt. Es liege ja nichts gegen sie vor. Ohne es zu ahnen, führt Hirsch die Gestapo zu Bruno Baum (»Walter«). Auf Baums Fährte kommen die Beschatter zu Honecker. Dieser ahnt, dass »Walter« beobachtet wird. Sein Kassiber, den er im August 1936 aus dem Gefängnis schmuggeln lassen will, beweist es. Aber dass Charlotte Hirsch der Köder war, hat er nicht gewusst. Und Honecker hat auch nicht begriffen, dass nicht er, sondern ein Kurier aus dem Ausland Ziel der groß angelegten Operation war. Die ehrgeizigen Nazi-Staatsanwälte wollten unbedingt eine Verbindung mit dem Ausland nachweisen, um für das »hochverräterische Unternehmen« von Baum, Honecker und den anderen, Todesstrafen fordern zu können. Paragraph 83 des am 28. Juni 1935 novellierten Strafgesetzbuches stellte den öffentlichen Aufruf zu »einem hochverräterischen Unternehmen« unter Strafe. Dieses »Verbrechen« war aber lediglich mit Zuchthaus bis zu zehn Jahren zu ahnden, aus der Sicht von Gestapo und Staatsanwaltschaft viel zu wenig für kommunistische Umtriebe. Auf Todesstrafe oder lebenslanges Zuchthaus aber war zu erkennen, wenn die Tat, so § 83 Absatz 4, »im Auslande oder dadurch begangen worden ist, dass der Täter es unternommen hat, Schriften, Schallplatten oder bildliche Darstellungen zum Zwecke der Verbreitung im Inland aus dem Ausland einzuführen.«[25]

Die Chance für die Gestapo ergibt sich am 3. Dezember. Eine Kurierin aus Prag ist avisiert. Honecker fährt selbst zum Treffpunkt. Die Losung ist denkbar einfach. Die Kurierin fragt den mit einer roten Rose im Knopfloch wartenden Honecker: »Sind Sie der Herr Meier?« Honecker bejaht. Die beiden gehen in ein Caféhaus. Dort übergibt die Kurierin ihm einen Gepäckschein und Geld. Den Koffer mit dem Propagandamaterial holt er am Abend in der Gepäckaufbewahrung auf dem Anhalter Bahnhof ab. Im Taxi kommt Honecker etwas merkwürdig vor. Er bemerkt, dass ein Schloss herausgeschnitten ist. Honecker: »Ursprünglich wollte ich mit dem Koffer in meine Wohnung fahren, bin aber dann zum Bahnhof Zoo weitergefahren, habe den Koffer, da ich mich beobachtet fühlte, in der Autotaxe liegen lassen und bin geflüchtet.«[26]

In der Wohnung angekommen verbrennt er Berichte, die ihm von seinen Genossen übergeben worden waren. Die Gestapo kommt im Morgengrauen, am 4. Dezember 1935 wird Honecker verhaftet. Bei ihm finden die Polizisten Propagandamaterial, Geld (mehrere hundert Mark) und einen Notizblock. Der Vernehmer notiert: »H. hat bei seiner Vernehmung vom 5. Dezember diese Aufzeichnungen sehr genau erläutert.«[27] Im Klartext: Diese »Erläuterungen« hat man aus ihm herausgeprügelt. Rückblickend urteilt er, dass sich »so« etwas während seiner fast zehnjährigen Inhaftierung »nicht wiederholt« habe.[28] Trotzdem hat er Glück, der Zuchthausarzt bescheinigt ihm 1937: »Zähne – vollständig.« Am 10. Dezember kann die Gestapo einen vorläufigen Abschlussbericht verfassen, in dem es heißt: »Er ist geständig und gibt zu, sich dem kommunistischen Jugendverband zur Mitarbeit gegen den Deutschen Staat zur Verfügung gestellt zu haben.« Für die Kurierin Sarah Fodorovà wird sein Geständnis zur Belastung. Erst nachdem ihr Honeckers unterschriebene Aussage vorgelegt wird, gesteht auch sie. »Sie hat«, so notierte der Gestapomann empört, »mit aller Macht und mit aller jüdischen Beredsamkeit versucht, die wahren Tatsachen zu verschleiern und ihrer Berliner Reise eine harmlose Note zu geben.«

Die Aussagen, mit denen er Fodorovà belastete, machte Erich Honecker aus Ungeschicklichkeit. Natürlich wurde ihm sugge-

Am 4. November wird Erich Honecker, alias Marten Tjaden, von der Geheimen Staatspolizei verhaftet.

riert, dass man ohnehin alles wisse, ihn beschattet habe und die Fodorovà ohnehin schon ausgepackt hätte. Erst als er versteht, wie die Verhörtechnik der Gestapo funktioniert, verweigert er Aussagen, belastet sicher im Exil lebende Funktionäre oder flüchtet sich ins Ungefähre. Auffällig ist, dass er sich an Namen nicht erinnern kann und alle Verbindungsmänner nur flüchtig getroffen haben will. Natürlich versucht er auch, seine Genossen in Prag zu informieren. Einem inhaftierten Tschechen gibt er am 8. August 1936 einen Kassiber mit. Der Mann übergibt den Brief prompt der Gestapo, was Honecker 7 Tage Arrest einbringt. In diesem Brief kommentiert er den Versuch der Gestapo, ihn anzuwerben, höhnisch: »Man wollte mich wohl auch anheuern, ha ha ha.«[29]

Als das Neue Deutschland 1989 einen Artikel über einen Kommunisten veröffentlicht, der dem Druck nicht standgehalten hatte, fordert Honecker eine Stellungnahme der Chefredaktion an. Quer über den Brief des Redakteurs kritzelte er: »Angebot zur Mitarbeit bei der Gestapo ist Verrat!«[30]

KASSIBER – 8. AUGUST 1936

L. Fr. Hoffentlich erreicht Euch dieses Lebenszeichen. Seid vielmals von Walter und mir gegrüßt. Wir befinden uns alle in voller Gesundheit. Wir waren 8, jetzt sind wir noch 5 und kommen vor das Volksgericht. Wir lassen uns aber dadurch unsere Überzeugung nicht nehmen und sind auf dem Draht. Mir wurde meine Kurierarbeit von Walter nach E. St. nachgewiesen. Walter wurde auch nachgewiesen, daß er einige Jugendliche in unserm Gebiet für unsere Sache gewinnen sollte und 2 U B mit mindestens 25 Mann leitete. Ich kenne keine der Verhafteten. Keiner mit dem ich in Berührung kam, ist dabei. Hoffentlich ist E. St. gut bei Euch angekommen. Die Ursache ist Beobachtung von draußen. Wahrscheinlich Frw. oder ich bei der Einfahrt am 20. Oktober. Ich wundere mich nur, dass nur Freunde in der Umgebung von Walter verhaftet wurden. Ein SAJ-ler (ehem.), ein Siemens-, ein Osrammädel und zwei andere. Fodorovà wurde wahrscheinlich doppelt beobachtet. Ihren Koffer nahm sie mit ins Hotel und hat ihn dann wieder auf die Bahn gebracht. Notizblock und Geld wurden später bei mir mit Pass und einigen Zeichnungen und Berichte gefunden. Ich habe ausgesagt, dass ich nicht weiß, ob sie den

Inhalt dieser Dinge kannte. Wenn sie darauf besteht, kann sie freikommen. Mir will man was vom Ruhrgebiet aufhängen. Ein gewisser Albert Mauermann sagte gegen mich aus. Ich weise natürlich solche Sachen zurück. Wir wurden alle am 4. Dezember verhaftet, ich vor meiner Wohnung, Walter bei Treffs und Fodorovà im Hotel. Klinger hat sich der Gestapo angeboten. Ich habe seinen Brief gelesen. Man wollte mich wohl auch anheuern, ha ha ha! Wenn Ihr etwas senden wollt, meine Nummer Gefangenenbuch 4534. Herzl. Gruß
Euer Freund.

Termin evtl. Dezember. Alles andere meine Eltern.
Quelle: BA Berlin (SAPMO) NY4162/vorl. 7.

Der Prozess gegen Bruno Baum und andere findet im Juni 1937 vor dem II. Senat des Volksgerichtshofes statt. Honecker stilisiert sich später selbst zum Hauptangeklagten. Aus Eitelkeit? Vielleicht. Möglicherweise aber auch als Teil eines kühl kalkulierten Personenkultes, politischer Zweckmäßigkeit also. Auch das verhältnismäßig milde Urteil versucht Honecker im nachhinein zu rechtfertigen. Die Gestapo hätte offenbar nicht geahnt, »welche Fische sie im Netz hatte«. Auch die in seinen Memoiren präsentierte Vermutung, er sei wohl noch »zu jung für den Henker«[31] gewesen, trifft den Kern der Sache nicht. Honeckers Richter Hans-Joachim Rehse unterschreibt nicht weniger als 231 Todesurteile[32], doch er lässt sich, so zynisch das klingt, durchaus von juristischen Vorgaben leiten. Ein Untersuchungsbericht, der im Auftrag des Reichsjustizministeriums zu Rehses Spruchpraxis erarbeitet wird, kommt zu dem Schluss, dass er viel zu viele milde Urteile fällen würde: »Sie schlagen dem gesunden Volksempfinden ins Gesicht!«[33]

Der Prozess verläuft nicht nach der gewünschten Regie der Staatsanwaltschaft. Die aufgebotenen Belastungszeugen erkennen Honecker nicht wieder. Honeckers Verteidiger, ein SS-Jurist, zerpflückt die aus den Angeklagten herausgeprügelten Geständnisse, indem er beharrlich nachbohrt und auf Widersprüche in den Aussagen hinweist. Da auch Honecker jetzt geschickt agiert, gelingt es dem SS-Mann, die für Sarah Fodorovà belastenden Aussagen zu entkräften. Sie wird aus Mangel an Beweisen freigesprochen. (Nach der Freilassung kehrt sie in die Tschechoslowakei zurück, emigriert in die USA, kommt nach dem Krieg wieder nach Prag und wandert 1969 schließlich nach Israel aus. Fodorovà überlebt, wird also nicht Opfer des Verräters Honecker, wie 1989 eine Berliner Illustrierte behauptet.)

An den Vorwürfen gegen Bruno Baum und Erich Honecker gibt es prinzipiell jedoch nichts zu entkräften. Sie werden im Namen des Deutschen Volkes wegen »Vorbereitung eines hochverräterischen Unternehmens unter erschwerenden Umständen« (§ 83 Strafgesetzbuch) in Tateinheit mit Urkundenfälschung (§ 267, § 268 Strafgesetzbuch) verurteilt. Baum erhält 13 Jahre Zuchthaus, Honecker zehn und der Mitangeklagte Edwin Lautenbach zweieinhalb Jahre. Richter Rehse führt in der Begründung aus, dass Honecker »bereits lange vor der Tat Kommunist gewesen sei und seine Überzeugung auch heute nicht geändert« habe. Seine illegale Arbeit habe ausschließlich »den umstürzlerischen Zielen der KPD gegolten.« Die folgenden Sätze aus dem Urteil lesen sich wie eine Würdigung der beiden Funktionäre: »Die Angeklagten Baum und Honecker sind, wie Umfang und Intensität ihrer illegalen Arbeit für den KJVD und auch ihre Erklärungen in der Hauptverhandlung erweisen, überzeugte und unbelehrbare Anhänger des Kommunismus. Sie haben sich den ihnen gestellten Aufgaben mit außerordentlicher Einsatzbereitschaft gewidmet.«

Zum insgesamt eher milden Urteil trägt auch Honeckers umsichtiges Handeln in der Nacht vor seiner Verhaftung bei. Dadurch, dass er die in Deutschland gesammelten Informationsberichte verbrannte, rettet er nicht nur sein Leben, auch das der Genossen seiner Widerstandsgruppe. Der Gestapo fallen lediglich Flugblätter und Zeitungen in die Hände. Das Verteilen kommunistischen Propagandamaterials wurde lediglich als Vorbereitung zum Hochverrat (§ 83 StGB) bewertet. Hätte die Gestapo aber Stimmungsberichte aus Rüstungsbetrieben bei Honecker gefunden, wäre die Standardanklage nach § 89 des Strafgesetzbuches Landesverrat – letztlich also Spionage für eine fremde Macht – gewesen. Landesverrat aber war nach der Strafrechtsreform von 1934 ausschließlich mit dem Tod zu bestrafen.[34] Kurt Hager, 1935 in Berlin einer der Kontaktmänner Honeckers, berichtet in seinen Erinnerungen, dass ein anderer Genosse wegen solcher Stimmungsberichte hingerichtet worden war.[35]

HAFT

Nach der Verurteilung bringt man Honecker ins Zuchthaus Plötzensee. Am 6. Juni 1937 wird er um 7.20 Uhr von dort aus abgeholt und in das Zuchthaus Brandenburg überstellt.[36] Als Strafende wird der 8. Dezember 1945 festgelegt. Seine Gefangenenbuch-Nummer – mit ihr hatte er sich zu melden – ist 523/37.[37] Der Einweisung folgt eine Leibesvisitation, bei der das Rektum besonders gründlich kontrolliert wurde, wie sich ein Mitgefangener Honeckers erinnert. Der Drillichanzug der Häftlinge hat zehn Zentimeter breite gelbe Streifen.[38]

In Görden erwarten Honecker die üblichen Zuchthausschikanen. Das Personal veranstaltet Geschwindigkeitswettbewerbe beim Essen, beim Duschen und beim Gang zum Abtritt. Das Arbeitspensum ist üblicherweise nicht zu schaffen, aber nur für die Erfüllung des Solls gibt es vier Pfennige Lohn am Tag. Die Gefangenen sind mit dem Abspleißen von Federn und dem Aufknoten von Bindfäden beschäftigt. Morgens wird Wassersuppe ausgeschenkt, ein Stück Brot – Kuhle genannt – muss für den ganzen Tag reichen. Abends gibt es einen kleinen Klecks Margarine oder ein kleines Stück Wurst oder einen 3/4 Liter Suppe. Einmal in der Woche werden mit Fisch zusammengekochte Kartoffeln ausgegeben, einmal Erbsen und einmal richtige Pellkartoffeln mit Salzhering. Das Essen ist ohne Gewürz gekocht, aber es gibt Salz, soviel man will. Einige Wachtmeister prügeln, andere nicht. Den Kaffee-Ersatz nennen die Gefangenen »Negerschweiß«. Auch Tee gibt es, der skeptisch beäugt wird, die Häftlinge vermuten schädliche Inhaltsstoffe.[39]

Als Währung unter den Häftlingen dient der »Kauki«, ein Kautabak, der auch geraucht werden konnte. Zwar leugnen alle Kommunisten in ihren Erinnerungen an das Zuchthaus, dass sich Genossen am Kauki-Handel bereichert hätten, doch der nicht Tabak kauende Honecker kommt manches Mal mit einem zusätzlichen Stück Brot von seinem Rundgang zurück.[40]

Zunächst aber ist Erich Honecker in Einzelhaft, seine Zelle befindet sich im Zellenhaus II, Flügel A. Hier sind überwiegend »Politische« eingesperrt. Ein Sozialdemokrat steckt dem ausgemergelten Honecker zusätzliche Rationen zu. Nachdem die Kommunisten feststellen, dass er einer der ihren ist – das dauert lange –

schanzen sie ihm den Posten des Arztkalfaktors zu. Hier ermöglicht er Treffs zwischen Kommunisten, indem er sie gemeinsam in einer Wartezelle einschließt. Verbürgt ist, dass Honecker Mitgefangenen Brot zusteckt und den einstigen Reichstagsabgeordneten Fritz Große mit Medikamenten versorgt.[41]

1938 startet die Zuchthausleitung ein Experiment. Jetzt, nach dem Anschluss Österreichs, glaubt man, die Politischen mit den Erfolgen des nationalsozialistischen Staates beeindrucken zu können. Ein Lehrer doziert vor 25 ausgesuchten Kommunisten und stellt sich den Fragen der Häftlinge. Schon nach wenigen Veranstaltungen endet diese Art der »Umerziehung«, man greift zu den bewährten Methoden. In Drei-Mann-Zellen werden je zwei Politische mit einem Kriminellen zusammengelegt. Politische Äußerungen verbieten sich. Honecker erlebt üble Denunziationen. Ein Kommunist, der Kriminellen widersprach, wird angezinkt, erneut vor den Volksgerichtshof gestellt und wenige Tage später hingerichtet. Er hatte angenommen, da er bereits zu lebenslangem Zuchthaus verurteilt worden war, könne ihm nicht mehr viel passieren... Honecker, ohnehin schweigsam, wird ausgesprochen wortkarg. An politischen Debatten beteiligt er sich – im Gegensatz etwa zu seinem Mitverurteilten Bruno Baum – nicht. Baum wird ins Konzentrationslager Mauthausen gebracht, Honecker bleibt Funktionshäftling.

Mithäftlinge taten 1977 im »Spiegel« kund, dass Honecker als Kalfaktor »wenig kameradschaftlich« gewesen sei.[42] Als dann noch Verdächtigungen aufkommen, Honecker habe seinen »Druckposten« genutzt, um andere Häftlinge zu schikanieren, stellt ihm Zellenkollege Max Frenzel ein Leumundszeugnis aus: »Erich Honecker hat im Zuchthaus Brandenburg-Görden die verschiedenen Kalfaktorfunktionen, die er im Laufe der Jahre innehatte, stets selbstlos und ungeachtet der Gefahren, die ihn dabei bedrohten, für seine Genossen und Mitgefangenen und im Interesse der illegalen Parteiorganisation ausgeübt.« Und weiter: »Wo und wie er nur konnte, erleichterte er das Los der Genossen.«[43]

Zumindest im Punkt der »illegalen Parteiorganisation« lügt Frenzel, eine solche hat es bis zum April 1945 nicht gegeben. Richtig ist, dass sich die Kommunisten wichtige Posten in der Gefängnishierarchie zuschieben konnten. So waren Verwaltung, Tischlerei und Küche mit Kommunisten besetzt. Doch dies hatte nichts mit der Arbeit der Partei zu tun. Die Zuchthausleitung war auf des Lesens, Schreibens und Rechnens kundige Hilfskräfte angewiesen. Je mehr Betriebe Arbeiten in das Zuchthaus verlagerten, desto wichtiger wurden korrekte und zuverlässige, disziplinierte Kalfaktoren. An den politischen Häftlingen – Reichstagsabgeordneten, Schriftstellern oder Journalisten – führte also kein Weg vorbei. Auch Honecker pflegte den Mythos von der illegalen Parteiorganisation. In der »Skizze seines politischen Lebens«, die 1977 dem frischgebackenen Generalsekretär huldigt, wird lang und breit zu diesem Thema referiert. Die Ausschnitte aus den tatsächlich im Parteiarchiv – heute Bundesarchiv – vorliegenden Erinnerungen sind dabei so geschickt ausgewählt, dass der Eindruck entsteht, dass es eine »Organisation« gegeben habe.[44] Auch westliche Beobachter sind dem Mythos der Parteiorganisation aufgesessen. So wurde orakelt, dass Honecker Zuchthausbekanntschaften seinen Aufstieg zu verdanken habe, immerhin saßen Bruno Leuschner und Alfred Neumann in Brandenburg. Beide wurden später Mitglieder des Politbüros.[45]

Obwohl Leuschner die Zuchthaus-Bibliothek führt, verirrt sich kein lesenswertes Buch in Frenzels und Honeckers Zelle. Das ist mindestens als Indiz für Honeckers niedrige Stellung innerhalb der Gefängnishierarchie zu werten. Fachbücher bekommen die beiden nicht, obwohl sie darum bitten. Andere Häftlinge lernen Englisch oder studieren die marxistische Literatur der Gefängnisbibliothek, die man sinnigerweise in einem abgeschlossenen Raum untergebracht hat, für den Bruno Leuschner den Schlüssel besitzt.

Honecker leidet ebenso wie sein Zellengenosse Wilhelm Thiele unter der Informationsblockade, Thiele äußert noch in seinen Memoiren Freude darüber, dass ein Werksmeister gelegentlich und »zufällig« einen »Völkischen Beobachter« liegen ließ.

Es muss aber auch bezweifelt werden, dass Honecker seine Kalfaktor-Funktion nutzen konnte, um das Los von Mithäftlingen zu erleichtern. Er hatte Arbeit auszuteilen und zu kontrollieren, die Normen waren vorgeschrieben. Sie wurden von anderen aufgestellt.

Honeckers vorherrschendes Gefühl im Zuchthaus ist nicht der Glaube an das Ende des Faschismus. Er hat Heimweh. Zellenkollege Wilhelm Thiele erinnert sich: »Seine Schilderungen waren so eindringlich, dass ich wie ein Bekannter durch Wiebelskirchen hätte gehen können.« Der wegen Hochverrates zu lebenslangem Zuchthaus Verurteilte baut Honecker wieder auf und erzählt von seiner Flucht nach Südamerika. 1923 hatte Thiele am bewaffneten Aufstand teilgenommen. Honecker weiß vom Aufbau des Stahlwerkes in Magnitogorsk zu berichten. Doch trotz der Ablenkung durch den Zellengenossen entwickelt er eine psychische Störung. Thiele: »Erich Honecker hatte plötzlich die Eigenart entwickelt, beim Essen jedesmal mit dem Löffel an die hinteren Zähne zu stoßen. Dieses ›Klick‹ begann mich nervös zu machen. Eines Tages sagte ich deshalb, halb scherzend, zu ihm: ›Erich, du wirst dir noch einen Zahn abstoßen.‹ Da Erich darauf ziemlich unwirsch reagierte, denn *er* nahm das ›Klick‹ nicht wahr, schwieg ich. Eines Tages aber machte Erich ein verdutztes Gesicht und holte wirklich aus dem Mund ein Stück Zahn, das er sich abgestoßen hatte, heraus. Ich brach in ein schallendes Gelächter aus.«[46]

Das Wehrbezirkskommando Potsdam schließt Erich Honecker am 4. November 1939 »vom Dienst in der Wehrmacht im Frieden für immer« aus.[47] Noch 1990 kommentiert er den Bescheid über seine »Wehrunwürdigkeit« süffisant: »Ich habe das nicht mit Betrübnis aufgenommen.«[48]

Honecker wird einem anderen »kriegswichtigen« Kommando zugeteilt: Die Firma Lineol lässt im Zuchthaus Spielzeugsoldaten herstellen. Laut Mithäftling Wilhelm Thiele ist dies »kein Sanatorium« aber doch »erträglich«. Thiele, Honecker und ein krimineller Häftling spielen nach der Arbeit in ihrer Zelle Skat. (Honecker wird bis in die siebziger Jahre hinein ein eifriger Skatspieler bleiben. Die inhaftierten Intellektuellen des sowjetischen GULag spielen Schach. Mene Tekel upharsin?)

Zweimal reicht der Vater Gnadengesuche für seinen Sohn ein, 1942 schreibt er, dass Erich Honecker darauf brenne, sein Leben auf dem Felde der Ehre einzusetzen. Die Zuchthausleitung steht dem nicht ablehnend gegenüber. Gefängnisdirektor Thümmler formuliert: »Ich habe den Eindruck, dass er im Laufe seiner Strafzeit zur Einsicht gekommen ist und dass er, der in kommunistischen Anschauungen erzogen und groß geworden ist, es ernst und ehrlich meint, wenn er sagt, dass er seine Jugendideale im jetzigen Staate verwirklicht sehe und keinen größeren Wunsch habe, als vor dem Feind die Redlichkeit seiner Gesinnung beweisen zu können.«[49] Die Gestapo ist jedoch anderer Meinung. Kurt Lindow,

Leiter des »Kommunistenreferates« im Geheimen Staatspolizeiamt, ist »von seiner inneren Wandlung nicht überzeugt.« Er bekräftigt das Urteil des Volksgerichtshofes, wonach es sich bei Honecker um einen unbelehrbaren Kommunisten handle. Eine »ausreichende Überwachung« sei nach einer Entlassung »nicht gewährleistet«.[50]

Im April 1943 wird die Produktion der Spielzeugsoldaten eingestellt. Da ihn die Zuchthausleitung trotz des Votums der Gestapo für zuverlässig hält, darf er Barackendächer reparieren. Seine Qualifikation als Dachdecker sorgt dafür, dass er 1944 einem Kommando zugeteilt wird, das in Berlin Bombenschäden beseitigen soll. Der Trupp ist im Berliner Frauengefängnis Barnimstraße stationiert.

Dieses Baukommando ist praktisch immer im Einsatz, denn tagsüber wird Berlin von amerikanischen, nachts von englischen Flugzeugen bombardiert. Als das Frauengefängnis Ende Februar 1945 getroffen wird, organisiert Honecker noch während des Angriffs die Bergung der Verletzten und Toten. Sein Trupp rettet das Leben von inhaftierten Frauen und von Wachtmeisterinnen. 23 Frauen werden tot geborgen. Der Dienst in Berlin hat für Honecker einen positiven Nebeneffekt. Es scheint, als hätte er die Liebe seines Lebens gefunden: Die Aufseherin Lotte Grund ist dienstverpflichtet, ihre Mutter ist eine Zeugin Jehovas.

Die folgenden Tage seines Lebens liegen im Dunkeln. Honecker hat sich widersprüchlich geäußert, Zeitzeugen gibt es nicht mehr. Biographen haben verschiedene Interpretationen geliefert. Hier seien daher nur die dürren Fakten präsentiert.

Am 6. März flieht Honecker mit seinem Kameraden Erich Hanke, sie nutzen das Chaos eines Bombenangriffes aus. Ihre Wege trennen sich. Honecker wird von Lotte Grunds Mutter versteckt. Als ihre Wohnung beim Bombenangriff am 18. März zerstört wird, entschließt er sich, zum Gefängnis zurückzukehren.

Dieser Schritt bleibt folgenlos, in seiner Autobiografie behauptet er, seine »Bekannten« hätten seine Rückkehr so geschickt organisiert, dass der amtierende Staatsanwalt, der ihm für seinen Einsatz im Februar ein Lob ausgesprochen hatte, sich jetzt für ihn einsetzte.

Klären lassen wird sich der Vorfall nicht, in Honeckers Akten finden sich keine Belege zu diesem Fakt. Wahrscheinlich hat er angewiesen, sämtliche Papiere zu diesem – aus seiner Sicht peinlichen – Vorgang zu vernichten.

Sowohl Flucht als auch Rückkehr sind von Journalisten in der Wendezeit hämisch bis bösartig kommentiert worden. Honecker selbst rechtfertigte sich, indem er anführte, die Berliner Polizei habe im Februar angewiesen, politisch missliebige Häftlinge auf Lastkähne zu verbringen und dann in den Havelseen zu versenken. Derartige Mordaktionen und »Todesmärsche« hat es gegeben, Honeckers Furcht, zu einem solchen Transport zu gehören, war nur zu begründet. Ein Gegenargument von Peter Przybylski, dem wir die Kenntnis von Lotte Grund verdanken, überzeugt nicht. Der einstige Fernsehstaatsanwalt meinte, es sei doch ziemlich unwahrscheinlich, dass sich kurz vor Kriegsende noch jemand um »Zuverlässigkeitszertifikate« von Strafgefangenen bemüht hätte. Aber gerade weil Honeckers Haftzeit im Dezember 1945 enden sollte, war eine solche Prüfung angebracht. Es ging schließlich darum, ob man den Häftling entlassen oder in ein Konzentrationslager zu lebenslanger »Schutzhaft« überstellen sollte. Vielleicht fiel auch das Gespräch mit dem Staatsanwalt nicht so günstig wie berichtet aus. Wie auch immer, verständlich ist seine Handlungsweise allemal, auch nach 1945 wurde sie ihm nie verübelt. In den Fragebögen zur Person hat er seine missglückte Flucht stets angegeben. Przybylski verbreitete noch eine weitere unsinnige These. Honeckers Flucht habe, so meinte er, die Vorbereitungen zur »Selbstbefreiung« der Häftlinge des Zuchthauses Brandenburg gefährdet.

Immer wieder wird dabei das Handeln Robert Havemanns gegen Honecker ins Feld geführt. Der Chemiker, wegen Widerstandes zum Tode verurteilt, wartete in Brandenburg auf seine Hinrichtung. Diese war verschoben worden, weil er sich bereit erklärt hatte, für die Wehrmacht chemische Kampfstoffe zu entwickeln. Havemann hatte beschlossen, sein Leben im Fall des Falles so teuer wie möglich zu verkaufen. In seinem Labor fertigte er Schwelkerzen mit Reizgas. Für die Bewaffnung einer größeren Zahl von Häftlingen reichten seine Chemikalien nicht aus.

Eine Selbstbefreiung wurde nicht geplant und nicht vorbereitet. Das beweisen die unveröffentlichten Erinnerungen von »Brandenburgern«. Die mittlerweile im Bundesarchiv zugänglichen Texte belegen, dass die Gefangenen sich weder Waffen aneignen konnten, noch Pläne für einen Aufstand geschmiedet hatten. Kurz bevor die Rote Armee den Ring um Berlin schließt, wird Honecker mit anderen Häftlingen aus Berlin zurück nach Brandenburg gebracht. Dort finden am 20. April noch einmal Hinrichtungen statt. 20 zum Tode Verurteilte werden geköpft. Bei allen Häftlingen herrscht hilflose Trauer, dass sie nicht in der Lage waren, die Hinrichtungen zu verhindern.[51] Am 27. April flieht die Leitung des Zuchthauses, auch die meisten Bewacher setzen sich ab. Ein sowjetischer Panzer erscheint vor dem Gefängnis, um wenig später wieder zu verschwinden. Der Frontverlauf ist unklar. Die Häftlinge können ihre Zellen verlassen. Die Kriminellen, so behauptet ein Kommunist, plündern die Vorräte, die Kommunisten treffen sich in der Tischlerei um zu beraten, wie es weitergeht. Sie organisieren jetzt – keinen Tag eher – die Gründung einer Parteigruppe und marschieren auf Umwegen in Richtung Berlin. Honecker denkt überhaupt nicht daran, politische Debatten zu führen, er setzt sich ab. Noch bevor die eigentliche Entlassung am 28. April vonstatten geht, ist er verschwunden. Er will nach Berlin, er sucht seine Liebste.

In die Reichshauptstadt kommt er auf verschlungenen Wegen. Obwohl noch Kämpfe toben, wird Honecker von einem sowjetischen Zug mitgenommen. Es ist ihm gelungen, sowjetischen Soldaten verständlich zu machen, dass er ein »Towaritsch« ist. Am 4. Mai ist er in Bernau, den Rest des Weges geht er zu Fuß. Sein erster Weg führt ihn zu Lotte Grund. Das Vorderhaus ist zerbombt, das Hinterhaus schwer beschädigt. Aber Lotte und ihre Mutter leben.

FDJ-VORSITZENDER

1990 behauptet er, sich sofort in die politische Arbeit gestürzt und ein »Arbeitsbüro« gegründet zu haben. Als er etwas auf der Sowjetkommandatur zu erledigen hat, läuft er einem kommunistischen Bekannten in die Arme, der ihm empfiehlt, sich schleunigst im Quartier der Berliner Initiativgruppe des Zentralkomitees der KPD (»Gruppe Ulbricht«)[52] einzufinden. (Andere Zeugen wissen zu berichten, dass Honecker mühsam gesucht werden musste und gar nicht daran dachte, sich politisch zu betätigen. Man will ihn beim Vernageln von Fenstern mit Pappe und Dächerreparieren aufgespürt haben.) Welche Version auch immer die richtige ist, fest steht, dass Walter Ulbricht bei einem Gespräch Mitte Mai die Weichen für Honeckers weiteres Leben stellte. Der inoffizielle Parteichef und spätere Generalsekretär fragt Honecker, was für Absichten er denn habe. Honecker: »Weißt du, ich möchte jetzt vor allen Dingen zurück nach Hause fahren, ins Saargebiet, um meine Eltern zu sehen und mich dann in die Arbeit der Partei an der Saar einzureihen.« Ulbricht antwortete: »Bleib lieber hier. Das Saargebiet bekommen sowieso die Franzosen. Hier kannst du jetzt viel nützlicher sein, du kannst beim Zentralkomitee der Partei eine gute Arbeit machen.« Honecker willigt ein, er ist mit jeder Arbeit einverstanden.[53] Diese Angaben von 1990 werden durch einen Fragebogen bestätigt, den Erich Honecker am 10. Juni 1945 ausfüllt. Auf die Frage, »Für welche Funktionen halten Sie sich besonders befähigt?« antwortet Honecker: »Partei- + Gewerkschaftsarbeit im Bez. Saarpfalz bezw. Mannheim, Frankfurt/a. Main. Im Verhinderungsfalle – Aufbau des KJVD in Berlin bezw. Arbeit in der Parteiorg.«[54]

Es wird jedoch kein KJVD geschaffen. Walter Ulbricht verkündet am 25. Juni 1945 im Namen der KPD: »Wir verzichten auf die Schaffung eines kommunistischen Jugendverbandes, denn wir wollen, dass eine einheitliche, freie Jugendbewegung entsteht.«[55] Offenbar ist Ulbrichts Aussage vorab mit der Sowjetischen Militäradministration abgestimmt worden. Denn diese weist an, dass Jugendorganisationen nicht gegründet werden dürfen. Statt dessen sollen lokale antifaschistische Jugendausschüsse gebildet werden. Chef des Berliner Jugendausschusses wird Heinz Keßler, ein desertierter Wehrmachtssoldat, der dem Nationalkomitee Freies Deutschland angehörte. Keßler und Honecker freunden sich an, 1992 werden sie gemeinsam in Berlin-Moabit vor Gericht stehen.

Honecker wird von Ulbricht beauftragt, die Bildung eines Zentralen Jugendausschusses vorzubereiten. Gleichzeitig ernennt er ihn zum Jugendsekretär des ZK der Kommunistischen Partei. Um den Ausschuss auf eine möglichst breite Basis zu stellen, rekrutiert er unermüdlich Personal in Antifa-Schulen und lokalen antifaschistischen Ausschüssen. Nur im Dezember 1945 unterbricht er seine rastlose Tätigkeit, um seine Eltern im Saarland zu besuchen.

Bei seiner politischen Arbeit in Berlin, aber auch bei seiner Reise ins Saarland macht er die Erfahrung, dass der Neuanfang ohne die Integration der einstmals gläubigen Nationalsozialisten nicht zu schaffen ist. Dabei hat Honecker, wie auch viele andere Antifaschisten, ein tief verwurzeltes Misstrauen gegenüber dem Volk. Es war den Parolen von Hitler, Strasser und Goebbels gefolgt, hatte 1933 die NSDAP gewählt. Die Erfahrung, einer Minderheit anzugehören, prägt Honecker ebenso wie die anderen Politiker der Arbeiterbewegung. Der Langzeitwirkung der nationalsozialistischen Verführung ist sich Honecker bewusst. In einem Brief konstatiert er am 26. Juni 1946, dass »die deutsche Jugend in ihrer Mehrheit auf der anderen Seite stand.«[56]

Ungeachtet dessen veröffentlicht Honecker am 23. Oktober 1945 einen Grundsatzartikel, in dem er klarstellt, dass frühere Mitgliedschaft in Hitlerjugend und dem Bund Deutscher Mädel kein Hinderungsgrund für den einzelnen Jugendlichen sein werde, seine »Stelle im Leben unseres Volkes auszufüllen, zu der er auf Grund seiner fachlichen und geistigen Eignung in der Lage ist.« Schließlich sei fast die gesamte deutsche Jugend durch die »Zwangsorganisation der HJ« gegangen. Honecker weiter: »Heute steht diese Jugend vor zertrümmerten und besudelten Idealen. Durch ihre Reihen geht ein Erwachen.« Der erwachenden, suchenden Jugend reiche man die Hand zur Mitarbeit, sogar den unteren, unbesoldeten Funktionären der HJ. Voraussetzung dafür sei, so Honecker, »dass an ihren Händen kein Blut der Besten unseres Volkes und kein Blut von Angehörigen anderer Völker klebt, die in Vernichtungslagern der SS oder durch Strafexpeditionen der Wehrmacht ermordet wurden.« Frei machen müssten sie sich auch von »der nazistischen Lehre, die sich für unser Volk so verderblich erwies.«[57]

Beim Aufbau der geplanten Organisation sind die einstigen HJ-Führer unverzichtbar. Heinz Keßler in Berlin integriert sie ohne Federlesen.[58] Sein sächsisches Pendant Robert Bialek glaubt gar, dass »80 % aller aktiven und wertvollen Jugendlichen« bei BDM und HJ Führerposten bekleideten. Nach einer schnellen Umschulung werde man diese Kräfte zu »100 %« einzusetzen haben, die Kaderfrage der künftigen Organisation sei daher identisch mit der »HJ-Führerfrage«. So hatte sich das Honecker dann aber doch nicht gedacht. »Unmöglich«, schreibt er auf den Brief Bialeks und leitet ihn an Wilhelm Pieck weiter, den er um eine parteimäßige »Klärung« bittet.[59]

Mit Pieck stimmt Honecker dann auch die Gründung der Freien Deutschen Jugend ab, aber als am 26. Februar 1946 im Sitzungssaal des Magistrates von Berlin die sogenannte Gründungsurkunde der FDJ unterzeichnet wird, sitzen Kommunisten, Christen, Liberale und Sozialisten gemeinsam am Tisch. Erich Honecker wird Vorsitzender. (Der Begriff »Gründung« ist nicht korrekt, eine Freie Deutsche Jugend gab es bereits 1938 in der Tschechoslowakei, dann in Paris und schließlich als real existierende Massenorganisation in England und den Kolonien. Ihre Mitglieder waren meist jüdische Emigranten, oft Kinder, die von ihren Eltern außer Landes geschickt wurden. Die FDJ Englands vermittelt dann dem Antifaschistischen Jugendausschuss den Beobachterstatus im Weltbund der Demokratischen Jugend. Doch nur wenige der Emigranten werden eine herausgehobene Funktion innerhalb der FDJ erhalten. Später sind sie als erste von Säuberungen betroffen.[60])

Der Start der Organisation ist kein schlechter. Auf der ersten zentralen Konferenz der FDJ am 26. April 1946 legt Honecker den Entwurf eines Katalogs der »Grundrechte der neuen Generation« vor. Die Autoren sind Erich Honecker, seine Stellvertreterin Edith Baumann, der Liberale Theo Wiechert und Heinz Keßler. Der Anstoß, mit den Forderungen möglichst weit zu gehen, kommt allerdings von Wilhelm Pieck.[61] Und so fordert die FDJ: 1. die Gewährung politischer Grundrechte, 2. das Recht auf Arbeit und Erholung, 3. das Recht auf Bildung und 4. das Recht auf Freude und Frohsinn. Hinter den Schlagworten verbergen sich konkrete Ziele: aktives und passives Wahlrecht, 42-Stunden-Woche, Erhöhung der Lehrlingsvergütung, Gewährung von Urlaub, Einrichtung von Jugendheimen, Stipendien für sozial Schwache, Preisermäßigungen für Kino und Theaterbesuche.[62]

Ein solches Programm ist attraktiv, also wächst die FDJ sehr rasch. Am 8. Juni 1946 auf ihrer ersten, »Parlament« genannten, Vertreterversammlung repräsentieren 633 Delegierte bereits 240 000 Mitglieder. (Bis zum Dezember 1947 werden es 492 000, danach geht die Zahl wieder zurück, um dann bis 1952 auf über zwei Millionen anzusteigen.)

Durchaus nicht hinderlich ist das Anknüpfen der FDJ an die Formen der Hitlerjugend. Es wird getrommelt und marschiert, der

Sonnenwendfeier der FDJ am 21. Juni 1946 – Erich Honecker knüpft bewusst an die Rituale der Hitlerjugend an, versucht aber, die Jugend für den Aufbau eines neuen Staates zu gewinnen.

Heimabend bleibt Heimabend, die gesungenen Lieder sind andere. Honecker zelebriert am 21. Juni 1946 sogar eine Sonnenwendfeier auf dem Berliner Exerzierplatz (später Jahn-Sportpark) und hält bei Fackelschein eine beschwörende Rede.[63]

Honecker versucht, den einstigen Glauben durch einen neuen zu ersetzen. Am 28. November 1946 referiert er im Zentralrat der FDJ zum Problem der »geistigen Klärung«. Die Jugend müsse aufgeklärt werden über »den Raubkrieg des Nazismus und seiner Geldgeber, über die Folgen des verderblichen Rassenhasses, des Kadavergehorsams, der nationalen Überheblichkeit.« Aufrecht und ehrlich müsse der neue Mensch sein. Und erzogen werden »im Geiste der Freundschaft zu allen Völkern, vor allem zum Sowjetvolk im Sinne eines fortschrittlichen Denkens und Handelns.«[64] Später wird aus der allgemeinen Völkerverständigung die barsch eingeforderte Liebe zur Sowjetunion. Und mit der Werbung von Jugendlichen für die neu aufzubauende Volksarmee zieht wieder Kadavergehorsam in die Jugend ein.

Heinrich von Einsiedel, Offizier mit nationalbolschewistischen Ambitionen, versuchte 1950 nach seiner Trennung von der SED zu erklären, warum »wir teilweise mit solcher Leichtigkeit der bolschewistischen Ideologie zum Opfer fielen.« Von Einsiedel machte in erster Linie »die Angst vor dem ›Nichts mehr glauben können‹, die Angst, die den Menschen im Chaos überfällt« verantwortlich. Geradezu natürlich sei der »Wunsch, in einem starken, disziplinierten Kollektiv psychologischen Halt zu finden... In dieser aus den Fugen geratenen und glaubenslosen Welt die Furcht durch einen Kult der Macht zu bannen, das war die Versuchung, der wir erlegen sind.«[65] Innerhalb der Kommunistischen Partei bekleidet Erich Honecker die Funktion des Jugendsekretärs. Auf der 1. Reichskonferenz der KPD (2./3. März 1946) wird Honecker auch formal ins Zentralkomitee gewählt. Dem Parteivorstand der aus KPD und SPD hervorgegangenen »Sozialistischen Einheitspartei Deutschlands« gehört er damit automatisch an. An den Führungsqualitäten Erich Honeckers gibt es in der SED keine Zweifel. Der einstige Sozialdemokrat Otto Meier bescheinigt ihm am 6. August 1946, ein »mit vielseitigen Fähigkeiten begabter Mensch« zu sein. Frisch und ungekünstelt sei er und werde »immer bei der Jugend uneingeschränkt Zustimmung finden.« Auch das Verhandlungsgeschick Honeckers hebt Meier hervor.[66]

BEURTEILUNG 1946

6.8.46 Charakteristik des Vorsitzenden der FDJ Erich Honecker

Erich Honecker ist ein mit vielseitigen Fähigkeiten begabter Mensch. Er weist insbesondere die Fähigkeit auf, in schwierigen Situationen seine Verhandlungsgeschicklichkeit anzuwenden und in fast allen Fällen die Lage zu beherrschen. Sein Auftreten ist frisch und ungekünstelt und wird immer bei der Jugend uneingeschränkt Zustimmung finden. Seine rhetorischen Leistungen sind mehr als ausreichend, um seine besonderen Aufgaben als Vorsitzender der FDJ zu erfüllen.

Gen. Erich Honecker ist der eigentliche Inspirator der Jugendarbeit in der sowjetisch besetzten Zone. Er ist aus der Kommunistischen Jugendbewegung hervorgegangen; er hat sich in der Hitlerzeit illegal als aktiver Kämpfer gegen den Faschismus bewährt und ist dafür zu 10 Jahren Zuchthaus verurteilt worden. Er steht selbstverständlich und mit voller Überzeugung auf dem Boden der SED. Seine politische Zuverlässigkeit ist völlig unbestritten.

Otto Meier

Quelle: BA Berlin (SAPMO), Kaderakte Erich Honecker, Blatt 153.

Neben Meiers Beurteilung findet sich noch eine weitere Einschätzung in der Kaderakte des FDJ-Chefs. Sie ist nicht unterschrieben und datiert, kann aber ebenfalls ins Jahr 1946 eingeordnet werden. Honecker sei ein »alter, parteitreuer und parteiverbundener Genosse, der seit seiner frühesten Jugend in der Arbeiterbewegung steht.« Sein Auftreten sei »energisch«, er besitze ein »stark ausgeprägtes Selbstbewusstsein« und habe »agitatorische und organisatorische Fähigkeiten«. Als Verhandlungspartner setze er sich durch, »ohne Menschen abzustoßen«. Unter der Jugend habe er »große Autorität«, moralisch sei »nichts Nachteiliges bekannt«. Am Ende steht das Urteil: »Er ist noch sehr entwicklungsfähig.«[67]

Auch Zeitzeugen bescheinigen Honecker ein natürliches Wesen und eine gewinnende Art. Er sei ein sehr entspannter, fast jugendlicher Kerl gewesen, gibt der Schriftsteller Hermann Kant in seinen Erinnerungen ironisch zu Protokoll, »ganz auf der Höhe, auf

»Ganz auf der Höhe, auf dem Wege von Tat zu Tat, ein wenig selbstverliebt«, so hat der Schriftsteller Hermann Kant den FDJ-Vorsitzenden Erich Honecker in Erinnerung.

dem Wege von Tat zu Tat, ein wenig selbstverliebt.«[68] Honeckers Mit-Sekretär im FDJ-Zentralrat Hans Modrow gesteht etwas widerwillig ein, dass manche meinten, Honecker sei gleichzeitig »volkstümlich und revolutionär« gewesen.[69]

Der katholische Mitstreiter im Jugendausschuss Manfred Klein registriert darüber hinaus, dass der FDJ-Vorsitzende politische Differenzen zurückstellt und das Ganze mit einer Atmosphäre antifaschistischer Solidarität überspannt.[70]

Das Überbrücken von Differenzen ist Programm. Die FDJ integriert alle: Chorsänger, Laientheaterspieler, Sportler. Dass der organisierte Sport zur FDJ gehört, ist Honecker durchaus willkommen. Zum einen bindet er Mitglieder, zum anderen gelingt es, die unpolitischen Sportler ideologisch zu beeinflussen. Manfred Ewald, seit 1947 Mitglied des FDJ-Zentralrates und später Staatssekretär für Sport, formuliert rückblickend: »Damals haben wir mit Hilfe des Sports versucht, die geistigen Trümmer zu beseitigen, der Jugend wieder einen Sinn im Leben zu geben, Gemeinschaftserlebnisse zu verschaffen.«[71]

Die Transformierung der FDJ in eine Kaderreserve der SED, in eine stalinistische, den dogmatischen Vorgaben der Partei folgende Massenorganisation wird ab 1947 vorangetrieben. Das II. Parlament der FDJ, vom 23. bis 26. Mai 1947 in Meißen abgehalten, konstatiert Fortschritte auf sozialem Gebiet, nicht aber unbedingt eine geistige Neuorientierung. Also versucht Honecker die Jugendlichen auf ein gutes, brüderliches Verhältnis zur Sowjetunion einzuschwören. Da die sowjetische Politik in ihrer Besatzungszone jedoch kaum dazu angetan ist, die Liebe zur Sowjetunion zu befördern, bittet Honecker bei der SMAD darum, eine Delegation der deutschen Jugend zu einem Sportfest nach Moskau einzuladen. Dem Wunsch wird entsprochen. Schon am 19. Juli 1947 sitzt die FDJ-Spitze im Flugzeug. In Moskau wertet man die Delegation moralisch auf, indem man sie vom antifaschistischen Komitee empfangen lässt. Dann geht die Reise weiter nach Stalingrad, Leningrad und wieder nach Moskau. Stahlwerke, Schlachtfelder und Stätten der russischen Hochkultur werden besichtigt. Eine Ausstellung über die deutschen Kriegsverbrechen bestärkt Honeckers Hass auf das deutsche Offizierskorps, das »seine Unmenschlichkeiten noch fotografiert, um bei der Rückreise nach Deutschland damit zu renommieren.«[72]

Nach der Heimreise preisen zahlreiche Zeitungsartikel die neu entstandenen Freundschaften. Auch eine Broschüre über den »Friedensflug nach Osten« wird gedruckt. Honeckers Reisebericht muss aber noch einmal gründlich überarbeitet werden, bevor er druckfertig ist. Er reflektiert über die Panjewagen, die in den 30er Jahren das Stadtbild Moskaus beherrschten und anlässlich der großen Sportparade stellt er fest, dass er seine Empfindungen nicht ausdrücken kann: »Es war mit Worten nicht zu beschreiben und symbolisiert uns die ungeheure Kraft des sowjetischen Volkes.«[73]

Zwei Jahre nach dem »Friedensflug« ist die Stalinisierung der FDJ abgeschlossen. Paul Verner, Mitbegründer der FDJ und Kommunist seit den 20er Jahren, ruft beim III. Parlament der FDJ (1. bis 5. Juni 1949 in Leipzig) in den Saal: »Es lebe die sowjetische Jugend, die Vorhut der Jugend im Kampf für den Frieden in der ganzen Welt! Es lebe der Führer der mächtigen Weltfriedensfront, unser großer Freund Generalissimus Stalin.« Das Parlament ist nicht mehr Plenum einer innerorganisatorischen Aussprache, statt dessen herrscht eine strikte Regie. Honecker achtet darauf, dass eine ausgewogene Mischung aus bekannten Funktionären und einfachen Mitgliedern zu Wort kommt. Dramaturgische Höhepunkte sind Reden von Vertretern der SED, Auftritte von Jungpionieren und »spontan« abgesungene Lieder.[74]

Die Zeitung »Junge Welt«, das Zentralorgan der FDJ, erscheint jetzt mit der Kopfzeile: »Wer Deutschland liebt, ist auch ein Freund der Sowjetunion.«[75] Honecker gerät völlig aus dem Häuschen, als er an der offiziellen Geburtstagsfeier Stalins teilnehmen darf. Er ist einer von tausenden Funktionären, die zu dem Event geladen sind – und doch vertraut er der Jungen Welt an: »Ich habe Stalin gesehen! Es war die größte Sache, die ich je erlebt habe!«[76]

Seine Briefe beendet Honecker jetzt mit der Formel: »Es lebe der Führer der Weltfriedensfront, Generalissimus Stalin!«[77] Hinter seinem Schreibtisch hängt ein, so der Beobachter Hans Modrow, »gewaltig großes« Stalin-Bild.[78] Von Absolventen der FDJ-Hochschule fordert Honecker: »Stählerne Treue zu Stalin!«[79]

Im Selbstlauf vollzieht sich die Stalinisierung der Jugendorganisation allerdings nicht.[80] 1947 wird ein Mitbegründer der FDJ, der Vorsitzende des Studentenrates der Humboldt-Universität Manfred Klein, verhaftet. Klein ist CDU-Mitglied. Andere Funktionäre, die aus den bürgerlichen Parteien oder der christlichen Jugendarbeit kommen, werden verdrängt. 1948 erreichen die politischen Auseinandersetzungen innerhalb des Zentralrates einen Höhepunkt. Drei Mitglieder, der Pfarrer Oswald Hanisch, Domvikar Robert Lange und der Liberale Herbert Geisler, treten demonstrativ aus.

Statt dessen bringt man zuverlässige SED-Mitglieder in verantwortliche Funktionen, die Organisation radikalisiert sich. Das sorgt für eine säuberliche Trennung der Jugend. Ein großer Teil begeistert sich für den revolutionären Elan der Organisation und tut eifrig mit. Eine andere große Gruppe positioniert sich auf der Gegenseite, organisiert sich in der Jungen Gemeinde oder verlässt die DDR. Entscheidend ist aber, dass es Honecker gelingt, eine immense Zahl von Aktivisten zu rekrutieren, die später das Rückgrat von Partei, Sicherheitsorganen und staatlicher Verwaltung bilden werden. Die immer wieder erkennbare soldatische Härte und extreme politische Ausrichtung stellen zusätzliche Faszinosa dar. Man ist sich sicher: Der morbide, verkommene Westen wird der kommunistischen Disziplin nicht standhalten. Honecker: »Es wird für uns der größte und schönste Tag sein, wenn das Saargebiet, wenn Westdeutschland mit uns vereinigt ist.«[81] Und als 1951 in Westberlin FDJler verhaftet werden, droht er: »Wer junge Friedenskämpfer in die Kerker wirft, der darf sich eines Tages nicht darüber beschweren, wenn er am Galgen oder im Gefängnis endet.«[82]

Für die politischen und organisatorischen Erfolge gibt es Lob. Im Sommer 1949 erklärt der Mitvorsitzende der SED, Otto Grotewohl, dass man in der Partei erkennen müsse, dass die FDJ nicht aus kleinen Lehrlingen bestünde, die »anfangen, sich um etwas zu kümmern.« Nein, Honeckers FDJ sei eine gesellschaftliche und politische Kraft, »die in manchen Fragen so stark und bedeutend ist, dass sie anderen Massenorganisationen als leuchtendes Vorbild dienen kann.«[83] Als die Zahl der Mitglieder im Dezember 1949 die Millionengrenze erreicht, ist die Wichtigkeit der Massenorganisation FDJ erwiesen. Erich Honecker wird 1950 Kandidat des Politbüros der SED.

Kein Zweifel, jetzt ist Erich Honecker »oben« angekommen. Seine Hausmacht in der FDJ zementiert er durch kluge Personalentscheidungen. In der Herrschaftstechnik des Stalinismus kommt den Kadern, also den planmäßig herangezogenen Nachwuchsfunktionären, zentrale Bedeutung zu. Der Kader muss es verstehen, die politische Linie in der Praxis zu verwirklichen, schreibt Stalin, also sucht Honecker eben solche Kader.[84]

Da er ein guter Menschenkenner ist, wird er fündig. Klug schätzt er die Fähigkeiten seiner Mitstreiter ein, wägt ihre Stärken und Schwächen ab und sorgt für den ihnen gemäßen Einsatz. Dass dabei ein Netz von gegenseitigen Verpflichtungen entsteht, ist nur logisch.

Von den 50 Sekretären des FDJ-Zentralrates zwischen 1945 und 1955 werden neun im Laufe ihrer Karriere Mitglieder des SED-Politbüros, fünfzehn gelangen in hohe Partei- und Staatsfunktionen oder werden hochrangige Generale des Ministeriums für Staatssicherheit.[85]

Als Chef der FDJ geht Erich Honecker auch die ersten außenpolitischen Schritte. Mit dem Vorsitzenden des Antifaschistischen Komitees der Sowjetjugend arbeitet er eng zusammen. Wjatscheslaw Kotschemassow wird er in den Achtzigern als Botschafter wiedersehen. Der FDJ-Vorsitzende leitet 1950 eine Delegation, die Warschau besucht und für Völkerfreundschaft wirbt. Ebenfalls 1950 nimmt Honecker am Nationalkongress der Union der republikanischen Jugend in Paris teil, 1951 an einer Exekutivtagung des WBDJ in Stockholm. Im WBDJ werden auch Bekanntschaften geschlossen, die ihm später nützlich sein werden. So ist der Präsident des WBDJ, der Italiener Enrico Berlinguer, angetan von der reibungslosen Organisation der Weltfestspiele der Jugend 1951. Auch später noch wird Berlinguer Honecker verbunden bleiben. Als Honecker Anfang der 70er Jahre die große Tagung der kommunistischen Parteien vorbereitet, sorgt Berlinguer dafür, dass auch die Eurokommunisten kommen und die Tagung zum Erfolg wird.

Auch die großen Massenveranstaltungen der FDJ werten Erich Honecker politisch auf. Anlässlich der Wahl Wilhelm Piecks zum Präsidenten der DDR organisiert die FDJ einen Fackelzug mit mehreren tausend Teilnehmern. Honecker spricht ein Gelöbnis. Er schwört der DDR im Namen der Jugend die Treue, »weil sie der Jugend Frieden und ein besseres Leben bringen will und bringen wird.«

GELÖBNIS DER FDJ ZUR WAHL WILHELM PIECKS ZUM PRÄSIDENTEN DER DDR AM 11. OKTOBER 1949

Hochverehrter Herr Präsident! Im Auftrag von nahezu zwei Millionen jungen Deutschen übermittle ich Ihnen in dieser geschichtlichen Stunde das Gelöbnis der deutschen Jugend, nach dem sie handeln will.

Hochverehrter Herr Präsident! Zum ersten Mal in der langen Geschichte unseres Landes haben das deutsche Volk und seine Jugend sich einen Staat und eine Regierung geschaffen, die den wahren Interessen der deutschen Nation entsprechen. Zum ersten Mal in ihrer Geschichte darf die deutsche Jugend in Vertrauen und Liebe zu diesem Staat und seiner Regierung sich bekennen. In dieser feierlichen heutigen Stunde gedenkt die deutsche Jugend der Lehren, die ihr Jahrhunderte bitterster Erfahrung erteilt haben. Sie gedenkt der Helden und Märtyrer des deutschen Volkes, die von den Bauernkriegen bis zum Widerstand gegen Hitler für ein Deutschland des Volkes kämpften und starben. Sie gedenkt Millionen junger Deutscher, die volksfeindlichen Interessen in Eroberungskriegen gegen friedliche Völker hingeopfert wurden. Wir, die deutsche Jugend, geloben der Deutschen Demokratischen Republik Treue, weil sie der Jugend Frieden und ein besseres Leben bringen will und bringen wird. Wir geloben der Deutschen Demokratischen Republik Treue, weil in ihr die Selbstbestimmung des deutschen Volkes zum ersten Male in vollem Umfange hergestellt sein wird. Wir grüßen aus tiefstem Herzen das Neue, unsere strahlende, freudige Zukunft.

Es lebe die deutsche Jugend im Bund mit der friedliebenden Jugend aller Länder, es lebe die Deutsche Demokratische Republik, ihr Präsident, Wilhelm Pieck, und ihre Regierung zu einer friedlichen Welt!

Quelle: Parteiauftrag: Ein neues Deutschland I, Die frühe DDR in Tondokumenten 1949 – 1959, Deutsches Historisches Museum, Deutsches Rundfunkarchiv 1996, Beitrag Nr. 7: Reportage von der FDJ-Kundgebung auf dem Berliner August-Bebel-Platz 11. 10. 1949.

Das Deutschlandtreffen zu Pfingsten 1950 in Berlin wird gigantisch. Rund 700 000 Jugendliche, davon 30 000 aus dem Westen, versammeln sich zu einer politischen Manifestation. Stalin sendet ein Grußtelegramm: »Ich danke für die Grüße der jungen deutschen Friedenskämpfer, Teilnehmer an dem gesamtdeutschen Treffen der Jugend. Ich wünsche der deutschen Jugend, dem aktiven Erbauer des einheitlichen, demokratischen und friedliebenden Deutschland, neue Erfolge bei diesem großen Werk.«[86] Dürre Worte, aber es ist das erste Telegramm, das Stalin an einen ausländischen Jugendverband richtet.

Noch größer und noch stärker auf Stalin bezogen sind die Weltfestspiele der Jugend 1951 in Berlin. Honecker ordnet auch einen Sternmarsch nach Westberlin an, bei dem es zu Zusammenstößen mit der Polizei kommt. Die Verletzten feiert Honecker als Märtyrer. Trotzdem bringt ihm diese unbedachte Radikalität Kritik im Politbüro ein, auch einige der alten Kommunisten wollen es beim deutsch-deutschen Wettbewerb etwas sensibler angehen.

Ohnehin schmälert die Westpolitik der FDJ Honeckers ansonsten innerhalb der SED-Führung anerkannten politischen Erfolg. Die sogenannte »Westarbeit« ist eine Serie von Niederlagen. Schon 1946 scheitert die Ausdehnung der Freien Deutschen Jugend in die westlichen Besatzungszonen, da die Besatzungsmächte der an die HJ erinnernden Einheitsjugend die Zulassung verweigern. Erich Honecker akzeptiert das nicht und trifft sich im November 1947 in Altenberg bei Köln mit Führern westdeutscher Jugendverbände. Honecker versucht den Westdeutschen einen gesamtdeutschen Verband schmackhaft zu machen, der naturgemäß eine erhebliche politische Schlagkraft hätte. Der Vorschlag imponiert, zumal die FDJ in der SBZ auf klare Erfolge verweisen kann. Doch Honeckers Erklärung, dass »im Osten Deutschlands Wege beschritten werden, auf denen das gesamte deutsche Volk vorbehaltlos folgen kann«, schreckt Christen und Sozialdemokraten ab. Sie zweifeln an den taktischen Zugeständnissen Honeckers, reden offen vom »Parteitotalitarismus« der SED, sprechen das Schicksal des inhaftierten FDJ-Mitbegründers Manfred Klein an und verweisen auf die zwangsweise Einverleibung der SPD. Honecker schlägt trotzdem einen gemeinsamen Aktionsplan vor, auch um den Preis politischer Zugeständnisse. Am Ende der zweitägigen Beratungen gesteht er allerdings ein: »Wir sind der Auffassung, dass es keinen Zweck hat, die Situation zu verkleistern, wenn die Voraussetzungen für eine Zusammenarbeit nicht da sind.«[87]

Da offensichtlich eine Vereinnahmung der westdeutschen Jugendverbände »von oben« nicht möglich ist, ordnet er die Verbreiterung der Basis an. Die Organisation wird systematisch vergrößtert, doch an das Skelett will sich kein Fleisch anlagern, denn ein rückhaltloses Bekenntnis zur Einheit unter sozialistischem Vorzeichen ist gefragt. Die Mitgliederzahl bleibt gering.

Trotzdem baut Honecker die »Westabteilung« in den Folgejahren zur personalstärksten Abteilung des Zentralrates aus. Mit der Ausrufung von Bundesrepublik und DDR sind die Fronten klar, jetzt geht es darum, im anderen Staat für Unruhe zu sorgen.

Die Kampagne für das Deutschlandtreffen der Jugend in Ostberlin wird mit beispiellosem Aktionismus geführt. Die Losung lautet: »Die Freie Deutsche Jugend stürmt Berlin!« Rund 27 000 Westdeutsche kommen der Aufforderung nach. In Ostberlin sortiert man vielsprechende Talente aus und lässt sie Politschulen in der DDR absolvieren. Die Organisation im Westen wird ausgebaut, die jungen Berufsrevolutionäre erhalten passable West-Gehälter aus Ost-Berlin. Sie suchen die Konfrontation mit der westdeutschen Regierung. Demonstrationen und Proteste sind durchweg gewalttätig. Am 26. Juni 1951 verbietet die Bundesregierung die Tätigkeit der FDJ. Honecker reagiert scharf auf diese »freche Herausforderung des friedliebenden deutschen Volkes«. »Wir«, so schreibt er, »richten an die gesamte deutsche Jugend den Appell, im Interesse der Sicherung des Friedens und einer glücklichen Zukunft, durch die Entfaltung einer breiten Protestbewegung die Aufhebung des Verbots der Freien Deutschen Jugend Westdeutschlands zu erzwingen.«[88]

Die FDJ geht in die Illegalität. Ein Zentralbüro mit mehreren Dutzend Mitarbeitern und 110 Instrukteuren sowie verdeckt operierenden Bezirks- und Kreisleitungen soll das Überleben der Organisation sichern.

Immerhin gelingt es der FDJ bei einer »Friedenskarawane« in Essen am 11. Mai 1952 knapp 30 000 Demonstranten aufzubieten, obwohl das Ordnungsamt der Stadt die Veranstaltung verboten hatte. Bei Auseinandersetzungen mit der Polizei wird der FDJler Philipp Müller erschossen.[89] Erich Honecker artikuliert »unsagbare Empörung« und »lodernden Hass«. Die Medien der DDR lässt er Protestresolutionen abdrucken. Dann absolviert er mit der Witwe des Märtyrers eine Tournee. In der ganzen DDR benennen sich Brigaden und Landwirtschaftliche Produktionsgenossenschaften nach dem westdeutschen »Vorkämpfer für Frieden und Sozialismus«.

Die Repression durch die westdeutschen Behörden beginnt jedoch zu greifen, zahlreiche untergeordnete Funktionäre werden zu Gefängnisstrafen oder Geldbußen verurteilt.

Grundlos ist der Widerwillen gegen die FDJ nicht. Seit der Berlinblockade 1948 wird Stalin im Westen mit anderen Augen betrachtet. Der Kurs der Stalinisierung wird besonders von christlichen Politikern, von denen nicht wenige Repressalien durch das NS-Regime ausgesetzt waren, als Neuauflage eines totalitären Massenwahns empfunden. Hinzu kommt, dass das IV. Parlament der FDJ in Leipzig (27. bis 30. Mai 1952) auch ganz offiziell den Abschied von der bisherigen überparteilichen Orientierung der Jugendorganisation bringt. Jetzt soll die FDJ »treuer Helfer« und »zuverlässige Kampfreserve der Partei« sein.

Gleichzeitig bildet diese Versammlung den offiziellen Auftakt zur Militarisierung der Jugend. Honecker ruft zum Sturz der westdeutschen Regierung auf und verkündet im gleichen Atemzug die Patenschaft der FDJ über die Polizei.[90] Schießen, Segelsport, Motorsport, Fallschirmspringen sollen die bevorzugten Sportarten der Jugend werden, ein Vertreter der See-Polizei überreicht Honecker ein Kleinkalibergewehr. Applaus.

In der Bevölkerung ist der Beifall weniger einhellig. Zahlreiche Proteste gehen bei der Parteiführung und bei der FDJ ein. Walter Ulbricht und Erich Honecker lassen sich davon jedoch nicht irritieren. Honecker entwickelt den Gedanken einer variabel einsetzbaren jugendlichen Verfügungstruppe. Das Ziel ist, Arbeitskräfte für die zu schaffende militärische Infrastruktur bereitzustellen, dabei aber die Volkswirtschaft nicht übermäßig zu belasten. Ulbricht stimmt zu und in der Politbürositzung am 11. April 1952 wird Erich Honecker beauftragt, die »Organisation Dienst für Deutschland« zu schaffen.[91]

Die ersten Planungen sind gigantisch. Honecker will 66 Lager für jeweils 1250 Jugendliche, insgesamt also 82 500 Jungen und Mädchen, einrichten. Fünf Stunden Arbeit täglich sieht das Konzept vor, der Rest des Tages soll mit politischer Schulung, Sport und einer allgemeinen Ausbildung ausgefüllt werden. Ein Stellen- und Finanzplan wird erarbeitet, Uniformen entworfen, Aufrufe verfasst. Doch nicht einmal die 30 000 arbeitslosen Jugendlichen melden sich freiwillig zum Dienst. Nur rund 7500 Jugendliche kommen tatsächlich zum Einsatz. Die Landesleitungen der FDJ melden Honecker, dass der »Dienst für Deutschland« vielfach »mit dem faschistischen Reichsarbeitsdienst verglichen« und abgelehnt würde.[92] Zur ideologischen Ungeschicklichkeit gesellt sich das organisatorische Debakel. Es können nicht genügend Barackenlager gebaut werden. Für die wenigen, die bis zum Herbst fertig werden, fehlt es an Heizmaterial. Läuse gehören genauso zum Lageralltag wie Krätze und Geschlechtskrankheiten. Eine Ausbildung gibt es nicht, statt dessen wird bis zum Umfallen auf Baustellen der sowjetischen Streitkräfte geschuftet. Die Zahl der Beschwerden ist immens. Am 7. Juni 1953 beschließt das Politbüro die Auflösung des Dienstes, bis zum Juli ist die Organisation abgewickelt.[93]

Natürlich waren nicht allein die Mängel der Organisation Ursache für ihre Auflösung, sondern eine grundsätzliche Korrektur der Parteilinie. Am 9. Juni legt das Politbüro der SED auf Anweisung Moskaus den so genannten »Neuen Kurs« fest. Parteistellen sollen selbstkritisch Fehler eingestehen, Zwangsmaßnahmen gegen Bauern, Selbstständige und die Intelligenz werden zurückgenommen.[94] Diese »weiche Linie« soll dem sogar in Moskau registrierten Unmut der Bevölkerung die Spitze nehmen. Vergeblich: Am 17. Juni 1953 erschüttert ein Arbeiteraufstand die DDR. Schon am Nachmittag des 17. Juni rollen sowjetische Panzer, der Aufruhr wird niedergeschlagen. Erich Honecker spricht im Stahlwerk Brandenburg zu den Arbeitern und beweist damit sowohl Mut als auch Linientreue. Unbekümmert selbstloberisch streicht er das in den folgenden Tagen immer wieder heraus. Seine Mitstreiter verärgert er damit gewaltig, weil Honecker offenbar nicht für selbstverständlich hält, was für andere selbstverständlich ist.[95]

Ihm bleibt jedoch nichts anderes übrig, als immer wieder darauf hinzuweisen, dass er, Honecker, nicht geschwankt und gezaudert habe. Denn sein Verband, die FDJ, erwies sich keineswegs als so schlagkräftig, wie Honecker immer wieder behauptet hatte. In den Demonstrationszügen marschierten viele Jugendliche, zahlreiche FDJ-Funktionäre verkrochen sich angesichts der erzürnten Arbeitermassen.

Konsequenterweise wird eine Untersuchung der Tätigkeit der FDJ angeordnet. Parteikontrolleure nehmen die verschiedenen Hierarchiestufen unter die Lupe und sehen überall »Schönfärberei« und politische »Sorglosigkeit«. Ministerpräsident Otto Grotewohl, der Honecker noch wenige Jahre zuvor über den grünen Klee gelobt hat, urteilt am 27. Oktober 1953: »Meiner Auffassung nach wäre es sehr zweckmäßig, den Genossen Honecker durch einen anderen, fähigeren, erfahreneren Genossen zu ersetzen.«[96] Walter Ulbricht soll Honecker aus der Schusslinie genommen haben, indem er versicherte, dass man ihn »auf Schule« schicken werde.[97]

1954 ist nicht das Jahr Erich Honeckers. Die SED instrumentalisiert die FDJ pausenlos und weist ein »Aufgebot« nach dem anderen an. Natürlich soll dabei die Initiative von »unten« ausgehen. Das »Produktionsaufgebot« in den Elektrochemischen Werken Bitterfeld startet eine Jugendbrigade mit dem Ehrenamen »Erich Honecker«. Außerdem muss die FDJ 40 000 Jugendliche für den Dienst in der Kasernierten Volkspolizei werben. Der neue ZK-Sekretär Karl Schirdewan bestellt Honecker immer wieder zu sich und kritisiert ihn wegen ungenügender Erfüllung der Vorgaben der Partei. Und dann macht Schirdewan auch noch Erich Honecker für die gestiegene Republikflucht unter den Jugendlichen verantwortlich...[98]

Dazu kommt die Bekräftigung des Verbotes der FDJ durch das Bundesverfassungsgericht. Die illegale Arbeit der FDJ in Westdeutschland wird zum Debakel, fast alle Funktionäre werden verhaftet. Der Leiter des Zentralbüros Jupp Angenfort erhält wegen »Vorbereitung eines hochverräterischen Unternehmens« fünf Jahre Zuchthaus, der Chefredakteur der verbotenen FDJ-Zeitung Wolfgang Seiffert vier Jahre Gefängnis.[99]

Am 18. Mai 1954 beschließt das Politbüro die Teilnahme Honeckers an einem Ein-Jahres-Lehrgang an der Parteihochschule in Moskau. Wenige Wochen später wird der Beschluss aufgehoben, er soll 1955 gehen.

Ursache dafür ist, dass irgendwer Honeckers unglückliche Aussagen vor der Gestapo und sein dubioses Verhalten im April 1945 auf die Tagesordnung setzt. Irgendjemand (wahrscheinlich Karl Schirdewan) hat Honecker beim sowjetischen Botschafter denunziert, der selbstverständlich auf einer Klärung der Vorwürfe besteht. Glaubt man der Darstellung Schirdewans, hätte der Russe sogar die Entfernung Honeckers aus dem ZK gefordert. Ulbricht widersetzt sich dem entschieden und beauftragt seinen Vertrauten Karl Maron mit der Klärung des Sachverhaltes.[100] Maron, der seine Treue zur Sowjetunion sowohl als Emigrant in Moskau als auch als Polizeichef unter Beweis gestellt hatte, mag Honecker und kann nichts Ehrenrühriges an dessen Verhalten finden. Ulbricht sorgt schließlich dafür, dass Honecker nun doch zur Parteihochschule nach Moskau delegiert wird. Am 27. Mai 1955 gibt es auf dem V. Parlament der FDJ herzlichen Beifall und einen gigantischen Blumenkorb. Das Foto, das der Reporter von Zentralbild schießt, wird 1958 gesperrt, weil es auch einen klatschenden Karl Schirdewan zeigt.[101]

Zum Zug nach Moskau kommt Honecker fast zu spät.

ZWEITER MANN

Der Lehrgang auf der Hochschule des ZK der KPdSU beginnt im Mai 1956 und umfasst die üblichen drei Säulen des Marxistischen Denkgebäudes: Philosophie, Geschichte (vor allem die der Sowjetunion) und Politische Ökonomie. In allen drei Fächern erhält er die Note Eins. Intensiv und sorgfältig habe er gearbeitet, bescheinigen ihm seine Mitstudenten im Mai 1956. In den Seminaren war er aktiv, sein Auftreten kritisch und durchdacht, und er habe es gut verstanden, »... das Studierte mit der Praxis, aus eigenen reichen Erfahrungen schöpfend, zu verbinden.«[102]

BEURTEILUNG 1956

C-Jahreslehrgang — 3. Mai 1956
Betr. Gen. Erich Honecker

Das persönliche Verhalten des Gen. Honecker war diszipliniert und einwandfrei. Sein Verhältnis zum Kollektiv war gut. Er ist kameradschaftlich und jederzeit bereit, anderen zu helfen. Seine Aufgaben als Parteileitungsmitglied hat er erfüllt.

Gen. Honecker hat intensiv und sorgfältig mit Erfolg das Selbststudium durchgeführt. Seine Mitarbeit in den Seminaren war aktiv, sein Auftreten kritisch und durchdacht. Er versteht es gut, das Studierte mit der Praxis, aus eigenen reichen Erfahrungen schöpfend, zu verbinden.
Leitung der Parteiorganisation
Otto Funke, H. Müller, T. Peplinksi, W. Kulm

Quelle: BA Berlin (SAPMO), Kaderakte Erich Honecker, Blatt 125.

Deutlich wird aber wieder einmal Honeckers Nicht-Begabung für Sprachen. Ein gelehriger Schüler des Russischen sei er nicht gewesen, berichtet Kommilitone Hans Bentzin. Bentzin gibt Honecker Nachhilfeunterricht, stellt diesen aber bald ein: »Nicht, dass er nicht wollte, aber er verfügte nicht über die Grundkenntnisse der deutschen Sprache, und wie soll man im Russischen deklinieren und konjugieren, wenn man es im Deutschen kaum kann.« Honecker beruhigt Bentzin, in der Funktion, die er später einmal einnehmen würde, bekäme er wohl einen Dolmetscher. Bentzin trocken: »Womit er Recht hatte.«[103]

Später wird Honeckers Schulabschluss noch einmal zur Sprache kommen. Als Ulbricht 1970 dafür plädiert, Honecker wegen mangelnder Qualifikation abzulösen, erwidert der hinzugezogene sowjetische Botschafter Abrassimow: »Ist es etwa wenig, was er gelernt hat auf der Lenin-Akademie?«[104]

In Moskau erfährt Honecker von Chruschtschows Geheimrede auf dem XX. Parteitag. Detaillierte Angaben über das Ausmaß der stalinschen Verbrechen und die verhängnisvollen Folgen für die kommunistischen Parteien muss er sich aber mühsam bei sowjetischen Bekannten besorgen. Karl Schirdewan – der in Moskau aus erster Hand informiert wird – hält es nicht für nötig, mit dem Politbürokollegen Honecker zu reden.

Honecker kommt auch in persönlichen Kontakt mit einstigen Häftlingen des GULag, die ihm vom Schicksal unschuldig inhaftierter deutscher Kommunisten erzählen. Wie glaubhaft versichert wird, verspricht Honecker, zu Hause dafür zu sorgen, dass die Genossen rehabilitiert werden. Zu Hans Bentzin sagt er: »Da kommt noch vieles auf uns zu!«[105]

Die Rückkehr Honeckers ins Politbüro wird deutlich unauffälliger abgewickelt als seine Abreise nach Moskau. Nur Insidern ist klar, dass Walter Ulbricht mit dem »jungen Mann« noch viel vorhat. Honecker bekommt die Zuständigkeit für Jugend, Sport und Sicherheitsfragen.

Alle drei ZK-Abteilungen sind personell schwach ausgestattet und politisch nur von geringem Einfluss. Mit der FDJ findet Honecker am ehesten ein Übereinkommen, dort hat er nach wie vor eine starke Hausmacht und eine fast mythische Stellung. Der für den Sport zuständige Staatssekretär Manfred Ewald ist weniger leicht zu beeinflussen, die Rivalität der beiden datiert aus der Zeit, in der der Sport zur FDJ gehörte. Beider Bezugspunkt ist jedoch Walter Ulbricht, so dass sich eine gedeihliche Zusammenarbeit entwickelt, die bis zum Ende der DDR andauern soll. Darüber hinaus ist Ewald als einstiges NSDAP-Mitglied erpressbar. Politbüromitglied Alfred Neumann urteilt rückblickend: »Honecker nahm immer die, die irgendwo einen schwachen Punkt hatten, die kaufte er sich ein.«[106]

Einfluss auf den Sicherheitsapparat zu bekommen, gestaltet sich schwieriger.

Eine Rede vor den Parteiaktivisten des Innenministeriums am 1. November 1957 verrät einiges über Honeckers Intentionen beim Umbau des Sicherheitsapparates. Zunächst versah er die anwesenden Parteisekretäre und Polizeikommandeure mit Orientierung nach vorn. »Die leninschen Worte, dass man im 20. Jahrhundert nicht vorwärts schreiten kann, ohne zum Sozialismus zu kommen«, fänden »in der Praxis unseres Lebens eine glänzende Bestätigung«, meinte Honecker. Ungerührt vom »Katzenjammer der Imperialisten und Militaristen« ziehe der Sputnik seine Bahn um den Erdball. Interkontinentalrakete und Sputnik, »der sichtbarste Ausdruck der Überlegenheit des sozialistischen Lagers« würden wie ein Alpdruck auf ihnen lasten. Und gewiss sei, »dass die großen Ideen des Friedens, der Demokratie und des Sozialismus, die sich in der Deutschen Demokratischen Republik in der Verwirklichung befinden, in ganz Deutschland siegen werden.«

Im Selbstlauf geschehe eine solche Entwicklung jedoch nicht, machte er den Anwesenden klar. Große Aufmerksamkeit müsse man, das hätten die »Ereignisse« in Polen und Ungarn gezeigt, »Schwankungen« in »Teilen der Intelligenz« schenken. Außerdem gäbe es auch in der DDR noch »kapitalistische Kreise« und »frühere aktive Faschisten«, die den »ausweglosen Versuch« unterstützen würden, »in der Deutschen Demokratischen Republik die Herrschaft der Konzernherren und Junker wieder herzustellen.« Die Sicherheitsorgane müssten daher, »jede nur denkbare schwache Stelle, die der Gegner für seine teuflischen Zwecke ausnutzen könnte, beseitigen.«

Im Detail mahnte Honecker eine Qualifizierung der Tätigkeit der einzelnen Gliederungen des Ministeriums an. Zur Sachkunde müsse aber auch »straffe, ja eiserne militärische Disziplin« treten. Dazu gehöre die »Frage der unbedingten, widerspruchslosen Ausführung der gegebenen Befehle und Anweisungen«. Motor müsse die Partei sein, die entschlossen gegen »Kumpelhaftigkeit, Versöhnlertum, Schlamperei« vorzugehen habe.[107]

Mit dem Innenminister Karl Maron ist sich Honecker dabei einig. Die beiden arbeiten kollegial zusammen. Also wird die Polizei ohne größere Schwierigkeiten nach Honeckers Vorgaben umgeformt, besser organisiert und gründlicher ideologisiert.

Die Leitung des Ministeriums für Staatssicherheit ist erstens anderer Ansicht und glaubt zweitens, dass Honecker nicht die Kraft hätte, seine Vorstellungen umzusetzen. Das MfS hat zwar gerade einige Krisen hinter sich, ist aber immer noch ein starkes eigenständiges Ministerium. Rivalitäten innerhalb des Apparates haben immer nur andere Vertreter der gleichen Gruppe an die Spitze gebracht: stalinistische Hardliner mit eigenen politischen Ambitionen, die darüber hinaus schon seit langem für die sowjetischen Geheimdienste arbeiten. Der amtierende Minister Ernst Wollweber war im Spanienkrieg, zog dann einen Agentenring in Schweden auf und wurde dort verhaftet. Die Sowjetunion sprach ihm 1944 die Staatsbürgerschaft zu, damit Schweden Wollweber abschieben konnte. In Wollwebers Ministerium sind vor allem einstige Spanienkämpfer und Opfer des Nationalsozialistischen Regimes tätig. Deren Ressentiments werden seit 1945 durch die SED zielstrebig gelenkt. In der Epoche der Umgestaltung und der ersten Jahre des sozialistischen Aufbaus kommt Hass auf Faschisten und Bürgerliche gerade recht. Jetzt, in den fünfziger Jahren, ist das unkontrollierte und exzessive Zuschlagen des Repressionsapparates nicht mehr gefragt. Walter Ulbricht, und damit auch Erich Honecker, geht es um die Versachlichung der Repression, gewissermaßen um die zweite Phase der Diktatur des Proletariats.[108] Hinzu kommt, dass das Ministerium für Staatssicherheit (1952 bis 1954 nur Staatssekretariat) durchaus nicht immer im Sinne der Partei agierte. In den Jahren 1951 bis '53 kehrte sich das Schwert der Partei gegen sie selbst, die beim MfS reichlich vertretenen sowjetischen Berater rissen auch zuverlässige Genossen in den großen Strudel der Säuberungen. Honecker schafft es, aus dem dysfunktional gewordenen Repressionsorgan eine sachlicher arbeitende, im Dienste der Partei einsetzbare politische Polizei zu formen.[109]

Minister Wollweber wird mehrfach ins Zentralkomitee zu Walter Ulbricht bestellt, der ihn im Beisein von Honecker deutlich zurechtweist, da Wollweber die systematische Information der Parteispitze unterlassen habe. Ulbricht interpretiert das als den Versuch, sich über die Partei zu stellen und beauftragt die Sicherheitsabteilung des ZK, also Erich Honecker, eine »parteimäßige Klärung« herbeizuführen. Honecker nimmt daraufhin an der Kollegiumssitzung des Ministeriums teil. Die Leitung des Ministeriums beschließt selbstkritisch, die Arbeit radikal umzustellen. Die Vorschläge zur Reform bringt Wollwebers Stellvertreter Erich Mielke ein.[110] Endgültig manövriert Honecker Wollweber aus, indem er ihn in die »parteifeindliche« Gruppierung um Karl Schirdewan einordnet – von ihr wird später noch zu reden sein. Neuer Minister wird Erich Mielke, der bisherige Leiter der politischen Polizei. Honecker baut noch weitere Sicherungen ein: Gerhard Heidenreich, Honeckers einstiger Stellvertreter in der FDJ, wird Parteisekretär des Ministeriums, Zuchthauskamerad Hans Fruck einer der Stellvertreter des Ministers.

Mielke verabschiedet zahlreiche alte Klassenkämpfer in die Ehrenpension. Einige Generale und Obersten werden degradiert oder zur Wismut abgeschoben.[111] Die neuen Kader sind die Anfang der fünfziger Jahre in der FDJ rekrutierten Offiziere. Die neue Zielsetzung des Ministeriums ist ideologischer als bisher, aber klarer definiert. An die Stelle des omnipräsenten »Feindes« tritt nun eine klare Definition der »politisch-ideologischen Diversion«. Für den, der in die Mühlen der Stasi gerät, ändert sich nichts, für einen großen Teil der Bevölkerung stellt sich jedoch die trügerische Normalität ein, die in den siebziger Jahren kennzeichnend für die DDR werden wird.

Die Reform des Strafvollzuges zieht Erich Honecker nach gleichem Muster durch: Versachlichung plus Ideologisierung.

Honecker macht Schluss mit dem GULag russischer Prägung und sorgt für eine Neuordnung der Produktion in Lagern und Gefängnissen. Kleine Lager werden geschlossen, die Produktion in regulären Strafanstalten ausgebaut. Auch der gezielte Todesschuss auf flüchtende Gefangene – in den frühen fünfziger Jahren per Befehl angeordnet – wird abgeschafft.[112]

Für die Insassen der Gefängnisse ist dies prinzipiell von Vorteil. Die grässlichen Zustände in den Lagern und Haftanstalten werden durch ein straffes, aber wenigstens geregeltes und berechenbares Regime ersetzt.[113]

Beim Militärstrafvollzug allerdings sorgt Honecker für eine Verschärfung. Als er 1964 davon erfährt, dass Zeugen Jehovas und straffällige Armeeangehörige gemeinsam in einem Lager untergebracht sind, weist er sofort an, die Pazifisten ins Gefängnis Bautzen II zu bringen. Im Straflager der Soldaten müsse schließlich deren »Erziehung« gewährleistet sein. Die entsprechende Vollstreckungs- und Vollzugsordnung des Lagers »Berndshof« bei Ueckermünde enthält dann auch spezielle – verschärfende – Strafbestimmungen.[114]

Auch der Aufbau der Kampfgruppen der SED fällt in Honeckers Ressort. In den Betrieben werden paramilitärische Verbände gebildet, die teilweise sogar schwere Waffen und gepanzerte Fahrzeuge erhalten. Gedacht ist die Truppe als Bürgerkriegsmiliz. Es wird exerziert, geschossen und Häuserkampf trainiert. Ihre Bewährungsprobe besteht sie beim Bau der Mauer, Honecker setzt sie dort ein, wo Polizisten fehlen. Ein zweiter Effekt ergibt sich nebenbei. Da in den Kampfgruppen Angehörige verschiedener Hierarchien zusammengefasst werden, entsteht eine gewisse soziale Kontrolle innerhalb der Betriebe. Erst in den achtziger Jahren verkommen die Kampfgruppen zu einem albernen Schützenverein alter Männer.

Erich Honecker definiert auch das Feindbild der Truppen neu. Zum einen orientiert er auf die lichte Zukunft der sozialistischen Gesellschaft, zum anderen weist er Westdeutschland ganz eindeutig die Rolle des Feindes zu. Das hat den Effekt, dass im Inneren der DDR weniger intensiv nach Gegnern gesucht wird – erst in den achtziger Jahren kehrt sich das Verhältnis wieder um: Der Westen verliert seinen Schrecken und der Feind steht wieder im eigenen Land.

Bei dieser Neuordnung des Feindbildes werden auch die Kirchen ein wenig aus der Schusslinie genommen. Honecker lenkt den Kirchenkampf der SED in andere Bahnen (im Auftrag Walter Ulbrichts, der damit sein Zugehen auf die »progressiven« Theologen vorbereitet). Obwohl Honecker 1958 in einem Bericht vor dem ZK die Worte Lenins zitiert, dass der »ideologische Kampf« gegenüber »fehlender Bewusstheit, gegenüber Unwissenheit oder Obskurantismus in Form von religiösem Glauben« Sache der »ganzen Partei, Sache des ganzen Proletariats« sei, gibt er sich milde. Alle Parteimitglieder müssten sich mit der Weltanschauung des Marxismus-Leninismus vertraut machen. Jenen Genossen, »die noch religiöse Vorstellungen haben«, solle »durch geduldige Aufklärung« geholfen werden, »sich davon zu befreien«, meint das frischgebackene Vollmitglied des Politbüros. Die Worte »geduldige Aufklärung« hatte sich Honecker in seinem Redemanuskript extra unterstrichen, es ist davon auszugehen, dass er sie in seiner Ansprache besonders betont hat.[115]

Bei all diesen Maßnahmen stützt sich Honecker auf vergleichsweise junge Funktionäre, Polizisten und Militärs. Indem er diese Absolventen von Parteischulen und Generalstabsakademien sofort in verantwortliche Positionen hievt, erneuert Honecker nicht nur den Apparat. Gleichzeitig entsteht eine Hausmacht, die bis 1989 Bestand haben wird. Schleichend entmachtet Honecker die Veteranen des Spanienkrieges, die bisher die Schlüsselstellungen im Sicherheitsapparat innegehabt hatten. Militär, Polizei und MfS werden verjüngt, vergrößert und besser ausgerüstet. Sein Ziel ist die »Erhöhung der Einsatzbereitschaft und Kampfkraft unserer bewaffneten Kräfte«, wie er in einer Rede vor dem ZK im Februar 1958 unumwunden zugibt.[116] Schlüssel ist für ihn die »politische Erziehung der Armeeangehörigen«, immer wieder agitiert er für »das richtige Verhältnis« der Kommandeure und Offiziere »zu ihren Parteiorganisationen«. Und neu ist, dass er den Parteileitungen in der Truppe das Recht einräumt, die »dienstliche Tätigkeit der Offiziere« »kritisch« zu beurteilen, sowie »Vorschläge zur Verbesserung der politischen und militärischen Ausbildung zu unterbreiten.« Immer wieder weist er auf »die Festigung der führenden Rolle der Partei in der Armee hin«.[117] Man mag das als Indiz dafür nehmen, dass diese Führungsrolle bisher nicht überall akzeptiert war. Man kann in der Betonung der Wichtigkeit der Partei auch die Rückkehr zu alten stalinistischen Prinzipien erkennen. In der konkreten Situation aber stellte Honecker das Primat der Partei wieder her, indem er einen dysfunktionalen Polyzentrismus zerschlug. Die Verselbstständigung der Sicherheitsorgane, ihr unkontrollierbares Agieren hatte niemandem genutzt, am allerwenigsten der Bevölkerung. Die Versachlichung der Arbeit von Militär, Staatssicherheit und Polizei wurde eindeutig als richtig empfunden. Honecker ordnete und ideologisierte zugleich. Er modernisierte, ohne etwas am System zu ändern.

So stellt Honecker ein Stück Handlungsfähigkeit her, das die politische Führung der DDR bisher nicht hatte. Gekrönt wird das Ganze durch die Schaffung des Nationalen Verteidigungsrates. Honecker und Ulbricht formen die Sicherheitskommission beim Politbüro zu einem eigenständigen staatlichen Organ um. Vorsitzender ist der Staatsratsvorsitzende Walter Ulbricht, Sekretär der ZK-Sekretär Erich Honecker, Mitglieder sind die Minister für Inneres, Staatssicherheit und Verteidigung sowie einige Generale. Die Anordnungen des Nationalen Verteidigungsrates sind Befehl, das Primat der Partei ist garantiert.[118]

Während des Aufstiegs zum neuen starken Mann räumt Honecker durch Intrigen Widersacher Ulbrichts und als Rivalen empfundene Genossen aus dem Weg. Dabei erweist er sich als lupenreiner Stalinist und virtuoser Intrigant. Er sammelt belastendes Material über jene, die entfernt werden sollen, konstruiert eine parteifeindliche Fraktion, stigmatisiert die einzelnen Mitglieder und schlägt dann auf einer ZK-Tagung zu. Am 3. Februar 1958 werden auf diese Weise aussortiert:

- Fred Oelßner, Mitglied des Politbüros und stellvertretender Ministerpräsident,
- Karl Schirdewan, Mitglied des Politbüros und Sekretär des Zentralkomitees,
- Ernst Wollweber, Minister für Staatssicherheit,
- Gerhard Ziller, Sekretär des Zentralkomitees, hat sich im Vorfeld der Tagung erschossen.

Spätestens jetzt ist Beobachtern klar, dass die Symbiose zwischen Walter Ulbricht und Erich Honecker Früchte trägt. Ulbricht wird gestärkt, indem Honecker Ulbrichts Widersacher verdrängt. Honeckers Stellung als »zweiter Mann« festigt sich, da er ihm ergebene Jungfunktionäre in die entstandenen Lücken schiebt.

In die Zuständigkeit der Sicherheitsabteilung des ZK gehörte auch die persönliche Sicherheit der ZK-Sekretäre und Politbüromitglieder. Der Schock des ungarischen Aufstandes ließ es geboten erscheinen, in punkto Sicherheit vor dem eigenen Volk etwas mehr zu tun, als nur ein paar Wachposten am Majakowskiring zu postieren. Also suchten Honeckers Emissäre nach einem geeigneten Grundstück für eine Wohnsiedlung des Politbüros. Unweit des Ortes Wandlitz, nordöstlich von Berlin, gab es ein solches. 1960 war die Siedlung bezugsreif. Politbüromitgliedern, die sich sträubten in die Waldsiedlung zu ziehen, machte Staatssicherheitsminister Erich Mielke unmissverständlich die zwingende Notwendigkeit klar.

Selbstverständlich war Erich Honecker in den fünfziger Jahren auch mit politischen Problemen befasst. Als Politbüromitglied entschied er alle wesentlichen Tagesfragen mit, ganz gleich ob es um

In den 50er und frühen 60er Jahren unzertrennlich: Parteichef Walter Ulbricht und sein 2. Sekretär Erich Honecker. Später ist das Verhältnis gestört: 1970 enthebt Ulbricht Honecker aller Funktionen, 1971 setzt Honecker Ulbricht ab.

Wirtschaft, Gesellschaft oder Außenpolitik ging. Seine Handschrift wird jedoch nur in wenigen Fragen sichtbar, immer dann, wenn es sich tatsächlich um sicherheitsrelevante Probleme handelte. Die Kollektivierung der Landwirtschaft war ein solches. Seit 1957 wurde sie forciert, Gegner der Maßnahme diffamierte oder verhaftete man. Solche Repressionen waren bis 1960 jedoch nicht häufig. Erst als sich das ZK der SED im Januar 1960 mit einem Brief an die Grundorganisationen der Partei auf dem Lande wandte, änderte sich der gemächliche Kurs. Als Ziel formulierte der als Brief getarnte Aufruf: »Die weitere Festigung und Entwicklung der sozialistischen Produktionsverhältnisse und die systematische Gewinnung noch einzeln wirtschaftender Bauern für die LPG«.[119] Die Parteiorganisationen sollten in den Dörfern die »Grundfragen der Agrarpolitik« und die »sozialistische Perspektive der Landwirtschaft« erläutern. Von einem Zwang zur Kollektivierung war zunächst nicht die Rede – durch Anweisungen des ZK, bald das erste vollgenossenschaftliche Dorf und den ersten vollgenossenschaftlichen Kreis zu schaffen, ergab sich jedoch eine verhängnisvolle Dynamik.

Erich Honecker, revolutionären Maßnahmen ohnehin sehr zugetan, wirkt an der Abfassung der entsprechenden ZK-Beschlüsse mit. Als Leiter der Sicherheitsabteilung weist er die Polizei an, nicht nur gegen die Gegner der Kollektivierung vorzugehen, er ordnet auch die »Unterstützung« schwacher Parteiorganisationen durch ausgewählte Kader von Polizei und Staatssicherheit an. Daraufhin schwärmen Parteisekretäre von Haftanstalten, Regimentern und Volkspolizeikreisämtern aus, um die Bauern zum Eintritt in die Genossenschaften zu »überreden«. In den Akten der Polizei finden sich zahlreiche Berichte zu Vorfällen mit den Werbern, subsummiert unter dem Stichwort »Überspitzungen«. Als auch der Westberliner RIAS Wind von den Parteiaufträgen bekommt und aus Tanneberg, Kreis Finsterwalde, berichtet, wendet sich Innenminister Karl Maron an Erich Honecker. »In Gruppen zu acht Werbern suchen sie die einzelnen Bauern auf«, so zitiert Maron den RIAS, »um sie mit Drohungen und Versprechungen so lange einzuschüchtern, bis diese eine Beitrittserklärung zu einer LPG unterzeichnen.« Das könne nicht sein, meint Maron und bittet Honecker am 24. Februar 1960, »die entsprechenden Beschlüsse zu überprüfen und rückgängig zu machen.«[120] Formell wird der

Beschluss zur »Unterstützung« der Kreise nicht rückgängig gemacht. Doch als das Ziel erreicht ist und noch immer Volkspolizisten in den LPGs Wachhund und Aufpasser spielen, spricht Walter Ulbricht ein Machtwort. »In einer Versammlung der Genossenschaft hat doch die Volkspolizei überhaupt nichts zu suchen.«[121]

Honeckers übertriebene Härte trägt zur Eskalation der Fluchtbewegung bei. Das war zwar politisch so nicht gewollt, ist aber aus der Sicht Walter Ulbrichts auch kein Fehler. Im Gegenteil: Mit seiner Radikalität empfiehlt sich Honecker ein weiteres Mal. Dass er aber wirklich zum Stellvertreter und Nachfolger taugt, stellt Honecker erst durch sein umsichtiges Agieren im Jahr 1961, beim Bau der Berliner Mauer unter Beweis.

In seinen Memoiren prahlt Erich Honecker: »Vom damaligen Vorsitzenden des Nationalen Verteidigungsrates der DDR, Walter Ulbricht, wurde mir die Vorbereitung und Durchführung der hierfür erforderlichen Aktion übertragen«. Dann lässt sich Honecker über Befehle an Armee, Polizei und Kampfgruppen aus. Ein Selbstlob komplettiert das Ganze: »Später konnten wir befriedigt feststellen, dass wir nichts Wesentliches unberücksichtigt gelassen hatten.«[122]

Ganz so war es dann doch nicht. Die Aktion »Mauerbau« wurde von einem Triumvirat geleitet – nicht allein von Erich Honecker. Honecker war für Militär, Polizei, Grenztruppen und Staatssicherheit verantwortlich. Das ist unbestritten. Die Teilung Deutschlands war jedoch nicht nur eine polizeiliche Maßnahme. Vorangegangen war ein gigantisches Autarkieprojekt zur »Störfreimachung« der DDR-Wirtschaft, also zur Auflösung der gesamtdeutschen Wirtschaftsverflechtungen. Die ökonomische Seite der Aktion verantwortete Erich Apel, der Wirtschaftssekretär des Zentralkomitees. Apel sorgte dafür, dass der Verkehr weiterrollte und dass trotz Embargos keine Produktionsanlagen stillstanden. (In seinen Memoiren erwähnt Honecker Apel überhaupt nicht, es lohnt sich, diesem Fakt im Kapitel »Rivalen« genauer nachzugehen. Anhand der Archivalien ist jedoch nachzuvollziehen, dass Apel jeden einzelnen Industriezweig auf Unabhängigkeit trimmte.)

Die politische Vorbereitung des Mauerbaus liegt bei Walter Ulbricht, er macht Partei, Medien und Staatsapparat fit für den Tag X. Und es ist Ulbricht, der Chruschtschow die Zustimmung zur Aktion abtrotzt.

Im Januar 1961 beschließt das Politbüro, die Abriegelung Westberlins vorzubereiten, die Zustimmung aus Moskau liegt zu diesem Zeitpunkt noch nicht vor. So entwickeln die Agitatoren verschiedene Varianten, um die Situation kontrolliert eskalieren zu lassen.[123] Die allgemein gehaltene Propagandaformel heißt »Vorbereitung eines Friedensvertrages«. Zeitgenossen vermuten alles Mögliche. Der Abschluss eines Vertrages mit der vollen völkerrechtlichen Anerkennung der DDR ist die unwahrscheinlichste aller Varianten. Einige glauben an einen Einmarsch in Westberlin, mindestens aber an den Abzug der westlichen Alliierten. Andere vermuten eine geplante Abriegelung des Ostsektors vom Rest der DDR, also an die Wiederherstellung der vollen Verantwortung der vier Besatzungsmächte für die gesamte Stadt. Die mögliche Schließung der Grenze innerhalb Berlins rückt ins Zentrum der Diskussion, als Walter Ulbricht auf einer Pressekonferenz am 15. Juni 1961 verkündet: »Niemand hat die Absicht eine Mauer zu errichten.«[124] Die Politiker des Westens sind über alle Details informiert, spätestens ab Juni 1961 wissen sie durch einen hochrangigen Überläufer aus der Hauptverwaltung Aufklärung des MfS Bescheid.[125]

In seinem Verantwortungsbereich macht Honecker schon im Januar Kassensturz. Alle Einheiten werden auf ihre Einsatzbereitschaft überprüft. Den Offiziersschulen und Unteroffiziersschulen ist eine besondere Rolle zugedacht. Die dort in Ausbildung Befindlichen werden systematisch auf diesen Auftrag vorbereitet. Die Vorteile liegen auf der Hand. Zum einen kann man sich der jungen Armee- und Polizeikader sicher sein, immerhin sind sie nach politischen Vorgaben ausgewählt worden. Zum anderen können verschiedene Einsatzvarianten geübt werden. Honecker kontrolliert die einzelnen Schulen, lässt sich detaillierte Mängelberichte schicken und bittet dann »die notwendigen Maßnahmen zur Veränderung der Lage zu veranlassen.«[126] Immer wieder prüft er, ob genügend Baumaterial vorhanden ist, die fehlenden 300 Tonnen Stacheldraht lässt er schließlich aus Rumänien importieren.[127]

Am 24. Juli ist es geschafft: Honecker erhält einen Bericht über die »Kampf- und Einsatzbereitschaft« der Ostberliner Polizei. Die Umgruppierung der Polizeikräfte ist abgeschlossen. Ein Sicherungskommando mit einer Stärke von 1500 Mann ist im Einsatz, um die Grenze zu kontrollieren. Als Einsatzreserve wurde eine Brigade der Bereitschaftspolizei gebildet, Stärke 3951 Mann.[128] In Biesenthal wird mit weiteren eintausend Polizisten aus Thüringen ein militärisches Feldlager bezogen.[129]

Besonders interessiert sich Honecker für den »inneren Zustand« dieser Kräfte, kann aber registrieren, dass 98 % der Offiziere Mitglieder der SED und 80 % der Wachtmeister Mitglieder der FDJ sind. Die von den Berichterstattern registrierten politischen »Schwankungen« dürften ebenfalls den Beifall Honeckers gefunden haben – eine ganze Reihe von Offizieren beklagte sich über die Illusion, mit Westberlin zu einem Kompromiss zu kommen und jammerte über die unsinnig weiche Linie gegenüber Grenzgängern und Schmugglern.[130]

Obwohl die diplomatische Vorbereitung der Aktion in Walter Ulbrichts Verantwortungsbereich fällt, fährt Honecker Mitte Juli zu Vorbesprechungen nach Moskau. Im Gepäck hat er eine eindeutige Stellungnahme Ulbrichts. Für den SED-Chef ist klar, dass es zur Abschottung der Grenze innerhalb Berlins keine Alternative gibt. Die Führung der KPdSU zögert. Honecker teilt das Ulbricht seufzend mit. Die sowjetischen Genossen könnten sich nicht vorstellen, »wie man all diese Fragen praktisch lösen soll.« Sie hätten noch keine »Vorstellung von einzelnen Problemen.«[131] Ulbricht reagiert sofort und stellt der Sowjetunion das gewünschte Material via Botschafter Perwuchin zu.

Die Entscheidung für den Bau der Mauer fällt auf dem Treffen der Ersten Sekretäre der kommunistischen Parteien, das am 3. August 1961 beginnt. Am 4. August wird eine Stellungnahme Ulbrichts behandelt, Chruschtschow hatte am Vortag nach den Ursachen für die Schwierigkeiten der DDR-Wirtschaft gefragt. Ulbricht zieht ein 18-seitiges Memorandum aus der Tasche, in dem immer wieder die offene Grenze als Ursache allen Übels dargestellt wird. Ob Staatsverschuldung oder Lieferschwierigkeiten, die Antwort lautet stets: »Westberlin«. Befragt nach den überhöhten Sozialmaßnahmen und dem vergleichsweise hohen Einkommensniveau der DDR-Arbeiter antwortet Ulbricht: »Die offenen Grenzen zwangen uns, den Lebensstandard schneller zu erhöhen, als es unseren volkswirtschaftlichen Kräften entsprach.« Sogar an der Futtermittelknappheit der DDR ist nicht etwa die Kollektivierung schuld, die zahllose Bauern zur Flucht trieb, sondern die offene Grenze, die eine solche Flucht erst möglich machte.[132]

Nach der Zustimmung der Regierungen des Warschauer Paktes ist die eigentliche Aktion schnell angeordnet, es dauert gerade einmal eine Woche, bis alle Befehle verteilt und alle Aufgaben klar sind. Walter Ulbricht versammelt am Abend des 12. August zahlreiche Politiker auf seinem Landsitz Dölln. Die Vorsitzenden der Blockparteien möchte er gern unter Kontrolle halten, die SED-Minister sollen wenigstens aus erster Hand informiert werden.

Erich Honecker ist nicht in Dölln. Er befindet sich beim Einsatzstab im Ostberliner Polizeipräsidium – anwesend sind außer ihm Staatssicherheitsminister Erich Mielke, Innenminister Karl Maron, Verkehrsminister Erwin Kramer sowie diverse Polizeiführer und Militärs. Honecker ruft die Befehlshaber der einzelnen Verbände an und gibt »X-Zeit« durch. Dann begibt er sich an die Grenze und inspiziert die Truppe. Eine Panne verschweigt er in seinen Memoiren, ausgerechnet am Brandenburger Tor steht niemand. Die Karawane der Polizeischule Aschersleben trifft erst im Laufe des Tages ein. An der Elbfähre in Aken war man zu lange aufgehalten worden.[133]

Am 14. August nimmt Honecker um 8.30 Uhr die Stärkemeldungen entgegen, die Sache scheint gelaufen.[134] In den folgenden Tagen ist Honecker mit drei Problemen beschäftigt. Der Dienst der Grenztruppen ist zu organisieren. Die eigentliche »Mauer« muss gebaut werden. Außerdem füllen sich die Gefängnisse. Honecker erhält täglich Meldungen über Verhaftungen. In den 14 Tagen nach der Grenzschließung werden über 6000 Menschen »zugeführt«, davon mehr als 3000 in Haft genommen.[135] Am 20. September 1961 schließlich ordnet Honecker an, gegen »Verräter und Grenzverletzer« die Schusswaffe anzuwenden und ein Beobachtungs- und Schussfeld in der Sperrzone zu schaffen.[136] Honecker tut dies freilich erst nach Rücksprache mit Marschall Konjew, den Chuschtschow reaktiviert und für die erwartete »heiße Phase« in Berlin eingesetzt hat.

Im »Wahlkampf« zu den Kommunalwahlen im September 1961 nimmt Honecker noch einmal zu den »Maßnahmen« in Berlin Stellung. Es sei notwendig gewesen »den Kriegsbrandherd Westberlin« unter Kontrolle zu nehmen und »die Schlupflöcher der Westberliner Agentenzentralen zu verstopfen«, erläutert er Genossenschaftsbäuerinnen und -bauern in Heldburg, Bezirk Suhl. Jetzt sei es nicht mehr möglich, »ungestraft Spione, Agenten, Diversanten aus Westberlin in die DDR zu entsenden, um das friedliche Aufbauwerk unserer Werktätigen zu stören.« Westberlin als »Umschlagplatz für den Menschenhandel« habe ausgedient. Honecker weiter: »Es ist auch nicht mehr möglich, materielle Werte unserer Werktätigen zu stehlen, unsere Jugend durch ihre Schund- und Schmutzliteratur sowie Gangsterfilme zu vergiften.«[137]

Honecker vertritt in Heldburg die offizielle Parteilinie. Auffällig sind aber seine Grobheit und sein kaum verhohlener Triumph über eine Maßnahme, die zwar das Überleben der DDR sicherte, aber letztlich nichts anderes war, als das Eingeständnis der Niederlage im Kampf der Systeme.

Zur Niederlage wird auch das von Honecker als zuständigem SED-Sekretär losgetretene FDJ-Aufgebot. Unter der Losung »Das Vaterland ruft – schützt die sozialistische Republik« ruft der FDJ-Zentralrat Freiwillige zu den Fahnen.[138] Die Durchführung des Aufgebotes wird von Honecker, nicht vom Zentralrat der FDJ, kontrolliert. SED-Bezirksleitungen melden ihm täglich den Stand der Werbungsaktion und informieren ihn darüber, dass es trotz der massiven Propaganda nur wenige Jugendliche zum Dienst in der Armee zieht.[139]

Angesichts des Debakels der Freiwilligenwerbung wird in Honeckers Sicherheitsabteilung ein Wehrpflichtgesetz ausgearbeitet. Bereits vor der Verkündung des Gesetzes instruiert Honecker die Polizei, dass der »Klassengegner« auf diesem Feld wirksam werden könnte und weist an, regelmäßige Informationen vorzulegen. Also werden Meldungen über Feindtätigkeit unter Jugendlichen erarbeitet und »Rowdygruppen« kontrolliert. Auch das Verhalten der Kirchen und die Zahl der Ermittlungsverfahren wegen Staatsverleumdung und Hetze sind extra zu melden.[140] Die Berichte des Operativstabes der Volkspolizei belegen, dass es massiven Widerstand gegen das Gesetz gibt. Sogar ein Offizier der Volkspolizei muss entlassen werden, weil er der Meinung ist, das Gesetz bedeutet Krieg.[141] Neben der prinzipiellen Ablehnung der Wehrpflicht sorgt insbesondere der atheistische Fahneneid für Unruhe, der noch dazu ein Bekenntnis zur Verteidigung der Sowjetunion enthält.[142]

Da die »Sicherheitsfragen« Honeckers Ressort bleiben, obliegt ihm auch die Motivation der dort eingesetzten Soldaten und Offiziere. Immer wieder spricht er zur Truppe, tritt »Aufgebote« und

»Wettbewerbe« aller Art los, sorgt sich also um »politische Führung«.

Zwei Beispiele seien herausgegriffen. Als Erich Honecker 1963 vor den Soldaten und Offizieren der 11. Grenzbrigade die weltpolitische Lage erläutert, zieht er Grimms Märchen zu Rate. Das mit Ost- und Westdeutschland sei so, wie die »Sache vom Rotkäppchen und dem Wolf«. Wobei es, wie Honecker betont, Adenauer sei, der versuche, die DDR zu »schlucken.« Honecker weiter: »Wie wir wissen, haben die Bonner Ultras ihre Pläne der Eroberung der Deutschen Demokratischen Republik nicht aufgegeben. Sie können also nicht verwinden, dass ihr Machtbereich an Elbe und Werra aufhört. Sie trauern um die Güter, um die Stahlwerke und um die Millionen Menschen, die ihrer Ausbeutung entzogen sind. Diese Herren sind unsere geschworenen Feinde, ganz gleich, welche Maske sie tragen.« Und deshalb sei das mit der Wiedervereinigung auch ganz anders gemeint, als man immer wieder höre, erläuterte Honecker den Soldaten. Die »Arbeiter und Bauern« sollten, ginge es nach dem Willen der Bonner Ultras, »wieder ihre Knochen zu Markte tragen, damit die Herren Gutsbesitzer und Konzernherren in Saus und Braus leben können.« Dann wird Honecker laut: »Eine solche Wiedervereinigung wird es niemals geben. Dafür sorgt ihr, als Soldaten der Nationalen Volksarmee, hier an der Westgrenze der Deutschen Demokratischen Republik.«[143]

Notwendigerweise obliegt Honecker auch das Halten von Trauerreden für getötete Grenzer. Am 9. Oktober 1964 spricht er auf der Trauerfeier von Egon Schultz. Der Unteroffizier hätte seinem sozialistischen Vaterland das Höchste gegeben, was er besaß, sein »junges, blühendes Leben«, meint Honecker. In artikulierter, tiefer, zorniger Trauer angesichts der Tränen seiner Mutter klagt Honecker die Mörder an, »die kleinen wie die großen, die Mordschützen wie ihre Hintermänner in Westberlin und in Bonn. ... Dieser Mord bleibt nicht ungesühnt.« Mit einem Schwur schließt er die Trauerrede: »Lieber Genosse Egon Schultz! Dein Tod ist uns nicht nur Mahnung, wachsam zu sein, er ist uns auch Verpflichtung unsere Waffen noch fester zu fassen, damit unser sozialistisches Vaterland zuverlässig und sicher behütet ist. Wir versprechen dir, unsere Kräfte nicht zu schonen und die Lücke, die dein Tod in unsere Reihen gerissen hat, fest zu schließen. Dein Vermächtnis wird uns unvergessen bleiben!«[144]

In den Jahren nach dem Mauerbau wird die Nationale Volksarmee der DDR zur vollwertigen und einsatzbereiten Koalitionsarmee ausgebaut. Sie soll im Rahmen des Warschauer Paktes eigenständige Aufgaben lösen. Die neue NVA ist besser ausgerüstet als die für den Bürgerkrieg gedachte Truppe der fünfziger Jahre. Honecker kümmert sich um Bewaffnung, Lehrgänge, Politschulung und die Delegierung von jungen vielversprechenden Offizieren an die Generalstabsakademien der Sowjetunion. 1964, beim Manöver »Quartett«, zeigen die Ostdeutschen ihre neuen Qualitäten erstmals. Das Lob der Verbündeten ist für Honecker Freude und Ansporn zugleich.

Ähnlich Erfreuliches lässt sich von der innenpolitischen Entwicklung nicht sagen. Trotz seiner unbestrittenen Aktivität steht Erich Honecker im Schatten der Wirtschaftsreformer, die gerade dabei sind, das Neue Ökonomische System der Planung und Leitung (NÖSPL, kurz NÖS) zu entwickeln.

1963 leitet man erste Schritte zur Realisierung dieser Wirtschaftsreform ein. Die Grundmittel werden neu bewertet, eine Industriepreisreform durchgeführt. Es wird begonnen, Investitionen auf bestimmte Industriezweige zu konzentrieren. Geld fließt vor allem in die Petrolchemie, die Elektrotechnik, den wissenschaftlichen Gerätebau, die hochveredelnde Metallurgie und einige Zweige des Maschinenbaus.[145] Das Konzept verstößt damit gegen zwei Grundprinzipien, die im Sozialismus bisher immer galten: Autarkie und Ausrichtung auf die Sowjetunion.

Mit der Bevorzugung bestimmter Industriezweige setzen die Reformer um Erich Apel auf internationale Arbeitsteilung, letztlich also den Welt»markt«. Ein derartiges Vorgehen ist aber nur in einer einigermaßen entspannten weltpolitischen Lage denkbar. Für einige in der politischen Führung ist das nicht einsichtig: Die Lehre Stalins geht von einem sich ständig verschärfenden Klassenkampf aus.

Mit dem Aufgeben des Dranges nach Autarkie hätte die Wirtschaft politische Handlungsspielräume eingeschränkt. Bei einer starken Verflechtung der DDR-Wirtschaft mit dem Westen wäre so automatisch der Einfluss der Politbüros in Moskau und Berlin geschrumpft. Sowohl in der deutschen Frage als auch bei der kalkulierten Eskalation des Kalten Krieges hätte der Osten die Initiative eingebüßt und zumindest konzessionsbereiter als bisher sein müssen. (Die Verankerung der DDR im Westen durch den Milliardenkredit wird eben das zur Folge haben: eine Einschränkung der außenpolitischen Handlungsfähigkeit.)

Mit der Sowjetunion ist eine Wirtschaftreform noch aus einem anderen Grund nicht zu machen. Mit der Konzentration auf bestimmte Branchen wäre die Palette der Warenlieferungen in die Sowjetunion geringer geworden. Die Sowjetunion besteht aber auf der Lieferung zahlreicher Produkte, zu deren Herstellung in der DDR unverhältnismäßig hoher Aufwand betrieben werden muss. Bei den Wirtschaftsverhandlungen stellt die sowjetische Seite das immer wieder klar. Mehrfach wird im Nachgang die Verhandlungsführung Erich Apels gerügt. Auch Breschnew selbst stellt gegenüber Ulbricht klar, dass sich die DDR nicht aus der Verantwortung für die Belieferung der Sowjetunion stehlen dürfe, ganz gleich, welche Folgen das für die Wirtschaft der DDR habe.

Innerhalb des Neuen Ökonomischen Systems kommt Honecker eine undankbare Aufgabe zu. Seit November 1961 ist er für die Parteiorganisation verantwortlich, soll also die Partei nach dem »Produktionsprinzip« organisieren. Der dahinter stehende Grundgedanke ist bestechend: Die Grundorganisationen der wichtigsten Betriebe sollen enger an die übergeordneten Leitungen angebunden werden. Um die Kreisleitungen nicht mit Dingen zu belasten, von denen sie ohnehin nichts verstünden, bildet man eigenständige Büros für Industrie/Bauwesen und Landwirtschaft. Diese sollen sich ausschließlich mit »ihren« Betrieben befassen und alles andere den in ihrer Bedeutung zurückgestuften Kreisleitungen überlassen. Analog wäre auf Bezirksebene zu verfahren.

Da die angestammten Leitungen aber keine Kompetenzen abgeben wollen oder können, ordnen sie sich nach und nach diese neuen Büros unter. Die alten Strukturen dominieren die neuen. Die Folge ist doppelte und dreifache Arbeit, da jedes Büro von den »Schwerpunktbetrieben« Berichte verlangt und in sie hineinregiert. Honecker kritisiert »Doppelgleisigkeit« und »alte Arbeitsmethoden« und schiebt den Schwarzen Peter zu den Kreisleitungen. Man könne ja nur erfolgreich sein, wenn vor Ort »die ehrenamtliche Arbeit im größeren Umfang entwickelt wird.«[146] Dass dies Unsinn ist, weiß er selbst. Nur eine entschieden durchgezogene Parteireform hätte die Struktur der SED an die umstrukturierte Wirtschaft anpassen können. Honecker verweigert dies jedoch. Aus seiner Sicht ist das neue Wirtschaftssystem unsinnig, da es die Führungsrolle der Partei schmälert. Mit seinem Beharren auf der traditionellen Parteistruktur gerät er nun rasch ins Hintertreffen. Die Wirtschaftsreformer betrachten ihn als Modell von gestern. Bei den Tagungen zum NÖS schwingen Ulbrichts junge Technokraten das Wort, Günter Mittag und Erich Apel sind die Macher der Zukunft.

Insbesondere Erich Apel betrachtet Honecker als Rivalen um die Gunst – und Nachfolge – Walter Ulbrichts. Honecker irrt sich wahrscheinlich nicht, Apel zieht bereits Kompetenzen an sich, die ihm eine erstaunliche Machtfülle verleihen. So schlägt er Handel und Versorgung kurzerhand seinem Bereich zu, Edith Baumann, bis dahin zuständig für dieses Gebiet, scheidet aus dem Sekretariat des ZK aus. Auch für Planung und Finanzen erklärt sich Apel als SED-Wirtschaftssekretär zuständig. Leiter der staatlichen Plankommission ist er ohnehin, eine wie auch immer geartete Kontrollfunktion des Parteiapparates hätte Apel damit ausgeschaltet.[147]

Erich Honecker gelingt es trotz seiner sich abschwächenden Stellung, das NÖS zu stoppen. Er nimmt Rücksprache mit Leonid

Die Ausarbeitung des Neuen Ökonomischen Systems der Planung und Leitung (NÖSPL) findet ohne Erich Honecker statt. Planungschef Erich Apel (1. Reihe 2. von rechts) und ZK-Abteilungsleiter Günter Mittag (links) stehen bei der Bekanntgabe der neuen Orientierung 1963 im Mittelpunkt. Honecker bleibt die Aufgabe, die Partei nach den Vorstellungen der Wirtschaftsreformer umzustrukturieren.

Breschnew. Der berät sich mit seinen Wirtschaftsexperten und reist mit einer klaren Zielstellung nach Ost-Berlin: Ende des Experiments. Walter Ulbricht muss mühsam überzeugt werden, fügt sich jedoch nach einer Aussprache mit dem sowjetischen Parteiführer in Wandlitz. Erich Apel erschießt sich, als er erfährt, dass Honecker ihn auf die gleiche Weise zu erledigen gedenkt wie Karl Schirdewan, Ernst Wollweber und die anderen Stigmatisierten des Jahres 1958.

Honecker beendet damit den einzigen ernstzunehmenden Versuch, eine sozialistische Planwirtschaft zu reformieren. Es ist schwierig, den Gehalt eines nicht zu Ende gebrachten Reformprojektes zu bewerten. Aber dass Erich Honecker bereits den Versuch rigoros unterband, macht ihn zumindest mitverantwortlich für die Stagnation von Wirtschaft und Gesellschaft. Und dass er dies ausschließlich um seines eigenen Machterhaltes willen tut, reiht ihn ein in die lange Reihe jener, denen ein funktionierendes stalinistisches System wertvoller erschien als eine ungewisse Zukunft.

Diesen, Reform und Revolution erdrosselnden, Konservatismus stellt Erich Honecker auch auf dem 11. Plenum des ZK der SED am 20. Dezember 1965 unter Beweis. Honecker erstattet den Bericht des Politbüros. Da sich Apel der großen Abrechnung durch Selbstmord entzogen hat, weichen Ulbricht und Honecker – die die Regie für Treffen der ZK-Mitglieder gemeinsam vorbereiten – auf das Gebiet der Kultur aus. Die taktische Linie gibt Walter Ulbricht vor: Auf ökonomischem Gebiet sei erst einmal Vorsicht angebracht, da Apels Selbstmord nicht so interpretiert werden soll, als würde jetzt »rein Schiff« gemacht. Ulbricht will die »zentralen Organe« im Kulturbetrieb – Fernsehen und Literatur – disziplinieren.[148]

Also wird Erich Honecker vorgeschickt, er soll den Anwesenden – und damit der ganzen Partei – mit kalkulierter Bösartigkeit deutlich machen, dass die »Tauwetter-Periode« zu Ende ist. Unter der Überschrift »Ein sauberer Staat mit unverrückbaren Maßstäben« findet der Leser des Tagungsberichtes heftige Polemik gegen »Unmoral«, eine »dem Sozialismus fremde Lebensweise« und »antihumanistische Darstellungen« in Film und Fernsehen, gegen »Brutalität«, »Triebhaftigkeit« und »Dekadenz«. Immer wieder kommt Honecker auf den »schädlichen Einfluss« der Beatmusik zu sprechen.[149] Mit platter Dreistigkeit holt er all jene Literaten, Denker und Künstler auf den Boden der sozialistischen Tatsachen zurück, die über Entfremdung im Sozialismus nachgedacht hatten und meinten, dass das Individuum als Bezugspunkt dienen könnte. Honecker: »Es gibt eine einfache Rechnung: Wollen wir die Arbeitsproduktivität und damit den Lebensstandard weiter erhöhen, woran doch alle Bürger der DDR interessiert sind, dann kann man aber nicht nihilistische, ausweglose und moralzersetzende Philosophie in Literatur, Film, Theater, Fernsehen und Zeitschriften verbreiten.«[150]

Nach diesen Präliminarien rechnet Honecker mit einzelnen Autoren ab. So wird an Werner Bräunigs Wismut-Roman unsinnige Kritik geübt, Wolf Biermann aus etwas verständlicheren Gründen attackiert. Erstaunlich prinzipiell mutet die Auseinandersetzung mit Stefan Heyms Überlegungen zur Rolle des Schriftstellers in der Gesellschaft an. Den Mitgliedern des ZK stellt Honecker hektographierte Texte Heyms zur Verfügung, unter anderem »Die Langeweile von Minsk«. Heym erinnert sich in diesem Essay an ein Gespräch mit Bertolt Brecht im Jahr 1955. Darin berichtete Heym Brecht euphorisch über den sowjetischen Schriftstellerkongress. Brecht quittiert mit Skepsis: »Ich werde Ihnen sagen, wann die in der Sowjetunion wieder eine Literatur haben werden. Wenn dort ein Roman erscheint, der ungefähr mit den Worten beginnt, Minsk ist eine der langweiligsten Städte der Welt.« Heym erklärt seinem Leser umständlich, dass Brecht natürlich nichts gegen Minsk habe sagen wollen, es sei ein imaginärer Ort wie sein Sezuan oder Mahagonny. Und dann interpretiert er Brecht so, als habe jener die Verpflichtung des Dichters zu unbedingtem Realismus eingefordert. Heym haut noch einmal in diese Kerbe, es sei »Pflicht« des Schriftstellers, »auszusprechen, was ist.« Unverblümt plädiert er für Wahrheit und Realismus und Parteilichkeit und die Beseitigung von Tabus: »Die Wahrheit ist mehr als eine eine hübsche Statue in einem friedlichen Bürgerpark. Sie ist revolutionär.«[151]

Notwendigerweise mussten sich die Genossen des Zentralkomitees fragen, ob sie also nicht revolutionär seien und gegen wen sich eine geplante Revolution denn richten solle. Eine Antwort suggeriert Heym, indem er formuliert, dass es bisher im Sozialismus auch »Brutalität, Unterdrückung, Selbstsucht, Machthunger« gegeben habe. Um das Ganze abzurunden, überlegt Heym auch noch, ob der Schriftsteller ein Recht auf »moralische Führung« habe.

Polemik gegen die Sowjetunion (»Minsk!«), Infragestellen der führenden Rolle der Partei (»moralische Führung!«) und dazu die trotzkistische These von der unvollendeten und daher permanent nötigen Revolution. Aus Honeckers Sicht muss sich sein striktes »Zurückweisen« dieser »politischen Plattform« noch als gemäßigte Polemik ausgenommen haben. Wenige Jahre vorher wäre Heym zweifellos im Keller der Staatssicherheit gelandet. Ganz gleich, ob Antifaschist, US-Bürger, Jude oder Sozialist.

Taktisch nicht ungeschickt nimmt sich Erich Honecker nur die besonders lästige Passage über die Wahrheit vor. Er, Heym, gäbe vor, so formuliert Honecker, »nur der Wahrheit das Wort zu reden, womit er aber die westlich orientierte ›Wahrheit‹ meint.« Denn, so konstatiert er prinzipiell: Die »Wahrheit«, die Heym verkünde, sei »die Behauptung, dass nicht die Arbeiterklasse, sondern nur die Schriftsteller und Wissenschaftler zur Führung der neuen Gesellschaft berufen seien.«[152] Indiz dafür sei, dass Heym auf der Veröffentlichung seines Romans, »Der Tag X«, der ja eine »völlig falsche« Darstellung der Ereignisse des 17. Juni 1953 gebe, beharre. Das aber werde man nicht »zulassen.« (Tatsächlich erteilt Honecker die Druckgenehmigung erst im Sommer 1989, so dass das Buch in der DDR pünktlich zur »Wende« erschien.[153])

Nach dem Abschluss der Auseinandersetzungen trommelt Honecker die Mitarbeiter des Zentralkomitees, also Funktionäre, Sekretärinnen, Wachleute und Hausmeister, zusammen und informiert sie über das 11. Plenum des Zentralkomitees. Er stellt klar, dass er einen Versuch unterbunden habe, unter falscher Flagge »spießbürgerliche, nihilistische Theorien« zu verbreiten. Den »konterrevolutionären Umtrieben« habe er die Spitze abgebrochen. Auch künftig werde die Partei »herangereifte Probleme von der Position des Marxismus-Leninismus« aus »klären«. Man könne ja schließlich nicht »einigen Leuten nur deshalb absolute Narrenfreiheit zubilligen, weil sie das Spiel der Bonner Ultras nicht zu durchschauen vermögen.«[154] Dass Honecker dies genauso gemeint hat, wie er es sagte, wird 1968 erneut deutlich, als es um die Ausmerzung des »Revisionismus« in der Tschechoslowakei geht. Ohne die Rolle der anderen in der SED-Führung unterschätzen zu wollen: Erich Honecker ist der maßgebliche Motor der reformfeindlichen SED-Politik. Er ist es, der alles für den geplanten Einmarsch in der Tschechoslowakei vorbereitet.

Nicht ohne Grund: Die in Prag begonnenen Reformen tasteten tatsächlich den Kern der kommunistischen Herrschaft an. Die Gruppe um den Parteichef Alexander Dubcek, Forstminister Joseph Smirkowski und den Ökonomen Ota Šik hatte im April 1968 ein Aktionsprogramm initiiert, in dem die »führende Rolle der Partei« in Frage gestellt wurde. Die Aufgabe der Partei könne nicht darin bestehen, »die Arbeit des Staates, die Arbeit wirtschaftlicher und gesellschaftlicher Körperschaften zu übernehmen.« Auch das Machtmonopol sollte preisgegeben werden: »Die Kommunistische Partei stützt sich auf die freiwillige Unterstützung durch die Menschen. Sie verwirklicht ihre führende Rolle nicht dadurch, dass sie die Gesellschaft beherrscht, sondern dadurch, dass sie der freien, fortschrittlichen und sozialistischen Entwicklung am fortschrittlichsten dient.«[155] Die in Prag regierenden Kommunisten wagten sich an die Demokratisierung des Regimes. Die Bevölkerung schien diesen Kurs mitzutragen, der sogenannte »Prager Frühling« brach an. (Die Bezeichnung ist einem jährlich stattfindenden Konzertfestival entlehnt.)

In Ostberlin wird das sehr aufmerksam registriert. Zum einen bekommt Honecker Informationen von der Auslandsaufklärung des Ministeriums für Staatssicherheit. Zum anderen gehen zahlreiche Meldungen und Berichte in der ZK-Abteilung Auslandsinformation ein, die von Honeckers altem FDJ-Mitstreiter Werner Lamberz geleitet wird. Hermann Axen, ebenfalls Freund aus FDJ-Tagen und von Honecker in die Position des ZK-Sekretärs für internationale Verbindungen gehievt, nimmt die ideologische Bewertung des eingegangenen Materials vor.[156]

Für Honecker wird die Entwicklung in der CSSR zum Problem, weil die Berichterstatter des Ministeriums für Staatssicherheit auch Beifall aus der DDR-Bevölkerung vermelden. Dass die neue, von Walter Ulbricht entworfene DDR-Verfassung mit 96 Prozent Ja-Stimmen angenommen wurde, tröstet ihn nur unwesentlich.[157] Er ist sich dessen bewusst, dass nur wenige die offene Konfrontation suchen, aber zahlreiche Intellektuelle in kleinen Zirkeln heftig über notwendige Reformen in der DDR debattieren.[158] Das Politbüro beschließt eine ideologische Gegenoffensive und die Vorbereitung administrativer Maßnahmen. Die ideologische Position der SED-Führung läuft im Wesentlichen darauf hinaus, dass man die Entwicklung in Prag als von Bonn gesteuert denunziert. Westdeutschland versuche, die sozialistischen Länder von innen aufzuweichen, voneinander zu trennen und die DDR zu isolieren. Die »administrativen Maßnahmen« sind militärische. Ulbricht und Honecker koppeln die Vorbereitungen für einen möglichen Einmarsch von der ideologischen Seite ab und bereiten ihn gemeinsam mit den Generalen der Nationalen Volksarmee und den sowjetischen Stäben vor.[159] Zunächst bitten Ulbricht und Honecker in Moskau darum, dass die NVA an einem sowjetischen Manöver in der Tschechoslowakei teilnehmen darf. Ihr Kalkül ist, dass die Streitkräfte des Warschauer Vertrages nach dem Manöver nicht wieder abgezogen werden. Das ist jedoch nicht der Fall. Also werden die Truppen der NVA nach ihrer Rückkehr von dem Manöver im grenznahen Raum stationiert. Erich Honecker lässt in der Zwischenzeit Offiziere für Besatzungsaufgaben schulen. Auch die Installierung eines Radiosenders, der in tschechischer Sprache stalinistische Propaganda verbreitet, geht auf eine Anweisung Erich Honeckers zurück. Radio »Vltava« sendet von Dresden aus und stellt seine Tätigkeit erst im Frühjahr 1969 ein.

Die Diplomatie des Sommers 1968 ist nichts anderes als Druck auf die Führung der tschechischen Kommunisten. Eine Sitzung jagt die andere. Honecker ist immer mit dabei. Am 4. Juli in Warschau, wo Dubcek einen Gang nach »Canossa« ablehnt, und am 3. August in Bratislava, wo die KPTsch-Führung ihrem ideologischen Irrtum abschwört, um einem Einmarsch zuvorzukommen. Die moskautreuen unter den Kommunisten der Tschechoslowakei laden die Sowjetunion trotzdem zur Intervention ein, dieser Brief erreicht Breschnew am Morgen des 17. August. Am 21. August lässt Breschnew Panzer rollen. Die Frage der Beteiligung der DDR an der Intervention ist mittlerweile zuverlässig geklärt. Walter Ulbricht unterschreibt am 20. August den Grundsatzbefehl für die Teilnahme der NVA. Die 7. Panzerdivision und die 11. Motorisierte Schützendivision werden sowjetischem Kommando unterstellt. Ein Befehl zum Einmarsch erging aber nicht. So waren lediglich 30 Mann eines Nachrichtentrupps im Land.[160]

Die SED bedauerte das offensichtlich. Daher wurde eine Erklärung herausgegeben, in der betont wurde, dass auch die DDR den Bitten von »Persönlichkeiten der Partei und des Staates der Tschechoslowakischen Sozialistischen Republik« gefolgt sei, »jegliche Hilfe, einschließlich militärischer Hilfe, zu erweisen.«[161] Die

Bevölkerung der DDR musste also davon ausgehen, dass »ihre« Armee beteiligt war. Für viele war das eine unerträgliche Tatsache. Honecker wurden in den nächsten Wochen mehr als 1800 »besondere Vorkommnisse« gemeldet, insbesondere »Staatsfeindliche Hetze«, »Staatsverleumdung« und »Beschädigung öffentlicher Bekanntmachungen«.[162]

In den »ideologischen Klärungsprozess« der folgenden Monate brachte sich Honecker voll ein. Der Revisionismus der Parteiführung der KPTsch habe »dem uns brüderlich verbundenen tschechoslowakischen Volk großen Schaden zugefügt« erklärte er auf der 9. Tagung des Zentralkomitees der SED am 24. Oktober 1968. In Prag sei unter »laut verkündeten Phrasen vom ›demokratischen Sozialismus‹ die Beseitigung des Sozialismus eingeleitet« worden. Honecker weiter: »Wenn schon die revisionistische und konterrevolutionäre Entwicklung so weit fortgeschritten war, dass politische Mittel nicht mehr ausreichten, das Land vor dem Zugriff der Imperialisten zu schützen, dann musste sich die internationale sozialistische Solidarität auch durch militärische Hilfe bewähren.« Es sei schlicht und einfach um die »alte, immer wieder aktuelle« Frage. »Wer – Wen?« gegangen.[163]

Honecker profiliert sich auch in der Deutschlandpolitik als Hardliner. 1968 wirbt er bei einer Rede in Rostock für die neue Verfassung der DDR, um dann den Bogen nach Westdeutschland zu schlagen: »Die einzigen, denen unsere Demokratie nicht gefällt, sind jene Leute in Bonn, die unter Demokratie die Freiheit der Ausbeutung und der imperialistischen Kriegspolitik, die Freiheit für Revanchismus und Neonazismus verstehen.«[164] Etwas prinzipieller formuliert er im Dezember 1970. Die Herstellung von Beziehungen zwischen der BRD und der DDR begrüße er, aber es gehe um eine »friedliche Koexistenz zwischen Staaten unterschiedlicher gesellschaftlicher Ordnung«. Und weiter: »Für Illusionen bleibt kein Platz.« Vielmehr gelte es, den Kampf gegen den »Sozialdemokratismus« und die »imperialistische Ideologie« aufzunehmen.[165] Er selbst zeigt, wie so etwas geht. 1970 tituliert er den westdeutschen Verteidigungsminister Helmut Schmidt als »Kriegsminister« und beschuldigt die gesamte Parteiführung der SPD, von den Monopolen gekauft worden zu sein. Konsequenterweise stellt er dann auch die Maximalforderung nach voller völkerrechtlicher Anerkennung der DDR in den Mittelpunkt seiner Rede, wohl wissend, dass dies nicht die Grundlage für deutsch-deutsche Verhandlungen sein konnte.[166]

Honecker trat also der »demagogischen Offensive«, so notiert er auf einem Stichwortzettel, der von Willy Brandt geführten Bundesregierung kompromisslos entgegen.[167] Ulbricht plädierte für Verhandlungen, für gegenseitiges Abtasten, möglicherweise auch für den einen oder anderen Kompromiss, wenn der Gewinn für die DDR nur groß genug sein würde. Leonid Breschnew stellte bei einem Treffen der Spitzen von SED und KPdSU klar, dass die »Politik der Bundesregierung« wirklich »demagogisch« sei. Sie sei gegen die DDR gerichtet: »Ihre Grundpfeiler sollen aufgeweicht werden.«[168] Und 1970 weist er Erich Honecker strikt an: »Es kann und es darf zu keinem Prozess der Annäherung zwischen der DDR und der BRD kommen.«[169]

Was liegt also näher als Walter Ulbricht abzulösen? Seine Politik erscheint Breschnew nicht mehr als berechenbar. Und ohnehin hatte Ulbricht dem sowjetischen Parteichef 1969 schon einmal beiläufig versichert, mit ihm ginge es noch zwei, drei Jahre. Irgendwann könne Erich Honecker ihn an der Spitze der Partei ersetzen.[170] Als die Frage aber dann akut wird, reagiert Ulbricht weniger konziliant, als es seine Aussage gegenüber Breschnew vermuten lässt. 1970 entbindet Ulbricht kurzerhand Honecker von allen Funktionen. Die unterschiedlichen deutschlandpolitischen Konzepte haben dabei ebenso eine Rolle gespielt wie Honeckers Unwillen, die strategischen Überlegungen diverser Wissenschaftler für ernsthafte Analysen zu halten. Ulbricht hatte verschiedene Experten immer wieder ermuntert, gesellschaftspolitische Konzepte vorzulegen. Honecker reagiert darauf ebenso allergisch wie auf das Neue Ökonomische System und verschweigt das auch nicht. Am 1. Juli 1970 kommt es im Politbüro zum Eklat – Ulbricht setzt Honecker ab. Dieser begibt sich schnurstracks in die sowjetische Botschaft Unter den Linden. Botschafter Pjotr Abrassimow befindet sich gerade in Moskau, nimmt die Information telefonisch entgegen und teilt sie umgehend Leonid Breschnew mit. Der weist Abrassimow an: »Du fliegst sofort, also umgehend, zurück nach Berlin, sprichst mit Walter und veranlasst ihn, dass er das zurücknimmt.« Eine Woche später ist Honecker wieder in all seinen Funktionen tätig.[171] Honecker begreift, dass er selbst aktiv werden muss. Systematisch zieht er Politbüromitglieder auf seine Seite, spricht mit diesem und jenem. Zuletzt sucht er sogar das Gespräch mit dem Wirtschaftssekretär Günter Mittag, der Ulbricht immer ausgesprochen eifrig unterstützt hat. Im Januar 1971 ist es so weit: Er, Paul Verner und Werner Lamberz[172] verfassen einen Brief an Leonid Breschnew, in dem sie um die Absetzung Walter Ulbrichts bitten. Sie listen Verstöße Ulbrichts gegen die politische Linie auf, außerdem sei er 78 Jahre alt und dem großen Umfang der Arbeiten nicht gewachsen. Geschickt denunzieren sie Ulbrichts Arroganz. Der diskutiere von einer Position der Unfehlbarkeit aus und sehe sich gern auf einer Stufe mit Marx, Engels und Lenin.[173] Eben das hatte Breschnew schon einmal kritisiert. Dennoch, der sowjetische Parteiführer lässt sich Zeit, bis er seine Zustimmung gibt. Der Brief wird Breschnew am 21. Januar 1971 von Werner Lamberz persönlich überbracht, doch erst am 21. April führt er mit Ulbricht eine Aussprache. Ulbricht stimmt seinem eigenen Rücktritt offenbar zu, scheint aber Bedingungen gestellt zu haben. Zum einen besteht er darauf, Staatsoberhaupt zu bleiben. Zum anderen will er Ehrenvorsitzender der SED werden, eine Funktion, die im Statut der Partei nicht vorgesehen ist.

Breschnew instruiert Honecker entsprechend, im Politbüro wird das so beschlossen. Trotzdem scheint es noch einmal eine Auseinandersetzung zwischen Honecker und Ulbricht gegeben zu haben, wahrscheinlich wollte Ulbricht den anstehenden VIII. Parteitag noch politisch beeinflussen. Daraufhin kommt es zur persönlichen Konfrontation zwischen Honecker und Ulbricht. Wie der einstige Leiter der Hauptverwaltung Aufklärung Markus Wolf in seinen Memoiren berichtet, fährt Honecker zu Ulbrichts Datscha nach Dölln. Er nimmt bewaffnete »Personenschützer« mit. Vor Ulbrichts Residenz angekommen, beruft er sich gegenüber dem Offizier vom Dienst auf seine Weisungsbefugnis als verantwortlicher ZK-Sekretär für Sicherheitsfragen. Dann ordnet er an, alle Tore und Ausgänge zu besetzen und die Nachrichtenverbindungen zu kappen. Wolf: »Honecker schien also entschlossen, seinen Ziehvater festzusetzen, falls dieser sich seinen Forderungen verweigern sollte.«[174]

Am 27. April 1971 liegt Ulbrichts Rücktrittserklärung unterschrieben im Zentralkomitee vor.

III. LEBEN

ABSCHNITT 2: OBEN

Am 3. Mai 1971 lässt sich Erich Honecker durch das Zentralkomitee zum Ersten Sekretär wählen. Nach hehren Dankesworten (»Ich bin tief bewegt…«, »…großer Vertrauensbeweis«) gibt er den ZK-Mitgliedern das Versprechen, »unseren festen und sicheren Kurs kontinuierlich fortzusetzen.« Um das Vertrauen Breschnews zu rechtfertigen, betont Honecker jetzt den erneuten Schulterschluss mit der Sowjetunion: »Das Unterpfand für unser weiteres sicheres und erfolgreiches Vorwärtsschreiten liegt vor allem in unserem unverbrüchlichen Bruderbund mit der Partei Lenins, der Kommunistischen Partei der Sowjetunion.«[1]

Bis zum VIII. Parteitag, der von 15. bis 19. Juni 1971 in Berlin stattfindet, wird dann jedoch eine neue Linie für die Partei erarbeitet. Honecker zieht dazu seine Vertrauten heran; Werner Lamberz der neue Sekretär für die Medien, Inge Lange, zuständig für Frauenfragen, Paul Verner, der neue 2. Sekretär und der Außenpolitiker Hermann Axen sollen bei der Neufestlegung der Marschrichtung beteiligt gewesen sein. Die eigentlichen Autoren von Honeckers Referat sind er selbst, der Journalist und persönliche Mitarbeiter Honeckers Frank-Joachim Herrmann, der Journalist des Neuen Deutschland Eberhard Heinrich und Werner Lamberz.[2]

Erstaunlicherweise hört sich das von Honecker vorgetragene Referat nicht so an, wie man es auf Grund seiner Profilierung zum Hardliner erwarten konnte. Er verkündet eine neue »Hauptaufgabe«: »Die Erhöhung des materiellen und kulturellen Lebensniveaus des Volkes auf der Grundlage eines hohen Entwicklungstempos der sozialistischen Produktion, der Erhöhung der Effektivität, des wissenschaftlichen Fortschritts und des Wachstums der Arbeitsproduktivität«. Da es sich sehr abstrakt anhört, formuliert er das noch einmal verständlich: »Wir kennen nur ein Ziel, das die gesamte Politik unserer Partei durchdringt: alles zu tun für das Wohl des Menschen, für das Glück des Volkes, für die Interessen der Arbeiterklasse und aller Werktätigen. Das ist der Sinn des Sozialismus. Dafür arbeiten und kämpfen wir.«[3]

Das waren tatsächlich neue Töne und manchem mochte es so scheinen, dass jetzt der Sozialismus für den Menschen und nicht nur der Mensch für den Sozialismus da sein solle. Honecker kündigte auch eine deutschlandpolitische Initiative sowie ein engeres Bündnis mit den »antiimperialistischen Befreiungsbewegungen« an.

Im Westen wird die neue Sachlichkeit begrüßt und gleichzeitig der Schulterschluss mit der Sowjetunion beklagt. Im eigenen Land ist die Reaktion verhalten, die Bevölkerung wartet erst einmal ab. DDR-Rundfunk und Fernsehen überschlagen sich natürlich. In der »Weltbühne« formuliert der Wissenschaftler Jürgen Kuczynski eine Begrüßung von irritierender Öligkeit. Offenbar stellvertretend für die Redaktion wünscht er: »Alles, alles Gute für Dich, das heißt für unsere Partei, das heißt für uns alle, in Deiner Arbeit, mein Genosse Erich Honecker!« Kuczynski lobt Honeckers rasche Auffassungsgabe und dessen Fähigkeit, das Wichtige vom Unwichtigen zu trennen. Kurz, sachlich und ohne lange Phrasen, »so ist er und so verlangt er es von anderen.«

Ohne Skrupel legt er nach und beschreibt dabei nicht einmal unpräzise den Arbeitsstil des neuen 1. Sekretärs: »Dabei wunderbar begabt, wenn man glaubt, wirklich nur einen Extrakt gegeben zu haben, noch einmal einen Extrakt aus dem Extrakt, das Hauptentscheidende, herauszuholen. Und dem Verstehen der Hauptsache um die es geht, folgt sofort die Tat. Ein kurzes Telefongespräch, und alles ist erledigt.«[4]

Bevor den Worten des VIII. Parteitages Taten folgen, baut Honecker Politbüro, ZK-Sekretariat und Ministerrat um. Im neuen Politbüro sind nur noch drei Fossile des 19. Jahrhunderts vertreten. Friedrich Ebert, der langjährige Bürgermeister von Ostberlin amtiert jetzt als Staatsoberhaupt. Albert Norden ist nicht sehr gesund, gibt deshalb die Medien an Werner Lamberz ab und schreibt Honecker gelegentlich altersweise Briefe.

Auch Walter Ulbricht ist de facto noch Mitglied des Politbüros. Gegenüber dem gestürzten Parteichef verhält sich Honecker jedoch wenig kollegial. In der Partei schafft man den Posten des Ehrenvorsitzenden, verhindert aber durch ärztliche Atteste, dass er an Politbürositzungen teilnimmt. Die Mediziner des Regierungskrankenhauses halten das Politbüro über Ulbrichts Gesundheitszustand auf dem Laufenden, der fühlt sich von den Ärzten bespitzelt und verraten.[5] In der Presse erscheint Ulbricht kaum noch. Hans Modrow, damals Leiter der Abteilung Agitation, macht rückblickend im Bezug auf Ulbricht »knallharte Zensur« von Seiten Honeckers aus.[6]

Auch von Repräsentationsaufgaben hält Honecker Ulbricht fern, obwohl der noch immer Staatsoberhaupt ist. So weiht Honecker, und Honecker allein, am 9. Oktober 1971 das Karl-Marx-Monument in Karl-Marx-Stadt ein.

250 000 Werktätige und Lew Kerbel, der Schöpfer des 40 Tonnen schweren Bronzekopfes, klatschen Beifall. Ulbricht wäre auch gern dabei gewesen. Denn er hatte 1961 in Kerbels Moskauer Werkstatt die Bestellung aufgegeben. (Ulbricht war es auch, der sich für die Variante ohne Schultern und Hals entschieden hatte. Ihm gefiel Kerbels Begründung: »Das ist unser Kopf, der Kopf des Proletariats.«)[7]

Ulbricht selbst glaubt, leistungsfähig wie eh und je zu sein. Am 18. Dezember 1972 fordert er vom Direktor des Meteorologischen Institutes in Potsdam Daten über die Witterungsverhältnisse in Bukarest an. Bereits am 19. liegt der Brief auf Honeckers Schreibtisch.[8] Vermutlich hat Honecker Ulbricht dann endgültig klargemacht, dass er keine Reisen mehr zu unternehmen habe. Walter Ulbricht stirbt am 1. August 1973, unpassenderweise während der Weltfestspiele der Jugend. Also findet das Staatsbegräbnis erst nach dem Ende des Festivals, am 6. August, statt.

Die neue Mannschaft besteht aus Mitstreitern aus FDJ-Tagen, einigen Technokraten aus der kurzen Zeit der Wirtschaftsreformen, die sich jetzt Honecker verpflichtet fühlen sowie Ministerpräsident Willi Stoph, Staatssicherheitsminister Erich Mielke und NVA-Chef Heinz Hoffmann.

Die letzten drei machen weiter wie bisher. Am Ende der DDR sieht das Politbüro fast genauso aus. Falsch ist die 1971 ausgegebene Losung »Kontinuität und Erneuerung« also nicht, wenn es auch zunächst so aussieht, als würde Honecker das Land und die Gesellschaft komplett umkrempeln.

Diese Umgestaltung begann mit einer Sensation: im Dezember 1971 verkündete das Politbüro, dass in Zukunft der Abbruch einer Schwangerschaft in den ersten drei Monaten möglich sein werde. Inge Lange, Sekretärin des Zentralkomitees für Frauenfragen, hatte das Thema schon 1963 mit Erich Honecker und dem für medizinische Fragen zuständigen Kurt Hager besprochen, Walter Ulbricht verhinderte damals eine Legalisierung des Schwangerschaftsabbruchs.[9]

Den Neubeginn für die Kulturpolitik gibt Honecker ebenfalls im Dezember 1971 bekannt. Ohne das 65er-Kahlschlag-Plenum zu erwähnen, hebt er die damals angeordnete Verpflichtung auf unbedingte Parteitreue der Schriftsteller und Künstler auf. Er formuliert, ausgehend von der festen Position des Sozialismus könne es »auf dem Gebiet der Kunst und Literatur keine Tabus geben«. Dieser Satz wird fortan Freiräume ermöglichen, denn die Maler, Filmemacher und Dichter können sich bei Auseinandersetzungen mit untergeordneten Chargen auf den Ersten Sekretär berufen.[10] Doch schon in seiner Rede vor den 1. Kreissekretären am 18. Mai 1972 rückt Honecker mögliche »Missverständnisse« zurecht: »Uns geht es darum, jede schöpferische Tätigkeit zu fördern, die dem Sozialismus dienlich ist und die Gewißheit der Menschen von der Sieghaftigkeit des Sozialismus festigt.« Er sei gegen den »prinzipienlosen ›Realismus ohne Ufer‹«, den manche Kunsttheoretiker im Geiste des Revisionismus predigen würden. Künstlerisches Neuerertum, so Honecker, drücke sich in solchen Werken aus, »die durch ihren Ideengehalt, durch ihre bewegenden Gestalten und packenden Handlungen Höheres und Bedeutenderes im Menschen für die Sache des Sozialismus wecken.« Und er zitiert aus Nikolai Ostrowskis »Wie der Stahl gehärtet wurde«. Erbauer des Sozialismus würden, so stellt er ohne Zusammenhang mit dem bisher Gesagten fest, »in den Stürmen des Lebens geformt.«[11]

Immerhin werden 1972 vier Verleger damit beauftragt, die »liegengebliebenen« Manuskripte aus anderen Verlagen zu prüfen. Da sie nach der neuen Parteilinie urteilen, erscheinen die meisten Werke recht bald.[12] Nach den Weichenstellungen an der Spitze wendet er sich »der Arbeit mit den Menschen« zu. Honecker gibt den 1. Sekretären der Kreisleitungen eine neue Orientierung, am 18. März 1972 erläutert er ihnen die künftigen Aufgaben. Bei der »Erhöhung des materiellen und kulturellen Lebensniveaus« komme den regionalen Leitungen besondere Bedeutung zu, stellt er zunächst einmal platt fest. Dann listet er auf, woran künftig die Arbeit der Kreissekretäre gemessen werde: Versorgung der Bevölkerung mit Lebensmitteln und Bedarfsgütern, Dienstleistungsangebot, Produktionsziffern der Landwirtschaft.

DAS POLITBÜRO AM ANFANG DER ÄRA HONECKER

- Erich Honecker (61): Erster Sekretär des ZK der SED
- Hermann Axen (57) (S): Außenpolitik (befreundete Parteien)
- Friedrich Ebert (80): Stellvertreter des Staatsoberhauptes und Stellvertreter des Volkskammerpräsidenten
- Georg Ewald (47) (K): Landwirtschaftsminister
- Werner Felfe (45) (K): 1. Sekretär des Bezirkes Halle
- Gerhard Grüneberg (52) (S): ZK-Sekretär für Landwirtschaft
- Kurt Hager (61)(S): Kultur, Wissenschaften, Gesundheitswesen
- Joachim Herrmann (45) (K): Chefredakteur des ND
- Heinz Hoffmann (73): Verteidigungsminister
- Werner Jarowinsky (42) (K) (S)Versorgung
- Günther Kleiber (K) (42): Minister für Allgemeinen Maschinen-, Landmaschinen- und Fahrzeugbau, Rüstung
- Werner Krolikowski (45) (S): Wirtschaft
- Werner Lamberz (44) (S): Medien
- Inge Lange (46) (S) (K): Frauen
- Erich Mielke (67): Minister für Staatssicherheit
- Günter Mittag (46) (S): 1. Stellvertreter des Vorsitzenden des Ministerrates
- Erich Mückenberger (63): Zentrale Parteikontrollkommission
- Margarete Müller (42) (K): Vorsitzende der LPG Kotelow
- Konrad Naumann (43) (K): 1. Sekretär im Bezirk Berlin
- Alfred Neumann (64): Stellvertreter des Vorsitzenden des Ministerrates
- Albert Norden (70) (S): Auslandsinformation, Westabteilung, Kirchenfragen, Blockparteien
- Gerhard Schürer (52) (K): Chef der Staatlichen Plankommission
- Horst Sindermann (58): Vorsitzender des Ministerrates
- Willi Stoph (59): Staatsoberhaupt
- Harry Tisch (46) (K): Vorsitzender der Gewerkschaft
- Paul Verner (62) (S): Parteiorganisation, Westarbeit

Stand September 1973. Georg Ewald stirbt am 14.9.1973 bei einem Verkehrsunfall. Kandidaten (K) waren nicht stimmberechtigt, hatten aber das Recht, eigene Anträge einzubringen. Die mit (S) gekennzeichneten Personen waren gleichzeitig Sekretäre des ZK der SED.

DAS POLITBÜRO AM ENDE DER ÄRA HONECKER

- Erich Honecker (77): Generalsekretär des ZK der SED, Staatsoberhaupt
- Hermann Axen (73) (S): Außenpolitik (befreundete Parteien)
- Hans-Joachim Böhme (59): 1. Sekretär im Bezirk Halle
- Horst Dohlus (64) (S): Parteiinformation
- Werner Eberlein (69): 1. Sekretär im Bezirk Magdeburg
- Kurt Hager (77) (S): Kultur, Ideologie
- Joachim Herrmann (61) (S): Medien
- Werner Jarowinsky (62) (S): Versorgung, Kirchenfragen
- Heinz Keßler (69): Verteidigungsminister
- Günther Kleiber (58): Stellvertreter des Vorsitzenden des Ministerrates
- Egon Krenz (52) (S): Sicherheitsfragen, Jugend
- Werner Krolikowski (61) (S): Landwirtschaft
- Inge Lange (62) (S)(K): Frauen
- Siegfried Lorenz (58): 1. Sekretär im Bezirk Karl-Marx-Stadt
- Erich Mielke (85): Minister für Staatssicherheit
- Günter Mittag (62) (S): Wirtschaft
- Erich Mückenberger (79): Zentrale Parteikontrollkommission
- Gerhard Müller (61) (K): 1. Sekretär im Bezirk Erfurt
- Margarete Müller (58) (K): Leiterin der Agrar-Industrie-Vereinigung Friedland
- Alfred Neumann (79): 1. Stellvertreter des Vorsitzenden des Ministerrates
- Günter Schabowski (60) (S): 1. Sekretär im Bezirk Berlin
- Gerhard Schürer (68) (K): Chef der Staatlichen Plankommission
- Horst Sindermann (73): Präsident der Volkskammer
- Willi Stoph (75): Vorsitzender des Ministerrates
- Harry Tisch (62): Vorsitzender der Gewerkschaft
- Werner Walde (63) (K): 1. Sekretär der SED im Bezirk Cottbus

Stand September 1989. Kandidaten (K) waren nicht stimmberechtigt, hatten aber das Recht, eigene Anträge einzubringen. Die mit (S) gekennzeichneten Personen waren gleichzeitig Sekretäre des ZK der SED.

Gleichzeitig verspricht er ihnen eine höhere Unabhängigkeit, gibt aber noch einige Grundsätze mit auf den Weg. Die »Intelligenz« sei eine »wichtige gesellschaftliche Kraft«, man dürfe also »keine Herabminderung« ihrer Rolle zulassen. Künftig solle die Herkunft keine Rolle bei der Vergabe von Studienplätzen spielen. Kinder von Lehrern, Ärzten, Professoren und Ingenieuren sollten also nicht mehr benachteiligt werden. Hochschulabsolventen müssten in der kreisgeleiteten Industrie fortan bevorzugt eingestellt werden. Eine jugendpolitische Anweisung rundete das Ganze ab: »Wir beurteilen den Charakter, die Haltung, den inneren Wert eines Jungen nicht danach, ob er lange Haare trägt, eines Mädchens nicht nach der Enge des Pullovers oder der Kürze des Rockes.«[13]

Nach der dogmatischen Enge der letzten Regierungsjahre Walter Ulbrichts waren das keine schlechten Vorgaben. Auch mit der angekündigten Sozialpolitik geht es jetzt Schlag auf Schlag. Im September 1972 werden die Bezüge von 3,9 Millionen Rentnern spürbar erhöht. Die Zusatzrente wird aufgestockt. Für Mütter mit mehr als drei Kindern wird die 40-Stunden-Woche eingeführt. Der Mindesturlaub dieser Frauen wird auf 21 Tage erhöht. Nach der Geburt eines Kindes werden Frauen für 18 Wochen freigestellt, bei Fortzahlung des Lohns. Junge Ehepaare erhalten subventionierte Kredite. Die Mieten von 300 000 Wohnungen werden gesenkt.[14]

Im Oktober 1973 verkündet Erich Honecker den Beginn des Wohnungsbauprogramms. Zunächst sollen 500 000 Wohnungen modernisiert oder neu gebaut werden. Als Fernziel wird die Errichtung von 2,8 bis 3 Millionen neuer Wohnungen bis 1990 vorgegeben.[15]

Ob das bezahlbar ist, ist für Honecker zunächst Nebensache. Im November 1973 meldet sich ein erster Kritiker zu Wort. Günter Ehrensperger, stellvertretender Abteilungsleiter für Finanzen im ZK der SED, rechnet Honecker vor, dass die Verschuldung der DDR bei weiteren Sozialleistungen bis 1980 auf 20 Milliarden D-Mark steigen wird. Damit sei dann auch die Existenz der DDR gefährdet. Honecker bestellt Ehrensperger zu sich und teilt ihm mit, dass er die Arbeit an derartigen Ausarbeitungen einzustellen habe. Außerdem müsse er sämtliche Materialien zu dem Problem vernichten. Ehrensperger gibt dies im November 1989 empört zu Protokoll.[16] 1973 aber fügt er sich und wird prompt zum Abteilungsleiter befördert.

Als wirtschaftliche Fehlentscheidung ersten Ranges erweist sich auch die Enteignung der letzten halbstaatlichen oder privaten Betriebe. Den Auftrag dazu erteilt offenbar Leonid Breschnew, es geht ganz offiziell darum, die Struktur der DDR-Wirtschaft weiter an die der Sowjetunion anzupassen.

Im Kreis mit den 1. Sekretären der Bezirksleitungen der SED begründet Honecker den Beschluss.[17] Mit Blick auf die Entwicklung in den sechziger Jahren konstatiert er, dass das ZK schon einmal einen Beschluss gefasst habe, den Übergang zu den sozialistischen Produktionsverhältnissen zu erreichen, aber, »herausgekommen ist das Gegenteil.« Trotz staatlicher Beteiligung entscheide immer der Alteigentümer, mokiert sich Honecker: »Das war also noch nicht einmal so demokratisch wie in einer kapitalistischen Aktiengesellschaft, wo die Aktienmehrheit entscheidet.« Und dann zitiert er ausgiebig Volkes Stimme. Überall würden die »Geldsäcke« herumprotzen! Die Arbeiter fordern, so suggeriert Honecker, schon lange, »dass diese kapitalistischen Überbleibsel beseitigt« werden. Und vor allem: »So kann es nicht weitergehen, dass einige Komplementäre Millionäre werden.«

Honecker selbst gibt als Motiv für die Enteignungen an: »Wichtig ist für uns, dass wir nicht nur die Rekapitalisierung stoppen, sondern dass wir davon ausgehen, dass diese Betriebe nicht mehr in unsere Gesellschaftsordnung passen; denn die haben noch nie so richtig hineingepasst.«

Dass die Arbeiter in den halbstaatlichen Betrieben mehr verdienen als in den volkseigenen, empfindet Honecker als Ärgernis. Unumwunden weist er Lohnkürzungen an, bittet aber die Genossen zunächst um Zurückhaltung: »Wir wollen die Dinge möglichst ohne großen Krach machen.« Für den Umgang mit den Alteigentümern empfiehlt er ebenfalls diplomatisches Vorgehen: »Es gibt natürlich einige, die möchten gleich alles liquidieren mit einem Schlag. Das geht natürlich nicht.« Man müsse aber auch trickreich sein, gibt Honecker den Bezirkssekretären auf den Weg: »Wenn ein Komplementär Schwierigkeiten machen sollte, dann muss man sich gut vorbereiten. Unsere Finanzorgane müssen die Steuersachen aufdecken. Man muss einen Revisor dort hinschicken, der die Bücher kontrolliert. Man muss dann eine Belegschaftsversammlung machen und aufzeigen, was der Betreffende bisher verdient hat und welche Steuerhinterziehungen er vorgenommen hat. Man muss dann sagen, dass ihm dieser Betrieb weggenommen wird, weil er gegen das Gesetz verstoßen hat. Das kann man alles ganz offen sagen.« Aber auch wenn ein Eigentümer klaglos eine Entschädigungszahlung akzeptiert, kann er damit nicht machen, was er will. Honecker: Wir »entscheiden, was er jährlich abheben kann.«

Zu guter Letzt gibt er den Bezirkssekretären noch einen guten Rat: »Wir müssen dafür sorgen, dass es auch noch in fünf Jahren Frisöre gibt. Denn sicher wird auch bis dahin noch keine Maschine erfunden sein, wo man den Kopf hineinsteckt und die Haare dann geschnitten werden.«

Am 30. Juni 1972 meldet die Wirtschaftsabteilung des ZK Vollzug. Die 47,5 % Betriebe mit staatlicher Beteiligung wurden in »Volkseigentum« überführt. Aus den 24,9 % Privatbetrieben waren weniger als 1 % geworden.[18] Honecker meldet das umgehend nach Moskau.

1973 schläft die innenpolitische Erneuerung sanft ein. Um aber wenigstens noch einige symbolische Handlungen vorzunehmen, läßt Honecker es Orden regnen. 1973 ist das Jahr der bis dato üppigsten Verteilung von Karl-Marx-Orden, Vaterländischen Verdienstorden und Nationalpreisen. Manch einem wurde so lang verwehrte Anerkennung zuteil, jener kompensierte durch Repressalien entstandenen Verdienstausfall, dieser sah seine Dienste für den neuen 1. Sekretär akzeptabel honoriert.

Die auf dem VIII. Parteitag angekündigte deutschlandpolitische Inititative beginnt 1971. Nach der Unterzeichnung des Berlinabkommens durch die Botschafter der Vier Mächte (USA, UdSSR, Großbritannien und Frankreich) im September 1971 ist der Weg frei für Verträge zwischen der DDR und der Bundesrepublik. Im Dezember 1971 wird das Transitabkommen unterzeichnet, im Mai 1972 der Verkehrsvertrag und im Juni 1972 der Grundlagenvertrag. Dieser Vertrag bestand aus dem eigentlichen Vertragstext und zahlreichen zusätzlichen Protokollvermerken und Briefwechseln. Honecker hatte durch zahlreiche kleinere Zugeständnisse sein großes Ziel, die Anerkennung der bestehenden Grenzen und damit die Souveränität der DDR erreicht. Laut Artikel 6 des Vertrages gehen beide Seiten von dem Grundsatz aus, »dass die Hoheitsgewalt jedes der beiden Staaten sich auf sein Staatsgebiet beschränkt, sie respektieren die Unabhängigkeit und Selbstständigkeit jedes der beiden Staaten in seinen inneren und äußeren Angelegenheiten.«[19]

Damit ist der Weg frei für eine wirkliche Außenpolitik der DDR. Bereits im Dezember 1972 kann die DDR mit 20 Staaten Botschafter austauschen, noch 1972 wird sie Mitglied der UNESCO und 1973 der UNO.

Innenpolitisch hat der Grundlagenvertrag eine Verfassungsänderung zur Folge. Die Präambel der Ulbrichtschen Verfassung von 1968 wird gestrichen. Die DDR will jetzt nicht mehr der »ganzen deutschen Nation den Weg in eine Zukunft des Friedens und des Sozialismus weisen«. Statt dessen schreibt Artikel 6 nun fest: »Die Deutsche Demokratische Republik ist für immer und unwiderruflich mit der Union der Sozialistischen Sowjetrepubliken verbündet.« Erich Honecker begründet diese Neufassung in der Volkskammer am 27. September 1974 damit, dass die Verfassung den »historischen Tatsachen« gerecht werden müsse. Außerdem festige das den »Bruderbund« und weise auf die »Zusammenfassung der Kräfte in der sozialistischen ökonomischen Integration« und den gemeinsamen »Schutz des Sozialismus« hin. Die DDR sei nun ein »untrennbarer Bestandteil der sozialistischen Staatengemeinschaft.«[20]

Das politische Tagesgeschäft wird jedoch durch die winzigen Schritte im deutsch-deutschen Dialog bestimmt. Immerhin erhöht sich die Zahl der Reisenden von West nach Ost gewaltig auf über 3,5 Millionen. Die Zahl der Reisen von Ost nach West steigt auf über eine Million an.

Honecker gelingt es auch die deutsch-deutschen Geldgeschäfte neu und in seinem Sinne zu ordnen. Er trifft sich im Mai 1973 mit Herbert Wehner, dem Chef der SPD-Bundestagsfraktion. Honecker will unbedingt Schönwetter machen, also weist er an, Wehner im Neuen Deutschland nicht mehr zu beschimpfen, sondern ihn zu ehren, indem man seinen vollen Namen nennt. Vor dem Politbüro gibt er eine Ehrenerklärung für Wehner ab. Er sucht sogar den Kuchen selber aus, den er dem Gast servieren möchte, er soll schmecken wie der Selbstgebackene von Honeckers Mutti, der Wehner 1934 so geschmeckt hat.[21] Die beiden sprechen über den Freikauf von Häftlingen und über die Finanzierung der Kirchen in der DDR. Honecker erlaubt der Bundesrepublik großzügig, weiterhin Häftlinge freizukaufen und die Kirchen, deren Steuer in der

DDR nicht vom Staat eingetrieben wird, zu unterstützen. Das Geld aus Bonn fließt ab 1974 auf die Konten 528 (Kirchen) und 628 (Häftlinge) bei der Deutschen Handelsbank in Ostberlin. Der Clou dabei ist, dass es sich dabei um persönliche Konten Erich Honeckers handelt, für die er weder der DDR-Regierung noch dem SED-Politbüro gegenüber verantwortlich ist. Das Organisatorische überträgt Honecker dem Bereich Kommerzielle Koordinierung, er selbst behält sich die Bestätigung großer Auszahlungen vor. Im Klartext heißt das, dass die Kirchen der DDR von Erich Honeckers persönlichem Wohlwollen abhängig sind.[22]

Honecker »revanchiert« sich für das Entgegenkommen der westdeutschen Sozialdemokraten mit massiver finanzieller Unterstützung für die Deutsche Kommunistische Partei. Die 1968 gegründete DKP wird ausschließlich von den Geldern aus Ostberlin am Leben gehalten. Der Parteivorsitzende Herbert Mies erstattet Honecker persönlich Bericht. Aus konspirativen Gründen schreibt er seine Briefe mit der Hand, Honecker muss sie manchmal mühsam entziffern lassen.[23]

Als Honecker zum Staatsoberhaupt gewählt wird, gerät Mies in Verzückung. Im Namen des Parteipräsidiums gratuliert er herzlich: »Wir haben uns gesagt: Das ist richtig, das ist gut und das nutzt unserer gemeinsamen Sache. Der Erich ist dafür der richtige Mann.«[24]

Der »richtige Mann« sorgt seit Anfang der 70er Jahre auch dafür, dass DKP-Mitglieder im Osten militärisch ausgebildet werden. Die Genossen trainierten Sabotageakte und bereiteten sich auf den Bürgerkrieg vor. Zwar ähnelte die Ausbildung eher einem »Abenteuerspiel«, wie der »Spiegel« hämte, doch einige DKP-Leute nahmen die Sache bitterernst. Sie spionierten Atomkraftwerke und Elektrizitätsanlagen aus, stellten Überlegungen an, wie man diese lahmlegen könnte und hofften auf den Bürgerkrieg.[25]

Bis Mitte der achtziger Jahre bekommt die DKP monatlich 500 000 Mark aus Ostberlin, dann wird die Summe auf eine Million aufgestockt. Der Parteivorstand in Düsseldorf erhält in unregelmäßigen Abständen – meist einmal pro Quartal – 50 000 Mark extra. Ein Bauvorhaben der DKP wird mit 3,5 Millionen Mark großzügig unterstützt. Eine Reihe von Firmen mit fantasievollen Namen (»Reisebüro Hansatourist«, »Interwerbung«) dient als Geldwaschanlage. Hier fließt auch etwas zurück, eine Spende für die DKP in Höhe von 320 000 Mark wird kurze Zeit später in Ostberlin vereinnahmt.[26] Im SED-Zentralkomitee ist die Honecker persönlich unterstehende Abteilung Verkehr für die Abwicklung des Geldtransfers zuständig. Das Procedere entspricht den offenbar deutschlandweit üblichen Gepflogenheiten der achtziger Jahre. ZK-Abteilungsleiter Jonny Cebulla schreibt KoKo-Chef Alexander Schalck eine kurze Notiz: »Lieber Alex! Ich bitte Dich, dem Genossen Friedel Trappen, stellvertretender Abteilungsleiter, 1 Million DM auszuhändigen. Vielen Dank!«[27] Trappen quittiert und fährt mit dem Geldkoffer nach Düsseldorf. (Auch als Honecker gestürzt und Schalck geflüchtet ist, funktioniert diese Versorgungslinie weiter. Zwischen Dezember 1989 und März 1990 hebt Abteilungsleiter Jonny Cebulla noch einmal 3,5 Millionen von einem KoKo-Konto ab.[28])

Durch die deutschlandpolitischen Erfolge beflügelt, beginnt 1973 die Entwicklung Erich Honeckers zum Außenpolitiker. Zunächst begibt er sich auf vertrautes Terrain. Die X. Weltfestspiele der Jugend und Studenten (28.7. – 5.8.) hat er mit persönlichem Einsatz nach Ostberlin geholt. Hilfreich war dabei, dass er

1973: Die X. Weltfestspiele der Jugend und Studenten erleben einen lockeren und volkstümlichen Erich Honecker. Hier tanzt er mit einer sowjetischen Genossin.

1951 als FDJ-Vorsitzender schon einmal ein glänzendes Fest organisiert hatte.

Die eigentlich gastgebende FDJ erhält eine Statistenrolle, die Party mutiert zum Personenkult um Erich Honecker. Fotos von der Eröffnungsveranstaltung zeigen ihn in einem Meer von Menschen und Fahnen. Außerhalb des Stadions geht es etwas lockerer zu. Honecker bewegt sich mit kalkulierter Volkstümlichkeit. Hier wagt er ein Tänzchen mit einer sowjetischen Genossin, dort nimmt er ein vietnamesisches Kind auf den Arm. Honecker signiert Halstücher und gratuliert 15 Paaren, die den Termin ihrer Hochzeit extra in die Zeit des Festivals gelegt haben.

Und immer wieder zeigt Honecker, dass er große Politik macht. Er trifft sich mit Angela Davis, ZK-Mitglied der Kommunistischen Partei der USA. Gemeinsam mit PLO-Chef Yassir Arafat besucht er ein Kinderfest in der Pionierrepublik. Kosmonautin Walentina Tereschkowa ist ihm willkommene Dekoration beim Besuch sowjetischer Delegierter.

Auch bei seinen Ansprachen überlässt er nichts dem Zufall. Die Grußworte und Reden korrigiert er vorab, auch den Schwur auf das Thälmann-Banner überarbeitet er noch einmal. Vielleicht verfasste er ihn sogar selbst.[29]

Die Abschlussveranstaltung sieht Honecker auf der Tribüne vor einer riesigen Weltkugel und der Losung: »Für antiimperialistische Solidarität«.

Damit das schöne Bild der DDR nicht gefährdet wird, lässt Honecker 5000 sogenannte Asoziale in Arbeitslager bringen.[30]

Staatssicherheitsminister Mielke zieht am 6. August 1973 in einem Brief für Erich Honecker seine Bilanz der »spezifischen Kampfbedingungen« während des Festivals: »Den feindlichen und negativen Kräften ist es nicht gelungen, ihre Pläne, Absichten und Maßnahmen zur Störung der X. Weltfestspiele zu verwirklichen und den vollen politischen Erfolg des Festivals zu verhindern.«[31]

Die nächste, von Erich Honecker mit großem Einsatz realisierte Großveranstaltung ist das Treffen der kommunistischen und Arbeiterparteien Europas in Ostberlin am 29. und 30. Juni 1976.

Bereits 1974 entfaltet Honecker eine rege diplomatische Aktivität, um endlich wieder ein Treffen des Weltkommunismus zustande zu bringen – seit dem Einmarsch der sowjetischen Truppen in der Tschechoslowakei ist man heillos zerstritten. Honecker agiert im Sinne eines Brückenschlages durchaus geschickt, zunächst sucht er den Kontakt zu den weder westlich noch östlich orientierten Kommunisten. Der jugoslawische Präsident und Parteichef Josip Broz Tito ist angetan und sichert sein Kommen zu.[32] Der französische Kommunistenführer Georges Marchais besucht Honecker ebenfalls vor der Konferenz.[33]

An dem Treffen schließlich nehmen alle europäischen kommunistischen Parteien mit Ausnahme der Albaner und der isländischen Volksallianz teil. Eurokommunisten, prosowjetische Kommunisten und die »Schwankenden« sind gemeinsam in Berlin versammelt und unterzeichnen sogar eine gemeinsame Erklärung. Diese hatten Erich Honecker, Werner Lamberz, Hermann Axen und der Leiter der Abteilung internationale Verbindungen Paul Markowski verfasst und in einem aufwendigen Prozedere mit allen Parteivorsitzenden abgestimmt. Das Vorliegen des Dokuments zu Beginn der Konferenz wurde vom Kommunismusforscher Wolfgang Leonhard aufmerksam registriert: »Es konnte nichts geändert werden, und es wurde auch nichts geändert.«[34]

Honecker kann es als Erfolg verbuchen, dass die verfeindeten Brüder wieder miteinander reden. Dass die Eurokommunisten jedoch noch weiter von Moskau abdriften, ist nicht seine Schuld. Aber wer will sich mit einer Parteifuhrung gemcin machen, die eine Intervention in Afghanistan anordnet?

Innenpolitisch wird das von Kompromissen geprägte Dokument jedoch zum Problem. Statt von proletarischem Internationalismus spricht es von internationaler Solidarität. Nicht ein Mal findet sich in der Erklärung das Wort Revolution. Dreimal aber die Formulierung von der Souveränität der einzelnen Parteien. Wirtschaftssekretär Günter Mittag nutzt diese Passage als Aufhänger für eine Verdammung des Textes. Erich Mielke und Alfred Neumann hauen in dieselbe Kerbe.[35] Stoph und Hager sprechen von einem notwendigen Kompromiss. Honeckers Stellung innerhalb des Politbüros wird insgesamt jedoch nicht gestärkt.

Zweischneidig beurteilt wird von den Hardlinern in der Partei auch die Teilnahme der DDR an der Konferenz über Sicherheit und Zusammenarbeit in Helsinki (30. Juli bis 1. August 1975). Die Unterzeichnung der Schlussakte der Konferenz bestätigt ein weiteres Mal die Existenz der DDR. In dem Papier heißt es: »Die Teilnehmerstaaten werden gegenseitig ihre souveräne Gleichheit und

Individualität sowie alle ihrer Souveränität innewohnenden ... Rechte achten.« Insbesondere werde man jedem Teilnehmerstaat zubilligen, »sein politisches, soziales, wirtschaftliches und kulturelles System frei zu wählen.« Zugleich verpflichtet sich die DDR auch zur Anerkennung allgemeiner Menschen- und Grundrechte, einschließlich, so der Text des Abkommens, »der Gedanken-, Gewissens-, Religions- oder Überzeugungsfreiheit«.[36] Honecker unterzeichnet den Text, in dem auch das Recht auf die freie Wahl des Wohnortes garantiert wird, am 1. August 1975.

Als Erich Honecker mit dem Außenpolitiker Hermann Axen die Auswertung plant, will dieser das Lob der westlichen Politiker für die Kompromissbereitschaft der DDR in den Mittelpunkt rücken. Honecker rät ab, da zum Beispiel Giscard d'Estaing von Menschenrechten gesprochen habe. Und wir verstehen, so zitiert Axen Honecker, »etwas anderes unter Menschenrechten als der Westen.«[37] Daher weist Honecker umgehend alle Kreisleitungen der SED per Fernschreiben an, in den Grundorganisationen sein Interview »Helsinki und wir« durchzuarbeiten. Mitglieder und Kandi-

Das Alphabet platziert Erich Honecker bei der Konferenz über Sicherheit und Zusammenarbeit in Europa zwischen den westdeutschen Kanzler Helmut Schmidt und US-Präsident Gerald Ford. Die Vereinbarung von Helsinki soll die bestehenden Grenzen in Europa fixieren und einen Katalog von Menschenrechten garantieren.

daten müssten »gewappnet« sein, »offensiv« zu den Fragen der Bedeutung der Helsinkier Konferenz auftreten zu können.[38]

In dem Interview vom 6. August 1975 betont Honecker die für die DDR positiven Ergebnisse. Er hebt die Unverletzlichkeit der Grenzen hervor und stellt fest, dass die völkerrechtliche Existenz der DDR nun offenbar anerkannt sei. Außerdem sei die Souveränität der DDR festgeschrieben worden und damit auch die Nichteinmischung in ihre Innenpolitik. Honecker: »Niemand soll versuchen, anderen Völkern zu diktieren, wie sie ihre inneren Angelegenheiten zu regeln haben.« Mit dem Blick auf die deutsch-deutschen Beziehungen sagt er, dass zwar kein Grund bestünde »Girlanden zu winden«, es sei aber eine »Wandlung zum Positiven« zu verzeichnen. Über die in Abschnitt 3 der Schlussakte festgeschriebenen Menschenrechte verliert er kein einziges Wort. Honecker meint lediglich, dass jetzt ein »weites Feld umrissen« sei für »künftige zwei- und mehrseitige Abkommen.«[39]

Da Honecker als Parteichef und Mitglied des Staatsrates ohnehin alle wichtigen Abkommen unterzeichnet, hat er notwendigerweise auch Ambitionen auf das Amt des Staatsratsvorsitzenden. Willi Stoph (SED), der diese Funktion nach dem Tod Walter Ulbrichts übernommen hatte, wird wieder Ministerpräsident. Der Regierungschef Horst Sindermann (SED) erhält den Vorsitz der Volkskammer.

Parlamentspräsident Gerald Götting (CDU) wird unter Weiterzahlung seiner Aufwandsentschädigung von 50 000.- Mark jährlich Chef der Liga für Völkerfreundschaft und muss auf die von ihm so geschätzten Auslandsreisen nicht verzichten.[40]

Schlecht klingt Honeckers Antrittsrede als Staatsoberhaupt am 29. Oktober 1976 in den Ohren der Bevölkerung nicht. Er spricht ausdrücklich eine Einladung an »alle Bürger« aus, »gemeinsam« das »Leben unseres Landes weiter zum Guten [zu] verändern«. Honecker weiter: »Unsere sozialistische Gesellschaft bietet jedem Bürger, unabhängig von Alter und Geschlecht, Weltanschauung und religiösem Bekenntnis, Sicherheit und Geborgenheit, eine klare Perspektive und die Möglichkeit, seine Fähigkeiten und Talente, seine Persönlichkeit voll zu entfalten.« Ein solches Bekenntnis zur Einheit aller Klassen und Schichten der sozialistischen Gesellschaft war neu. Auch die Begriffe »Geborgenheit« und »Sicherheit« haben 1976 ihren Gehalt noch nicht eingebüßt. Dass laut Honecker die Reise in die »kommunistische Zukunft unseres Volkes« gehen soll, wird nicht unbedingt als Engstirnigkeit und Unduldsamkeit empfunden. Kommunismus als Vision – und nicht wie in den unduldsamen Fünfzigern als unmittelbare Anleitung zum Handeln, das war für viele akzeptabel.

Bemerkenswerte Sätze formuliert Honecker auch für die Außenpolitik. Zwar legt er den obligatorischen Treueschwur auf den »Bruderbund mit der Sowjetunion« ab, aber er spricht gleichzeitig von friedlicher Koexistenz und Fortsetzung der Entspannung.

Kurz vor Schluss wird Honecker noch einmal pathetisch: »Wir führen unsere Innen- und Außenpolitik gemäß dem höchsten Anliegen weiter, das uns beseelt: das Wohl unseres Volkes, das Glück der Menschen.« Dick aufgetragen – aber durchaus verheißungsvoll.[41]

Die nächsten drei Jahre sind von außenpolitischer Geruhsamkeit geprägt, erst in den achtiger Jahren wird die DDR wieder zum Objekt der Weltpolitik, Subjekt war sie nie. Große Bereiche der Außenpolitik können im Rahmen dieser Biografie daher vernachlässigt werden, denn Weltpolitik hat Erich Honecker allenfalls punktuell gemacht. Er trifft sich zwar regelmäßig mit Revolutionsführern und Chefs von siegreichen Befreiungsbewegungen, delegiert aber die Politik mit diesen Staaten an die für Waffenhandel oder Entwicklungshilfe zuständigen Abteilungen des Bereiches Kommerzielle Koordinierung. Allein seine regelmäßige Bezuschussung einiger Staaten aus dem D-Mark-Konto 628 ist bemerkenswert.[42] Die wichtigen Außenbeziehungen sind die zur Sowjetunion und zur Bundesrepublik – in diesem Spannungsfeld muss sich die DDR behaupten oder untergehen. Die außenpolitischen Aktivitäten niedriger Priorität sind wirtschaftlicher Art – wie das Verhältnis zu den arabischen Staaten – oder haben eine innenpolitische Funktion im Rahmen der Stabilisierung von Honeckers Status als Staatsoberhaupt.[43]

Staatsbesuche wie der von Indira Gandhi 1976 erhöhen so vor allem sein Prestige. Andere Staatsoberhäupter kommen, um nach finanzieller Unterstützung zu fragen: etwa Babrak Karmal (Afghanistan 1982), Maurice Bishop (Grenada 1982) oder Kaysone Phomvihane (Laos 1982, 1988).

Honecker selbst unternimmt 1977 eine große Asienreise und 1979 eine durch das südliche Afrika. Es wäre ungerecht zu behaupten, dass seine Besuche in Äthiopien und Moçambique überflüssig waren. Honecker weist an, dass diese Länder finanziell und personell zu unterstützen sind. Die hohen Kosten für die Entwicklungshilfe vor Ort nimmt er aber immer nur dann wahr, wenn Kredite nicht zurückgezahlt werden können.[44]

ERICH HONECKER BESUCHT…

- … mindestens ein Mal jährlich die Sowjetunion
- … in regelmäßigen Abständen Polen, Ungarn, Bulgarien, Rumänien, die Tschechoslowakei und Jugoslawien
- … und außerdem andere Länder
- 1973: Mongolei
- 1974: Kuba
- 1977: Vietnam, Philippinen, Nordkorea
- 1979: Indien, Libyen, Angola, Sambia, Moçambique, Äthiopien, Südjemen
- 1980: Kuba, Österreich
- 1981: Japan, Mexiko, Kuba
- 1982: Syrien, Zypern, Kuwait
- 1984: Äthiopien, Finnland, Algerien
- 1985: Italien, Griechenland
- 1986: Schweden, Nordkorea, China, Mongolei
- 1987: Niederlande, Bundesrepublik Deutschland, Belgien
- 1988: Frankreich, Spanien

ERICH HONECKER BEKOMMT BESUCH…

- … von allen sowjetischen Staatsoberhäuptern.
- … von den Vorsitzenden der Bruderparteien in den sozialistischen Ländern.
- … und von zahlreichen anderen Politikern, z.B.

- 1971:

– Jumshagin Zedenbal, 1. Sekretär des ZK der Mongolischen Volkspartei

• 1972
- George Marchais, Generalsekretär der KP Frankreichs
- Fidel Castro, 1. Sekretär des ZK der KP Kubas
- Abdel Fattah Ismail, Generalsekretär der Nationalen Front der VDR Jemen
- Angela Davis, Mitglied des ZK der KP der USA

• 1973
- Franz Muhri, Vorsitzender der KP Österreichs
- Yassir Arafat, Vorsitzender des Exekutivkomitees der PLO
- Pham Van Dong, Ministerpräsident der Demokratischen Repubik Vietnam
- Enrico Berlinguer, Generalsekretär der KP Italiens

• 1974
- Santiago Carrillo, Generalsekretär der KP Spaniens
- Samora Moises Machel, Chef der Befreiungsfront von Moçambique

• 1975
- Kurt Waldheim, UNO-Generalsekretär
- Saddam Hussein, Stellv. Generalsekretär der Regionalen Führung der Arabischen Sozialistischen Baath-Partei und Stellvertreter des Vorsitzenden des Revolutionären Kommandorates der Republik Irak
- Le Duan, 1. Sekretär der Partei der Werktätigen Vietnams

• 1976
- Indira Gandhi, Ministerpräsidentin von Indien
- Luiz de Almeida Cabral, Stellv. Generalsekretär der Afrikanischen Unabhängigkeitspartei von Guinea und den Kapverden, Vorsitzender des Staatsrates der Republik Guinea-Bissau
- Mohammed Ali Samantar, 1. Vizepräsident und Verteidigungsminister der Demokratischen Republik Somalia

• 1977
- Fidel Castro, 1. Sekretär des ZK der KP Kubas, Vorsitzender des Staatsrates, Ministerpräsident der Revolutionären Regierung Kubas

- Vo Nguyen Giap, Armeegeneral und Leiter der Militärdelegation SRV Vietnam
- Urho Kekkonen, Präsident der Republik Finnland
- Karin Söder, Außenministerin von Schweden
- Ezekias Papaioannou, Generalsekretär der Fortschrittspartei der Werktätigen des Volkes (AKEL) Zyperns
- Joachim Yhomby-Opango, Präsident der Republik Kongo, Staatschef und Vorsitzender des Ministerrates, Vorsitzender der Militärkommission der Kongolesischen Partei der Arbeit
- Sam Nujoma, Präsident der Südafrikanischen Volksorganisation von Namibia

• 1978
- Bruno Kreisky, Bundeskanzler von Österreich
- Muammar al-Gaddafi, Staatschef von Libyen
- Ken Yasui, Präsident des japanischen Oberhauses
- Hafez al Assad, Präsident der Syrischen Arabischen Republik
- Mengistu Haile Mariam, Vorsitzender des Ministerrates des Sozialistischen Äthiopiens

• 1979
- Frederic Donald Coggan, Erzbischof von Canterbury
- Jean François Poncet, Außenminister von Frankreich
- Christoph v. d. Klaauw, Außenminister der Niederlande
- Henri Simonet, Außenminister von Belgien
- Ahmed Séku Touré, Präsident der Revolutionären Volksrepublik Guinea

• 1980
- Syros Kypriani, Präsident der Republik Zypern
- Kenneth Kaunda, Präsident der Republik Sambia
- Robert Maxwell, Britischer Verleger
- Samora Moises Machel, Präsident der VR Moçambique
- Oliver Tambo, ANC-Präsident, Südafrika

• 1981
- José Eduardo dos Santos, Präsident der Volksrepublik Angola
- Helmut Schmidt, Kanzler der Bundesrepublik Deutschland
- Berthold Beitz, Aufsichtsratsvorsitzender der Krupp AG

• 1982

– Ramesh Chandra, Präsident des Weltfriedensrates
– Otto Wolf von Amerongen, Präsident des Deutschen Industrie- und Handelstages
– Oskar Lafontaine, Oberbürgermeister von Saarbrücken, Landesvorsitzender der Saar-SPD
– Juan Antonio Samaranch, Präsident des IOC
– Babrak Kamal, Vorsitzender des Revolutionsrates der Demokratischen Republik Afghanistan
– Maurice Bishop, Vorsitzender des Politbüros des ZK der neuen JEWEL-Bewegung und Ministerpräsident der Revolutionären Volksregierung Grenadas
– Kaysone Phomvihane, Generalsekretär des ZK der Laotischen Revolutionären Volkspartei und Vorsitzender des Ministerrates der VDR Laos
– Karl Carstens, Präsident der Bundesrepublik Deutschland

• 1983

– Robert Mugabe, Ministerpräsident von Simbabwe
– Hans-Jochen Vogel, Vorsitzender der SPD-Bundestagsfraktion
– Javier Pérez de Cuéllar, UNO-Generalsekretär
– Franz Josef Strauß, Ministerpräsident von Bayern
– Egon Bahr, Mitglied des Präsidiums des SPD-Parteivorstandes
– Helmut Schmidt, Stellvertretender SPD-Vorsitzender
– Rudolf Kirchschläger, Bundespräsident von Österreich
– Petra Kelly, Gert Bastian, Otto Schily, Antje Vollmer, Abordnung der bundesdeutschen Grünen Partei
– Boutros Boutros-Ghali, Staatsminister für Auswärtige Angelegenheiten in Ägypten

• 1984

– Pierre Elliott Trudeau, Ministerpräsident von Kanada
– Agatha Barbara, Präsidentin der Republik Malta
– Eishiro Saito, Vorsitzender des Wirtschaftsausschusses Japan-DDR
– Otto Graf Lambsdorff, Bundesdeutscher Wirtschaftsminister
– Franz Josef Strauß, Ministerpräsident von Bayern
– Kim Il Sung, Generalsekretär des ZK der Arbeit und Präsident der KDVR

- Daniel Ortega, Mitglied der Nationalleitung der Sandinistischen Front der Nationalen Befreiung Nicaraguas und Koordinator des Regierungsrates der Nationalen Erneuerung Nicaraguas
- Olof Palme, Ministerpräsident von Schweden
- Andreas Papandreou, Ministerpräsident von Griechenland
- Bettino Craxi, Ministerpräsident von Italien
- Fred Sinowitz, Bundeskanzler von Österreich

• 1985
- Johannes Rau, Ministerpräsident von Nordrhein-Westfalen
- Sir Geoffrey Howe, Außenminister von Großbritannien
- Denis Sassou-Nguesso, Präsident der Republik Kongo
- Laurent Fabius, Premierminister von Frankreich
- Oskar Lafontaine, Ministerpräsident des Saarlandes
- Gerhard Schröder, SPD-Vorsitzender in Niedersachsen

• 1986
- Eberhard Diepgen, Regierender Bürgermeister von West-Berlin
- Johannes Rau, Ministerpräsident von Nordrhein-Westfalen
- Karel van Miert, Parteivorsitzender der flämischen Partei Belgiens
- Lothar Späth, Ministerpräsident von Baden-Württemberg
- Wilfried Martens, Premierminister von Belgien
- Scheich Sabah al-Ahmed al-Jabir al-Sabah, Stellvertreter des Ministerpräsidenten und Außenminister von Kuweit
- Christos Sartzetakis, Präsident von Griechenland
- Daniel Ortega, Präsident der Republik Nicaragua
- Mir Hossein Moussawi, Ministerpräsident der Islamischen Republik Iran
- Joe Slovo, Vorsitzender der KP Südafrikas

• 1987
- Yasuhiro Nakasone, Ministerpräsident von Japan
- Wolfgang Schäuble, Bundesminister für besondere Aufgaben, Chef des Bundeskanzleramtes
- Zhao Ziyang, Generalsekretär des ZK der KP China
- Javier Peréz de Cuéllar, UNO-Generalsekretär
- Israel Miller, Präsident der »Jewish Claims Conference«
- Klaus Wedemeier, Regierender Bürgermeister Bremen

– Amand Hammer, Aufsichtsratsvorsitzender der Occidental Petroleum Corporation Los Angeles
– Mauno Koivisto, Präsident der Republik Finnland

• 1988
– Andreas Papandreou, Ministerpräsident von Griechenland
– Eberhard Diepgen, Regierender Bürgermeister von Berlin
– Johannes Rau, Ministerpräsident von Nordrhein-Westfalen
– Bernhard Vogel, Ministerpräsident von Rheinland-Pfalz
– Volker Rühe, Stellv. CDU/CSU-Fraktionsvorsitzender im Bundestag
– Alfred Dregger, Vorsitzender der CDU/CSU-Bundestagsfraktion
– Heinz Galinski, Vorsitzender des Zentralrates der Juden in Deutschland, Vorsitzender der jüdischen Gemeinde West-Berlin
– Franz Vranitzky, Bundeskanzler von Österreich
– Yassir Arafat, Vorsitzender des Exekutivkomitees der PLO
– Kaysone Phomvihane, Generalsekretär des ZK der KP Laos
– Shambyn Batmunch, Generalsekretär des ZK der KP Mongolei
– Miles Bronfman, Präsident des jüdischen Weltkongresses
– Wolfgang Schäuble, Chef des Bundeskanzleramtes
– Berthold Beitz, Aufsichtsratsvorsitzender der Krupp AG

• 1989
– Ingvar Carlsson, Ministerpräsident von Schweden
– Björn Engholm, Ministerpräsident von Schleswig-Holstein
– Lothar Späth, Ministerpräsident von Baden-Württemberg
– Henning Voscherau, Bürgermeister von Hamburg
– Johannes Rau, Ministerpräsident von Nordrhein-Westfalen
– Ernst Albrecht, Ministerpräsident von Niedersachsen
– Joaquim Alberto Chissano, Präsident der VR Moçambique
– Hans-Jochen Vogel, Partei- und Fraktionsvorsitzender der SPD
– Walter Momper, Regierender Bürgermeister von West-Berlin
– Rudolf Seiters, Chef des Bundeskanzleramtes

Erich Honeckers Innenpolitik als Staatsoberhaupt bleibt bis zum Ende der 80er Jahre ein Wechselspiel von Integration und Repression. Honecker unternimmt aber immer seltener Anläufe, um große Bevölkerungsgruppen in den Staat DDR zu integrieren. Die Übereinkunft zwischen Staat und evangelischer Kirche am 6. März 1978 ist ein solcher Versuch. Entscheidend bleibt aber die repressive Seite des Systems: beginnend bei der Ausbürgerung des Sängers Wolf Biermann und endend mit 180 000 Metern Stasi-Akten. Honecker ist immer noch zuständiger Sekretär des Zentralkomitees für Sicherheitsfragen, er bleibt über alle relevanten Fragen informiert.

Gesellschaftsgestaltende Politik wie in den Jahren zwischen 1971 und 1976 initiiert Erich Honecker nicht mehr. In den folgenden Jahren werden die Vorgaben dieser Jahre realisiert, oder nicht. Der Sozialstaat wird in kleinen Schritten ausgebaut, bleibt aber hinter Westdeutschland, das immer als Vergleich herangezogen wird, zurück. Das Wohnungsbauprogramm wird fortgesetzt, führt aber durch den Verfall der Innenstädte nicht zum erhofften sozialpolitischen Erfolg. Der Rest ist hektisches Regieren. Einschnitte hier, Ausweitung dort. Anhäufung von Schulden da.

Die Auslandsverschuldung der DDR steigt kontinuierlich an:[45]

- 1970 2,2 Milliarden D-Mark
- 1975 11,0 Milliarden D-Mark
- 1980 25,3 Milliarden D-Mark
- 1985 30,0 Milliarden D-Mark
- 1987 34,7 Milliarden D-Mark.

Im Politbüro gerät Honecker deswegen unter Druck. Er kann sich durch die Einsetzung einer »Arbeitsgruppe Zahlungsbilanz« retten, die strikte Richtlinien für den Schuldendienst erlässt. Neben der erhöhten Konsumtion der Bevölkerung sind missglückte Investitionen Ursache für die hohe Verschuldung. So erscheint der Aufbau einer Raffinerie in Schwedt zunächst als gutes Geschäft. In Schwedt werden Benzin und Dieselkraftstoff für Westberlin produziert. Die Gewinne sind immens, da die Rohölpreise der Sowjetunion unter dem Weltmarktpreis liegen.

1981 reduziert die Sowjetunion jedoch plötzlich die Öllieferungen an die DDR um 2 Millionen Tonnen. Vorangegangen waren drei Missernten in Folge, ein »Unglück«, wie Politbüromitglied Konstantin Russakow Erich Honecker mitteilt. Russakow ist in die DDR gekommen, weil sich das SED-Politbüro widerspenstig zeigte. Honecker hatte zwei Beschwerdebriefe nach Moskau gesandt.

Das Gespräch der beiden verläuft recht einseitig. Russakow erläutert den Ernst der Lage und versichert, dass der SU nichts anderes übrig bleibe, als Getreide und Zucker im Ausland gegen Devisen zu erwerben. Als reale Einnahmequelle habe sich aber nur der erhöhte Export von Erdöl in kapitalistische Länder erwiesen. Und deshalb würden die Lieferungen an die DDR gekürzt. Russakow: »Wir wissen uns keinen anderen Rat und keinen anderen Ausweg. Genosse Breschnew sagte mir, wenn du mit Genossen Honecker sprichst, sage ihm, dass ich geweint habe, als ich [diese Anordnung] unterschrieb.«[46]

Honecker versucht alles, um Russakow umzustimmen. Die DDR habe die Kapazitäten der erdölverarbeitenden Industrie nach den Planvorgaben der Sowjetunion aufgebaut. Eine Kürzung um 2 Millionen Tonnen jährlich, so klärt er Russakow auf, würde Betriebsschließungen bedeuten. Außerdem könnte die Zahlungsbilanz mit der Sowjetunion nicht wie erwartet ausgeglichen werden. Es könne der DDR auch nicht gelingen, die Verschuldung in den kapitalistischen Ländern zu reduzieren. Und das sei doch eine Forderung des Genossen Breschnew gewesen, »nicht zuletzt auf Grund der Lehren aus den polnischen Ereignissen.«

Er, Honecker, müsse die Frage stellen, »ob man sich die Folgen wirklich überlegt hat.« Eine Reduzierung um zwei Millionen Tonnen Erdöl gebe einen solchen Rückschlag, »dass die Stabilität der DDR nicht mehr gewährleistet ist«. Dramatisch bemühte Honecker die Geschichte: »Um was es geht, das sind die Millionen gefallener sowjetischer Soldaten im zweiten Weltkrieg und darum, dass ihr Sieg von niemandem geraubt wird.«[47]

Die finanziellen Probleme der DDR werden aber nicht durch erhöhte Erdöllieferungen der SU, sondern durch einen Kredit aus Westdeutschland gelöst.

Ostdeutsche Regierungsvertreter verhandeln seit langem die Vergabe eines Kredits an die DDR. Die Motivation auf DDR-Seite ist klar: In Zeiten der amerikanischen Hochzinspolitik erhofft sich die DDR günstigere Kreditbedingungen, wenn sie humanitäre Gegenleistungen anbietet.

Das Problem der DDR ist dabei nicht unbedingt irgendeinen Kredit zu erhalten, japanische und amerikanische Banken geben bereitwillig, auch ohne politische Zugeständnisse. Aus der Sicht von Günter Mittag und Alexander Schalck-Golodkowski geht es jedoch um die langfristige Reduzierung der Staatsverschuldung. Beiden ist klar, dass die Bedienung der Zinsen für diesen »Sockel« die Zahlungsfähigkeit der DDR in Frage stellen muss. Honecker schließt sich der Überzeugung nach zahlreichen Gesprächen mit Mittag an. Im Zentrum der Überlegungen steht also die Aufnahme eines Kredites zu niedrigem Zinssatz, der eine Umschuldung der bisherigen Kredite ermöglichen soll.

Die Motivation der in Bonn Regierenden ist ebenfalls rational nachvollziehbar. Weder der Regierung Schmidt noch der Regierung Kohl kann daran gelegen sein, die DDR zu destabilisieren. Daher geht es Bonn darum, die DDR wenigstens mit einem Bein im Westen zu verankern und den wirtschaftlichen und innenpolitischen Handlungsspielraum des Honecker-Staates wieder zu erweitern. Die Polenkrise des Jahres 1980 hatte gezeigt, dass eine handlungsunfähige kommunistische Regierung Moskauer Pressionen ohne Schutz ausgeliefert war. Hätte man 1982/83 auf die Destabilisierung der DDR gesetzt, wäre ohne Zweifel eine polnische Lö-

1971	5
1972	5
1973	6
1974	8
1975	7
1976	6
1977	5,5
1978	7
1979	10
1980	12
1981	13,5
1982	10,5
1983	10,5
1984	8,5
1985	8
1986	7
1987	5,5
1988	6
1989	6,5
1990	7

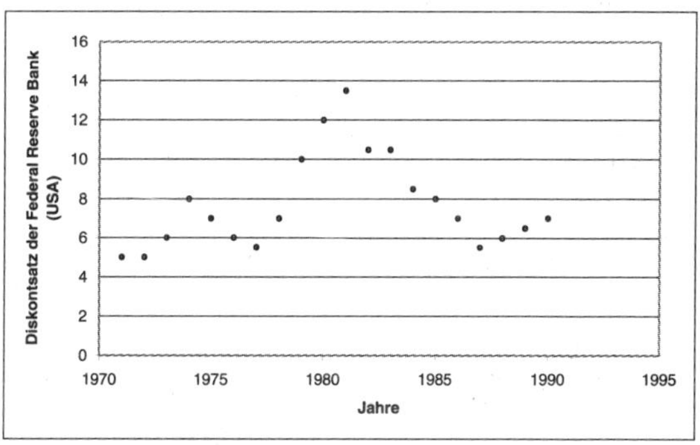

Quelle: woodrow.mpls.frb.fed.us/economy/bankdir/disc.html

Diskontsatz der US-amerikanischen Notenbank, Leitzins für internationale Kredite. Die Staaten des Ostblocks zahlten 2 Prozent mehr als den marktüblichen Zins.

sung die Folge gewesen: Absetzung Honeckers, Verhängung des Kriegsrechtes, Ende aller Sozialleistungen, Destabilisierung der DDR-Mark.[48] Die Regierung Schmidt verfiel daher auf die Idee, drei bis vier Milliarden Mark durch Schweizer Banken aufzubringen (sogenanntes Züricher Modell).[49]

Nach dem Regierungswechsel von Schmidt zu Kohl überlässt der neue Bundeskanzler dem bayerischen Ministerpräsidenten Franz-Joseph Strauß das Feld der innerdeutschen Politik. Kohl hatte sich stets als Verfechter der deutschen Einheit gezeigt und das »SED-Regime« angeprangert, wann er nur konnte. Auch als es schon längst nicht mehr opportun erschien, hatte er als rheinland-pfälzischer Ministerpräsident die Forderung nach der deutschen Einheit hochgehalten.[50] Franz Joseph Strauß hingegen kann sich ohne weiteres vorstellen, mit Erich Honecker oder einem Abgesandten zu verhandeln. Der Umweg über die Schweiz entfällt daher. Für die erste Rate des Kredits in Höhe von 500 Millionen D-Mark steht die Bayerische Landesbank gerade.[51] Strauß löst auch das Problem der Sicherheit für den Kredit überaus kreativ. Er verfällt auf die Idee, die sogenannte Transitpauschale als Sicherheit einzusetzen. Und das heißt nichts anderes, als dass die Bundesregierung bei den kreditgebenden Banken bürgt, und zwar mit dem Geld, das sie der DDR als »Straßennutzungsgebühr« der Westberliner zu entrichten hat. Andere Sicherheiten hat die DDR nicht anzubieten. Kurioserweise diktiert Strauß dann dem DDR-Unterhändler Alexander Schalck-Golodkowski auch gleich den Brief, den der Finanzminister(Ost) an den Finanzminister(West) schreiben würde. Weder Gerhard Stoltenberg (Bonn) noch Ernst Höfner (Ost-Berlin) waren an irgendeinem Punkt an den Verhandlungen beteiligt. Aber immerhin übergibt Schalck-Golodkowski Höfner den angeblich von ihm verfassten Brief, »entsprechend der erteilten Weisung« und als »persönliche Panzerschranksache«.[52]

TRANSITPAUSCHALE ALS SICHERHEIT

Ministerrat der Deutschen Demokratischen Republik
Ministerium der Finanzen
Der Minister

Bundesministerium der Finanzen der Bundesrepublik Deutschland
Herrn Stoltenberg
Bonn

Berlin, den 4. Juni 1983

Sehr geehrter Herr Stoltenberg!

Die Regierung der Deutschen Demokratischen Republik hat zur Kenntnis genommen, daß zwischen der Außenhandelsbank der Deutschen Demokratischen Republik und einem Bankenkonsortium von Banken der Bundesrepublik Deutschland, Sitz Luxemburg, ein Vertrag über die Gewährung eines Finanzkredites an die Außenhandelsbank der Deutschen Demokratischen Republik abgeschlossen wird.
Die Regierung der Deutschen Demokratische Republik erklärt den Verzicht auf ihre aus den Vereinbarungen über die Festlegung der Pauschalsumme gemäß Artikel 18 des Abkommens vom 17. Dezember 1971 Absatz 1 und 2 zwischen der Regierung der Deutschen Demokratischen Republik und der Regierung der Bundesrepublik Deutschland über den Transitverkehr von zivilen Personen und Gütern zwischen der Bundesrepublik Deutschland und Berlin (West) von der Bundesrepublik zu zahlende Pauschalsumme in Höhe des vereinbarten Finanzkredites, wenn durch das Bankenkonsortium von Banken der Bundesrepublik Deutschland, Sitz Luxemburg, der durch die Regierung der Bundesrepublik Deutschland erklärte Schuldbericht in Anspruch genommen wird.

Hochachtungsvoll
Ernst Höfner

Quelle: BA Berlin (SAPMO) DL KoKo 2/1040, Blatt 101f.

Bei der Vergabe des Kredits an die DDR setzen sich Politik und Banken übrigens über das bis 1990 gültige Militärregierungsgesetz Nr. 53 für die amerikanische, britische und französische Zone hinweg. Nach diesem Gesetz hätten alle Zahlungs- und Kreditgeschäfte mit der DDR von den westlichen Alliierten – Großbritannien, Frankreich und USA – genehmigt werden müssen. Konsequenterweise wurde der Finanzplatz Luxemburg ausgewählt.[53]

Im Gegensatz zum ursprünglichen Züricher Modell waren an die bayerische Milliarde keine konkreten Zusagen im sogenannten »humanitären Bereich« geknüpft.

Diese deutsch-deutsche Annäherung geht der Sowjetunion zu weit und als Honecker 1984 auch noch Bonn besuchen will, stellen die Sowjets via Botschafter eine Abmahnung durch.

Honecker sagt die Reise ab und entschuldigt sich für seine Eigenmächtigkeit. Im Gespräch mit dem sowjetischen Generalsekretär Konstantin Tschernenko gibt er sich allerdings gekränkt: »Immer sind wir davon ausgegangen, dass es sich um zwei Staaten gegensätzlicher gesellschaftlicher Systeme handelt, die unterschiedlichen Bündnissen, dem Warschauer Pakt und der NATO, angehören. Die 35jährige Geschichte der DDR war die Geschichte des Kampfes um die Durchsetzung der Positionen des sozialistischen Staates gegen die revanchistischen Ziele der Imperialisten der BRD. Niemals gab es bei uns Illusionen über den Charakter der BRD, über das Wesen und die Ziele ihrer Politik. Das war so in der Zeit der von der SPD geführten Bundesregierung, und das ist jetzt so.«[54] Trotz dieser klaren Worte verpflichtet ihn Tschernenko darauf, künftig den »Revanchismus« in der BRD zu entlarven und anzuprangern. Glücklicherweise stirbt Tschernenko bald, Honecker trifft sich mit Kohl anlässlich des Begräbnisses. Da jedoch über den neuen Kurs der sowjetischen Beziehungen Klarheit noch nicht herrscht, geißelt Honecker fortan Revanchismus, lässt sich aber immer eine Hintertür der Verständigung offen. Also zieht er mit großer Geste gegen die gefährlichen »Spinnereien über den ›Fortbestand des Deutschen Reiches in den Grenzen von 1937‹« zu Felde, das gefährde die Politik des Friedens. Mit den verständigungsbereiten Kräften im Westen suche man aber Beziehungen einer »gegenseitig vorteilhaften Zusammenarbeit.«

Die sind zunächst in der SPD zu finden, wie eine Reihe von archivierten Gesprächsvermerken ausweist. Ex-Kanzler Helmut

Schmidt bespricht mit Honecker ebenso große Weltpolitik wie der saarländische Ministerpräsident Oskar Lafontaine.[55]

Auch der niedersächsische Nachwuchspolitiker Gerhard Schröder sucht das Gespräch mit dem Staatsratsvorsitzenden. Zu sagen hat man sich eigentlich nichts, Schröder ist – weil in der Opposition – wenig nützlich. Trotzdem empfängt ihn Honecker 1985 zu einem »Meinungsaustausch«. Später hält Egon Krenz den Kontakt. Honecker wird mittels »Hausmitteilung« auf dem Laufenden gehalten und muss am 6. März 1987 Bemerkenswertes zur Kenntnis nehmen. Das Gespräch vom Dezember 1985 habe Schröder »für seine persönliche Entwicklung viel gegeben« und seine »politische Autorität gestärkt.« Für Schröder sei es, so notiert Krenz »außerordentlich wichtig, dass auch andere politische Kreise in der BRD wissen, dass er gute politische Kontakte zum Staatsratsvorsitzenden der DDR und zu anderen führenden Persönlichkeiten in der DDR habe.« Auch die Begründung für seine Schmeicheleien lieferte Schröder mit: »Wer heute gute Kontakte zur DDR unterhält, hat politischen Autoritätszuwachs.«[56]

Ganz gleich ob Schröder von Krenz korrekt zitiert wurde oder nicht, fest steht, dass sich der Niedersachse auch politisch den Forderungen der DDR annäherte. Schröder hatte z.B. nichts dagegen, die Grenze in der Elbmitte – und nicht auf dem Ufer der DDR – festzulegen. Diese Regelung hätte für die DDR-Schifffahrt Erleichterungen zur Folge gehabt, die eigentlichen Folgen wären aber diplomatischer Art gewesen. Eine vertragliche Regelung über die innerdeutsche Grenze hätte sie tatsächlich zur »Staats«-Grenze gemacht, was formal die Anerkennung der deutschen Teilung bedeutet hätte.

Beim Besuch Honeckers in der Bundesrepublik versichert Schröder, konkrete Schritte zur Auflösung der zentralen Erfassungsstelle für DDR-Unrecht in Salzgitter zu unternehmen.[57] Zur Erinnerung: In Salzgitter wurden von sieben, meist halbtags beschäftigten Mitarbeitern Tötungshandlungen, Verschleppungen, politische Terrorurteile und Misshandlungen im Lauf von Ermittlungsverfahren der DDR-Justiz registriert.[58]

Doch auch mit CDU-Politikern ist fruchtbringend zu verhandeln, für die finanziellen Zugeständnisse an die DDR revanchiert sich Honecker mit humanitären Gesten. Bitten westdeutsche Politiker für einzelne Peronen in der DDR um Ausreise, stimmt

Honecker zu. So findet sich in den Akten ein Dankesbrief von Alfred Dregger. Der CDU-Hardliner hatte sich für eine Familienzusammenführung eingesetzt.[59] Kohls Brief- und Kofferträger Walter Leisler Kiep bittet für die Liebste eines Geschäftsfreundes, die nach dem Versuch, über die ungarisch-österreichische Grenze zu flüchten, verhaftet worden war. Kiep beschwört die »tragische Situation«, bittet »Gnade vor Recht walten zu lassen« und tut kund: »Ich brauche Ihnen nicht zu sagen, wie dankbar ich Ihnen für diese großmütige Geste wäre.« Kieps Wunsch wird entsprochen, die Frau verlässt die DDR zwei Monate nach dem Eingang des Schreibens. Kiep wird davon durch das Ministerium für Staatssicherheit benachrichtigt.[60]

Honecker gelingt es erstaunlicherweise auch, mit vielen seiner Gesprächspartner ein herzliches Verhältnis herzustellen. Franz Joseph Strauß etwa erinnert sich an Honecker als einen »lebendigen Erzähler«, der nicht jene »hölzerne Funktionärsmentalität« gehabt habe, die er bei seinen Fernsehauftritten vermittelte. Und seine Frau sei beeindruckt gewesen, so berichtet Strauß, »von seiner Wendigkeit, seiner Frische, seiner geistigen Reaktionsfähigkeit.«[61]

In den deutsch-deutschen Verhandlungen lässt sich Honecker auch zu Maßnahmen drängen, die er eigentlich nicht gutheißt. Wolfgang Schäuble legt Honecker 1986 umständlich aber unmissverständlich dar, dass die Bundesregierung wünsche, das »Asylantenproblem« (Schäuble) in Westberlin gelöst zu sehen. Honecker weist daraufhin an, Angehörige einer Reihe von Staaten nicht mehr via Flughafen Schönefeld ins Land zu lassen. Als Schäuble allerdings Honecker auf die Spionage der DDR in Westdeutschland anspricht, lügt dieser seinen Geprächspartner frech an, der Bundeskanzler könne davon ausgehen, dass der Geheimdienst der DDR die strikte Anweisung habe, das Kanzleramt und die Bundesregierung zu meiden.[62]

Insgesamt gestaltet sich der Dialog zwischen den beiden deutschen Staaten jedoch widersprüchlich. Winzigen Fortschritten auf humanitärem Gebiet steht eine enorme Ausweitung der Wirtschaftsbeziehungen gegenüber. Die Politik scheint nur noch Ökonomie zu sein, jedes Geschäft hat den Rang einer Staatsaktion. Die Leipziger Messe führt das der Bevölkerung alljährlich deutlich vor Augen: Westdeutsche Politiker und Konzernchefs zelebrieren Zufriedenheit mit dem Status Quo der deutschen Teilung.

Oben: 18. Dezember 1985: Der Generalsekretär des ZK der SED Erich Honecker empfängt den Stellvertretenden Vorsitzenden des Landesverbandes Niedersachsen der SPD Gerhard Schröder im Gebäude des Staatsrates (heute Bundeskanzleramt).

Unten: Leipziger Frühjahrsmesse 1987: Gute Geschäfte haben gemacht (von links nach rechts): Alexander Schalck-Golodkowski (SED), Gerold Tandler (CSU), Günter Mittag (SED), Frank-Joachim Herrmann (SED, verdeckt), Franz-Josef Strauß (CSU), Theo Waigel (CSU) und Erich Honecker (SED).

An dem soll auch ein Besuch Erich Honeckers in Bonn, der wieder einmal vorbereitet wird, nichts ändern. Die »Geschäftsgrundlage« für eine solche Reise macht er im Januar 1987 noch einmal klar. Mit den bestehenden internationalen Verträgen seien »verbindliche und dauerhafte Rechtsgrundlagen« für die Grenzen in Europa geschaffen worden. Honecker: »Es gibt keine ›offene deutsche Frage mehr.‹« Wer dies trotzdem behaupte, wolle die Revision der Ergebnisse des Zweiten Weltkrieges und treibe »ein gefährliches Spiel mit dem Feuer«. Die DDR wolle »gutnachbarliche Beziehungen« und betreibe deshalb die Politik des »konstruktiven Dialogs.«[63]

Die Reise im September 1987 scheint sich zunächst gut anzulassen. Honecker wird wie ein souveränes Staatsoberhaupt empfangen, mit Hymne, Ehrenformation und Galadiner. Auch die Gespräche mit Bundespräsident Richard von Weizsäcker, dem SPD-Vorsitzenden Hans-Jochen Vogel, und den Politikern Björn Engholm (SPD), Alfred Dregger (CDU), Theo Waigel (CSU), Wolfgang Mischnik (FDP), Williy Brandt (SPD), Johannes Rau (SPD), Helmut Schmidt (SPD), Bernhard Vogel (CDU), Gerhard Schröder (SPD), Oskar Lafontaine (SPD), Lothar Späth (CDU), Franz-Josef Strauß (CSU) sowie Petra Kelly und Gert Bastian (Die Grünen) verlaufen erfolgreich.[64]

Das gemeinsame Abendessen mit Bundeskanzler Helmut Kohl macht all das jedoch wieder zunichte. Kohl betont in seiner Ansprache, dass das »Bewusstsein für die Einheit der Nation« ungebrochen sei. Die Präambel des Grundgesetzes gelte weiterhin, macht Kohl deutlich: »Sie fordert das gesamte deutsche Volk auf, in freier Selbstbestimmung die Einheit und Freiheit Deutschlands zu vollenden.« Er, Kohl, habe keinen Zweifel, »dass dies dem Wunsch und Willen, ja der Sehnsucht der Menschen in Deutschland entspricht.«[65] Honecker plädiert hilflos für die Anerkennung der »Realitäten dieser Welt«. Und diese würden eben bedeuten, »dass Sozialismus und Kapitalismus sich ebensowenig vereinigen lassen wie Feuer und Wasser«.[66]

Erich Honeckers Unterhändler Alexander Schalck-Golodkowski beurteilt Honeckers Deutschlandpolitik in der Rückschau so: »Sein Traum war eine gegenüber der Bundesrepublik vollständig gleichberechtigte DDR, und er war überzeugt davon, dass dies nicht durch strikte Abgrenzung, sondern nur in Form der friedlichen Koexistenz möglich wäre.«[67] Koexistenz aber, so belegt der Blick in das »Kleine politische Wörterbuch« aus dem SED-eigenen Dietz-Verlag, bedeutet nichts anderes als das »friedliche Nebeneinanderherbestehen von Staaten unterschiedlicher Gesellschaftsordnungen«.[68]

Voraussetzung dafür wäre freilich das Weiterbestehen der Sowjetunion gewesen. Honecker hatte seine Politik immer an der der Sowjetunion ausgerichtet, Breschnew sogar angeboten: »Wenn es notwendig ist, bilden wir doch eine Weltunion der sozialistischen Länder. Die DDR würde sich daran beteiligen.«[69]

Honecker wünschte sich also eine Stärkung der Sowjetunion und hätte klaglos strikte Weisungen aus Moskau akzeptiert, wenn er denn das Gefühl gehabt hätte, dass sie dem Sozialismus dienlich wären. Das zeigen die vorsichtigen Äußerungen in den Vier-Augen-Gesprächen ebenso wie die sehr aufschlussreichen Unterstreichungen in den Berichten und Analysen über die Sowjetunion. Honecker war enttäuscht, dass aus Moskau lediglich Überlegungen statt Handlungsanweisungen, nur Zweifel an Stelle von Orientierungen kamen.

Michail Gorbatschow hingegen beschreibt seine Versuche, Honecker von der Notwendigkeit zu überzeugen, den Beginn der Reformen im Land und in der Partei nicht hinauszuzögern, als »vorsichtig«. Und er urteilt: »Jedesmal stieß ich gleichsam auf eine Mauer des Unverständnisses.«[70]

Honecker verfolgt die Entwicklung von Perestroika und Glasnost regelmäßig. Am 30. September 1987 erhält er einen Bericht zweier Mitarbeiter des Instituts für Marxismus-Leninismus. Die beiden in der Abteilung »Wissenschaftlicher Kommunismus« beschäftigten Politikwissenschaftler hatten ihre Schwesterinstitution in Moskau besucht. Honecker arbeitet den elfseitigen Text gründlich durch. Aufschlussreich ist, dass sich Honecker viele Textstellen unterstreicht, die auf die Konzeptionslosigkeit der sowjetischen Gesellschaftswissenschaften hinwiesen. »Im Prinzip« habe man in Moskau, so registriert Honecker, »kaum Ansätze für weiterführende theoretische Lösungen in der eigenen Arbeit«. Auch dass zunehmend »bewährte Erfahrungen und Erkenntnisse, Grundpositionen der marxistisch-leninistischen Theorie in Zweifel gezogen« würden, nimmt Honecker zur Kenntnis. Auch die bemerkenswerte Aussage eines sowjetischen Gesellschaftswissenschaftlers streicht er an: »Man müsse auch überlegen, wie lange man ›Perestroika‹ machen kann und muss – ewig sicher nicht.« Außerdem registriert Honecker aufmerksam, dass »im Hinblick auf die Wirtschaft noch kaum eine Umgestaltung zu belegen« sei. Niemand wüsste, so wird ein sowjetischer Gesprächspartner zitiert, »wie eine sozialistische Planwirtschaft richtig funktionieren muss.«[71]

Botschafter Kotschemassow informiert Honecker am 26. Februar 1988 über den allmählichen Zerfall der Sowjetunion. Kotschemassow berichtet von den Schwierigkeiten in Estland und Tschetschenien und erläutert ihm den Konflikt zwischen Armeniern und Aseris um Berg Karabach. Honecker reagiert mit Unverständnis.[72]

Auch die Berichterstattung über die XIX. Unionskonferenz der KPdSU über die »Ergebnisse der ökonomischen Entwicklung in der UdSSR« gefällt Honecker nicht. Honecker nimmt diesen Text am 19. August 1988 zur Kenntnis und reicht ihn an die Mitglieder und Kandidaten des Politbüros weiter. Seine Auffassung über den fragwürdigen Kurs Michail Gorbatschows dürfte dieser Text noch bestätigt haben.[73]

Insbesondere missfällt Honecker, dass statt einer entschlossenen Wirtschaftsreform eine Geschichtsdebatte über den Stalinismus durchgeführt wird. Im November 1988 reicht es ihm, Honecker verbietet kurzerhand die sowjetische Zeitschrift »Sputnik«. Anlass dafür war, dass in der Zeitschrift Artikel erschienen, die der Mitschuld Stalins am Zweiten Weltkrieg nachgingen, in der inkriminierten Ausgabe war es sogar zur Gleichsetzung der beiden Diktatoren gekommen. Honecker informiert die Mitglieder des Politbüros nicht von seiner Entscheidung, der Postminister erfährt bei der Morgenlektüre des Neuen Deutschland, dass er die Zeitschrift von der Vertriebsliste gestrichen hatte.[74] Sputnik bringe, so heißt es in der Zeitungsnotiz, »keinen Beitrag, der der Festigung der deutsch-sowjetischen Freundschaft dient, statt dessen verzerrende Beiträge zur Geschichte.«[75] Nach seiner Absetzung gesteht Honecker ein, »dass die Veranlassung der Streichung des ›Sputnik‹ von der Postzeitungsliste ein Beispiel dafür ist, dass man nicht aus Emotionen Entscheidungen treffen darf, die sich später als falsch erweisen.«[76]

Kurz nachdem Honecker den »Sputnik« hatte verbieten lassen, erhält er am 15. November 1988 eine Mitteilung über die bevorstehenden Verfassungsänderungen in der Sowjetunion. Immerhin zwei Drittel des Kongresses werden in Zukunft frei gewählt, muss Honecker zur Kenntnis nehmen. Gleichzeitig registriert er, dass Gorbatschow daran geht, die Macht jener Organe zu beschneiden, in die er die altgedienten Bolschewiken und Weltkriegsteilnehmer abgeschoben hat. Krenz fragt schüchtern, ob er dieses Material an die Mitglieder und Kandidaten des Politbüros geben dürfe. Honecker stimmt zu.[77]

Gegenüber seinem Freund Heinz Keßler gesteht Honecker nun auch unumwunden ein, was er von Gorbatschow hält: »Entweder dieser Mann hat keine Ahnung von Politik – oder er besorgt die Geschäfte anderer, wer auch immer dies sein mag.«[78]

Bei einer Aussprache mit dem Sekretariat des FDJ-Zentralrates am 22. Dezember 1988 redet sich Honecker dann in Rage. Es gebe, wie er gehört habe, an den Universitäten der DDR Forderungen, die DDR solle von der Sowjetunion lernen. Die das wünschten, wüssten nicht was sie tun, meinte Honecker verschnupft: »Diesen Studenten würde ich empfehlen auf das tägliche Frühstück zu verzichten, auf die entsprechenden Heimunterkünfte zu verzichten, auf die entsprechende Kleidung zu verzichten, auf all das, was man durch Perestroika, durch die Beschleunigung der sozialökonomischen Entwicklung der Sowjetunion erst erreichen will.« Und nachdem er befunden hatte, dass in der DDR ein höherer Lebensstandard herrsche als in der Sowjetunion, schob er noch einen polemischen Satz nach: »Ich will ganz ehrlich sagen, wenn die Sowjetunion über eine solche dynamische Entwicklung der Volkswirtschaft verfügen würde, wenn sie ein solches sozialpolitisches Programm und ein solches Netz von Rechtssicherheit hätte, dann brauchte sie die Frage Perestroika nicht zu stellen.«[79]

Was soll Erich Honecker auch von einem Staatsmann halten, der im persönlichen Gespräch am 7. Oktober 1989 folgendermaßen für seine Ziele wirbt: »Natürlich hat uns die Umgestaltung zu der alten These des Marxismus geführt, dass die revolutionäre Sache keine Unterstützung der Werktätigen bekommt, wenn das soziale Umfeld, die sozialen Bedingungen der Leute nicht verbessert werden. Aber es erweist sich eben, dass viel Wurst und viel Brot noch nicht alles sind. Die Leute verlangen dann eine neue Atmosphäre, mehr Sauerstoff, einen neuen Atem, insbesondere für die sozialistische Ordnung. Ich sage das nicht deshalb, weil ich an die alten

Wahrheiten mahnen möchte. Damit sind wir selbst konfrontiert. Schon die uralten Römer sprachen von ›Brot und Spielen‹. Wenn wir diesen Spruch sozusagen vergegenwärtigen, müssen wir sagen: Der Mensch braucht entsprechende materielle Bedingungen, aber er braucht zugleich auch die entsprechende geistige Atmosphäre in der Gesellschaft.«[80] Derartiges wollte Honecker nicht hören, konnte damit auch wenig anfangen. Er hätte konkrete Handlungsanweisungen benötigt oder wenigstens ein klares Bekenntnis zur Existenz des Staates DDR. Aber das konnte und wollte Gorbatschow schon nicht mehr abgeben.

Erich Honecker setzt zunächst große Hoffnungen in den neuen sowjetischen Generalsekretär. Doch 1988 urteilt er über Michail Gorbatschow: »Entweder dieser Mann hat keine Ahnung von Politik – oder er besorgt die Geschäfte anderer... «

EINSCHUB: WITZE

Die Siebziger

- Neue Bezeichnung für die Zonis: Iwan de luxe.
- Was ist ein »HON«? Die Bezeichnung für den Abstand zwischen zwei Honecker-Bildern.
- Honecker besucht eine Tapetenfabrik. Der Betriebsleiter gesteht ihm: »Wir produzieren immer noch zehn Prozent Ausschuss.« Honecker fragt Regierungschef Stoph: »Reichen zehn Prozent für den Bevölkerungsbedarf?«
- Breschnew schenkt Honecker einen Anzug. Er passt wie angegossen. Zu Hause sind plötzlich Ärmel und Hosenbeine zu kurz. Margot zuckt mit den Schultern: »Da kannst du mal sehen, wie klein du in Moskau bist.«
- Honecker ist wieder einmal auf Staatsbesuch in der Sowjetunion. Auf einmal fängt er an, Steine einzusammeln. Ein Politbüro-Mitglied fragt Breschnew, was da los ist. Breschnew zuckt verlegen mit den Achseln: »Da muss ich ihm wohl aus Versehen das Programm für das Mondfahrzeug Lunochod eingegeben haben…«
- Honecker erschießt bei der Staatsjagd versehentlich einen Diplomaten. Er schaut sich die Leiche an, findet eine Brieftasche mit Dollars und steckt sie ein. Da fragt ihn Stoph: »Gibst du mir ein paar Devisen ab?« Honecker: »Ne, ne! Da musst du dir schon selber einen schießen!«
- Das Häschen kommt in einen Fischladen und fragt: »Hattu Aal?« »Nein, Hasi«. Am nächsten Tag ist es wieder da: »Hattu Aal?« »Nein, Hasi«, antwortet der Verkaufsstellenleiter spürbar gereizt. Am dritten Tag kommt der Hase wieder und fragt: »Hattu Aal?« Der Konsum-Chef rastet aus und droht: »Wenn du nochmal nach Aal fragst, nagel ich dich an die Wand.« Der Hase guckt zur Wand und fragt das Honecker-Bild: »Hattu auch nach Aal gefragt?«

- Honecker und Stoph reisen durch die Lande und besuchen ein Kinderheim. Stoph spendet 1000 Mark, Honecker nichts. Sie besuchen ein Gefängnis. Honecker spendet eine Million. Stoph wundert sich. Darauf Honecker: »Ja glaubst du denn, wir kommen irgendwann ins Kinderheim?«

- »Kennste den? Honecker geht mit einer Pistole in den Wald...« »Kenn ich nich', fängt aber gut an...«

Die frühen Achtziger

- Was ist der Unterschied zwischen Marx, Ulbricht und Honecker? Marx wollte den Sozialismus für die ganze Erde. Ulbricht wollte den Sozialismus für die DDR. Honecker will ihn für Berlin...

- Petrus hat für jeden Politker eine Uhr, die sich immer dann eine halbe Stunde zurückstellt, wenn der Politiker lügt. Die meisten Uhren hat er im Wohnzimmer. Nur Honeckers Uhr ist in der Küche – die benutzt er als Ventilator.

- Honeckers Friseur fängt jedesmal das Gespräch mit der Frage an: »Na, wie steht es denn mit der ökonomischen Lage?« Da nehmen ihn die Sicherheitsleute beiseite und möchten wissen, warum er denn immer so dämlich fragt. Der Friseur: »Na ja, das ist Absicht. Da sträuben sich ihm immer die Haare und ich kann besser schneiden...«

- In der DDR sollen künftig nur noch drei Feiertage begangen werden. Der 1. Mai, der Kampftag der Werktätigen. Der 7. Oktober, der Republikgeburtstag. Und der Termin des Treffens zwischen Honecker und Franz Joseph Strauß.

Die späten Achtziger

- Honecker fährt in die BRD. Als er zurückkommt, fragt ihn Margot: »Na wie war's denn so?« Erich: »Wie bei uns, für Westgeld kriegst du alles.«

- Honecker bekommt von Gorbatschow ein Auto geschenkt. Er setzt sich hinters Steuer und startet. Nichts. Er steigt aus und sieht unter die Motorhaube. Kein Motor: »Aber Michail, das Auto hat doch gar keinen Motor!« Gorbatschow: »Macht nichts. Bei euch geht es doch sowieso bergab.« Honecker: »Und wenn's irgendwann mal bergauf geht?« Gorbatschow: »Dann brauchst du auch keinen. Dann sitzt du ganz bestimmt nicht mehr hinter dem Steuer.«

- Honecker liebt das Bobfahren: Links und rechts 'ne Mauer und schnell bergab.

1989

- Was ist der Unterschied zwischen einer Kaffeemaschine und dem Politbüro? Die Kaffeemaschine läßt sich entkalken.

- »Würdest du Honecker die Füße küssen?« »Wenn er hoch genug hängt.«

- »Die Autobahn Berlin-Dresden war gestern gesperrt.« »Wieso?« »Honeckers Gallensteine sind ins Grüne Gewölbe überführt worden.«

- Was hat Honecker mit einem Blindgänger gemeinsam? Niemand entschärft ihn – und von allein krepiert er nicht!

- Egon Krenz hat sich einfrieren lassen, damit er nach Honeckers Tod noch jung und frisch ist. 2006 lässt er sich auftauen. Als erstes liest er das Neue Deutschland und wird blass. Die Schlagzeile lautet: »Erich Honecker erneut zum Vorsitzenden des Staatsrates der DDR gewählt«.

- Was bedeutet Egon? Ein Genosse ohne Nutzen.

IV. LEBEN

ABSCHNITT 3: ABSTURZ

Michail Gorbatschow vermutete rückblickend, »dass Honecker und seine nächsten Mitarbeiter nicht mehr in der Lage waren, das Geschehen im Lande adäquat wahrzunehmen.«[1]

Tatsächlich aber weiß Erich Honecker, dass zahlreiche Probleme unbedingt gelöst werden müssen, soll die DDR weiterhin Bestand haben. Dazu gehört die Frage der Staatsverschuldung. Die stellt sich aus seiner Sicht aber nicht so dramatisch dar, weil er beim Bereich Kommerzielle Koordinierung hinreichend große Geldbeträge weiß, die eine Liquidität der DDR-Wirtschaft garantieren. Die Schulden müssen im Rahmen des nächsten Fünfjahrplanes ab 1990 reduziert werden, eine Tagesaufgabe ist das nicht. Auch Alexander Schalck-Golodkowski, dem klar ist, »dass die DDR unvermeidlich auf eine wirtschaftliche Konföderation mit der Bundesrepublik zusteuert«, rechnet nicht mit einem Zusammenbruch binnen eines Jahres.[2] Der Kassensturz, der im Dezember 1989 vorgenommen wird, bringt an den Tag, dass im Laufe der nächsten zwei Jahre, also 1990 und 1991 1,7 Milliarden D-Mark fehlen werden.[3] Die politische Stabilität des Landes vorausgesetzt, hätte diese Summe vermutlich aufgebracht werden können. Eine Variante wäre gewesen, Geld im »Tausch« gegen winzige politische Zugeständnisse zu beschaffen.[4] Dass Honecker für so etwas pragmatisch genug war, hat er oft unter Beweis gestellt. Den rapiden Preisverfall für derartige Kleinstreformen hat er aber sicher nicht wahrgenommen. Er kalkuliert mit den Preisen von 1983. Der Milliardenkredit wird möglich durch den Abbau der Selbstschussanlagen und die Räumung von Minenfeldern. Echte humanitäre Zugeständnisse werden die Bundesrepublik, so glaubt Honecker, hohe Summen kosten, denn noch immer verfügt er über 16,5 Millionen Geiseln. Durch die veränderte Weltlage sinkt jedoch deren Wert, und damit der erzielbare Preis, rapide ab.

Als der englische Außenminister Geoffrey Howe gegenüber seinen Kollegen George Shultz (USA) und Hans-Dietrich Genscher (BRD) auf dem Wiener KSZE-Treffen fordert, die Mauer abzureißen, schweigt der sowjetische Minister Eduard Schewardnadse.[5] Erich Honecker ist brüskiert und betont die Stabilität der DDR. Am 19. Januar 1989 verkündet er: »Die Mauer wird so lange bleiben, wie die Bedingungen nicht geändert werden, die zu ihrer Errichtung geführt haben. Sie wird in fünfzig und auch in hundert Jahren noch bestehen, wenn die dazu vorhandenen Gründe noch nicht beseitigt sind.«[6]

Die Erinnerung der Sowjetunion an ihre Bündnispflicht gegenüber der DDR hat aus Honeckers Sicht allerhöchste Priorität. Die diplomatische Anbiederung der Sowjetunion beim Westen ist aus Honeckers Sicht nichts anderes als die Preisgabe der DDR zum Nulltarif. In dem »gemeinsamen europäischen Haus«, das gebaut werden soll, ist für die DDR kein Platz. Honecker ahnt dies im Januar, er weiß es ganz sicher nach Gorbatschows Gespräch mit Helmut Kohl in Bonn am 13. Juni 1989. Die beiden definieren als »vorrangige Aufgabe« der Politik beider Länder, »an die geschichtlich gewachsenen europäischen Traditionen anzuknüpfen und so zur Überwindung der Trennung Europas beizutragen.«[7] Die DDR aber ist kein Bestandteil der geschichtlich gewachsenen Tradition, sie ist ein Ergebnis des Zweiten Weltkrieges. Die diplomatische Formel für eine Bestandsgarantie hätte lauten müssen: Getragen vom Geist der Verständigung und in Anerkennung der in Europa entstandenen Realitäten haben es sich beide Seiten zur Aufgabe gemacht, die bilateralen Beziehungen zum gegenseitigen Vorteil weiterzuentwickeln...

Die innenpolitische Situation am Anfang des Jahres 1989 erscheint Erich Honecker nur unmaßgeblich verändert gegenüber dem Vorjahr. Den Zustand der Partei hält er für stabil. Als ihn Erich Mückenberger, der Chef der Zentralen Parteikontrollkommission (ZPKK) darüber informiert, dass 1988 überwiegend alte Genossen aus der Partei ausgetreten sind, reagiert Honecker mit Ignoranz. »Warum regst du dich denn darüber auf?« fragt er Mückenberger, »das ist doch eine Selbstreinigung der Partei.«[8]

Auch ein Fernschreiben der SED-Bezirksleitung Frankfurt/Oder irritiert ihn nicht. Man teilt Honecker am 30. März 1989 mit, dass der Anwalt Rolf Henrich mit Berufsverbot belegt und aus der Partei ausgeschlossen wurde. Dessen Buch »Der vormundschaftliche Staat – Vom Versagen des real existierenden Sozialismus« werde im April in einem Westverlag erscheinen. Ausführlich wird ein Gespräch mit Henrich in der Bezirksleitung Frankfurt/Oder wiedergegeben. Honecker streicht die Passagen an, die er für bemerkenswert hält. Darunter diese: »Es gehe schon lange ein Riss quer durch die Partei, eine Erneuerung und Reformierung sei erforderlich und Ende der 80er, Anfang der 90er Jahre unvermeidlich.«[9] Repressive Maßnahmen lässt Honecker jedoch nicht einleiten.[10]

Ernster als die kleinen Wolken am strahlenden Himmel seiner Partei nimmt Honecker die echte Opposition. Wie 1988 kommt es zu Protesten anlässlich der traditionellen Liebknecht-Luxemburg-Demonstration. Er registriert die wachsende Zahl der Friedensgebete, Gesprächskreise und Öko-Workshops. Durch das Ministerium für Staatssicherheit wird er über alle Entwicklungen in der Opposition informiert. Honecker weiß damit aber auch, dass die Rivalitäten unter den Gruppen stark sind und die Interessenkonflikte zwischen der Kirche und den Oppositionellen noch immer unüberwindlich erscheinen.[11] Eine Formierung zeichnet sich erst anlässlich der Kommunalwahlen vom 7. Mai 1989 ab. Unabhängige Bürgergruppen überwachen die Stimmenauszählung in den Wahllokalen und weisen eine Differenz zwischen den dort mitgeteilten und später bekannt gegebenen Ergebnissen nach.[12]

Auch die rasch zunehmende Zahl der Ausreisewilligen wird im Zentralkomitee registriert. Die Abteilung für Sicherheitsfragen stellt die Listen für die Ausbürgerung zusammen, Honecker persönlich zeichnet jede einzelne ab.[13] Im ersten Halbjahr 1989 genehmigt er 34 600 Ausreiseanträge, genauso viele wie in den Jahren 1987 und 1988 zusammen. Der Effekt ist, dass die Zahl der Ausreisewilligen weiter ansteigt.[14] Offensichtlich reicht dieses Ventil aber nicht aus, denn als Ungarn die Grenzen öffnet, schwillt der Strom derjenigen, die das Land verlassen, weil sie keine Hoffnung auf Besserung sehen, derart an, dass die Stabilität der DDR unwiderruflich erschüttert wird.

Honecker selbst scheint leistungsfähig zu sein. Anlässlich des Pfingsttreffens der Jugend in Berlin spricht er sich am 13. Mai 1989 mit 200 handverlesenen FDJlern aus. Er wirkt locker, scherzt und referiert über die Wohnungsfrage. Das Schlusswort hält er in freier Rede. Zwar wirkt es nicht gerade visionär, aber Vergreisung mag ihm wohl niemand der Anwesenden attestieren.[15] Auch als am 7. Juli 1989 in Bukarest die turnusmäßige Tagung des Politischen Beratenden Ausschusses der Warschauer Paktstaaten beginnt, ist er fit. Das Treffen verläuft zunächst gespenstisch. Reden ohne Inhalt werden zu Protokoll gegeben, militärische Probleme werden nicht erörtert, weil die anwesenden Parteiführer nicht einmal über Politik miteinander sprechen wollen oder können. Für den nächten Tag ist eine Aussprache im kleinen Kreis geplant. Honecker nimmt sich vor, einige zentrale Kritikpunkte an der sowjetischen Haltung zur Sprache zu bringen und hat sich, wie er Verteidigungsminister Heinz Keßler mitteilt, gut vorbereitet.[16]

Zur Debatte kommt es nicht, in der Nacht erleidet Honecker eine außerordentlich schwere Gallenkolik. Wenige Tage später wird der Kranke in die DDR überführt, Egon Krenz reist mit ihm und kümmert sich rührend. Kurz nach der Ankunft in Berlin wird Honecker operiert. Diese erste Operation der Gallenblase muss wegen Herzkammerflimmerns abgebrochen werden. Auch ein Nierentumor wird entdeckt, der bereits den Dickdarm angegriffen hat. Nach der Operation ist Honecker schwer wieder in die Gegenwart zu holen. Ein Arzt diagnostiziert eine zerebrale Blockade und gibt nach der Wende genüsslich zu Protokoll: »Das war kein Kalk mehr, das war schon Marmor.«

Sein Gesundheitszustand im Sommer 1989 hätte für jeden Staatsmann das Aus bedeutet. Die Krankheit zerstörte endgültig die Tatkraft Honeckers, sein persönlicher Mitarbeiter Frank-Joachim Herrmann urteilte: »Von da an ist es dann nie mehr geworden, wie es einmal war.« Weich und verletzlich sei er gewesen: »Die Energie, die er sonst immer ausstrahlte, war weg.«[17] Auf die Frage, warum er diese Situation nicht ausgenutzt habe, reagierte Egon Krenz unwirsch: »Ich war nicht der Mensch, der einem einstigen Kampfgefährten und Vertrauten eiskalt ins Gesicht sagen konnte: ›Mach deinen Platz frei, die Zeit verlangt es.‹«[18]

Honecker kann also beruhigt Ferien machen. Bis zum 11. August erholt er sich in Mecklenburg. Bevor er sich aber der zweiten Operation unterzieht, schickt er Egon Krenz in Urlaub. Für diesen Schritt lässt er sich ins Haus des Zentralkomitees fahren, um an einer einzigen Sitzung des Politbüros teilzunehmen.

Mit der Leitung der Politbürositzungen betraut er seinen Freund Günter Mittag. Der weist an, den 40. Jahrestag der DDR vorzubereiten, alles andere sei zurückzustellen. Strategiedebatten könne man bei der Vorbereitung des XII. Parteitages führen.

Honecker zieht sich wieder aufs Krankenlager zurück. Er hat den festen Vorsatz, zum 40. Jahrestag wieder fit zu sein.

Im Krankenhaus nimmt er am 14. August 1989 um 18.15 Uhr – er notiert die Zeit akribisch – einen Brief von Helmut Kohl entgegen, in dem der Bundeskanzler das Problem der Botschaftsflüchtlinge anspricht. Kohl stellt klar, dass es nicht das Ziel der Bundesregierung sei, »dass möglichst viele Menschen aus der Deutschen Demokratischen Republik in die Bundesrepublik Deutschland übersiedeln.« Kohl weiter: »Wir werden jedoch auch niemanden, der sich an uns mit der Bitte um Hilfe wendet, zurückweisen.« Sein Wunsch sei es allerdings, »dass die Menschen in ihrer angestammten Heimat ein für sie lebenswertes Leben führen können.« Unverblümt fordert er Honecker auf, für eine »Perspektive« insbesondere der jungen Menschen zu sorgen. Nach seinem Eindruck hätten sie diese nicht, »dies zu ändern, liegt ausschließlich in der Verantwortung der Führung der Deutschen Demokratischen Republik.«[19] Honecker kann diese Verantwortung nicht wahrnehmen, er liegt im Kankenhaus, Mittag will nicht regieren, Krenz ist im Urlaub.

Derweil sind es mehrere Zehntausend, die in ungarischen Lagern campieren, um vielleicht eine Chance zur Ausreise zu bekommen. Ungarn will und kann dem öffentlichen Druck nicht mehr standhalten. Die aus Reformkommunisten bestehende Regierung erwägt, das Abkommen mit der DDR, nach dem DDR-Bürger Ungarn nicht in Richtung Österreich verlassen dürfen, zu kündigen. Außenminister Gyula Horn kommt nach Ost-Berlin, um die SED-Führung darüber zu informieren und findet im ZK einen Günter Mittag vor, der über die wirtschaftlichen Erfolge der DDR doziert. Erst am Schluss des Gesprächs schlägt er vor, doch alles beim Alten zu lassen. Am 8. September erfährt das Außenministerium in Ost-Berlin, dass Ungarn am 11. September die Grenzen öffnen wird.[20] Der ungarischen Regierung ist klar, dass sie damit die Existenz der DDR in Frage stellt. Ungarn kann auf die ostdeutschen Proteste jedoch gelassen reagieren. Michail Gorbatschow hat versichert, die Sowjetunion werde sich nicht in die inneren Angelegenheiten Ungarns einmischen – ein Einmarsch wie 1968 in der Tschechoslowakei ist also nicht zu befürchten. Der Außenminister der Bundesrepublik, Hans-Dietrich Genscher, sichert Ungarn zu, alle wirtschaftlichen Vergeltungsmaßnahmen der DDR zu kompensieren. Außerdem erhält Ungarn einen Kredit von 500 Millionen D-Mark.

Honecker äußert sich dazu nicht. Statt dessen verfasst er einen Kommentar für das Neue Deutschland: ein Stück jammervolle Propaganda, das er wahrscheinlich selbst für glänzende Polemik hält. Die in der DDR nicht erhältliche, von ihm aber gern gelesene BILD-Zeitung hatte den Lebensmut des Kranken angezweifelt und orakelt, wer ihn denn beerben könne. Neues Deutschland höhnte am 12. September auftragsgemäß:

EIN GRAMM ZUWENIG

Es gibt keinen Zweifel, daß in Springers »Bild«-Zeitung die klügsten Köpfe der Bundesrepublik sitzen. Kein Tag vergeht, ohne daß sie sich einen Geistesblitz aus den Fingern saugen würden. Dabei wird das Gehirn erst gar nicht beansprucht, und die Aufnahmebereitschaft ihrer Leser schätzen sie entsprechend ein. Für die Gehirnmasse dieser Springer-Leute paßt keine andere Schale. Sie bleibt zu klein, um zwischen Dichtung und Wahrheit zu unterscheiden. Was soll's. Offensichtlich kennen sie nicht einmal Goethe, der diese Frage einschlägig beantwortet hat.
Laut »Bild« wollte Honecker gestern »schon nicht mehr leben« – »Bauchspeicheldrüsenkrebs«. Heute fette Schlagzeile: »Honecker will sterben«. Gleich darunter große Meldung von der »Frau, die schwanger vom Streicheln ist«. Gleich daneben vom »Tag der Heimat«: »Tumult um Momper«. Und so weiter und so fort bis »Pamela liebt alle«. Schließlich auch noch: »Ohne Bonn wäre die DDR längst pleite«. Ihre fleißigen Bürger werden gar nicht erst erwähnt. Man zählt auf: »Transitpauschale, Straßenbenutzungsgebühren, Ausbau der Wasserstraßen zur Bundesrepublik, Öffnung des Teltowkanals...« Springers »Bild« tut so als habe man dort vom Prinzip Leistung gegen Leistung noch nie etwas gehört. Da kann man nur sagen: Gott helfe den geistig Armen. *E.H.*

Quelle: Neues Deutschland, 12.9.1989, S. 2

Am folgenden Tag mußte ein Druckfehler berichtigt werden. Zu Beginn des zweiten Absatzes sollte es heißen: »Laut ›Bild‹ sollte...«

Mittlerweile ist auch die westdeutsche Botschaft in Prag mit Leuten überfüllt, die die DDR verlassen wollen. In der letzten Septemberwoche kehrt Honecker zurück und beginnt mit einer schwerwiegenden Fehlentscheidung. Am 29. September lässt Honecker in einer außerordentlichen Politbürositzung beschließen, dass die Züge mit den Flüchtlingen über DDR-Territorium geleitet werden.[21] Trotz des offenkundigen Unsinns des Vorschlages stimmen die versammelten Politbüromitglieder zu. Hoffte Honecker auf eine Eingriffsmöglichkeit? Sollte alles seine Ordnung haben? Der westdeutsche Außenminister Hans-Dietrich Genscher ist irritiert, da er weiß, dass es zu Aufsehen führen wird. An einer Deeskalation hat Genscher aber durchaus kein Interesse mehr. Am nächsten Tag um 18.52 Uhr, gerade rechtzeitig für die 8-Uhr-Ausgabe der Tagesschau, tritt er auf den Balkon des Palais Lobkowitz und teilt den »lieben Landsleuten« mit, dass ihre Ausreise genehmigt ist.[22]

Die Züge rollen am 4. Oktober. Rund 10 000 Menschen reisen per Zug aus Prag via Dresden und Karl-Marx-Stadt nach Bayern. In Dresden kommt es zu Tumulten auf dem Hauptbahnhof, die Polizei reagiert mit Tränengas, Schlagstöcken und Wasserwerfern. Ohne Unterschied werden Randalierer und friedliche Demonstranten verhaftet, 224 Personen verbringen die Nacht im Polizeigewahrsam.

Am 6. Oktober 1989 empfängt Honecker Michail Gorbatschow auf dem Flughafen Berlin-Schönefeld. Honecker begrüßt ihn mit dem Spruch: »Die Totgesagten leben lange.« Gorbatschows Antwort ist mehrdeutig: »Ich glaube, Gefahren warten nur auf jene, die nicht auf das Leben reagieren.« Der Fackelzug am Abend des 6. Oktober wird eine verdrießliche Angelegenheit, denn die paradierende Masse ruft »Gorbi, Gorbi«. Es wird kein einziger Hochruf auf die DDR ausgebracht. Der nächste Tag ist einem Treffen der SED-Führung mit Gorbatschow im Schloß Niederschönhausen vorbehalten. Honecker berichtet über vergangene Erfolge, Gorbatschow mahnt, auch an die Zukunft zu denken. Die SED solle die Initiative ergreifen, mahnt der sowjetische Generalsekretär, diskutiert aber ansonsten eher lau. Als ihn Honecker kritisiert, betont er, dass »Wurst und viel Brot noch nicht alles sind.« Die sozialistische Gesellschaft benötige neben den materiellen Dingen »auch die entsprechende geistige Atmosphäre.«[23] Honecker interpretiert das als nichtiges Geschwätz, nicht als Warnung. Der Abend sieht ihn im Palast der Republik den Jahrestag feiern. Die von der Stasi erwarteten »Provokationen« finden statt, rasch zusammengezogene Polizeieinheiten knüppeln die »Gorbi-Gorbi«-Rufer auseinander.

Am nächsten Morgen schickt Honecker ein Telegramm an die Bezirkssekretäre. Die Demonstrationen hätten sich »gegen die verfassungsmäßigen Grundlagen unseres Staates gerichtet«, schreibt er und warnt: »Es ist damit zu rechnen, dass es zu weiteren Krawallen kommt.« Honecker weist an: »Sie sind von vornherein zu unterbinden.« Staatssicherheitsminister Mielke fordert am selben Tag alle »Waffenträger« auf, Dienstwaffen »ständig« bei sich zu führen. Führungsoffiziere sollten die verfügbaren Inoffiziellen Mitarbeiter »unverzüglich lagebezogen zum Einsatz zu bringen.« Mielkes Anordnung geht noch weiter. Personen, von denen »antisozialistische und andere feindlich-negative Handlungen und Aktivitäten zu erwarten« seien, sollten registriert werden. Es seien »geeignete Maßnahmen festzulegen« um »kurzfristig die Zuführung beziehungsweise Festnahme solcher Personen zu realisieren.« Die Bezirksverwaltungen und Kreisdienststellen des Ministeriums für Staatssicherheit stellen die gewünschten Namenslisten zusammen und richten Ställe und Lagerhallen als provisorische Gefängnisse ein.

Egon Krenz hingegen geht vorsichtig auf Distanz. Er lädt für den Nachmittag des 8. Oktober zu einer »Lagebesprechung« in das Ministerium für Staatssicherheit in der Normannenstraße. Dabei sind Staatsicherheitsminister Erich Mielke, Innenminister Friedrich Dickel, der Polizeipräsident Berlins und diverse Generale des MfS. Außerdem nehmen Wolfgang Herger, der Leiter der Sicherheitsabteilung des ZK, und der Berliner Bezirkssekretär Günter Schabowski teil. Beschlossen wird ein defensives, deeskalierendes Vorgehen gegenüber den Demonstranten. (Mielke erteilt die entsprechenden Befehle noch am selben Tag. Da sich die erteilten Weisungen widersprechen, werden sie vor Ort je nach Gusto befolgt.) Auch die »Sprachlosigkeit« der Partei soll endlich überwunden werden. Der Berliner Bezirkssekretär Günter Schabowski und Egon Krenz nehmen sich vor, auf der Politbürositzung am Dienstag eine politische Erklärung abzugeben.

Am Montagnachmittag des 9. Oktober übergibt Krenz Honecker den Entwurf der Erklärung und bittet ihn, das Papier als »Stellungnahme des Politbüros zur gegenwärtigen Situation« einzubringen. Auch ein Schreiben des Zentralrates der FDJ, das detaillierte Angaben zur Stimmung unter den Jugendlichen enthält, wird Honecker übergeben. Honecker ruft Krenz wenig später zu sich und zeigt sich empört. Das FDJ-Papier sei unrichtig und die »Stellungnahme des Politbüros« »politisch falsch«. Krenz nimmt die FDJ-Studie wieder an sich, gibt aber den Entwurf der »Stellungnahme« an Edwin Schwertner, den Leiter des technischen Sekretariats des Politbüros. Schwertner solle das Thema für den nächsten Tag auf die Tagesordnung der Politbürositzung setzen. Am Abend demonstrieren in Leipzig rund 70 000 Menschen, die Menge ist zu groß für eine Polizeiaktion.

Obwohl Egon Krenz nach dem Streit mit Honecker reichlich deprimiert ist, hat er dafür eigentlich keinen Grund. Denn beiden – Honecker genauso wie Krenz – musste klar sein, dass der Sieger in der Auseinandersetzung bereits vorher feststand. Honecker hätte wohl nur durch eine Verhaftung von Krenz seine Stellung als Generalsekretär retten können. Doch da Honecker die Verfügungsgewalt über die Sicherheitsabteilung an Krenz übergeben hatte – und Erich Mielke sich mit Krenz am 8. Oktober einig geworden war –, blieb ihm diese Möglichkeit versperrt.

Honecker bereitet sich unter Berücksichtigung des eindeutigen Kräfteverhältnisses auf eine politische Auseinandersetzung am nächsten Tag vor. Er sucht Argumente zusammen, die seine Position bekräftigen, scheint aber einer offenen Konfrontation ausweichen zu wollen.

Am nächsten Morgen liegt die »Stellungnahme« auf dem Tisch – Erich Mielke fügt noch eine detaillierte Einschätzung »Über Reaktionen progressiver Kräfte auf die gegenwärtige innenpolitische Lage in der DDR« hinzu. In diesem Papier stellt die Zentrale Auswertungs- und Informationsgruppe das Geschehen so dar, als wären die Parteimitglieder nur deshalb demotiviert, weil die Partei zu lange geschwiegen habe und eine neue Führung benötige. Und natürlich fehlt auch die Drohung mit einem neuen 17. Juni nicht.[24]

Nach einer heftigen Diskussion wird die Erklärung von Krenz, nicht ohne sie vorher noch zu entschärfen, verabschiedet. Das Politbüro hat damit zugegeben, dass die Ursachen für die Ausreisewelle auch in der DDR selbst zu suchen seien. Honecker hingegen plädierte für eine Verurteilung der Konterrevolution.[25]

Die kommunistischen Historiker Eberhard Czichon und Heinz Marohn bewerten die Politbürositzung vom 10. Oktober 1989 etwas anders. In ihrem Buch »Das Geschenk – Die DDR im Perestroika-Ausverkauf« kommen sie zu dem Schluss, dass Honecker schon lange an einer Gegenkonzeption zur Perestroika gearbeitet habe. Das 9. Plenum des Zentralkomitees sollte sich der Frage einer neuen Gesellschaftsstrategie widmen, es sei beabsichtigt gewesen, mit diesem Plenum jene Aufgaben nachzuholen, die im Sommer bei der 8. Tagung des ZK versäumt worden seien, meinen Czichon und Marohn.[26] Zwar habe Honecker durch seine Krankheit kein umfassendes Programm ausarbeiten können, auf der Sitzung des Politbüros am Dienstag, dem 10. Oktober hätte er jedoch die Grundzüge dieser Konzeption vorgetragen. Czichon und Marohn stellen empört fest: »Diese Vorschläge Honeckers wurden von allen Beteiligten, die sich bisher über diese Sitzung äußerten, verschwiegen.«[27]

Als Eckpunkte der Reform »jenseits der Perestroika« nennen die beiden dann:

- Rückzug der SED aus der administrativen Leitung des Staates
- Trennung von Staatsapparat und Parlament
- Schaffung eines Obersten Gerichtshofes
- Belebung der Volksvertretungen durch Verbesserungen des Wahlsystems
- Erhöhung der Eigenständigkeit der befreundeten Parteien
- Verstärkung der Vertretung der Interessen der Werktätigen durch den FDGB
- Erhöhung der Eigenverantwortlichkeit der Medien
- Aushändigung von Reisepässen, Vereinbarung mit der Bundesrepublik zur Bereitstellung von Reisedevisen
- Reduzierung des Sicherheitsapparates.[28]

Honecker hätte also, glaubt man den Erinnerungen Gerhard Schürers, auf die sich Czichon und Marohn stützen, tatsächliche Reformen und kosmetische Korrekturen geschickt miteinander verschmolzen, um letztlich alles beim Alten zu lassen. Hätten die beiden Historiker allerdings den Weg ins Bundesarchiv gefunden, statt auf die phantasievolle Erinnerung des einstigen Planungschefs zu vertrauen, wären ihnen die Notizen Honeckers zu seinem »Reformprogramm« aufgefallen. Natürlich ist auch denkbar, dass sie keinen Wert darauf legten, Honeckers Stichworte zur Kenntnis zu nehmen.

Denn es ist überaus dürftig, was der Generalsekretär auf Abruf am 9. Oktober zu Papier bringt, um es Krenz und Mielke entgegenzuhalten. In seinen einleitenden Worten beschwört er die Vergangenheit. Gemeinsam habe man die Republik geschaffen und die Arbeiter und Bauernmacht verteidigt. Blockparteien und Nationale Front hätten die Erklärungen zum 40. Jahrestag unterstützt, im Miteinander habe man ja die Republik entwickelt. Man müsse auf die sozialistische Zukunft, nicht auf die kapitalistische Vergangenheit orientieren. Honecker präsentiert die alten Formeln. Unser Arbeitsplatz bleibt Kampfplatz für den Frieden, der Sozialismus steht nicht zur Disposition, gleiche Rechte – gleiche Pflichten.

Und soll Honecker tatsächlich gefordert haben, den Sicherheitsapparat in seiner Tätigkeit zu beschneiden? Die Notizen sprechen eine andere Sprache. Die Ursachen werden auch bei uns zu suchen sein, gibt der Generalsekretär zu, setzt aber in Klammern, was er meint: »Feinde«. Und weiter: »Wir werden auch künftig nicht zulassen, dass die Arbeiter- und Bauernmacht, ihre Werte, Ideale, Errungenschaften angetastet werden.« Darüber hinaus benutzt Honecker die abgedroschene Formel »Kontinuität und Erneuerung«, denn: »Wir haben alle Formen und Foren der sozialistischen Demokratie«.[29] Vier Seiten mit Notizen zu den Erfolgen seiner Sozialpolitik runden das Ganze ab. Wie immer schüttet er seine Zuhörer mit Erfolgsstatistiken zu. Er nannte:

- seit 1970 Waren im Wert von 11,7 Billionen Mark erzeugt
- seit 1971 für 320 Milliarden Mark Wohnungen gebaut
- seit 1970 stiegen die Nettogeldeinnahmen auf 205 Prozent
- stabile Verbraucherpreise für Fleisch, Butter, Brot und Milch.[30]

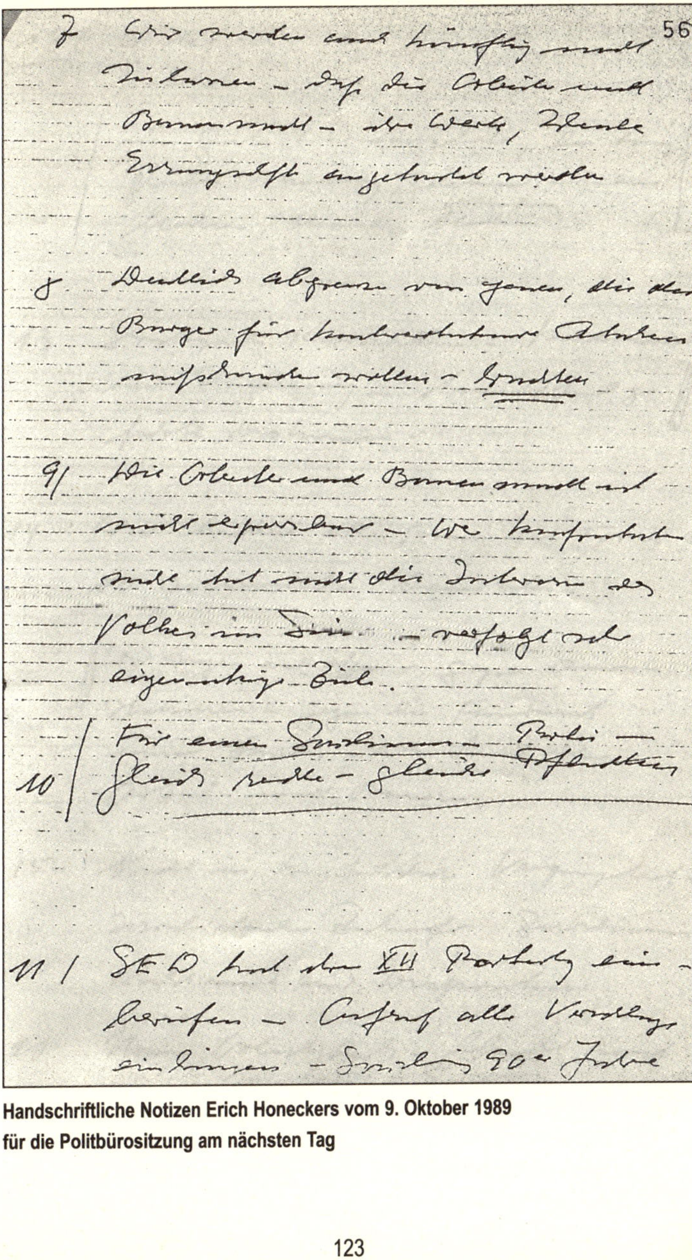

56

7 Wir werden auch künftig nicht zulassen – daß die Arbeiter- und Bauernmacht – ihre Werte, Ideale, Errungenschaften angetastet werden

8 Deutlich abgrenzen von jenen, die die Bürger für konterrevolutionäre Aktionen mißbrauchen wollen – Gewalttaten

9/ Die Arbeiter- und Bauernmacht ist nicht erpressbar – wer Konfrontation sucht, hat nicht die Interessen des Volkes im Sinn – verfolgt andere eigennützige Ziele.

10 | Für einen Sozialismus – Rechte – Pflichten gleiche Rechte – gleiche Pflichten

11 / SED hat den XII Parteitag einberufen – Aufruf alle Vorschläge einbringen – Sozialismus 90er Jahre

Handschriftliche Notizen Erich Honeckers vom 9. Oktober 1989 für die Politbürositzung am nächsten Tag

HANDSCHRIFTLICHE NOTIZEN ERICH HONECKERS VOM 9. OKTOBER 1989 FÜR DIE POLITBÜROSITZUNG AM NÄCHSTEN TAG

1) Dank an alle – 40. Jahrestag – Auswertung nicht
2) Gemeinsam Republik geschaffen – haben wir in ihrer Existenz als AB-Macht verteidigt – Wir sind und bleiben entschiedene Kämpfer für den Frieden. Der Sozialismus in [Wort nicht lesbar]
3) Die Teilnahme der aus[ländischen] Gäste – SU – Polen, CSSR – zeigt den geachteten Platz DDR – Welt
4) Im Miteinander hat sich unsere Republik entwickelt Dies ist unsere Stärke – Block + NF – Erklärung unterstützt
5) Die Ursachen werden auch bei uns zu suchen sein – (Feinde)
6) BRD – Ablehnung ihrer Position in Friedensfrage, Chauvinismus 1937+) – aber von Hauptfrage + ihre Reformunfähigkeit
7) Wir werden auch künftig nicht zulassen – dass die Arbeiter- und Bauernmacht – ihre Werte, Ideale, Errungenschaften angetastet werden
8) Deutlich abgrenzen von jenen, die den Bürger für konterrevolutionäre Aktionen missbrauchen wollen – <u>beachten</u>
9) Die Arbeiter- und Bauernmacht ist nicht erpressbar – Wer Konfrontation sucht hat nicht die Interessen des Volkes im Sinn – verfolgt sehr eigennützige Ziele
10) Für einen <u>Sozialismus – Partei – Gleiche Rechte – gleiche Pflichten</u>
11) SED hat den XII. Parteitag einberufen – Aufruf alle Vorschläge einbringen – Sozialismus 90er Jahre
12) Weiterführung – Einheit + Wirtsch-Sozialpolitik nun gute Warenangebote, leistungsgerechte Bezahlung, lebensverbundene Medien, Umwelt, volksnahe Medien -
13) Strategische Konzeption – Kontinuität und Erneuerung – [Wort nicht lesbar] geführte Diskussion
14) Wir haben alle Formen und Foren der <u>sozialistischen</u> Demokratie Wir sagen auch offen – gegen Demonstrationen – gegen die Fundament[e] unseres Staates – als Staat der Arbeiter und Bauern

15) Nicht in kapitalistische Vergangenheit – sozialistische Zukunft. Sozialismus steht nicht zur Disposition

16) Unser Arbeitsplatz – bleibt Kampfplatz für Frieden und Sozialismus

[Es folgen vier Seiten, die Erfolge der Wirtschafts- und Sozialpolitik auflisten.]

Quelle: Bundesarchiv Berlin (SAPMO) DY30/2121, Blatt 55 bis 57.

Kurzum: Honecker will den Mitgliedern und Kandidaten des Politbüros klarmachen, dass er eine beispiellose Erfolgsbilanz vorzuweisen hätte.

Da er sich nicht durchsetzen kann, sucht Honecker den Kontakt zu den ersten Sekretären der Bezirksleitungen, die er für den 12. Oktober nach Berlin bestellt. Er doziert in seinem zweistündigen Referat die Rolle und den Einfluss des Gegners, erntet jedoch nur verhaltene Zustimmung. Die Bezirkssekretäre kennen die wirkliche Lage in ihren Territorien genau und weisen Honecker darauf hin, dass die Lage zunehmend unbeherrschbar werde. Johannes Chemnitzer (Neubrandenburg), Siegfried Lorenz (Karl-Marx-Stadt) und Werner Walde (Cottbus) äußern sich sehr besorgt, Günther Jahn (Potsdam) fordert unumwunden den Rücktritt des Generalsekretärs. Hans Modrow hält sich mit Kritik zurück, er sucht informelle Kontakte zu den »Verschwörern« und möchte sich nicht auf einem Nebenkriegsschauplatz verzetteln.

Erstaunlicherweise weiß BILD am nächsten Tag Bescheid. Unter Berufung auf eine Information »aus höchstrangigen SED-Kreisen« meldet die Zeitung am Freitag, dem 13.: »Honecker – Mittwoch letzter Arbeitstag«.[31]

Honecker trifft sich am 13. mit den Vorsitzenden der Blockparteien und vergattert sie mit Schmeicheleien und Drohungen zu Loyalität. Aus herrschaftstechnischer Sicht ist das jedoch eine falsche Prioritätensetzung, die Blockfreunde spielen schon lange keine Rolle mehr. Während sich Honecker mit Nebensächlichkeiten aufhält, fliegt Krenz nach Leipzig. Dort bekommt er Informationen aus erster Hand und stärkt den örtlichen Funktionären den

Rücken. Auf dem Rückflug formulieren er und Fritz Streletz, der Sekretär des Nationalen Verteidigungsrates, einen Befehl zur Gewaltlosigkeit. Um 17 Uhr sind die beiden bei Honecker. Streletz schildert die Lage, der Generalsekretär hört ruhig zu. Honecker schlägt vor, im Zentrum Leipzigs eine Absperrung vorzunehmen, so dass es zu keiner Vereinigung der verschiedenen Demonstrationszüge kommen kann. Krenz möchte eine Konfrontation auf jeden Fall vermeiden und bedrängt Honecker, der den Befehl auch unterschreibt.[32]

Am Sonntag, dem 15. Oktober finden sich Krenz, Schabowski und der Gewerkschaftsvorsitzende Harry Tisch. Tisch wird beauftragt, am Montag, wenn er ohnehin in Moskau ist, Gorbatschows Zustimmung zur Ablösung Honeckers einzuholen. Krenz berichtet den beiden über ein Gespräch mit Ministerpräsident Willi Stoph. Ein informelles, freundschaftliches Gespräch führe zu nichts, meint der. Also fassen sie die Absetzung Honeckers für die Politbürositzung am Dienstag ins Auge.

Stoph erklärt sich auch bereit, den entsprechenden Antrag einzubringen. Stoph hatte sich in der Zwischenzeit Rückendeckung beim sowjetischen Botschafter geholt, wie Krenz erfahren musste, als jener den Botschafter über seinen Schritt informieren wollte.

Überraschend für alle fährt Erich Honecker am Montag, dem 16. Oktober selbst ins Lagezentrum im Innenministerium. Die Bilder der Stasikameras stacheln seine Wut an. Man müsse doch etwas tun. Es scheint Fritz Streletz gewesen zu sein, der Honecker an den Befehl vom Freitag erinnert, die »Sache« friedlich verlaufen zu lassen.[33] Während der Sitzung ruft Harry Tisch aus Moskau an. Gorbatschow hätte das Problem zur inneren Angelegenheit der DDR erklärt und »Viel Glück!« gewünscht.[34]

Die Entscheidung zur Entmachtung Honeckers fällt dann am nächsten Morgen im Politbüro. Da Mielke sich auf Krenz' Seite geschlagen hat, sorgt er für seine ganz spezielle Art der Absicherung. Um 7 Uhr morgens ruft er Wolfgang Herger, den ZK-Abteilungsleiter für Sicherheitsfragen, an und fordert ihn auf, sich mit einigen zuverlässigen Mitarbeitern vor dem Beratungsraum zu postieren. Honecker soll daran gehindert werden, sich an die Leibwächter oder die Wachmannschaft des ZK-Gebäudes zu wenden.[35]

Nach der Eröffnung der Sitzung durch Erich Honecker meldete sich Willi Stoph zu Wort. Er schlägt vor, die Tagesordnung zu ändern. Als Punkt 1 müsse die Absetzung des Generalsekretärs verhandelt werden. Begründung: Auf Grund der Ereignisse der letzten Wochen(!) sei Honecker nicht länger tragbar. Gleichzeitig nominiert Stoph Egon Krenz für die Nachfolge. Reihum stimmen alle zu. Auch diejenigen, die Honecker Status und Stellung zu verdanken hatten, sprechen für seinen Rücktritt.

Mit seiner Absetzung seien die Probleme noch lange nicht gelöst, gibt Honecker zu bedenken. Sein Auswechseln zeige, »dass wir erpressbar sind, der Gegner wird dies ausnutzen.« Aber da offensichtlich alle für seine Absetzung seien, wolle er sich nicht in den Weg stellen. Honecker verlässt den Tagungsraum, schildert seinem persönlichen Mitarbeiter sachlich die Abstimmung und diktiert dann in seinem Büro die Einladung zu seiner endgültigen Entmachtung. Die ZK-Mitglieder sollen sich am nächsten Tag 14 Uhr im Hause des ZK einfinden. Einziger Tagesordnungspunkt: »Zur politischen Lage.«[36]

Das Politbüro einigt sich in der Zwischenzeit darauf, keine »Fehlerdiskussion« zuzulassen. Honecker tritt also aus »gesundheitlichen Gründen« zurück. Krenz und Schabowski formulieren in der Nacht einen Text, den Honecker am nächsten Tag verlesen muss. Dem Zentralkomitee und der Volkskammer solle ein Genosse vorgeschlagen werden, so schreiben die beiden, »der fähig und entschlossen ist, der Verantwortung und dem Ausmaß der Arbeit so zu entsprechen, wie es die Lage, die Interessen der Partei und des Volkes und die alle Bereiche der Gesellschaft umfassende Vorbereitung des XII. Parteitages erfordern.«[37]

Honecker fügt sich der Inszenierung und kommt pünktlich zu seiner Absetzung. Wie geplant verliest er die Erklärung. Er nennt auf Bitten von Egon Krenz auch den Namen des Genossen Nachfolgers: Egon Krenz. Dann wird abgestimmt. Lediglich Hanna Wolf, die einstige Direktorin der Parteihochschule, ist gegen die Abwahl. Willi Stoph dankt Honecker für »sein politisches Lebenswerk, das dem Kampf für Sozialismus und Frieden gewidmet ist«. Dann komplimentiert er ihn hinaus, auf Grund eines »angegriffenen Gesundheitszustandes« wolle(!) Honecker nicht mehr an der ZK-Tagung teilnehmen. Die Mitglieder und Kandidaten des ZK erheben sich von den Plätzen und klatschen Beifall, bis er den Saal verlassen hat.[38]

RÜCKTRITTSERKLÄRUNG ERICH HONECKERS, 18.OKTOBER 1989

Nach Erich Honeckers Sturz im Politbüro formulierten Günter Schabowski und Egon Krenz am Abend des 17. Oktober 1989 einen Text, den Honecker am nächsten Tag auf der Tagung des Zentralkomitees zu verlesen hatte.

Liebe Genossinnen und Genossen!

Nach reiflichem Überlegen und im Ergebnis der gestrigen Beratung im Politbüro bin ich zu folgendem Entschluß gekommen: Infolge meiner Erkrankung und nach überstandener Operation erlaubt mir mein Gesundheitszustand nicht mehr den Einsatz an Kraft und Energie, den die Geschicke unserer Partei und des Volkes heute und künftig verlangen. Deshalb bitte ich das Zentralkomitee, mich von der Funktion des Generalsekretärs des ZK der SED, vom Amt des Vorsitzenden des Staatsrates der DDR und von der Funktion des Vorsitzenden des Nationalen Verteidigungsrates der DDR zu entbinden.

Dem Zentralkomitee und der Volkskammer sollte dafür Genosse Egon Krenz vorgeschlagen werden, der fähig und entschlossen ist, der Verantwortung und dem Ausmaß der Arbeit so zu entsprechen, wie es die Lage, die Interessen der Partei und des Volkes und die alle Bereiche der Gesellschaft umfassende Vorbereitung des XII. Parteitages erfordern.

Liebe Genossen!

Mein ganzes bewußtes Leben habe ich in unverrückbarer Treue zur revolutionären Sache der Arbeiterklasse und zu unserer marxistisch-leninistischen Weltanschauung der Errichtung des Sozialismus auf deutschem Boden gewidmet. Die Gründung und die erfolgreiche Entwicklung der sozialistischen Deutschen Demokratischen Republik, deren Bilanz wir am 40. Jahrestag gemeinsam gezogen haben, betrachte ich als die Krönung des Kampfes unserer Partei und meines eigenen Wirkens als Kommunist.

Dem Politbüro, dem Zentralkomitee, meinen Kampfgefährten in der schweren Zeit des antifaschistischen Widerstandes, den Mitglie-

dern der Partei und allen Bürgern unseres Landes danke ich für jahrzehntelanges gemeinschaftliches und fruchtbares Handeln zum Wohle des Volkes.
Meiner Partei werde ich auch in Zukunft mit meinen Erfahrungen und meinem Rat zur Verfügung stehen.
Ich wünsche unserer Partei und ihrer Führung auch weiterhin die Festigung ihrer Einheit und Geschlossenheit und dem Zentralkomitee weiteren Erfolg.

Erich Honecker

Quelle: Protokoll der 9. Tagung des ZK der SED, zitiert nach: Hans-Hermann Hertle und Gerd-Rüdiger Stephan, Das Ende der SED – Die letzten Tage des Zentralkomitees, Berlin 1997, S. 103f. Hertle und Stephan lag das Tonbandprotokoll der Tagung vor. Der im Bundesarchiv befindliche Entwurf des Schreibens (Akte: DY30/IV/2.039/88 Blatt 22f.) weicht in einem wesentlichen Punkt ab. Hier heißt es, dem ZK solle »ein Genosse« vorgeschlagen werden.

Krenz wird einstimmig gewählt, hält eine Grundsatzrede, dann bricht Chaos aus. Formulierungsvorschläge für eine Grundsatzerklärung werden eingebracht, Verteidigungsminister Keßler möchte eine Anti-NATO-Passage darin sehen, andere den Schulterschluss mit der Sowjetunion betonen. Krenz tritt dann vor die Kameras und behauptet, dass jetzt die Wende eingeleitet sei und man an Sachaufgaben gehen müsse. In den nächsten Tagen baut er sich aus Altkadern ein Politbüro zusammen, zelebriert bei Betriebsbesuchen Volksnähe und lässt sich am 24. Oktober zum Staatsoberhaupt wählen. Unbeeindruckt vom Austausch des Generalsekretärs setzt sich die Ausreisewelle fort, es wird weiter demonstriert, örtliche Machthaber müssen zurücktreten. Jetzt endlich beginnt die SED den Dialog mit den Demonstranten. Am 26. Oktober trifft sich Günter Schabowski erstmals mit Vertretern des Neuen Forums. Doch schon wenige Tage später, am 30. Oktober, fordern Demonstranten in Leipzig die Wiedervereinigung Deutschlands. Mit der Grenzöffnung am 9. November besiegeln Krenz, Schabowski & Co. ihr Schicksal und das der DDR. Die Vorgänge sind hinreichend detailliert beschrieben worden.

PARTEIVETERAN

Nach dem Kampf auf der Insel Samsey sagt Odd zu Hjalmar: »Dein Helm ist zerhauen, dein Harnisch klafft. Verloren nenn ich dein Leben nun.«[39] Das jahrhundertealte Muster scheint zunächst keine Anwendung zu finden. In der Kaderabteilung regelt man Honeckers Rentenangelegenheiten und legt ein letztes Blatt in seine Kaderakte, das den einstigen Generalsekretär zum Parteiveteranen erklärt. Er kann nach Wandlitz zurückkehren, Egon Krenz grübelt darüber nach, ob Honecker eine Stadtwohnung in Köpenick bekommt oder nicht. Oder doch besser ein Eigenheim. Fest steht für Krenz, dass Honecker sein geliebtes Jagdhaus Wildfang behalten darf. Die Autorität des neuen Generalsekretärs wiegt jedoch nicht besonders schwer.

Am 8. November 1989 leitet der Generalstaatsanwalt der DDR ein Verfahren gegen Erich Honecker wegen »Amtsmissbrauch« und »Korruption« ein. Die Blickrichtung der Ermittler wird vom Volkszorn bestimmt. Thema sind die Sonderversorgung für die Waldsiedlung Wandlitz und die Devisenreserven, die Honecker in der Schweiz anlegen ließ. Ministerpräsident Hans Modrow versucht nach Kräften, die Aufklärung über illegale Geldbewegungen zu verhindern. Am 3. Dezember 1989 formuliert er einen Erlass: »Aus Gründen der nationalen Sicherheit ordne ich an, dass mit sofortiger Wirkung der Einsichtnahme in die Geschäftsakten der Hauptabteilung I des Bereiches Kommerzielle Koordinierung nicht stattgegeben wird.«[40]

Ein Ablenkungsmanöver beeinflusst den Gang der Dinge nicht unwesentlich. Am 17. November melden die Agenturen, dass Ex-Stasi-General Markus Wolf die Verhaftung Erich Honeckers fordert. Honecker ruft Krenz an und will eine Klarstellung. Krenz reagiert hilflos. Dem neuen Generalsekretär dämmert nun endlich, dass hier jemand anderes die Fäden zieht. Wolf bespricht sich in der sowjetischen Botschaft mit Valentin Falin, Gorbatschows Ratgeber in Sachen Deutschlandpolitik. Ministerpräsident Hans Modrow, der seit den fünfziger Jahren das besondere Vertrauen der Russen genießt und sich auch als Bezirkssekretär regelmäßig und regelwidrig Weisungen aus dem Haus unter den Linden abholt, wird zu den Gesprächen hinzugezogen.[41]

Honecker hat inzwischen in einem Brief an Krenz, verfasst am 14. November, die volle Verantwortung für die entstandene Lage übernommen. Zu konkreten Fragen äußert er sich nicht, er möchte Krenz fairerweise die Initiative überlassen.

Die zahllosen Presseveröffentlichungen verärgern ihn jedoch maßlos, da er annimmt, dass es sich um eine von Krenz und dem neuen Mediensekretär Schabowski gesteuerte Kampagne handelt. (Dass die Presse gerade dabei ist, ihre Freiheit wiederzugewinnen, entgeht ihm.) Als Reaktion auf die Schmähartikel richtet er am 1. Dezember einen Brief an die ZPKK. Hier dröselt er alles auf, was sich in den letzten Monaten ereignet hat. Noch einmal übernimmt er global die Verantwortung für alles Vorgefallene, um sie dann Punkt für Punkt zurückzuweisen. Krank sei er gewesen, nicht anwesend bei jener Entscheidung, bei dieser habe sich das Kollektiv Politbüro geirrt. Willi Stoph sei als Regierungschef nie in seiner Funktion beschnitten gewesen. Eine neue Gesellschaftsstrategie für die Zeit nach dem XII. Parteitag war schon in Arbeit. Die Schulden hätten wohl »großes Kopfzerbrechen« gemacht, seien aber produktiv und langfristig angelegt und könnten durch die laufende Produktion zurückgezahlt werden. Über die Verhaftung der Demonstranten am 7. und 8. Oktober in Berlin sei er nicht informiert gewesen.[42] Immerhin gesteht er eine Verkennung der Lage im Herbst 1989 ein: »Ich sehe die Ursache meiner Fehleinschätzung darin, dass ich das reale Leben im Lande in der letzten Zeit nicht unmittelbar wahrnahm. Ich täuschte mir etwas vor und ließ mir oft etwas vortäuschen bei Besuchen im Lande.«[43]

Selbstkritik, und noch dazu halbherzige, ist jetzt aber nicht mehr gefragt. Werner Eberlein, der neue Leiter der ZPKK, führt mit Honecker ein Gespräch und bereitet seinen Ausschluss vor. Aus der Partei entfernt wird Honecker per Beschluss des Zentralkomitees auf der außerordentlichen Tagung am 3. Dezember 1989.[44]

Erich Honecker hat der KPD/SED 60, zählt man die Jahre im KJVD mit, sogar 63 Jahre angehört. (Im Oktober 1992 wird er in eine 40 Köpfe zählende Splittergruppierung eintreten, die sich, wie einige andere auch, KPD nennt. Diese KPD wurde am 31. Januar 1990 von ehemaligen SED-Mitgliedern als Konsequenz der Distanzierung der SED/PDS vom Stalinismus gegründet. Honecker wusste also, was er tat.[45])

Am 7. Januar 1990 wird ihm in der Charité ein Nierentumor entfernt. Noch im Krankenhaus verliest ihm eine eifrige Jungstaatsanwältin den Haftbefehl. Obwohl der behandelnde Arzt Honecker Haftunfähigkeit bescheinigt, bringt man ihn am 29. Januar 1990 in die Untersuchungshaftanstalt Berlin-Rummelsburg.

Honecker wird bereits am nächsten Morgen wieder entlassen, aber da das Haus in der Waldsiedlung den Honeckers zum Monatsende gekündigt wurde, ist der einstige Staatschef praktisch obdachlos. Pastor Uwe Holmer, Leiter der Hoffnungsthaler Anstalten in Lobetal, nimmt die beiden Honeckers auf. Es handelt sich dabei um eine private, mildtätige Geste des Kirchenmannes, die noch um so edler erscheint, da keines der zehn Kinder des Pastors jemals die Oberschule besuchen durfte.[46]

In Lobetal beginnt er mit dem Liedermacher Reinhold Andert ein ausführliches Gespräch, das noch 1990 unter dem Titel »Der Sturz« erscheint und zum Bestseller wird. Nur wenige besuchen ihn: Hans Modrow, Petra Kelly und Gerd Bastian, Innenminister Peter Michael Distel samt Leibwache und Irma Almeyda, die Frau des chilenischen Sozialistenführers. Von seinen einstigen Genossen kommt kein einziger, dafür aber Tochter Erika aus erster Ehe. Sie

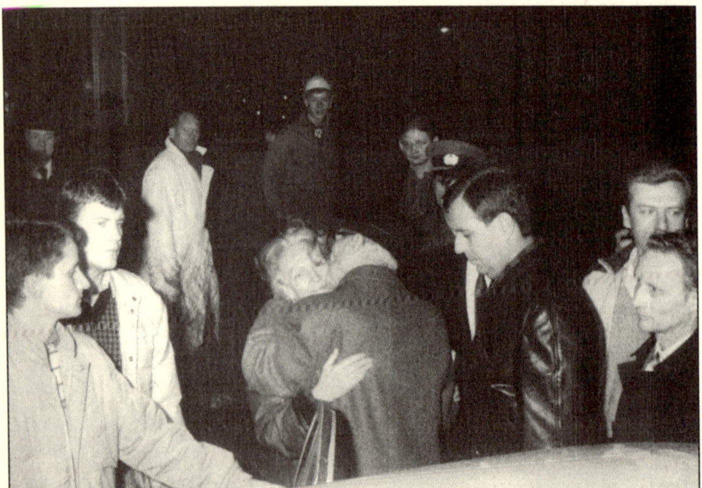

29. Januar 1990: Erich Honecker verabschiedet sich von seiner Frau Margot. Er wird in die Untersuchungshaftanstalt Berlin-Rummelsburg gebracht.

schneidet dem krank und gebrechlich Wirkenden die Haare und, so berichtet es Reinhold Andert: »Sie tröstete ihn, sie hätte schon lange geahnt, aber sich nicht getraut es ihm zu sagen, dass das nichts würde mit dem Sozialismus. Er solle sich das nicht so zu Herzen nehmen.« Nahm er aber. Traurig sei er gewesen, meinte Andert.[47]

Auch Rainer Eppelmann besucht Erich Honecker in Lobetal. Er kommt am 15. Februar, um ihn wegen des Wahlbetrugs im Mai 1989 zur Rede zu stellen. Er will, ganz Pfarrer, einen symbolischen Akt, ein öffentliches Schuldbekenntnis. Also überredet er Honeckers Anwalt Friedrich Wolff, mit ihm nach Lobetal zu fahren. Honecker möchte Eppelmann mit einer unverbindlichen Floskel abspeisen, doch der Pfarrer hakt auf bemerkenswert starrsinnige Weise nach. Wenige Stunden später kann Eppelmann im Fernsehen verlesen, dass Honecker die »politische Verantwortung« für die Krise der DDR und die »Umstände, die letztlich zur Fälschung der Wahlergebnisse« führten, übernimmt.[48] Eine wirkliche Selbstkritik ist die Erklärung freilich nicht. Aber immerhin, Honecker erkennt die Wahlfälschung als solche an.

ERKLÄRUNG

Entsprechend meinen früheren Erklärungen gegenüber der damaligen SED bekenne ich mich zu der politischen Verantwortung für die Krise, in die der Staat und die Bevölkerung der DDR geraten sind. Das betrifft auch die Umstände, die letztlich zu der Fälschung der Wahlergebnisse vom 7. Mai 1989 führten. Gleichzeitig möchte ich betonen, dass ich nie in meinem Leben politische Entscheidungen aus egoistischen Motiven getroffen habe und dass ich mich frei von jeder Schuld im strafrechtlichen Sinne fühle.

Quelle: Rainer Eppelmann, Fremd im eigenen Haus, Köln 1993, S. 374.

Aus Anstand macht auch Hans Modrow, mittlerweile neuer Ministerpräsident der DDR, seine Visite beim einstigen Vorgesetzten. Die beiden sprechen über die Lage in der DDR. Modrow konstatiert Uneinsichtigkeit: »Es war die Reaktion eines Mannes, der meinte, alles Erdenkliche für das Wohl des Volkes getan zu haben.«

Empört ist Honecker über angebliche »Unregelmäßigkeiten« finanzieller Art. Er stellt klar, dass es für jeden Vorgang Zahlungsbelege gäbe. Mehr haben sich die beiden nicht zu sagen. Als er geht, wechselt Modrow noch ein paar Worte mit Margot Honecker. Die signalisiert ihm Erstaunen: Die Kluft, die zwischen den beiden herrschte, habe sie niemals so wahrgenommen.[49]

Modrow versucht auch, die Honeckers angemessen unterzubringen, er lässt ein Quartier für sie im Gästehaus der Regierung in Gransee herrichten. Der Volkszorn verhindert, dass sie es beziehen.[50]

Offensichtlich durch die Besucher von der Notwendigkeit eines solchen Schrittes überzeugt, gibt Erich Honecker am 1. März 1990 eine öffentliche Erklärung ab. Merkwürdigerweise weist er nun jede Verantwortung für die aktuelle kritische Situation zurück. Auch vom Vorwurf des Amtsmissbrauchs spricht sich Honecker frei. Er stellt klar, dass es finanzielle Manipulationen und Unredlichkeiten nicht gegeben habe. Dabei dementiert er wahrheitswidrig, mit den Details des Häftlingsfreikaufs befasst gewesen zu sein und weist die politische Verantwortung für die aufgebrochene Distanz zur Sowjetunion weit von sich.

Doch der einstige Parteichef übt auch Selbstkritik, in drei Punkten gibt er Fehler und Versäumnisse zu:

»Erstens habe ich nicht rechtzeitig, nicht umfassend und realistisch eingeschätzt, dass es bis in die Reihen der Partei Unzufriedenheit über die mangelnde innerparteiliche Demokratie, über ungenügende Offenheit, über die Probleme der Wirtschaft, Versorgungsengpässe, zu den Fragen einer notwendig gewordenen tiefergreifenden Demokratisierung der Gesellschaft und anderes gab.

Zweitens muss ich aus heutiger Sicht feststellen, dass die ideologische und propagandistische Arbeit unserer Medienpolitik nicht den Ansprüchen und den Erfordernissen unserer Zeit entsprach.

Drittens. Für die Bürger der DDR wurde immer unverständlicher, dass die unter damaliger Sicht vorgenommenen Reiseerleichterungen (5 bis 7 Millionen Bürger konnten in die BRD und nach Berlin-West reisen) nicht von unnötiger Bürokratie befreit, erleichtert und erweitert wurden. Die aus damaliger Sicht noch bestehenden Beschränkungen im Reiseverkehr wurden immer mehr als die Einschränkung der Kontakte zwischen den Menschen empfunden.«[51]

Michail Gorbatschow stimmt inzwischen einem Vorschlag von Botschafter Kotschemassow und Hans Modrow zu, die Honeckers in einem sowjetischen Sanatorium unterzubringen. Am 3. April 1990 gewähren die Sowjets ihrem langjährigen Statthalter endlich Asyl im Militärhospital Beelitz. Dort wird er mehrfach auf Haftfähigkeit untersucht, jetzt entdeckt man auch den Leberkrebs.

Die Gesamtberliner Justiz erlässt am 30. November 1990 einen Haftbefehl wegen der Toten an der innerdeutschen Grenze. Also weist Gorbatschow an, Erich Honecker nach Moskau auszufliegen. Am 13. März 1991 verlassen die Eheleute Honecker Deutschland.

In Moskau wird er im Mandryka-Krankenhaus behandelt, das Leberkarzinom erweist sich als inoperabel. Gelegentlich erschallt von dort Protest, etwa als am 21. Mai 1991 Willi Stoph, Heinz Keßler und Fritz Streletz verhaftet werden. (Ihre Inhaftierung ist

Honecker im Moskauer Exil. Er gibt Interviews und kritisiert den Einigungsprozess.

das Ergebnis von Honeckers Flucht, aber immerhin hatte man ihnen genug Zeit gelassen, sich ebenfalls abzusetzen.) Im Krankenhaus verfasst er auch ein Manuskript mit dem Titel »Zu dramatischen Ereignissen«. Das Buch erscheint im Mai 1992 in Deutschland. Honecker äußert sich, weil er es für seine Pflicht hält, die ungezählten ehemaligen ehrlichen Mitstreiter von seiner Sicht der Dinge in Kenntnis zu setzen. Außerdem wolle er sich »von den heutigen Siegern« ebenso wenig mundtot machen lassen, »wie einst von der faschistischen Gestapo«.[52] Breiten Raum nimmt eine Analyse des Kräfteverhältnisses in der Welt ein. Die Abwägung der Positionen der einzelnen Machtblöcke erscheint zwar nicht sehr tiefgründig, belegt aber doch, dass Honecker strategisch zu denken vermochte und durchaus kenntnisreiche Urteile abgab. Der Blickwinkel des verbitterten Kommunisten lässt den sonst nicht sehr logisch gegliederten Text dann schnell zur Abrechnung werden. Honecker analysiert alle Gegner, die die DDR jemals hatte, und gibt einen Abriss der Errungenschaften des Sozialismus.

Jetzt herrsche Kahlschlag an den sozialpolitischen Maßnahmen, Ergebnis sei das »politische und ökonomische Desaster« in der ehemaligen DDR. Für das ganze Ausmaß des Zusammenbruchs sei jedoch allein die Kohlregierung verantwortlich, schreibt Honecker. Die wirtschaftlichen Probleme der DDR seien zwar »ernster Natur«, »aber lösbar gewesen«.

ERICH HONECKER ZIEHT 1991 BILANZ

Der Sozialismus gab den Menschen, was sie bisher nicht hatten: Arbeit für jeden, bisher nicht gekannte Bildungsmöglichkeiten für alle, gleichen Lohn für gleiche Arbeit, ohne Unterschied des Alters und des Geschlechts. Und – was so wichtig ist im Leben eines alten wie im Leben eines jungen Menschen – der Sozialismus gab Geborgenheit. Nicht das Geld regierte, nicht die Angst vor dem morgigen Tag. Es war eine humane Gesellschaftsordnung auf deutschem Boden entstanden, die danach strebte, vollkommener zu werden. Sie wollte den Menschen das Bestmögliche für den Tag und für eine glückliche Zukunft sichern. Die Kinder waren die wirklich Privilegierten in dieser sozialistischen DDR. Das und mehr gehörte zu dem großen Versuch, auf deutschem Boden, in einem hoch entwickelten Industrieland, in einem geteilten Land, in einem von Bomben und Granaten zerpflügten Land, in einem Land mit Menschen unterschiedlichster Erfahrungen und Anschauuungen, mit Menschen die für den Sozialismus glühten und solchen, die ihn ablehnten oder bekämpften, eine neue Gesellschaft zu errichten. Die reale sozialistische Alternative zur kapitalistischen Gesellschaftsordnung für mehrere Generationen erlebbar gemacht zu haben, das war ein Beitrag zur künftigen Menschheitsgeschichte, die sich in Richtung Sozialismus bewegen wird.

Quelle: Erich Honecker zu dramatischen Ereignissen, Hamburg 1992, S. 77f.

Honeckers Selbstkritik beschränkt sich auf die schon vorher bekannten drei Punkte. Ein vierter, halbherzig formulierter kommt dazu, es hätte Schematismus und Dogmatismus in der ideologischen Arbeit gegeben. Die Frage, wie »demokratischer Sozialismus« aussehen könnte, sei, so Honecker, nicht beantwortet worden – auch heute wisse keiner eine Antwort. Harsche Worte über Karrieristen und »missbrauchte Mitläufer« runden das Ganze ab.

Am 11. September wendet sich Honecker an Gorbatschow und bittet auch formal um politisches Asyl und begründet das wie folgt: »Die mir gemachten Vorwürfe stellen daher ihrem Wesen nach eine politische Verfolgung dar. Die Beendigung des Kalten Krieges kann nicht dazu führen, dass die Handlungen der einen Seite in dem Kalten Krieg kriminalisiert werden und die Handlungen der anderen Seite legalisiert werden.«[53]

Nach dem Zusammenbruch der Sowjetunion wird die deutsche Diplomatie aktiv, offenbar nicht ohne Erfolg. Am 10. Dezember um 18.00 Uhr teilt ein Vertreter des russischen Außenministeriums Honecker mit, dass er das Land bis zum 13. Dezember zu verlassen habe. »In Falle der Nichtbefolgung dieser Mitteilung« werde er »gewaltsam nach [der] BRD ausgeliefert«.[54] Honecker quittiert auf dem Schreiben und setzt sich am nächsten Tag in die chilenische Botschaft ab. (Chiles Botschafter ist zu jener Zeit Clodomiro Almeyda, der in der DDR Asyl gefunden hatte. Der einstige Mitarbeiter Salvador Allendes war nach seiner Verhaftung durch Pinochets Truppen nach Westdeutschland abgeschoben worden. In die

DDR kam er, weil ihn die Landesregierung Baden-Württembergs als angebliches Sicherheitsrisiko ausgewiesen hatte.)

Deutschland besteht auf der Auslieferung. Russland drängt ebenfalls. Chile setzt einen Sonderbotschafter ein, der versucht, eine passable Lösung zu finden. Aber als am 14. Mai in Berlin-Moabit formal Anklage erhoben wird, entscheidet der chilenische Präsident Alwyn, Honecker das Asyl in der Botschaft aufzukündigen. Am 29. Juli 1992 kehrt Erich Honecker nach Deutschland zurück und wird in das Untersuchungsgefängnis Moabit eingeliefert. Sein Verteidiger Friedrich Wolff sucht ihn dort auf und ist beeindruckt: »Er beklagte nicht sein Los, war nicht verzweifelt oder auch nur wehleidig, er war, als wäre nichts geschehen.«[55] Honecker bekommt eine Scheibmaschine in die Zelle und beginnt, eine persönliche Erklärung zu verfassen. Er wird auch mehrfach untersucht, das Geschwür in der Leber wächst. Die Presse verkündet, dass Honecker bald sterben wird. Am 19. Oktober wird das Hauptverfahren eröffnet. Honecker wird 68facher Totschlag vorgeworfen. Allerdings werden nur 12 Fälle zum Gegenstand des Verfahrens, denn auch das Gericht geht von einer sehr kurzen Restlebenszeit aus. Am 12. November findet die erste Verhandlung vor der 27. Großen Strafkammer des Berliner Landgerichtes statt. An mehreren Verhandlungstagen arbeitete man sich mühsam bis zur Verlesung der Anklageschrift vor. Am 3. Dezember kann Honecker endlich seine »persönliche Erklärung« abgeben. Ein Prozessbeobachter hat sie die »wahrscheinlich beste Rede seines Lebens« genannt.[56] Für die Art des Vortrags mag diese Einschätzung richtig sein. Honecker spricht, obwohl er tatsächlich sehr geschwächt ist, klar, fest und getragen von einer unerschütterlichen Überzeugung. Der Text selbst ist das Zeugnis eines Mannes, der meint, sich nichts vorwerfen zu müssen. Er habe »in Erfüllung staatlicher Aufgaben gehandelt«, spreche daher nicht zur Sache. Er nehme jedoch »die Gelegenheit dieses Politschauspiels wahr«, um seinen Standpunkt zu vertreten. Von der zehn Seiten langen Rede können lediglich zwei Sätze als Reue interpretiert werden: »Der unnatürliche Tod jedes Menschen in unserem Land hat uns immer bedrückt. Der Tod an der Mauer hat uns nicht nur menschlich betroffen, sondern auch politisch geschädigt.« Dann aber geht es Schlag auf Schlag: Er stehe vor Gericht wie schon Karl Marx, August Bebel, Karl Liebknecht und viele andere Sozialisten. Die BRD sei kein Rechtsstaat, sondern ein Staat der Rechten. Er werde vorgeführt, wie einst die römischen Cäsaren ihre gefangenen Gegner vorführten. Die Herren Politiker der BRD hätten wohl offensichtlich den Umgang mit einem Totschläger gesucht. Wäre die Mauer nicht gebaut worden, hätte das Tausende oder Millionen Tote gekostet. Im übrigen würden sich ja wohl viele Deutsche in West und Ost die Mauer wiederwünschen. Die DDR sei ein antifaschistischer Staat gewesen, der wegen seines Eintretens für den Frieden hohes Ansehen besaß. Der Prozess werde nur deshalb geführt, um die DDR zum Unrechtsstaat zu stigmatisieren. Wer ein pflichtbewusster DDR-Bürger war, soll jetzt mit einem Kainszeichen gebrandmarkt werden. Die deutsche Justiz habe offenbar wieder zu ihrer alten antikommunistischen Form zurückgefunden. Am Ende steht der Satz. »Tun sie was sie nicht lassen können.«[57]

In den folgenden Sitzungen geht es nicht um die Bewertung dieser Behauptungen, nicht um die Toten an der Berliner Mauer, sondern um Blutwerte, Tumore, Leberlappen und darum, wie stark Honeckers Nieren in Mitleidenschaft gezogen sind. Als sich der Vorsitzende Richter Hansgeorg Bräutigam dann noch ein Autogramm von Honecker holt, wird deutlich, dass man vor der 27. Großen Strafkammer besser Nachbarschaftsstreitigkeiten der Kategorie »Maschendrahtzaun contra Knallerbsenstrauch« hätte verhandeln sollen. Bräutigam scheidet notwendigerweise wegen Befangenheit aus dem Verfahren aus. Beim Prozess gegen Egon Krenz und weitere Politbüromitglieder begeht er einen ähnlichen Fehler.

Mit der juristischen Abwägung medizinischer Bulletins wären auch noch weitere Verhandlungstage auszufüllen gewesen, hätte das Berliner Verfassungsgericht am 12. Januar 1993 nicht einen Schlussstrich gezogen. Die Würde des Angeklagten werde verletzt, da abzusehen sei, dass er das Ende des Prozesses ganz sicher nicht erleben würde. (Das Gericht ließ sich von einer Grundsatzentscheidung im Fall eines AIDS-Kranken leiten.)

Am 13. Januar wird der Haftbefehl aufgehoben, um 20.25 Uhr fliegt Erich Honecker von Berlin-Tegel mit Ziel Chile ab.

In Santiago zieht er zu seiner Tochter und wird dort von ihr und Ehefrau Margot betreut. Sein Verfall verlangsamt sich, er wird sogar noch einmal bei einem Ausflug in den Anden gesichtet. Der Körper verweigert jedoch die Aufnahme von Nährstoffen, im Frühjahr 1994 wiegt Honecker noch 40 Kilo. Aufstehen kann der

Kranke jetzt nicht mehr. Das Sterben selbst dauert drei Tage. Er ist bei klarem Bewusstsein. Seine letzten Worte sind, so will es die BILD-Zeitung erfahren haben: »Wieviel Zeit habe ich noch? Ich habe dieser Welt noch etwas zu sagen.«[58] Am 29. Mai 1994 um 8.30 Uhr Ortszeit (14.30 Uhr mitteleuropäischer Sommerzeit) ist es vorbei. Der 81-Jährige erliegt seinem Krebsleiden.

Am Nachmittag wird der Tote in einer kleinen Kapelle auf dem Generalfriedhof in Santiago aufgebahrt. Fotos zeigen ein Kreuz auf seinem Sarg. Das ist in Chile so üblich, Christ ist Erich Honecker nicht geworden. Margot Honecker, Tochter Sonja und enge Freunde – unter ihnen Clodomiro Almeyda – halten Totenwache. Mehrere hundert Gäste nehmen an der Trauerzeremonie teil. Die Urne wird später vom Schwiegersohn abgeholt und in das Wohnhaus im Stadtteil La Reina gebracht. Die BILD-Zeitung fragt ihre Leser: »Sind Sie dafür, dass Honeckers Asche in Deutschland beerdigt wird?« 53 318 Anrufer beteiligen sich per TED an der Abstimmung: 92 Prozent sind dagegen, 8 Prozent dafür.[59]

NACH DEM TOD

In Deutschland wird die Nachricht vom Ableben Honeckers eher beiläufig registriert. Offizielle politische Reaktionen bleiben aus. Das Solidaritätskomitee »Erich Honecker« veranstaltet zu Ehren seines Idols eine Gedenkfeier in der Thälmann-Gedenkstätte in Ziegenhals. Dort huldigen ihm die einstigen Politbüromitglieder und Bezirkssekretäre ein letztes Mal. Die KPD organisiert eine Trauerfeier in der Gedenkstätte der Sozialisten auf dem Friedhof in Berlin-Friedrichsfelde. Eine DDR-Fahne wird ausgebreitet, das Porträt Honeckers aufgestellt. Absingen der DDR-Nationalhymne. 2011 Trauergäste, Presse mitgezählt. Prominente sind nicht darunter. Ausnahme: Heinz Keßler, Armeegeneral, KPD-Mitglied und Freund Honeckers. Dann spielen sie sein Lieblingslied: »Der kleine Trompeter«. Das hatte er sich so gewünscht. Er mochte das Lied, »weil es neben Trauer auch revolutionäre Zuversicht ausdrückt.«[60] Bestattet ist die Urne Erich Honeckers noch nicht. Eine Beisetzung in Wiebelskirchen scheidet aus, da die Nutzungsdauer für das Familiengrab abgelaufen ist. Der innere Bereich des Friedhofes der Sozialisten in Berlin-Friedrichsfelde entfällt ebenfalls. Dort wird seit 1990 nicht mehr beerdigt. Honeckers Urne wird also nicht im Kreis der einstigen Politbüro-Mitglieder, KPD- und SPD-Führer beigesetzt. Platz wäre am Pergolenweg, dort liegen die DDR-Minister, hohen Offiziere und Funktionäre aus der zweiten Reihe. Kein schlechter Platz. Doch Witwe Margot bewahrt die Asche noch immer, so will es BILD erfahren haben, in ihrem Wohnzimmer auf.

VON ALL UNSERN KAMERADEN
(DER KLEINE TROMPETER)

1. Von all unsern Kameraden
war keiner so lieb und so gut
|: wie unser kleiner Trompeter
ein lustiges Rotgardistenblut. :|

2. Wir saßen fröhlich beisammen
in einer stürmischon Nacht.
|: Mit seinen Freiheitsliedern
hat er uns glücklich gemacht. :|

3. Da kam eine feindliche Kugel
bei einem fröhlichen Spiel;
|: mit seinem seligen Lächeln
unser kleiner Trompeter, er fiel. :|

4. Da nahmen wir Hacke und Spaten
und gruben ihm morgens ein Grab,
|: und die ihn am liebsten hatten,
sie senkten ihn stille hinab. :|

5. Schlaf wohl, du kleiner Trompeter,
wir waren dir alle so gut,
|: schlaf wohl du kleiner Trompeter,
du lustiges Rotgardistenblut. :|

Quelle: Seid bereit! Liederbuch der Thälmann-Pioniere, Leipzig 1971, S. 68.

V. ERICH HONECKER PERSÖNLICH

A) FAMILIÄRES

Karl Marx notierte, dass eine neue Form der Organisierung des gesellschaftlichen Produktionsprozesses zwangsläufig neue Grundlagen schafft für eine »höhere Form der Familie und des Verhältnisses beider Geschlechter.«[1] Erich Honeckers Privatleben dagegen folgte den niederen, althergebrachten Mustern: Liebe, Ehe, Scheidung, Liebe, Ehe, Trennung, Liebe.

Erich Honecker beschreibt sich selbst als »Spätzünder«. In Moskau lernt er »Lebenskommunen« kennen, ob er sie allerdings schätzte, darf bezweifelt werden. Er geht eine feste Bindung mit einer russischen Arbeiterin, Natascha Grejewna, ein.

Über Affären aus der Zeit nach seiner Rückkehr wissen wir nichts. Ab 1933 widmet sich Erich Honecker der illegalen Parteiarbeit in Deutschland. Eine dauerhafte Beziehung will er nicht eingehen. Was soll ein Kommunist, nach seinen eigenen Worten ein »Toter auf Urlaub«, mit einer Frau?

LOTTE GRUND

Die große Liebe seines Lebens lernt Erich Honecker 1944 kennen, als er einem Arbeitskommando im Berliner Frauengefängnis Barnimstraße zugeteilt ist. Er verliebt sich in die Aufseherin Lotte Grund. Die Tochter einer Zeugin Jehovas war zwangsverpflichtet worden und hegte keine Sympathie für den Nationalsozialismus. Auf der Flucht taucht er bei ihr unter, nach der Befreiung soll Honecker Lotte Grund geheiratet haben – einen Beleg dafür gibt es jedoch trotz vielfältiger Mutmaßungen nicht. Es ist wahrscheinlich, dass die beiden ohne Trauschein zusammenlebten, bis Lotte Grund 1947 an einem Gehirntumor stirbt. Eine Verheiratung hätte er der Partei wohl angezeigt, in Fragebögen taucht jedoch Edith Baumann als erste Ehefrau auf.[2]

EDITH BAUMANN

Nach dem Tod von Lotte Grund zieht Erich Honecker zu ihr, die beiden kennen sich aus der gemeinsamen Arbeit im Zentralen Jugendausschuss. Honecker ist Vorsitzender, sie seine Stellvertreterin. Baumann war Funktionärin der Sozialistischen Arbeiterjugend und der linken Splitterpartei SAP. 1933 wird sie verhaftet, nach ihrer Freilassung 1936 arbeitet sie als Stenotypistin. 1945 stürzt sie sich in die politische Arbeit.

Honecker schätzt die drei Jahre Ältere, er wird von ihr an die systematische organisatorische Tätigkeit herangeführt. In ihrer Wohnung verfassen die beiden die wichtigsten Entschließungen des FDJ-Vorstandes.

Sie tippte Honeckers Grundsatzreferate und Reden, gleichzeitig verbessert sie seinen Stil derart, dass Honecker recht bald als guter Redner gilt. Gleichzeitig gibt Edith Baumann private Geborgenheit. 1990 schaut Honecker wehmütig zurück: »Ich war damals sehr anlehnungsbedürftig.«

Honecker heiratet Baumann auf Druck der Parteiführung im Dezember 1949. Die Tochter Erika wird 1950 geboren. Bereits während Ediths Schwangerschaft betrügt er seine Frau mit Margot Feist, seiner späteren zweiten Frau. Er heiratet sie nach seiner Scheidung 1953. Die gemeinsame Tochter kommt am 1. Dezember 1952 als Sonja Feist zur Welt. Edith Baumanns Karriere gerät sehr rasch ins Stocken. Bis 1953 ist sie Sekretärin des ZK der SED, dann wird sie in die Berliner Bezirksleitung abgeschoben. 1958 kehrt sie noch einmal ins Politbüro zurück und wird erneut Sekretärin des ZK. Da sie für Handel und Versorgung zuständig ist, kann sie notwendigerweise keine Erfolge verbuchen. Im Berliner Magistrat arbeitet sie dann bis zu ihrem frühen Tod 1973. Edith Baumann wird 64 Jahre alt.

MARGOT FEIST-HONECKER

Ein westdeutscher Psychoanalytiker fragte 1993 mit Bezug auf Margot Honecker: »Welcher Mann nimmt so eine Frau?« Selbstbewusst präsentierte er im nächsten Satz die Antwort: »Ganz si-

Edith Baumann, Honeckers Stellvertreterin im FDJ-Zentralrat, gibt ihm auch privat Halt und Geborgenheit. Erich Honecker verlässt sie 1951, um Margot Feist, damals Vorsitzende der Pionierorganisation, zu heiraten.

Original Bildunterschrift ADN: 5. Oktober 1964 – Herzlich gratulieren sich Margot Honecker, Minister für Volksbildung, die mit dem Vaterländischen Verdienstorden in Gold ausgezeichnet wurde und ihr Gatte Erich Honecker, Mitglied des Politbüros des ZK der SED, der den Orden »Banner der Arbeit« erhielt.

cher einer, der Stärke außen sucht; dies aber ist in der Regel dann besonders nötig, wenn die Stärke innen fehlt.«[3]

Es ist eine Binsenweisheit, dass sozialistisch sozialisierte Männer starke Frauen besser ertragen können als jene, die in traditionellen bürgerlichen Strukturen aufgewachsen sind. Könnte es nicht bei Erich Honecker ebenso gewesen sein? Honeckers Mutter war eine starke Frau, er erinnerte sich oft und gern an sie. (An seinen Vater übrigens nicht.)

Doch was wäre, wenn wir vermuten würden, dass Honeckers anlehnungsbedürftige Phase vorbei war? Dann muss ihn nicht unbedingt Schwäche in die Arme Margot Feists geführt haben. Wieso soll nicht die naheliegende Erklärung gelten dürfen, dass sich Honecker während der Schwangerschaft von Edith Baumann nach einer anderen Frau umgesehen hat? Margot Feist war im Gegensatz zu Edith Baumann hübsch anzuschauen, charmant und eine glühende, leidenschaftliche Kommunistin. Edith Baumann hatte dem wenig entgegenzusetzen.

Margot Feist wird 1927 als Tochter eines Schuhmachers und überzeugten Kommunisten in Halle geboren. Ihr Vater kommt kurz vor dem Krieg aus dem Konzentrationslager zurück, die Mutter stirbt, Margot Feist erledigt den Haushalt und ist bereits als Kind in die illegale Parteiarbeit ihres Vaters einbezogen. Die ständigen Hausdurchsuchungen der Gestapo und eine Schule, in der ihr jede Menge Hass entgegengebracht wird, machen sie hart. Ein Lehrerstudium lehnt sie ab, weil sie sich dafür mit den Nationalsozialisten hätte arrangieren müssen. Sofort nach dem Ende des Krieges gründet sie einen antifaschistischen Jugendausschuss, wird KPD-Mitglied und arbeitet für die Gewerkschaft. 1948 ist sie Sekretärin des FDJ-Landesvorstandes. Bei einer FDJ-internen Revolte unterstützt sie Erich Honecker, der wechselt die gesamte Führung der FDJ im Land aus und holt Margot Feist nach Berlin. Sie wird Geliebte Honeckers, Vorsitzende der Pionierorganisation und Mitglied der Volkskammer. Die Parteiführung versucht, die Verbindung des FDJ-Vorsitzenden mit der Chefin der Pionierorganisation zu hintertreiben. Doch Wilhelm Pieck, seit jeher Förderer von Margot Feist, schützt ihre Beziehung.

Zeugen bescheinigen schon der jungen Margot Honecker »Charme«, hinter dem sie »gehörige politische Routine versteckt« habe.[4] Auch später wird jeder der ihr unterstellten Vorsitzenden der Pionierorganisation Charme und Kompetenz der Volksbildungsministerin hervorheben. 1953 heiratet sie Erich Honecker und wird dank einer parteiinternen Intrige umgehend für ein Jahr zur Komsomolhochschule nach Moskau geschickt. Nach ihrer Rückkehr avanciert sie zur Abteilungsleiterin im Volksbildungsministerium und sehr schnell zur stellvertretenden Ministerin.

Hans Modrow stellte anlässlich eines – später misslungenen – Schulexperimentes fest, dass Alfred Lemnitz zwar als Minister fungierte, aber Margot Honecker bereits »für alle erkennbar« das Sagen hatte.[5] Das Volksbildungsministerium machte sie, so der Historiker Stefan Wolle, zur »letzten Hochburg des Spät-Stalinismus«.[6] Noch deutlicher fiel 1993 das Urteil des einstmals oppositionellen Pfarrers Rainer Eppelmann aus. Dürfte er »nur eine einzige Person« der einstigen DDR-Führung vor Gericht stellen, würde er Margot Honecker wählen. Auch eine recht plausible Begründung findet sich in seinen Erinnerungen: »Wenn Kindern das Rückgrat gebrochen, wenn sie zur Lüge und Heuchelei erzogen wurden, wenn Eltern und Schüler vor Schulleitern, FDJ-Sekretären und Staatsbürgerkundelehrern den Kotau machten, wenn im Unterricht das Töten verherrlicht wurde, dann trug dafür vor allem Margot Honecker die Verantwortung.«[7]

Weder Wolle noch Eppelmann haben unrecht, wie ein flüchtiger Blick in das Jahr 1961 zeigt. Als unmittelbar nach dem Mauerbau an der Erweiterten Oberschule in Anklam Schüler in schwarzen Hemden zum Unterricht erscheinen, sorgt Margot Honecker dafür, dass die »Provokateure« relegiert werden.

Natürlich werden auch weiterführende politische »Schlussfolgerungen« gezogen. Inspektoren schwärmen aus und untersuchen den politisch-ideologischen Zustand der Schulen in der Provinz. Diese erprobten Genossen »unterstützen«, so weist es ein Bericht der Bezirksleitung Halle aus, »vor allem die Schulparteiorganisationen« und widmen sich der »klassenmäßigen Erziehung der Lehrer.«[8] Überhaupt ist die Erziehung der Erzieher Margot Honeckers eigentliche schöpferische Leistung, sie forciert den »ideologischen Klärungsprozess« wo sie kann. Der Pädagoge benötige »ideologische Festigkeit«, müsse einen klaren Klassenstandpunkt haben und von der »Gewissheit des Sieges des Sozialismus/Kommunismus« durchdrungen sein.[9]

Darin ist sie sich mit ihrem Mann einig, auch was die herrschaftstechnische Funktion des Personenkults angeht. In Abwesenheit Walter Ulbrichts beschließt das Sekretariat des ZK die »Würdigung des Lebens und des Kampfes des Genossen Walter Ulbricht an den Schulen.« Erich Honecker leitet diese Sitzung, Margot Honecker bringt als Gast den Vorschlag ein.[10] Jetzt entstehen in den Schulen »Walter-Ulbricht-Ecken«, in jede Schulklasse wird das Bild des Parteichefs gehängt. Der Lehrplan macht das Studium »des Lebens und des Kampfes des Genossen Walter Ulbricht« zur Pflicht.[11]

Ebenfalls im Winter 1961 lässt sie durch die Schuldirektoren das Hören von Westsendern verbieten: »Bei uns ist mit Recht zum Schutz der Jugend und des Friedens gesetzlich verboten, faschistische Literatur und Schund- und Schmutzliteratur zu verbreiten. Wie soll dann das Hören der NATO-Sender, die ihr faschistisches Gift tagtäglich verspritzen, für die Jugend erlaubt sein?«[12] Auch später befasst sie sich immer persönlich mit ideologischen Abweichungen. Lehrer, die aus dem Ruder laufen, werden rücksichtslos entfernt. Schüler, die abweichende Meinungen vertreten – und das Pech haben, dass sie davon erfährt –, können günstigstenfalls auf eine Lehrstelle in einem Straßenbaubetrieb hoffen.

Bis 1964 gelten Margot und Erich Honecker in der Öffentlichkeit als ideales Ehepaar. Sie nehmen gemeinsam an Ordensverleihungen, ZK-Tagungen und Parteitagen teil. 1965 hört dies schlagartig auf. Margot verliebt sich in einen Schauspieler, von dem sie ein Kind bekommt. Nur eine Aussprache im Politbüro, wo auf die Einhaltung von Moral und Parteidisziplin gedrängt wird, hindert sie, sich scheiden zu lassen. Mit dem Schauspieler zeigt sie sich jedoch auch später in der Öffentlichkeit, so beim Neujahrsempfang 1966.[13]

Wann die Ehe wieder zu einer solchen wurde, oder ob überhaupt, ist nicht bekannt. Fest steht, dass die beiden gemeinsam in Urlaub fuhren. Überliefert ist auch, dass sie ihn gelegentlich als Trottel beschimpfte.

Der Honecker-Biograf Dieter Borkowski hat die Legende in die Welt gesetzt, Margot und Erich Honecker seien 1970 geschieden worden.[14] Für diese Annahme spricht jedoch nichts. In der Kaderakte Honeckers findet sich ein gegenteiliger Beweis. Ab Februar 1987 verringert sich Erich Honeckers Altersrente (die er neben seinem Gehalt als Generalsekretär bezieht) um 150 Mark auf 440 Mark. Weil, so weist es der Änderungsbescheid aus, »Ihre Ehefrau von diesem Monat an eigenen Anspruch auf Altersrente der Sozialversicherung hat.«[15]

Margot Honeckers Einfluss auf die Politik war immer groß, wie Zeitzeugen bestätigen, ist aber im Laufe der Jahre nicht gewachsen. In bestimmten Punkten war sie Erich Honecker überlegen. Sie war kontaktfreudiger als er, war kommunikativer, mochte die Öffentlichkeit, erfasste schnell und war schlagfertig. Jürgen Kuczynski meinte, Margot sei »klüger als Erich« gewesen.[16] Und Honeckers persönlicher Mitarbeiter Frank Joachim Herrmann vermutet, dass ihm diese Widersprüche – »Widersprüche in jeder Beziehung des Wortes« – die Arbeit »gewiss« nicht erleichtert hätten. Herrmann: »Vielleicht ist er dort in vieler Hinsicht mehr in Frage gestellt worden als auf allen anderen Ebenen sonst.«[17]

TÖCHTER

Tochter Erika scheint in seinem Leben keine große Rolle gespielt zu haben. Sie blieb bei ihrer Mutter, studierte dann in Halle und wurde Rechtsanwältin in Berlin. Später hatte sie die Erlaubnis, in Wandlitz einzukaufen. Als Honecker nach seinem Sturz in Lobethal unterkam, hat sie ihn dort besucht. Sonja hingegen hielt immer engen Kontakt zu ihrem Vater. Ihre Stadtwohnung in Berlin wurde von der Wandlitzer Verwaltung mitversorgt. Zwei- bis dreimal wöchentlich kümmerte sich ein Dienstmädchen um ihre Wohnung.

Sonja informierte ihren Vater über Versorgungsmängel und einmal auch über die nicht akzeptablen Zustände in der Charité. Honecker reagierte, indem er Schalck Abhilfe schaffen ließ, was jener rückblickend weder als zweckmäßig noch besonders ökonomisch einstufte. Sonja Honecker heiratet einen Chilenen, 1990 verlässt sie mit ihm die DDR. Mutter Margot reist 1992 aus Moskau zu ihrer Tochter, Vater Erich kommt 1993 nach.

ROBERTO

Honecker liebte seine Enkel. Der plötzliche Tod von Mariana[18] verleidete ihm weitere Aufenthalte im Wochenendhaus in Dölln, wie Diener aus Honeckers Umgebung zu berichten wissen. Über die Todesursache schweigen sie sich aus, wahrscheinlich war es ein Unfall. Seitdem konzentrierte sich Honeckers Zuneigung auf Sonjas Sohn Roberto. Das einzige Foto, das auf seinem Schreibtisch stand, war eines von Roberto, auf dem dieser eine Budjonny-Mütze trägt. Eine Episode wirft ein weiteres Licht auf den treu sorgenden Großvater. Beim Urlaub auf der Insel Vilm störte sich Roberto beim Buddeln an den vielen Steinen. Opa Honecker gab der Volksmarine den Befehl, Sand anzuschwemmen. Gesagt, getan. Roberto freute sich, und das freute den Generalsekretär.[19] Für Roberto bestellte er auch häufig in Westberlin Computerspielzeug, was wiederum zum Krach mit Margot führte. Zur Jugendweihe durfte Roberto, ebenfalls nicht sehr konform, einen Ring im Ohr tragen. Alexander Schalck erinnert sich: »Honecker konnte seinem Enkelsohn nichts abschlagen.«[20] Als Honecker 1989 im Krankenhaus der Lebensmut fehlte, half lediglich Roberto. Als er zu ihm sagte: »Werde bald mal wieder gesund, Opa«, ging es mit Honecker aufwärts.

KLECKSI

Auch Hund »Klecksi« gehörte zur Familie Honecker. Er wurde so getauft, weil er partout nicht stubenrein zu bekommen war. Der Cockerspaniel galt als aggressiv, weil er aus dem Hinterhalt angriff und schmerzhaft zubiss. Ein Berichterstatter wunderte sich: »Erstaunlicherweise geschah ›Klecksi‹ nie ein Unfall«. Und er zitiert einen Mann vom Wachpersonal: »Lieber bepissen lassen und ein disziplinierter Tschekist sein, als der Töle eins überzubraten.«[21] Siedlungsnachbar Günter Schabowski enthüllte nach Honeckers Tod die weitere Geschichte des unbotmäßigen Cockerspaniels, ohne sie bis zum Ende zu erzählen. Honecker habe das Tier dem Berliner Tierpark zum Einschläfern übergeben. Dort erkannte man, dass Erziehungsmängel Ursache des Fehlverhaltens waren.

Also trainierte man das Tier. Beim nächsten Geburtstagsempfang Honeckers teilte der Tierparkdirektor dem Generalsekretär mit, dass man ihm seinen Hund muckenfrei zurückgeben werde. Daraufhin versteinerte Honeckers Gesicht und ließ den verdatterten Zoodirektor wortlos stehen. Schabowski: »Der hatte sich gleich zweier Blasphemien schuldig gemacht. Er hatte nicht den Auftrag erfüllt und das Tier töten lassen. Und er hatte den ersten Mann eines Fehlurteils geziehen. Der Jagdhund war brauchbar, Honecker musste etwas falsch gemacht haben. Die Konsequenz für den Direktor war harmlos, doch unkorrigierbar. Er durfte dem Chef nicht mehr unter die Augen kommen.«

Was aber ist aus Klecksi geworden?

ANDERE FRAUEN

Honeckers Sekretärin Elli Kelm, seit 1956 in seinen Diensten, führte den Terminkalender, suchte die Anzüge aus und begleitete ihn auf Auslandsreisen. Sie nächtigte im Nebenzimmer.[22] Als Vorzimmerdame regierte sie laut Hermann Kant mit »ebenso sauertöpfischem wie majestätischem Gehabe«.[23] Auch ihre Datscha wurde von Wandlitz aus versorgt, für gelegentliche Besuche Honeckers war frau also immer gut gerüstet.

Montags, mittwochs und freitags ließ sich Erich Honecker morgens massieren. Anschließend frühstückte er mit der Masseuse, Margot hatte das Haus üblicherweise bereits verlassen. Gerhard Schmidt, Oberst des Ministerium für Staatssicherheit, berichtet in seinen Memoiren Details aus dieser Beziehung. Im Stil des einstigen Tschekisten berichtet er: »Frau Steinhorst war gleichzeitig und vor allem die persönliche Masseuse von Herrn Honecker. Sie war so veranlagt und geprägt, dass ein falsches Wort oder eine Unbeherrschtheit, mit Gewissheit zu ihren Gunsten ausgebaut, bei ihm landete. Dass es sich dabei dann nicht um positive Wirkungen für den Urheber handelte, kann man sich denken.« Ausgiebig macht er sich Luft: »Aber Frau Steinhorst gehörte natürlich zu den ganz wenigen Bevorrechteten, die im Außenring wohnten. Insgesamt 4 Pkw nannte sie mit ihrer Familie ihr eigen, Rundfunk und Fernsehtechnik vom Feinsten und Neusten und auch die Extras einschließlich in der DDR verbotener Pornofilme waren vorhanden.«[24] An Frau Steinhorst hatte der Militärforstwirtschaftsbetrieb darüber hinaus ein Wochenendhaus am Libbesickesee vermietet, das von der Verwaltung der Waldsiedlung betreut wurde. Honeckers Leibwächter äußerte sich laut BILD wie folgt: »Ich musste Frau S. immer die neuesten Pornovideos übergeben, während Erich noch auf der Jagd war.«[25]

Ein weiterer Bungalow am Lotzinsee wurde im Auftrag Honeckers von der Verwaltung Waldsiedlung unterhalten, den Nutzer will Oberst Schmidt, der uns die anderen Details bereitwillig überlässt, nicht gekannt haben.[26]

Zur Vergewisserung sei das Wenige, was wir von Honeckers Liebesleben wissen, noch einmal zusammengefasst. Aktenkundig sind: Eine unglückliche Schwärmerei beim Bauern Strauch. Eine verdrängte Beziehung in der Sowjetunion. Lotte Grund, die große Liebe seines Lebens. Edith Baumann, die Frau, die ihm Halt gab. Margot Feist, die ihn auf dem Weg nach oben begleitete. Am Ende seiner Karriere dann eine Sekretärin, eine Masseuse und eine Unbekannte. Nach seinem Sturz ist Margot wieder für ihn da, doch das ist Solidarität, das ist politisch.

Nicht bewiesen sind die immer wieder kolportierten »zahllosen« Affären des Politikers Erich Honecker. Fest steht, dass er Frauen mochte. Fest steht auch, dass sein Sexualeben nicht unglücklicher war als das des durchschnittlichen Zeitgenossen. Doch ob Erich Honecker geliebt wurde, wissen wir nicht.

B) MATERIELLES

ERSTEINKOMMEN

Sein erstes Geld verdient Erich Honecker mit 14 Jahren beim Bauern Streich in Pommern. Als Knecht bekommt er 20 Reichsmark monatlich, hat aber die Chance, sich kostenlos sattzuessen. Dann wird er Lehrling in der Dachdeckerfirma seines Onkels, hier bekommt er 40 Mark. Als er die Lehre abbricht, um hauptberuflicher Parteifunktionär zu werden, ändert sich für ihn nichts. Sein erstes Gehalt vom Kommunistischen Jugendverband ist genauso hoch.

Da er in der Hierarchie des Verbandes rasch aufsteigt, verbessert sich bis 1933 auch seine finanzielle Situation. 1935 verdient er 120 Mark und bekommt als illegal in Deutschland operierender Funktionär sogar größere Summen Geldes. Für einen Kommunisten dieser Tage ist Geld allerdings nur Mittel zum Zweck. Zwar trägt Honecker nun einen ordentlichen Mantel, doch er tut es, um nicht aufzufallen. Das übrige Geld nutzt er zur Finanzierung der Parteiorganisation.

Das ändert sich ein wenig, als Erich Honecker 1945 aus dem Zuchthaus Brandenburg entlassen wird. Im August 1945 bekommt er als Mitarbeiter des Zentralkomitees der KPD 400 Mark monatlich. Das sind etwa 30 % mehr als ein Arbeiter, trotzdem eine nicht eben üppige Summe. Da die sowjetischen Besatzer jedoch sofort nach ihrer Ankunft willige Funktionäre mit Wodka und Lebensmittelpaketen (Pajoks) bedachten, dürfte ihm das Schachern auf dem Schwarzen Markt erspart geblieben sein.

Das eigentliche Geldverdienen beginnt bei Erich Honecker mit der Wahl zum Vorsitzenden der Freien Deutschen Jugend. Jetzt bekommt er 1200 Mark, etwa vier- bis fünfmal soviel wie ein Arbeiter.[27] Anhand von Gehaltsmitteilungen in Honeckers Kaderakte lassen sich dann regelmäßige Gehaltssprünge feststellen. Als Kandidat des Politbüros bekommt er 2300 Mark, zuzüglich einer Aufwandsentschädigung von 1500 Mark. Das Gehalt übernehmen FDJ und SED zu gleichen Teilen, ausgezahlt bekommt er nach dem Abzug von Lohnsteuer und Sozialversicherungsbeitrag 3280 Mark. Ein Arbeiter verdient in dieser Zeit zwischen 250 und 550 Mark brutto, netto also zwischen 150 und 450 Mark.[28]

Das Gehaltsregulativ für die Partei, beschlossen 1958 unter Honeckers Verantwortung, legt die Gehälter dann entsprechend der Stellung innerhalb der Hierarchie der Partei fest. Sekretäre des ZK und Politbüromitglieder erhalten 5000 Mark, der erste Sekretär 6000 Mark. In den siebziger Jahren gab es eine weitere Gehaltssteigerung, in den achtziger Jahren kam bei Honecker noch die ihm zustehende Rente als Verfolgter des Naziregimes hinzu. Das Gehalt – die gewöhnlich gut informierte BILD-Zeitung spricht von 7500 Mark, Alexander Schalck- Golodkowski von 8000 Mark – wurde bar in sein Büro gebracht und der Sekretärin ausgehändigt.[29] Sie zog Beiträge für Partei, Gewerkschaft und Solidarität ab.[30] Nach Angaben des Neuen Deutschland waren das etwa 400 Mark.[31] Für Artikel und Broschüren erhielt er kein Honorar. Auch am Verkauf seiner Autobiografie – ein Bestseller, der freilich von Ghostwritern aus dem Institut für Marxismus-Leninismus verfasst worden war – war er nicht beteiligt.[32] Zusätzliche Einnahmen boten lediglich die häufigen Auszeichnungen. Den Karl-Marx-Orden, dotiert mit 20 000 Mark, erhielt Erich Honecker immerhin fünfmal. Die Ehrenmitgliedschaft in der Bauakademie brachte von 1978 bis 1989 jährlich ebenfalls 20 000 Mark. Da Erich Honecker für sein voll möbliertes Haus in der Waldsiedlung in Wandlitz und die edel ausgestatteten Jagdsitze insgesamt weniger als 500 Mark monatlich bezahlte, konnte er einiges sparen.

Im Dezember 1989 besitzt Erich Honecker ein Konto bei der Sparkasse Berlin mit 217 930,64 Mark Ost, das von der Staatsanwaltschaft eingefroren wird. Auf diverse Auslandskonten angesprochen, erklärt Honecker kategorisch: »Ich besitze weder auf Schweizer Banken noch auf anderen Banken des Auslandes private Konten, auch keine Konten, über die ich privat verfügen konnte und kann.«[33] 1991 erhält Erich Honecker rund 900 Mark Altersrente und 1700 Mark Ehrenpension als Kämpfer gegen den Faschismus. Das Geld wird gestrichen, als er sich ins Ausland absetzt. Prozesse um sein Erbe – das mittlerweile umgestellte Konto bei der Sparkasse und die nicht ausgezahlten Rentenbeträge – dauerten über seinen Tod hinaus und wurden zu Ungunsten der Erben entschieden.[34]

WOHNUNG + EXTRAS

Eine eigene Wohnung scheint Erich Honecker nach 1945 nicht gehabt zu haben. Aus dem Zuchthaus kehrt er zu Lotte Grund zurück, dann wohnt er bei Edith Baumann, danach in Berlin-Lichtenberg bei Margot Feist. Erst als Margot zur Komsomolhochschule geht, zieht er am 22. April 1955 in ein Haus im Pankower Funktionärsstädtchen – Majakowskiweg 14. In dieser Zeit war seine Mutter bei ihm, um sich um Enkeltochter Sonja zu kümmern. 1960 ziehen die Honeckers in die Waldsiedlung nach Wandlitz. Dort wohnen sie möbliert zur Miete. Das Haus wird ihnen zum

31. Januar 1990 gekündigt. Egon Krenz will für die beiden ein Eigenheim in Berlin-Grünau bereitstellen lassen, der Volkszorn verhindert das.

Über das Leben in Wandlitz ist vieles geschrieben worden. Das was für zuverlässig gehalten wird, sei an dieser Stelle präsentiert.

In der Miete von knapp 500 Mark monatlich für das möblierte, zehn Zimmer große Haus in der Waldsiedlung waren die Wochenendhäuser und Jagdgebiete eingeschlossen. Energiekosten wurden nicht entrichtet. Besonderheiten bei der Einrichtung oder Betreuung des Hauses 11 sind nicht überliefert. Zum Frühstück aß Honecker ein bis zwei Brötchen mit Butter und Honig, trank Kaffee und einen Schluck frisch ausgepressten Zitronensaft. Zu Mittag aß er im ZK, sein Lieblingsessen war Kassler mit Sauerkraut, auch Thüringer Bratwürste wurden nach der Jagd gegessen. Wild und Fisch verschmähte er.

Der Haushalt der Honeckers wurde von vier Mägden besorgt, eine von ihnen war für den Dienst bei Tochter Sonja abgeordnet. Die Familie Honecker habe sich gegenüber dem Personal distanziert verhalten, heißt es in der Rückschau, aber wenigstens die geleistete Arbeit zur Kenntnis genommen. Dank äußerten die Honeckers nicht, dabei wäre er so gut angekommen. Verwaltungschef Schmidt klagt in seinen Memoiren: »Ein übermittelter oder gar persönlich ausgesprochener Dank war uns höchste Anerkennung, so wurden wir erzogen.«

Es gab nichts, was vom Personal nicht zum Nulltarif erledigt worden wäre. Auch die typischen Opa-Pflichten wie das Aufbauen der Modelleisenbahn für den Enkel oder das Sauberhalten von Aquarien wurden vom Personal übernommen. Hundezwinger und Hasenställe waren zu bauen, Schaukeln und Klettergerüste wurden errichtet. Immerhin bastelten Opa Honecker und Opa Mittag eine Holzhütte für die Enkel, die Teile waren vorher von der Dienerschaft passgerecht gesägt worden. Nicht einmal den Weihnachtsbaum schmückten die Familienoberhäupter selbst.[35]

Auch bei Partys, der Versorgung der Datschen und bei Kurzurlauben stand die Wandlitzer Hausverwaltung bereit. Oberst Schmidt: »Urlaubsaufenthalte des Generalsekretärs Erich Honecker und des Ministerpräsidenten Willi Stoph mußten durch Koch und Kellner in den jeweiligen Objekten gastronomisch sichergestellt werden. Wenn Herr Honecker das Wochenende allein oder mit Familie im Gästehaus des Staatsrates in Groß-Dölln verbrachte, musste eine Küchenbesatzung tätig sein.«[36]

Die Versorgung im »Ladenkombinat« der Waldsiedlung fand zu subventionierten Umtauschkursen (1,7 DDR-Mark gleich 1 D-Mark) mit Westwaren statt. Übrigens laut DDR-Strafgesetzbuch eindeutig ein Tatbestand des Missbrauchs von Befugnissen zum Nachteil sozialistischen Eigentums (§161 DDR-StGB). Geld gekostet haben auch die Videofilme, die Honecker sich via KoKo aus Westberlin kommen ließ. Rund 1,3 Millionen D-Mark wurden dafür ausgegeben.[37] Meist waren es Action-Streifen und Softpornos. Honecker mochte James Bond und Emanuelle. Wünsche nach diesen Filmen artikulierte er reichlich verschämt. Günter Mittag fand auf seinem Schreibtisch Kataloge von Videotheken vor, in denen der Generalsekretär etwas angekreuzt hatte. Mittag gab die Bestellungen kommentarlos an Alexander Schalck-Golodkowski.[38] Flimmerte kein Video, hatte Honecker die Möglichkeit, auf sieben Fernsehprogramme zurückzugreifen – DDR 1, DDR 2, ARD, ZDF, N 3, SAT 1 und das Zentrale Sowjetische Fernsehen.

Die Geschenke Erich Honeckers wurden von Schalcks KoKo gekauft. Einige davon waren sogar dienstlich. So bekam Herbert Wehner alljährlich ein schönes Stück Meißener Porzellan zum Geburtstag. Berthold Beitz freute sich über ein Schachspiel. Andere über Vasen. Einmal mussten goldene Taschenuhren mit Gravur her, Honecker hatte von Helmut Schmidt ein silbernes Döschen mit Namenszug des Kanzlers erhalten...[39]

Honeckers wirklicher Luxus war die Jagd. Fest steht, dass es Honecker dabei um den Schuss ging, nicht um das Lauschen auf das Rauschen der Bäume im Walde.

Bereits als FDJ-Chef ging Erich Honecker in den Jagdrevieren der sowjetischen Truppen auf die Jagd. Nach seiner Rückkehr aus der Sowjetunion 1956 mietete er sich im Jagdhaus »Wildfang« ein. Das zugehörige Revier wurde durch die Orte Groß Schönebeck, Eichhorst, Joachimsthal und den Döllnsee begrenzt. Die Reviere Trämmersee und Wucker kamen 1962 bis 1965 hinzu. Ab 1974 hatte das Gelände eine Ausdehnung von über 20 000 Hektar. Miete hat Honecker ab 1971 nicht mehr bezahlt. 1977 wurde »Wildfang« in Abwesenheit Honeckers ausgebaut, es wurde sein liebster Aufenthaltsort. Paul Bergner, durch zahlreiche Interviews mit den Bediensteten der Waldsiedlung bester Kenner der Materie, konstatiert: »Von hier aus ging er zur Jagd, hier hielt er sich an den Wochenenden auf und hier übernachtete er auch mal in der Woche.«[40]

Seit 1983/84 kam als regelmäßig bejagtes Revier die Nossentiner Heide am Drewitzer See hinzu. Formell wurde es ihm vom Politbüro zum 70. Geburtstag geschenkt. Die 25 Millionen Mark Baukosten kamen aber nicht durch eine Sammlung unter Kollegen zusammen, sondern wurden aus dem Etat des Ministeriums für Staatssicherheit bewilligt. Fünf Appartements, Schwimmbad, Sauna und Kinoraum boten ein angemessenes Ambiente für den leidenschaftlichen Jäger. Jeweils im September weilte Honecker für zwei Tage in Drewitz. Außerdem verbrachte er mit seiner Familie 1987, 1988 und 1989 jeweils drei Wochen Urlaub in dem großen Haus. Ansonsten stand es leer, musste aber jederzeit für einen Besuch des Generalsekretärs bereitgehalten werden. Zwei weitere Objekte in der Umgebung wurden von den zehn Mann Personal mitbetreut. In Drewitz tobten sich Mielke, Mittag und Honecker meist gemeinschaftlich aus. Der Rotwildbesatz war viermal höher, als von Fachleuten für gut befunden. Das Personal legte eigens Äcker zur Äsung der Tiere an, außerdem wurden 140 Tonnen Mais und Pellets zugefüttert. Futterstellen waren elektrisch beleuchtet, die Tiere wurden beim Fressen erschossen.[41] Gegenüber der Parteikontrollkommission leugnete Honecker am 1. Dezember 1989 die Existenz dieses Jagdhauses. Es handle sich um ein Gästehaus des MfS, wo er lediglich den Urlaub 1989 verbracht habe.[42] Vergnatzt reagierte die ZPKK auch auf den Fakt, dass 1989 bei Honecker 62 Waffen mit einem geschätzten Wert von 93 870 Mark beschlagnahmt worden waren. Die Pacht der Reviere kostete den Generalsekretär nichts, mit der Miete für das Haus in der Waldsiedlung und die Freizeitobjekte war auch dies beglichen.[43] Für Mittag und Honecker sind acht repräsentative Geländefahrzeuge angeschafft worden, das kostete 1,7 Millionen D-Mark.[44] Gelogen war übrigens, dass Honecker vom Schützengeld – im Jahr ca. 20 bis 30 000 Mark – »keinen einzigen Pfennig angenommen« habe.[45] Indirekt stimmt Honeckers Darstellung in diesem Fall aber doch. Das Geld wurde bei Feiern des Militärforstwirtschaftsbetriebes verfressen und versoffen – oder aber als Prämie ausgereicht.

1990 behauptete Erich Honecker kategorisch: »Ich habe mit keinem Pfennig auf Kosten des Staates gelebt.«[46] Zur Erinnerung: Sein Monatseinkommen betrug 8000 Mark monatlich.

C) STATUSFRAGEN

Mehr noch als der materielle Wohlstand illustrieren andere äußere Zeichen den Status Erich Honeckers. Im Politbüro sitzt er 1950 fast am Ende des Tisches, »hinter« ihm platziert sind nur noch Gewerkschaftsführer Hans Jendretzky und Rudolf Herrnstadt, der Chefredakteur des Zentralorgans »Neues Deutschland«. Als er 1958 Karl Schirdewan »beerbt«, rückt er auch in der Sitzordnung nach vorn. Am Ende der sechziger Jahre sitzt er neben Walter Ulbricht an der Stirnseite des großen U-förmigen Tisches, eindeutig kenntlich als Nr. 2 und gewünschter Nachfolger.

Nach dem Tod Ulbrichts 1973 ändert sich die Sitzordnung. An der Stirnseite unmittelbar unter den beiden Porträts von Karl Marx und Friedrich Engels sitzt nun Honecker – allein. Links von ihm Staatschef (später Ministerpräsident) Stoph, rechts von ihm ab 1976 Wirtschaftssekretär Günter Mittag. Die übrigen sitzen nach Status geordnet, nicht unbedingt nach wirklichem Einfluss. So sitzen Verteidigungsminister Keßler, Staatssicherheitschef Mielke und Egon Krenz irgendwo in der Mitte. »Vor« ihnen platziert sind Kurt Hager, Erich Mückenberger, Horst Sindermann, Hermann Axen – Personen, deren Macht in den achtziger Jahren radikal beschnitten wurde.

1976 läßt sich Honecker von der Volkskammer zum Staatsoberhaupt wählen, seine Briefköpfe ziert fortan der Titel: »Der Generalsekretär des Zentralkomitees der Sozialistischen Einheitspartei Deutschlands und Vorsitzender des Staatsrates der Deutschen Demokratischen Republik«. Den »Generalsekretär« hatte Vorgänger Walter Ulbricht abgeschafft. Mit der Bezeichnung »1. Sekretär« wollte er suggerieren, Primus inter Pares zu sein. Honecker dagegen schien das gewichtige Wort »Generalsekretär« gerade angemessen. Als Staatsoberhaupt und Parteiführer steht er naturgemäß im Mittelpunkt des diplomatischen Protokolls. Ehrenformationen, Salutschüsse, Plakate mit seinem Anlitz in Damaskus, Luanda und Havanna rühren an sein Solidaritätsgefühl. Honecker überbringt Thälmannteppiche und nimmt solche mit dem Bildnis Suche-Bators entgegen. Ehrenbürgerwürden und Doktorhüte erfreuen sein Herz, die Ehrenkette des IOC trug er mit Stolz, eine Blumengirlande der philippinischen Diktatorengattin Imelda Marcos auch.

Seinem Status als Staatsoberhaupt hat Erich Honecker es auch zu »verdanken«, dass am 31. Dezember 1982 ein Attentat auf ihn verübt wird.

Der Ablauf scheint sich wie folgt zugetragen zu haben: Ein Lada überholt die Autokarawane des Staatsratsvorsitzenden und schert zwischen Personenschutz und dem Citroën Honeckers ein. Honeckers Fahrer gibt Gas, wie hundertfach geübt. Honecker ist schnell außer Gefahr. Die Begleitfahrzeuge drängen den Lada ab, ein Leibwächter Honeckers geht auf den Lada zu und will den Fahrer fragen, was das eigentlich bedeuten soll. Der Fahrer, Paul Eßling – ein Ofensetzer aus Klosterfelde, schießt mit einer Pistole auf den Mann. Daraufhin erschießt ihn der zweite Leibwächter mit seiner Scorpion-Maschinenpistole. Vorgeschrieben war, in einer solchen Situation nicht ungesichert auf den möglichen Attentäter zuzugehen. Auch die sofortige Hinrichtung des Attentäters entsprach nicht der Dienstvorschrift. Der Leiter des Personenschutzes wurde wenig später wegen der unangemessenen Eskalation des Vorganges abgelöst. Über die Motive von Paul Eßling ist, obwohl darüber vieles geschrieben wurde, nichts Zuverlässiges bekannt.

Den Urlaub darf Erich Honecker seit 1949 samt Familie auf der Krim verbringen. Dort ist er zunächst Gast des Komsomol, später der KPdSU, wie auch andere Parteiführer.[47] (Im Gegenzug wurden anderen Genossen Urlaub und Kur in der DDR ermöglicht, letztlich ein Nullsummenspiel für den DDR-Staatshaushalt.)

Auch die Nummern seiner Parteibücher stehen für Honeckers Weg nach oben. Auf dem Aufnahmeschein der KPD vom 28. August 1945 notierte jemand die Zahl 154 103, seine spätere Mitgliedsnummer.

Sein erstes SED-Mitgliedsbuch findet sich in seinem Nachlass nicht, aber das von 1951. Als diese neuen Parteibücher ausgegeben wurden, erhält Honecker die Nummer 11. 1960 wird er auf Nummer 9 umregistriert. 1970, beim nächsten Umtausch der Dokumente, ist es die Nummer 6. 1976 erhält er dann die Nummer 1. Konsequenterweise lässt er sich auch den Personalausweis A 000 000 1 ausstellen.

Besonders augenfällig wird Honeckers A1-Stellung an seinem Geburtstag. Alle Jahre kommen sie zur Gratulationscour, die Funktionäre der Parteien, die Ministerialen und Betriebsleiter, dazu Arbeiterdelegationen aus der Republik, aus Orten, die irgendwo zwischen Anklam und Zittau liegen. Honecker bekommt Blumensträuße und Verpflichtungserklärungen. Besonderes Getöse gibt es 1982, zu seinem 70. Die Schlagzeile des Neuen Deutschland, »Die SED und das ganze Volk der DDR gratulieren Erich Honecker herzlich zum 70. Geburtstag«, ist nicht gelogen. Volkskammer, Kulturschaffende, Kirchen, Olympiasieger, Arbeiter sind vertreten. Er erhält den Orden Held der DDR und den Karl-Marx-Orden, dazu Ehrungen aus Polen, der UdSSR, der Mongolei, Ungarn, Rumänien, Bulgarien, Kuba, Vietnam und Nordkorea.

1987, zu seinem 75. wird es etwas ruhiger. Hatte sich die Freude über die doch sehr robuste Gesundheit des Generalsekretärs abgekühlt, oder wünschte es der Jubilar selbst bescheidener? Immerhin, die Geschenke sind etwas hochwertiger. Schweinslederne Kassetten mit Auflistungen von Produktionserfolgen bleiben in der Minderzahl. Es muss schon was Besonderes sein. So überbringt die Vorsitzende des Frauenverbandes, Ilse Thiele, die besten Wünsche und einen Wandbehang, gefertigt vom Zirkel Textiles Gestalten der DFD-Gruppe Bobitz. Burghild Brunzel und Regina Penske halten den acht Quadratmeter großen Teppich hoch, während der Generalsekretär fachmännisch die Volkskunst begutachtet. Ein Buch mit Reden des Staatsmannes liegt auf dem Gabentisch, auch ein Bildband ist erschienen. Das üppig ausgestattete Buch (Leinenbindung, Kunstdruck, holzfreies Papier 160 Gramm/Quadratmeter) darf aber nicht in der Presse angepriesen werden, weil dies erstens Personenkult wäre und zweitens die Zahl der gedruckten Exemplare nicht ausreicht.[48]

Es scheint, als hätte Erich Honecker die zahllosen Glückwünsche auf sich selbst bezogen, nicht auf seine Funktion. Er nahm derart herzlich Anteil, dass man glauben muss, er hielt all das für persönlich gerechtfertigt. Spätestens in den achtziger Jahren war er der Meinung, dass sein Volk ihn liebt, zumindest der Teil, über den ihm Staatssicherheitsminister Erich Mielke nichts Gegenteiliges berichtete.

GLÜCKWUNSCH!

Ein Mitarbeiter des Staatsrates der DDR listete am 17. September 1987 die »Auslandsgratulationen zum 75. Geburtstag des Vorsitzenden des Staatsrates« auf.

Dem Generalsekretär des ZK der SED und Vorsitzenden des Staatsrates der DDR, Genossen Erich Honecker, gingen zum 75. Geburtstag am 25. August 1987 zahlreiche Gratulationen aus dem Ausland zu.

Hervorzuheben sind die hohen Würdigungen, die ihm in Form von Grußadressen der Partei- und Staatsführungen sozialistischer und anderer befreundeter Länder zuteil wurden (UdSSR, VRP, CSSR, UVR, VRB, SRR, MVR, VR CHINA, SRV, VDR LAOS, VR KAMPUCHEA, KDVR, KUBA, NIKARAGUA, AFGHANISTAN, SYRISCHE AR, MOÇAMBIQUE). Seitens der SFRJ gratulierte der Vorsitzende des Präsidiums des ZK des BdKJ.

Das ZK der KPdSU und das Präsidium des Obersten Sowjets der UdSSR stellten in ihrem Glückwunschtelegramm u.a. fest: »Es ist auch Ihr großes Verdienst, daß die Beziehungen zwischen der KPdSU und der SED, der UdSSR und der DDR in eine neue Etappe des noch engeren und umfassenderen Zusammenwirkens getreten und die Maßstäbe unserer Zusammenarbeit gewachsen sind.«

Die Repräsentanten der KP CHINAS und der VR CHINA, Zhao Ziyang und Li Xiannian, würdigten in ihrer Grußbotschaft die »weltweit beachtenswerten Erfolge« der DDR und ihre »unermüdlichen Anstrengungen zur Sicherung des Friedens in der Welt«. Weiter hieß es in dieser Grußbotschaft: »Wir schätzen und bewundern sehr Ihr bedeutendes Wirken bei der Weiterentwicklung der freundschaftlichen Zusammenarbeit unserer Parteien, Staaten und Völker.«

Die Staatsführungen der SOWJETUNION, der CSSR, der VRB, der SRR, der MVR und der KDVR verliehen Genossen Erich Honecker anläßlich seines Geburtstages hohe staatliche Auszeichnungen.

Von den Staatsoberhäuptern ÄTHIOPIENS, ANGOLAS, der VDR JEMEN, SAMBIAS, SIMBABWES, ALGERIENS, LIBYENS,

INDIENS und einer Reihe anderer Länder, zu denen wir gute Beziehungen unterhalten, liegen keine Gratulationen vor.

Auch JAPAN, die USA, FRANKREICH, GROSSBRITANNIEN, ITALIEN, die NIEDERLANDE, BELGIEN, NORWEGEN, SCHWEDEN, PORTUGAL, SPANIEN, die TÜRKEI und ZYPERN reagierten nicht. Von den europäischen NATO-Ländern gratulierten Ministerpräsident Schlüter/DÄNEMARK und Präsident Sartzetakis/GRIECHENLAND. Ferner gratulierten die Staatsoberhäupter ÄGYPTENS, FINNLANDS, INDONESIENS, IRAKS, des LIBANON, MADAGASKARS, MEXIKOS, PAKISTANS und der PHILIPPINEN. ÖSTERREICH gratulierte mit Glückwunschtelegrammen Bundespräsident Waldheims und Bundeskanzler Vranitzkys.

Seitens der BRD gratulierten Bundespräsident v. Weizsäcker, Bundeskanzler Kohl, die Parteivorsitzenden von SPD, FDP und CSU und die Ministerpräsidenten einiger Bundesländer. Auch der Regierende Bürgermeister von BERLIN (WEST) sandte ein Glückwunschschreiben.

Insgesamt reagierten von den 133 Staaten, zu denen diplomatische Beziehungen bestehen, 32, was in etwa der Relation beim 70. Geburtstag (131:31) entsprach. (Zur Wiederwahl zum Vorsitzenden des Staatsrates der DDR hatten 48, zum Nationalfeiertag 1986 106 gratuliert.) *W. Hüth*

Quelle: BA Berlin DA 5/12970.

ORDEN

Auch die rund 150 Orden, Medaillen, Ehrennadeln und sonstigen Auszeichnungen, die Erich Honecker im Laufe der Zeit einsammelte, hielt er für verdient – im internationalen Vergleich dürfte er damit zu den höchstdekorierten Staatschefs zählen. (Im Land selbst wurde er jedoch von anderen langgedienten Funktionären übertroffen. Staatssicherheitsminister Erich Mielke nannte 274 Orden sein Eigen.)

Eine kurze Sichtung offenbart, dass Erich Honecker von praktisch allen Organisationen seines Landes mit der höchsten Auszeichnung bedacht wurde. Der Verband der Komponisten und

Musikwissenschaftler verlieh ihm seine Ehrennadel in Gold. Von der Gesellschaft für Sport und Technik erhielt er die Ernst-Schneller-Medaille. Die Jäger ehrten ihn mit einer Goldenen Ehrennadel genauso wie das Nationale Olympische Komitee und die Bauakademie. Die Ehrenmitgliedschaft in der Bauakademie war erfreulicherweise mit 20 000 Mark jährlich dotiert. Politbürokollege Günter Mittag, auch zuständig für das Bauwesen und ebenfalls Ehrenmitglied, hatte extra das Statut ändern lassen. Bis 1973 gab es derartige »Ehrenmitgliedschaften« nicht. Von der Gewerkschaft bekam Honecker die Fritz-Heckert-Medaille, von der FDJ die Artur-Becker-Medaille. Als die FDJ 1981 als neue Auszeichnung die Ernst-Thälmann-Medaille stiftete, wurde sie Erich Honecker als Erstem ans Revers geheftet. Drei Tage später erhielt Egon Krenz dann den Karl-Marx-Orden aus der Hand von Erich Honecker. (Die beiden wussten, was sich gehört.)

Die Parteien ehrten das Staatsoberhaupt nicht minder. Von der SED bekam er Ehrennadel und -urkunde, von der CDU das Otto-Nuschke-Ehrenzeichen, von den Liberalen die Wilhelm-Külz-Ehrennadel. Das war nur konsequent, verstanden sie sich doch als integrale Bestandteile des SED-Staates. Außerdem hätte eine Nicht-Auszeichnung als Opposition gedeutet werden können, und so weit wollte es ja niemand kommen lassen. Andere Beweggründe hatten die Kammer der Technik und die Akademie der Wissenschaften. Als sie ihn 1981 mit ihren höchsten Ehrungen bedachten, taten sie es in der Hoffnung, nicht vergessen zu werden. Die Missachtung von Wissenschaft und Technik hatte ein Ausmaß erreicht, das Schmeicheleien beim Staatsoberhaupt dringend geboten scheinen ließ.

In das weite Feld der Huldigungen und Zweckmäßigkeiten gehören die staatlichen Auszeichnungen nicht hinein. Das Innenministerium machte ihn zum »Verdienten Volkspolizisten«, das Ministerium für Staatssicherheit zum »Verdienten Mitarbeiter«, beide Ehrungen sind ohne Zweifel den Verdiensten um die Sache dieser Institutionen geschuldet. Den Vaterländischen Verdienstorden in Gold erhielt Erich Honecker 1955 für den Aufbau der FDJ, ebenfalls ein aus Sicht des Staates berechtigtes Dankeschön. Wofür er allerdings zweimal das »Banner der Arbeit«, den Orden »Held der Arbeit« und zweimal die Auszeichnung »Held der DDR« verliehen bekam, wird in der Rückschau nicht recht klar. Herausragende

Einzelleistungen waren es nicht. Den Karl-Marx-Orden, immerhin die höchste Auszeichnung des Staates DDR, erhielt Honecker fünfmal. Den ersten davon bekam er 1969, zum zwanzigsten Jahrestag der DDR. Man mag hier noch seine wichtige Rolle beim Aufbau des Staates als Auszeichnungsgrund gelten lassen. Doch später lassen sich allein die runden Geburtstage des Generalsekretärs als Begründung anführen. 1972, 1977, 1982, 1987 war er eben dran. Der Karl-Marx-Orden war mit 20 000 Mark dotiert.[50]

Es lohnt sich, die internationalen Ehrungen genauer zu betrachten, scheint es sich doch hier tatsächlich um Danksagungen, nicht ausschließlich um Schmeichelei und statusgemäße Huldigung gehandelt zu haben. So ist ihm der Orden des Olympischen Komitees ohne Zweifel für Verdienste um den Sport zugesprochen worden. Ehrungen aus demokratischen Ländern hat Erich Honecker allerdings nur wenige erhalten. Ganze drei Stück hat er bekommen. Den »Orden Makarios III.« auf Zypern, den griechischen »Großen Stern des Retters« und den kolumbianischen »Orden der Demokratie«. Auszeichnungen aus Westeuropa gab es für ihn nicht, lediglich die antifaschistischen italienischen Widerstandskämpfer

Der syrische Staatschef Hafiz al-Assad zeichnet Honecker am 1. Oktober 1978 als Dank für Waffenlieferungen mit dem Ummayad-Orden aus.

verliehen ihm eine Ehrennadel. Das muss Honecker geschmerzt haben, kann doch jeder auch nur einigermaßen präsentable Dritte-Welt-Diktator Bundesverdienstkreuze vorweisen.[51]

Immerhin, in Japan verlieh ihm eine Universität die Ehrendoktorwürde, die DDR bezog nicht wenig Stahl aus diesem Land. Außerdem prädestinierte ihn das Interesse für Hochtechnologie für eine akademische Ehrung, umgingen japanische Firmen doch das Embargo gegen Ostblockfirmen und lieferten bereitwillig High-tech in die DDR.[52]

Gute und ehrenhaftere Gründe hatte Zypern für die Ehrung mit dem »Orden Makarios III.« 1974 marschierten türkische Truppen in Nordzypern ein, im Süden des Landes etablierte sich eine diktatorische Offiziersclique. Erzbischof Makarios III., demokratisch gewählter Präsident des Landes, ging ins Ausland. Die DDR startete diplomatische Initiativen für Demokratie und Einheit Zyperns. Ihr ist auch die entschiedene Stellungnahme der Sowjetunion zu verdanken, die im Sicherheitsrat der UN schließlich entsprechende Resolutionen durchdrücken konnte. Breschnew musste von diesem Schritt erst mühsam überzeugt werden, galt doch seit

An der Nihon-Universität Tokio wird Erich Honecker für seine Verdienste um den bilateralen Handel am 28. Mai 1981 mit der Ehrendoktorwürde geehrt.

der Übereinkunft zwischen Atatürk und Lenin ein strategisches Stillhalteabkommen zwischen der UdSSR und der Türkei.

Auch Griechenland hatte Anlass, Erich Honecker stellvertretend für die DDR auszuzeichnen. Ostdeutschland nahm in zwei Wellen (1945ff. und 1967ff.) mehrere hundert politische Flüchtlinge auf, sorgte für materiellen Wohlstand und Berufsausbildung und stellte Studienplätze bereit. In Anbetracht dessen, dass zahlreiche westliche Regierungen zum Militärputsch im NATO-Land Griechenland Beifall klatschten, war dies mehr als nur eine Geste.

Naturgemäß zierten zahlreiche Auszeichnungen sozialistischer und befreundeter Länder Erich Honeckers Brust, hier ist scharf zu trennen zwischen Verdienst und Folklore.

Dreimal erhielt Honecker den »Lenin-Orden«. Er war »Held der Sowjetunion« und besaß die »Medaille Großer Stern«. In Anbetracht dessen, was Erich Honecker als sowjetischer Statthalter in Deutschland leistete, eine mehr als nur angemessene Anerkennung.

Der »Große Stern der Sozialistischen Republik Rumänien I. Klasse mit Schärpe« und der »Orden des Weißen Löwen I. Klasse mit Kette« aus der Tschechoslowakei sind hingegen nichts anderes als nette Gesten unter Freunden. Etwas anders sieht es mit dem »Großen Band des polnischen Verdienstordens« aus – hier hatte die DDR 250 Millionen Valutamark geschenkt.[53] Für Geld und Entwicklungshilfe dankten auch Nikaragua (»Orden Augusto Cesar Sandino«), Vietnam (»Goldener Stern«) und Kuba (»Nationalorden José Martí«). In Kuba erhielt Erich Honecker sogar den »Orden Playa Giron«, der eigentlich den Teilnehmern des Aufstandes von 1959 vorbehalten ist. Noch heute, im Jahr 2000, steht Kuba mit 2,4 Milliarden Mark bei Deutschland in der Kreide – es handelt sich um Altschulden aus der Zeit der DDR.

Den »Ummayad-Orden« aus Syrien überbrachte Staatschef Hafiz al-Assad 1978 als Dank für eine besondere Art der Entwicklungshilfe: Die DDR hatte Panzer für einen möglichen Revanchekrieg gegen Israel geliefert. Für Waffenlieferungen gab es auch das »Große Kongolesische Verdienstkreuz«. Die DDR stand auf der Seite des feindlichen Bruders der Republik Zaire. Dem Aufstieg des westlich orientierten Diktators Zaires Mobuto und der Ermordung des Revolutionärs Patrice Lumumba hatte die DDR tatenlos zusehen müssen. Was lag also näher, als die Freundschaft von Oberst Joachim Yhomby-Opango, dem Vorsitzenden des Militärkomitees der Kongolesischen Partei der Arbeit und Präsident der Volksrepublik Kongo, zu suchen? Werner Lamberz, im Politbüro zuständig für Fragen der Weltrevolution, hatte den Kontakt angebahnt, obwohl außer freundlichen diplomatischen Gesten für die DDR wenig zu erwarten war. Und auch als Denis Sassou-Nguesso den Oberst abgelöst hatte, blieb es bei den exzellenten Beziehungen der DDR zu diesem Staat. Sassou-Nguesso besuchte LPGs in der DDR, informierte sich darüber, wie man einen Ein-Parteien-Staat aufzubauen hat und bat um Entwicklungshilfe.

Nicht anders der moskauhörige Diktator Äthiopiens, aus dessen Händen Honecker den »Großen Ehrenstern« und den »Orden der Revolution« entgegennahm. Honecker lieferte Panzer und Minen. Als er einmal in Äthiopien weilte, schritt er konsequenterweise auch eine Ehrenformation von verstümmelten Soldaten ab. Er schritt mit Staatschef Mengistu Haile Mariam langsam an ihren Rollstühlen vorbei.

AUSZEICHNUNGEN

Folgende Aufstellung erhebt keinen Anspruch auf Vollständigkeit.

DDR (Rangfolge)

- 1969/72/77/82/87: Karl-Marx-Orden
- 1982/87: Held der DDR
- 1962: Held der Arbeit
- 1965: Ehrenspange zum Vaterländischen Verdienstorden in Gold
- 1955/58: Vaterländischer Verdienstorden in Gold
- 1960/64: Banner der Arbeit
- 1974: Scharnhorst-Orden
- 1958: Medaille für Kämpfer gegen den Faschismus 1933 bis 1945
- 1959: Verdienstmedaille der DDR
- 1989: Ehrenmedaille zum 40. Jahrestag der DDR
- 1970: Verdienstmedaille des Ministeriums des Innern
- 1977: Hufeland-Medaille in Gold
- 1970: Verdienter Mitarbeiter der Staatssicherheit
- 1969: Verdienter Volkspolizist der DDR

- 1976/81: Verdienter Angehöriger der NVA
- 1976: Verdienter Bauarbeiter der DDR
- 1976: Verdienter Angehöriger der Grenztruppen der DDR
- 1958: Ehrennadel für die sozialistische Erziehung der Jugend

DDR (andere Auszeichnungen)

- 1958: Medaille für Kämpfer gegen den Faschismus
- 1958: Artur-Becker-Medaille in Gold (FDJ)
- 1961: Friedrich-Ludwig-Jahn-Medaille (DTSB)
- 1964: Ernst-Schneller Medaille in Gold (GST)
- 1968/71: Ehrennadel für besondere Leistungen im Jagdwesen der DDR in Gold
- 1972: Fritz-Heckert-Medaille in Gold (FDGB)
- 1972: Franz-Mehring-Ehrennadel in Gold
- 1972: Leibnitz-Plakette der Akademie der Wissenschaften der DDR
- 1975: Wilhelm-Külz-Ehrennadel
- 1975: Otto-Nuschke-Ehrenzeichen in Gold
- 1976: Ehrenmedaille des Komitees der Antifaschistischen Widerstandskämpfer der DDR
- 1976: Ehrennadel der Urania
- 1976: Ehrennadel des NOK
- 1977: Ehrennadel der Bauakademie
- 1979: Ehrennadel der SED
- 1981: Ernst-Thälmann-Medaille (FDJ)
- 1981: Ernst-Abbé-Medaille der Kammer der Technik
- 1981: Ehrenspange der Akademie der Wissenschaften der DDR
- 1982: Ehrenmedaille für hervorragende und verdienstvolle Gewerkschaftsarbeit in der DDR
- 1986: Ehrennadel des Verbandes der Komponisten und Musikwissenschaftler der DDR in Gold

Sowjetunion (Rangfolge)

- 1972/82/87: Lenin-Orden
- 1982: Held der Sowjetunion
- 1982: Medaille Goldener Stern
- 1977: Orden der Oktoberrevolution

- 1985: Jubiläumsmedaille 40 Jahre des Sieges im Großen Vaterländischen Krieg 1941 bis 1945
- 1971: Veteran der Arbeit von Magnitogorsk
- 1970: Erinnerungsmedaille zum 100. Geburtstag W.I.Lenins

»Befreundete« Staaten (chronologisch)

- 1954: Staatsbannerorden 2. Klasse (KDVR)
- 1972/82: Orden Georgi Dimitroff (Bulgarien)
- 1973/82/88: Suche-Bator-Orden (Mongolei)
- 1974: Jugoslawischer Großer Stern
- 1974: Nationalorden José Martí (Kuba)
- 1978: Ummayad-Orden (Syrien)
- 1979: Großer Ehrenstern (Äthiopien)
- 1979: Orden der Revolution (Äthiopien)
- 1982/87: Staatsbannerorden 1. Klasse (KDVR)
- 1982: Orden Playa Girón (Kuba)
- 1982: Klement-Gottwald-Orden (UDSSR)
- 1982: Großes Band des Verdienstordens der Volksrepublik Polen
- 1982: Stern der Sozialistischen Republik Rumänien Klasse I mit Schärpe
- 1982: Bannerorden der Ungarischen Volksrepublik mit Diamanten
- 1982: Orden Goldener Stern (Vietnam)
- 1985: Großes Kongolesisches Verdienstkreuz (VR Kongo)
- 1986: Orden Augusto Cesar Sandino I. Klasse (Nikaragua)
- 1987: Orden Stara Planina mit Band (Bulgarien)
- 1987: Orden des Weißen Löwen I. Klasse mit Kette (UdSSR)
- 1987: Orden Sieg des Sozialismus (Rumänien)
- 1988: Orden der Nation (Laos)

Andere Staaten

- 1982: Orden Makarios III. (Zypern)
- 1985: Orden der Demokratie im Grad der Großen Ordenskette (Kolumbien)
- 1985: Orden Großer Stern des Retters (Griechische Republik)

Internationale Organisationen

- 1974: Jubiläumsabzeichen 25 Jahre RGW
- 1983: Simba-Preis für internationale ökonomische Zusammenarbeit (Accademia Simba Rom)
- 1982: Ehrenmedaille der Internationalen Föderation der Widerstandskämpfer (FIR)
- 1985: Olympischer Orden (IOC)
- 1987: Friedenspreis des IOC
- 1988: Ehrenmedaille der Universidad Complutense in Madrid

Ehrenbürgerschaften

- 1981: Arita (Japan)
- 1981: Mexiko-Stadt und Mérida (Mexiko)
- 1982: Berlin (DDR)
- 1985: Titograd (Jugoslawien)
- 1989: Magnitogorsk (Sowjetunion)

- Die japanische Nihon-Universität verlieh Erich Honecker 1981 die Ehrendoktorwürde.

D) FIKTION – E.H. FÜLLT DEN FAZ-FRAGEBOGEN AUS

Eine Ehrung blieb Erich Honecker jedoch zeitlebens versagt. Niemals durfte er den Fragebogen der Frankfurter Allgemeinen Zeitung ausfüllen. Die FAZ mochte ihn bis zum Schluss nicht, sie ließ Wolf Biermann den Nachruf verfassen und veröffentlichte zahllose Dokumentationen über die Mauertoten. Er hätte es aber schaffen können.

Voraussetzung wäre gewesen, dass die halbherzige Kritik im Politbüro 1979 zu Honeckers Ablösung geführt hätte. Allerdings hätte dafür Werner Lamberz nicht 1978 in der libyschen Wüste sterben dürfen. Nach dem Putsch hätte wieder ein Triumvirat die DDR regiert. Willi Stoph als Staatsoberhaupt, Werner Lamberz als Parteichef, Werner Krolikowski als wirtschaftslenkender Ministerpräsident.

Zwar wäre die DDR auch dann gescheitert, Schuld gehabt hätte in diesem Fall aber Werner Lamberz, weil er gar so ein Hardliner war. Nach dem Zusammenbruch der DDR hätte man sich dann an einen grollenden Alten in der Schorfheide erinnern können, einen Rentner namens Erich Honecker.

Unter Honecker war es zu einer Normalisierung der innerdeutschen Beziehungen gekommen, hätte man dann festgestellt. Auch hatte er ein Sozialismusmodell, das sich an den Menschen orientierte. Sogar in der Kultur wollte er keine Tabus gelten lassen. Ein Mann, der in den sechziger Jahren Schlimmes getan hat, aber dann mit einer bösen Intrige abgesetzt wurde. In diesem Fall wäre Honecker hochgeschätzt worden und hätte wohl auch den FAZ-Fragebogen ausfüllen dürfen, wie es Hans Modrow und Hermann Kant real getan haben.

Wir würden dann erfahren haben, wie er seine gegenwärtige Geistesverfassung beurteilte. Wir wüssten dann auch, wer seine Lieblingsheldinnen in der Wirklichkeit gewesen sind. Statt dieser erhellenden feuilletonistischen Selbstauskünfte liegen leider nur die Rechtfertigungen eines verbitterten Greises vor, der sich für den Untergang seines Landes und sein persönliches Wohlleben zu verantworten hatte.

Das Ansinnen, stellvertretend für Honecker zu antworten, mag unseriös sein. Doch wird es an dieser Stelle gewagt, weil er selbst eine Reihe von Antworten auf gestellte und nichtgestellte Fragen gegeben hat. Seine »Moabiter Notizen« sind voll von Reflexionen über politische Gegner und einstige Freunde, wir wissen also, wen er verachtete. Wer seine Lieblingshelden und -heldinnen waren, ist ebenso leicht zu beantworten. Denn er hätte als einstiger Staatsratsvorsitzender des anerkannten Staates DDR geantwortet, und dieser Staat hatte sich in der Arena der weltweiten Auseinandersetzung eindeutig positioniert. Offiziell also, mit kalkulierter Außenwirkung auf den Leserkreis des Zentralorgans des Kapitalismus, würde Erich Honecker seine Antworten formuliert haben. Privates hätte der Ruheständler eventuell preisgegeben, nicht aber gescherzt. Auch Überraschungen wären von den Antworten nicht zu erwarten gewesen, denn er schätzte Spontanität nicht.

»Was ist für Sie das größte Unglück?«, fragt die FAZ an erster Stelle in dem Fragebogen, den Marcel Proust zweimal ausfüllte und Engels für Marxens Tochter Eleanor immer wieder beantworten musste. Erich Honecker hätte geschwankt. Sein größtes privates Unglück hat er immer verschwiegen. Selbst enge Mitarbeiter erfuhren nichts vom Tod seiner Enkeltochter. Ohne Zweifel hat ihn auch der Untergang der DDR geschmerzt. Am schlimmsten aber dürfte ihn die Abkehr der Sowjetunion vom Sozialismus getroffen haben.

»Wo möchten Sie leben?« Als Antwort kommt nur in Frage: »Bei lieben Genossen.« Und doch hat er das Asyl in Nordkorea abgelehnt…

»Was ist für Sie das vollkommene irdische Glück?« Der Staatschef Erich Honecker war in der Lage, sich Zufriedenheit zu organisieren. Die Antwort hätte also lauten müssen: »Ansitzen und auf einen Zwölfender warten.« Dem Auskunft gebenden Politiker allerdings wäre nur eine weltumspannende Antwort würdig gewesen. Also: »Freiheit von Ausbeutung und soziale Sicherheit für alle Menschen.«

»Welche Fehler entschuldigen Sie am ehesten?« Die eigenen? Alle Mitarbeiter Erich Honeckers geben übereinstimmend Auskunft, dass er nur schwer bereit war, Fehler zuzugeben und dann stillschweigend zur Tagesordnung überging. (Ähnliches erzählen auch die sowjetischen Botschafter – nur versuchten die Erich Honecker stets Fehler einzureden, die weder er noch sein Staat begangen hatten.)[54] Für den Homo communismus gibt es jedoch nur eine einzige legitime Antwort: »Die, die um der Sache willen gemacht wurden.«

Die Frage nach seinem liebsten Romanhelden hat Erich Honecker selbst beantwortet und damit auch seinen Lieblingsschriftsteller genannt. »Der Komsomolze Pawel Kortschagin kämpfte, lachte, litt und triumphierte mit uns.« Nikolai Ostrowski hatte den autobiografischen Roman »Wie der Stahl gehärtet wurde« 1930 bis 1934 verfasst. Wie seine Romanfigur kämpfte Ostrowski als junger Bursche im Bürgerkrieg auf Seiten der Roten Armee, wurde verletzt, gab sein Letztes für die Sowjetmacht, erblindete und starb mit 32 Jahren. Honecker hat das Buch im FDJ-Verlag »Neues Leben«, den er 1947 gemeinsam mit dem Dramatiker Friedrich Wolf gründete, als ersten Titel herausgebracht. Von Anbeginn sollte Pawel Kortschagin »revolutionäres Vorbild« für die deutsche Jugend sein. Honecker: »Wir alle waren wie Pawel angetreten, unsere Kraft ›dem Herrlichsten in der Welt, dem Kampf für die Befreiung der Menschheit‹ zu geben. Sein Herz schlug in uns, als wir inmitten der geistigen und materiellen Trümmer der unseligen deutschen Vergangenheit daran gingen, unseren Traum von einem Leben in Frieden und Menschenwürde zu verwirklichen.«[55]

Die Frage nach Erich Honeckers Lieblingsgestalt in der Geschichte ist so einfach nicht zu beantworten. Das Idol seiner Jugend war Max Hoelz, der große Terrorist aus dem Vogtland. Später hat er Marx, Engels, Lenin und Stalin in Referaten gewürdigt, Broschüren über Kommunisten und geistesverwandte Revolutionäre schreiben lassen. Auch Martin Luther wurde ein ganzes Gedächtnisjahr gewidmet, Honeckers Anteilnahme beim Gedenken an den Theologen schien aber eher taktischer Natur zu sein. Denn den Kirchen allein wollte er den großen Reformator nicht überlassen. Die Ehrung Thomas Müntzers im Sommer 1989 stellte jedoch alles in den Schatten, was die gedächtniserprobte Republik bislang gesehen hatte. Eine Gedenkstätte mit dem größten Rundbild der Welt wurde auf dem Schlachtberg in Bad Frankenhausen eingeweiht. Biografien des Bauernführers erschienen. Erich Honecker würdigte Müntzer als »praktischen Revolutionär«. Ein Beschluss des Zentralkomitees ging auf die Thesen des »Ideologen des äußersten linken Flügels« ein und stellte reichlich ahistorisch fest, dass es Müntzer um eine »ausbeutungsfreie Gesellschaft« gegangen sei.[56] Zur eigentlichen Party am 14. September 1989 erschien Honecker krankheitshalber nicht. Trotzdem dürfte die Antwort lauten: »Thomas Müntzer«.

»Lieblingsheldinnen in der Wirklichkeit?« Man könnte vermuten, dass Erich Honecker hier die Näherinnen der 3. Schicht im VEB Untertrikotagen Limbach-Oberfrohna angegeben hätte. Aber nach seinem Sturz – und deren Arbeitslosigkeit – wäre diese Würdigung nur noch zynisch gewesen. Wahrscheinlich hätte Honecker schlicht das Wort »Revolutionärinnen« in den Fragebogen gesetzt.

Lieblingsheldinnen in der Dichtung kann Erich Honecker so viele nicht gehabt haben. 1946 antworte er auf die Frage, was er gelesen habe: »Zahlreiche Zeitungen, Bücher weniger.«[57] Im Theater wurde er nie gesichtet, im Gegensatz zu seinem Vorgänger Walter Ulbricht, der die Klassiker Goethe und Schiller schätzte. Politbürokollege Kurt Hager war zuständig für Kultur und so überließ Honecker ihm dieses Feld. Als Chef der FDJ hatte er aber nicht nur Friedrich Wolf, sondern auch Anna Seghers, Johannes R. Becher und Bertolt Brecht kennen und schätzen gelernt. Mit Erich Weinert bestritt er 1934 Kundgebungen im Abstimmungskampf an der Saar. Wahrscheinlich hätte er sich für Brechts Teresa Carrar entschieden. Carrar verliert ihren Mann im spanischen Bürgerkrieg, sie trauert und möchte nicht, dass ihre Söhne in den Krieg ziehen. Ihr Sohn Juan widersetzt sich und stirbt im Kugelhagel der Faschisten. Carrar stürzt sich jedoch nicht in »fruchtlose Verzweiflung«, sondern weist die Revolutionäre auf versteckte Gewehre hin und zieht mit ihren Söhnen Pedro und José in den gerechten Kampf. Das Stück wurde zur Pflichtlektüre an den Schulen der DDR.

Im Arbeitszimmer Erich Honeckers hing Bernardo Belottos Gemälde »Dresden vom rechten Elbufer«, es läge also nahe zu vermuten, Honecker hätte als Lieblingsmaler (Frage 9) »Canaletto« angegeben. Doch das Bild war bereits von Volkskammerpräsident Johannes Dieckmann in den Kunstsammlungen zu Dresden »entdeckt« und für die Volkskammer »ausgeliehen« worden. Walter Ulbricht gefiel es, also zog es ins Staatsratsgebäude um (heute provisorisches Bundeskanzleramt). Dort hing es bis 1990.[58] Vielleicht hätte Honecker ja als Privatmann geantwortet. In seinem Haus in Dölln hing ein schönes Blumenstück von Walter Womacka, das er nur ungern für eine Ausstellung freigab. Also: Lieblingsmaler – Walter Womacka.

Lieblingskomponist? Die Frage ist nicht zu beantworten. Erich Honecker mochte die traditionellen Arbeiterlieder und stimmte auch gern ein Volkslied an. In der Wiebelskirchener Schalmeienkapelle trommelte er. Bei Demonstrationen sang er Marschlieder, auch im Zuchthaus ging es nicht ohne Musik. Sein Lieblingslied, das vom »kleinen Trompeter«, hat keinen Komponisten. Möglicherweise hätte er also geantwortet: »Die Schöpfer unserer Arbeiterlieder«. Vielleicht aber auch: »Ernst Busch«. Honecker hat Busch tatsächlich verehrt, er versuchte den verbitterten Dichter wieder mit der Partei zu versöhnen. Busch hatte sogar seine Handschriften ins Feuer geworfen, damit Walter Ulbricht sie nicht bekäme… Trotzdem schaffte es Honecker nicht, ein Instrument wirklich gut zu beherrschen. In seiner umfangreichen Selbstauskunft von 1990 gibt er zu Protokoll: »Ich hatte wenig Zeit, um Schalmei zu lernen, das war komplizierter, so dass ich dann zur Trommel kam.«[59] Da er das noch an anderer Stelle immer wieder erwähnt, lässt sich auch eine Antwort auf die intimste Frage des spielerischen FAZ-Verhörs vermuten: »Welche natürliche Gabe möchten sie besitzen?« Hier hätte er wohl geantwortet: »Ein Instrument spielen können.«

»Welche Eigenschaften schätzen sie bei einem Mann am meisten?« Hier dürfen wir vermuten, dass er im Widerstand gegen das NS-Regime eines ganz besonders schätzen lernte: »Verlässlichkeit«. Bei Frauen schätzte er dies wohl auch, erwartete aber noch mehr. Als er aus dem Zuchthaus kam, war er sehr anlehnungsbedürftig. Später heiratete er Margot Feist, ohne Zweifel eine sehr starke Frau. Möglicherweise wäre also »Stärke« die Antwort gewesen.

Als eigene Lieblingstugend hätte sich Erich Honecker ohne weiteres bescheinigt, was er von Männern forderte: »Verlässlichkeit«.

Seine Lieblingsbeschäftigung war ohne Zweifel das Regieren, Nummer Zwei war das Jagen, Nummer Drei der Sex. Was er tatsächlich in den Fragebogen eingetragen hätte, können wir nicht einmal vermuten, natürlich etwas, was er als »politisch korrekt« empfand.

»Wer oder was hätten Sie sein mögen?« Hier fällt die Antwort nicht schwer. Die Reverenz, die er Ho Chi Minh, Sam Nujoma, Agostinho Neto, Samora Machel, Mengistu Haile Mariam, Fidel Castro, Yassir Arafat, Kenneth Kaunda und anderen erwies, lässt nur einen Schluss zu. Erich Honecker wäre gern ein Revolutionär in einem Land gewesen, das erst am Anfang der Revolution stand.

»Ihr Hauptcharakterzug?« Seine Mitarbeiter nannten Härte gegen sich selbst und andere. Erich Honecker selbst hätte wahrscheinlich von »Durchsetzungsvermögen« gesprochen.

»Was schätzen sie bei Freunden am meisten?« Wahrscheinlich hätte er »Treue« in den Fragebogen gesetzt. Das wurde deutlich, als er Beistand brauchte und ihn vermisste.

Antwort Nummer 18 könnte sich ebenfalls auf seine Absetzung beziehen. Seine Frau Margot Honecker bescheinigte ihm 1990 »sehr gutmütig« und »manchmal zu vertrauensselig« gewesen zu sein. Selbst hat er mehrfach seine Enttäuschung zum Ausdruck gebracht. Also: »Ihr größter Fehler?« – »Zu vertrauensvoll gewesen zu sein.«

»Ihr Traum vom Glück?« Kein Zweifel: »Der Kommunismus.«

»Was wäre für Sie das größte Unglück?« Hier fällt die Antwort schwerer. Hätte Erich Honecker auf die erste Frage offiziell geantwortet, wäre die Antwort hier vermutlich privat ausgefallen: »Der Tod meines Enkels Roberto.«

Schwierig zu beantworten ist die Frage Nr. 21: »Was möchten Sie sein?« Erich Honecker war, was er sein wollte: Staatschef. Und 1990 urteilte er: »Ich würde im Grunde genommen den gleichen Weg gehen.« Auch an seiner Kompetenz zweifelte er nicht: »Wenn es bei mir Zweifel gegeben hätte, dass ich meinen Aufgaben nicht gewachsen bin, dann wäre ich zurückgetreten.«[60] Ob er vielleicht ein liebevollerer Ehemann oder Großvater hätte sein wollen, wissen wir nicht. Auch ob er sich in eine andere Person hineingeträumt hätte, können wir nur vermuten. Wahrscheinlich ist dies nicht, Erich Honecker hat immer im Hier und Jetzt gelebt. Diese Antwort bleibt also frei.

»Lieblingsfarbe?« »Revolutionäres Rot.« Eine andere Antwort ist nicht vorstellbar.

»Lieblingsblume?« Diese Antwort ist bekannt. Alle zwei Tage hatte eine Gärtnerin frisch geschnittenen blauen Rittersporn in eine Bodenvase seines Hauses in Wandlitz zu stellen.[61]

»Lieblingsvogel?« Ein zum Scherzen aufgelegter Erich Honecker hätte hier vielleicht »Berliner Bär« geantwortet. Denkbar ist das, seine Berufswahl als Dachdecker begründete er – ohne eine Miene zu verziehen – einmal so: »Ich wollte schon immer hoch hinaus.« Höflinge und Journalisten erstarrten. Schweigen. Dann dämmerte es. Der Generalsekretär hatte einen Witz gemacht. Befreites Lachen. Auch ein erlegter Bundesadler hätte ihm wohl gut gefallen, gesagt hat er das jedoch nie. Kurzum: Vögel mochte er nicht. Haustier war der Cockerspaniel »Klecksi«. 1990 beantwortete er eine Frage nach Kinder- und Jugend-Büchern, die ihm in Erinnerung geblieben sind. Hier erwähnt er die offenbar tragische Lebensgeschichte eines Spatzen. Das Buch sei deshalb so beeindruckend gewesen, »weil in der Vogelwelt der Spatz der Proletarier ist.«[62]

Lieblingslyriker? Als Erich Honecker vom »Friedensflug nach Osten«, der ersten Reise der FDJ-Führung in die Sowjetunion, berichtet, notiert er: »Über das große Erlebnis der Sportparade etwas zu berichten fehlen mir die Worte.« Auch sonst ist der Bericht holprig abgefasst und von dem Bemühen beherrscht, das Große, das Neue, das Kommunistische in Worte zu fassen.[63] Ihm gelingt das nicht, wohl aber Stephan Hermlin. Jener hat dem auch von Honecker überaus verehrten Stalin ein Geburtstagspoem gedichtet, das in punkto Klassenstandpunkt und lyrischer Qualität nichts zu wünschen übrig ließ. Gerd Koenen, kommunistischer Renegat und bösartiger Spötter, nennt es ironisch »eine reife Meisterleistung«.[64] Für Honeckers FDJ schreibt Hermlin ein Buch über ermordete Antifaschisten. »Die erste Reihe« avanciert zum Bestseller des Jahres 1951. Erich Honecker wird niemals vergessen, dass Hermlin seine Freunde und Mitkämpfer gewürdigt hat, besser als er es hätte gekonnt. Hermlin läßt sich einbinden. Er gehört mit Erich Honecker zum Komitee zur Vorbereitung der IV. Weltfestspiele der Jugend in Bukarest. 1971 wird er von ihm gebeten, Vorschläge zur Veränderung der Zensur zu unterbreiten. Sogar als im Hause Hermlins eine (die erste) Resolution gegen die Ausbürgerung Wolf Biermanns verfasst wird, reagiert Honecker lediglich mit Unverständnis. Die Antwort: »Stephan Hermlin«.

Auf die Frage nach den »Helden in der Wirklichkeit« hätte Erich Honecker sicher nichts anderes geantwortet als auf die nach den Heldinnen. Das heißt: »Revolutionäre.«

Auch für die »Heldinnen in der Geschichte« wäre ihm vermutlich nichts Besseres eingefallen. Vielleicht hätte er die Antwort präzisiert – mögliche Varianten liegen auf der Hand. Die Barrikadenbauerinnen des Märzaufstandes 1848 etwa. Oder die Kämpferinnen für ein kommunistisches Vietnam. Immerhin spendete Honeckers DDR 2,3 Milliarden Mark für den Kampf gegen die US-amerikanische Invasionsarmee. Honecker hätte typischerweise noch etwas kalkuliertes Pathos einfließen lassen, also: »Die Mütter Vietnams.«

»Ihre Lieblingsnamen?« Üblicherweise geben die Befragten in dieser Rubrik die Namen ihrer Kinder an, warum auch nicht: »Sonja, Erika«.

»Was verabscheuen Sie am meisten?« Honeckers Moabiter Notizen beweisen, dass er Verrat am Sozialismus als widerwärtig empfand und für den sowjetischen Staatschef und Ruinierer Michail Gorbatschow nur Verachtung übrig hatte. Trotzdem hätte seine Antwort gelautet: »Die Verbrechen des Imperialismus.« Denn letztlich machte er diesen für den Untergang des Sozialismus verantwortlich. Darüber hinaus wäre solch eine Anwort aus seiner Sicht politisch korrekt gewesen. Logischerweise hätte auch die Antwort auf die Frage »Welche geschichtlichen Gestalten verachten Sie am meisten?« nicht »Gorbatschow« gelautet. Wahrscheinlich hätte Erich Honecker »Die Handlanger des Imperialismus« genannt.

»Welche militärischen Leistungen bewundern Sie am meisten?« Kein Zweifel: »Den Sieg über den Hitlerfaschismus.«

Nicht viel schwieriger zu beantworten ist die Frage, welche Reform Erich Honecker am meisten bewundert hat. Er hätte die Bodenreform genannt, denn er schätzte sie als revolutionäre Maßnahme, die sich gegen die preußischen Junker und damit gegen einen Teil des verhassten reaktionären Regimes richtete.

»Wie möchten Sie sterben?« Der junge Erich Honecker hätte geantwortet: »Im Kampf.« Honecker hat bewiesen, dass er bereit war, sein Leben aufs Spiel zu setzen, wenn er meinte, es sei der Sache nützlich. 1989 allerdings hat sich Erich Honecker nicht erschossen, was ihm Mitstreiter verübelten. Aber er war ganz sicher der Meinung, das hätten andere übernehmen sollen. Wissen können wir die Antwort nicht.

Eindeutig zu beantworten ist dagegen die Frage nach seiner Geistesverfassung. Er hielt sich im Jahre 1990 selbst für klar und wach und war erbost. Also: »Zornig.«

Erich Honecker hat zahlreiche geflügelte Worte geprägt, die Antwort auf die Frage nach seinem Lebensmotto sollte also nicht schwerfallen. Auf dem X. Parteitag 1981 stellte er fest: »Im Kampf der Partei erfüllt sich der Sinn unseres Lebens.«[65] Für sich selbst gesprochen hatte er damit recht. Und es handelte sich hier durchaus um ein Leitmotiv seiner Politik, wie ein Ausspruch von 1988 belegt: »Manchem, ich möchte es mal so ausdrücken, musste erst zu seinem Glück verholfen werden.«[66]

Angetreten aber ist er 1971 mit einem anderen Credo. Am 15. Juni 1971 verkündete er den Genossen des VIII. Parteitages und der versammelten Weltpresse: »Wir kennen nur ein Ziel, das die gesamte Politik unserer Partei durchdringt: alles zu tun für das Wohl des Menschen, für das Glück des Volkes, für die Interessen der Arbeiterklasse und aller Werktätigen. Das ist der Sinn des Sozialismus. Dafür arbeiten und kämpfen wir.«[67] In seinem Redemanuskript unterstrich er den Satz zweimal, mit schwarzer Tinte und mit rotem Filzstift. Er hat es also wirklich ernst gemeint. An diesem Credo wollte sich Erich Honecker messen lassen.

DER FRAGEBOGEN

Was ist für Sie das größte Unglück?
Die Abkehr der Sowjetunion vom Sozialismus.

Wo möchten Sie leben?
Bei lieben Genossen.

Was ist für Sie das vollkommene irdische Glück?
Freiheit von Ausbeutung und soziale Sicherheit für alle Menschen.

Welche Fehler entschuldigen Sie am ehesten?
Die, die um der Sache willen gemacht wurden.

Ihre liebsten Romanhelden?
Pawel Kortschagin.

Ihre Lieblingsgestalt der Geschichte?
Thomas Müntzer.

Ihre Lieblingsheldinnen in der Wirklichkeit?
Revolutionärinnen.

Ihre Lieblingsheldinnen in der Dichtung?
Teresa Carrar.

Ihr Lieblingsmaler?
Walter Womacka.

Ihr Lieblingskomponist?
Die Schöpfer unserer Arbeiterlieder.

Welche Eigenschaften schätzen Sie bei einem Mann am meisten?
Verlässlichkeit.

Welche Eigenschaften schätzen Sie bei einer Frau am meisten?
Stärke.

Ihre Lieblingstugend?
Verlässlichkeit.

Ihre Lieblingsbeschäftigung?
?

Wer oder was hätten Sie sein mögen?
Ein Revolutionär in einem Land, das erst am Anfang der Revolution steht.

Ihr Hauptcharakterzug?
Durchsetzungsvermögen.

Was schätzen Sie bei Ihren Freunden am meisten?
Treue.

Ihr größter Fehler?
Zu vertrauensvoll gewesen zu sein.

Ihr Traum vom Glück?
Der Kommunismus.

Was wäre für Sie das größte Unglück?
Der Tod meines Enkels Roberto.

Was möchten Sie sein?
?

Ihre Lieblingsfarbe?
Revolutionäres Rot.

Ihre Lieblingsblume?
Rittersporn.

Ihr Lieblingsvogel?
Spatz.

Ihr Lieblingsschriftsteller?
Nikolai Ostrowski.

Ihr Lieblingslyriker?
Stephan Hermlin.

Ihre Helden in der Wirklichkeit?
Revolutionäre.

Ihre Heldinnen in der Geschichte?
Die Mütter Vietnams.

Ihre Lieblingsnamen?
Sonja, Erika.

Was verabscheuen Sie am meisten?
Die Verbrechen des Imperialismus.

Welche geschichtlichen Gestalten verachten Sie am meisten?
Die Handlanger des Imperialismus.

Welche militärischen Leistungen bewundern Sie am meisten?
Den Sieg über den Hitlerfaschismus.

Welche Reform bewundern Sie am meisten?
Die Bodenreform.

Welche natürliche Gabe möchten Sie besitzen?
Ein Instrument gut spielen können.

Wie möchten Sie sterben?
?

Ihre gegenwärtige Geistesverfassung?
Zornig.

Ihr Motto?
Wir kennen nur ein Ziel, das die gesamte Politik unserer Partei durchdringt: alles zu tun für das Wohl des Menschen, für das Glück des Volkes, für die Interessen der Arbeiterklasse und aller Werktätigen. Das ist der Sinn des Sozialismus. Dafür arbeiten und kämpfen wir.

VI. HERRSCHAFTSTECHNIK

Max Weber formulierte es umständlich, aber präzise: »Herrschaft soll heißen die Chance, für einen Befehl bestimmten Inhalts bei angebbaren Personen Gehorsam zu finden.«[1] Doch keiner der von Weber beschriebenen Idealtypen der Herrschaft passt auf die DDR Erich Honeckers. Weder beruhte dessen Stellung auf dem Charisma seiner Person noch auf gewachsener Tradition, noch auf Legitimität durch Volksentscheid.

Erich Honeckers Macht, Befehle befolgen zu lassen, ruhte auf zwei Säulen: Partei und Staat. Traditionelle und charismatische Elemente sowie eine Staatsideologie rundeten das Ganze ab.[2]

Die Partei sollte Motor der Gesellschaft sein. Der Staat garantierte ihre Führungsrolle durch ein kompliziertes System abgestufter Gewalt. Diese so genannte »Diktatur des Proletariats« war jedoch nicht die erhoffte Diktatur der Mehrheit über die Minderheit. In letzter Konsequenz erwies sie sich als Diktatur einer neuen Klasse, der die hauptamtlichen Parteifunktionäre, die mit Macht über andere ausgestatteten Angehörigen des Repressionsapparates und die Leiter der Industrie- und Landwirtschaftsbetriebe zuzurechnen sind. Der kommunistische Renegat und Theoretiker Milovan Djilas definierte die »Neue Klasse« marxistisch durch ihre Stellung zum Eigentum. Jeder, der vom kollektiven Besitz profitiert, ist demnach Angehöriger dieser »Neuen Klasse«.[3]

Für den Staat DDR kann der Definition der »Neuen Klasse« ohne weiteres gefolgt werden. Es gab real existierende Herrschafts- und Unterstellungsverhältnisse. Tatsächlich waren die Parteisekretäre, Betriebsdirektoren, Verwaltungsangestellten und Offiziere Rückgrat des Systems.

Inwieweit Erich Honecker derartige theoretische Reflexionen parat hatte, ist nicht bekannt. Auf den Parteischulen, die er 1930/31 und 1955/56 absolvierte, wurde aber Derartiges gelehrt. Natürlich nicht in Form der Vermittlung der antikommunistischen Ideologie diverser Renegaten. Wohl aber als gründliches Studium der Klassiker des Marxismus-Leninismus: Marx, Engels, Lenin, Stalin.

Insbesondere Stalins Buch »Grundlagen des Leninismus«, das Honecker den FDJlern immer wieder zum Durcharbeiten empfahl, ist eine gründliche Anleitung für den Aufbau einer kommunistischen Gesellschaft. Diese zwischen Buchdeckel gehefteten Vorlesungen an der Moskauer Swerdlow-Universität, sie war die Hochschule der Kommunistischen Partei, kreisen immer wieder um die beiden wichtigsten Probleme: Rolle der Partei und Diktatur des Proletariats. Stalin erörtet strategische Konzepte des Klassenkampfes und gibt taktische Handlungsanweisungen: »Die Taktik ändert sich, je nachdem, ob wir Ebbe oder Flut haben.«[4]

Auch in den Werken der anderen Klassiker finden sich Handlungsanweisungen zur Führung von Revolution und Klassenkampf. Marx analysierte die Herrschaft von Napoleon III. und das Scheitern der Pariser Kommune. Engels verfasste militärpolitische und -historische Arbeiten. Lenin diktierte zahlreiche Zeitungsartikel, Flugblätter und Broschüren, die für den täglichen Kampf gedacht waren. Auch in ihnen wurden die Parteihistoriker fündig, als es darum ging, für Studenten »praxisrelevante« Lehrgänge zusammenzustellen.

In Honeckers Bücherregal haben Marx, Engels, Lenin und Stalin gestanden. Da er in Reden häufig zitierte, muss davon ausgegangen werden, dass er zumindest einige Werke griffbereit – und auch geistig präsent – hatte. In seinen frühen Reden sind alle Zitate einer 3-bändigen Lenin-Ausgabe entnommen, die Marx-Zitate stammen aus Marx/Engels ausgewählten Werken in zwei Bänden. Am häufigsten zitierte Erich Honecker Lenin, sogar seine Ausfälle gegen die Sozialdemokratie in den sechziger Jahren garnierte er mit Lenin-Zitaten, die er handschriftlich in sein Redemanuskript einfügte.[5]

Die Suche nach eigenständigen geistigen Anstrengungen Erich Honeckers zur Rezeption der kommunistischen Klassiker gestaltet sich schwierig. In den Archivalien des persönlichen Büros von Erich Honecker sind nur wenige handschriftliche Notizen oder Redeentwürfe erhalten geblieben. Fast alle Texte sind auf einer Schreibmaschine getippt worden, so dass nicht nachvollzogen werden kann, welche Ausarbeitungen von Honecker persönlich stammen und welche von Mitarbeitern beigesteuert wurden. Ein sehr bemerkenswerter Text, offenbar die Grundlage für einen Diskussionsbeitrag für das ZK-Plenum im November 1961, befasst sich mit der »Rolle der Persönlichkeit«. Knapp und durchaus logisch sind auf vier Seiten die wichtigsten Positionen marxistischer Denker zusammengefasst. Nicht ungeschickt wird abstrahiert, was jede einzelne Aussage für die sozialistische Gesellschaft bedeutet. Die Frage sei grundsätzlich, denn: »Es geht bei diesem Problem um die Frage der Wechselbeziehung zwischen Masse, Klasse, Partei und Führer.«[6]

Ob Honecker aber nun Leninist, Stalinist, Marxist oder ein Liebhaber der Reflexionen des späten Engels gewesen ist, kann ohne eine aufwendige Analyse seiner Reden und Schriften nicht nachvollzogen werden. Ob sich diese Arbeit aber lohnen würde, muss bezweifelt werden. Denn Erich Honecker war vor allem Tagespolitiker, kein eigenständiger Ideologe. Er glaubte an den Kanon der kommunistischen Lehre in seiner Einheit, vor allem an den von Marx und Engels vorhergesagten Sieg im Klassenkampf. 1957 formulierte er: »Die größten deutschen Wissenschaftler, Karl Marx und Friedrich Engels, haben uns den Weg in eine Zukunft gewiesen, die frei ist von der Ausbeutung des Menschen durch den Menschen und in der jeder nach seinen Fähigkeiten und nach seinen Bedürfnissen sein Leben gestalten kann.«[7] Und dann setzt er mit einem Stalinschen Gedanken fort: »Der Sozialismus ist heute schon zu einer Weltmacht ersten Ranges geworden. Sein siegreiches Banner weht bereits von der Elbe bis zum Stillen Ozean. Es besteht kein Zweifel, dass im Wettbewerb zwischen dem kapitalistischen und sozialistischen Weltsystem dem Sozialismus der Sieg gehören wird.« Zugleich warnt Honecker: »Dieser Sieg kommt jedoch nicht im Selbstlauf, er muss erkämpft werden.«[8]

Mit der Machtergreifung durch die Partei ist der Sieg noch nicht errungen, wie Stalin feststellte. In seinem Revolutionskonzept erfolgt die Umgestaltung der Gesellschaft nach der Übernahme der Regierungsgewalt. Der Staat, und mit ihm die repressiven Instrumente Bürokratie und Polizei, ist also Vollstrecker der Revolution.

Die DDR entstand im Ergebnis einer stalinistischen Revolution, entsprechend stark war die Stellung des Staates in der Gesellschaft.[9] Erich Honecker änderte an dem in den fünfziger Jahren entstandenen Gefüge nichts. Er vertraute auf die Kraft der Institutionen: Staat, Armee und Polizei. Bei der Ausgestaltung der Diktatur des Proletariats trete die Funktion des Staates »immer mehr in den Vordergrund«, betonte er 1959 in einem Referat an der Parteihochschule.[10] Stalin erklärte den Parteischülern der Swerdlow-Universität, dass die »bürgerliche Staatsmaschine« zertrümmert werden muss. Beim Aufbau der neuen klassenlosen Gesellschaft aber sei der Staat vorerst unentbehrlich, seine Rolle wachse zunächst an, bis er dann irgendwann einmal von selbst absterben werde.[11]

Die »weitere allseitige Stärkung des sozialistischen Staates der Arbeiter und Bauern als einer Form des Proletariats« wurde als Handlungsanweisung in das von Erich Honecker mitverfasste Parteiprogramm der SED von 1976 geschrieben.[12] Sich selbst definierte die Sozialistische Einheitspartei Deutschlands als den »bewussten und organisierten Vortrupp der Arbeiterklasse und des werktätigen Volkes«. Als ihre Aufgabe schrieb sie fest, »die entwickelte sozialistische Gesellschaft weiter zu gestalten«. Ihr Ziel sah sie darin, »die kommunistische Gesellschaft zu errichten.«[13]

Die Partei als Vortrupp der Arbeiterklasse – wem möchte man dafür die Urheberschaft zugestehen? Eine kommunistische Partei wäre ja nie gegründet worden, hätten die ersten Kommunisten nicht gemeint, sie müssten einen Kristallisationspunkt für die Revolution haben, eben einen »Vortrupp«. Marx und Engels wären also verantwortlich zu machen. Der Gedanke, dass die Partei aber auch nach der Machtübernahme – die ja noch nicht das Ende der Revolution ist – Vortrupp bleiben muss, ist von Stalin. In seinen Vorlesungen an der Swerdlow-Univerität formulierte er: »Das Proletariat braucht die Partei dazu, um die Diktatur zu erobern und zu behaupten.«[14] Später definierte er die Partei als »grundlegende führende Kraft im System der Diktatur des Proletariats«.[15]

Auch wenn sich die SED als führende Kraft verstand, in den siebziger und achtziger Jahren war sie in erster Linie Massenpartei. 1988 waren 2,3 Millionen Mitglieder in 59 103 Grundorganisationen organisiert. 4673 dieser Grundorganisationen untergliederten sich in Abteilungsparteiorganisationen, zum Beispiel in Großbetrieben und Universitäten. Insgesamt bestanden 94 694 Parteigruppen.[16] Der Organisationsaufbau der Partei war straff und zentralistisch. Alle Parteileitungen wurden von unten nach oben gewählt, im Gegenzug waren die Beschlüsse der jeweils übergeordneten Leitung verbindlich. Da sich das Prinzip herausbildete, dass die von »unten« zu wählenden Personen vorab von »oben« bestimmt wurden, ergab sich eine bedingungslose Unterordnung der Basis unter die Parteispitze.

In Kurzform: Der starke Staat organisierte die Gesellschaft. Die Partei war Motor des Staates. An der Spitze der Partei stand Erich Honecker. Wie führte und regierte er?

A) REGIERUNGSSTIL

Erich Honecker verfügte, so urteilte Jürgen Kuczynski, der mit ihm nach eigenem Bekunden »freundschaftlich« stand, über »einen sehr gesunden Menschenverstand.«[17] Sein persönlicher Mitarbeiter Frank-Joachim Herrmann beschrieb Honecker als einen »sehr tatkräftigen, von festen Überzeugungen getragenen Menschen, der in vielen Situationen politische Qualität bewies, in anderen seine Grenzen offenbart hat.«[18]

Im Detail wurden an positiven Eigenschaften Erich Honeckers von Beobachtern[19] aufgezählt: Tatkraft, Kameradschaftlichkeit, Sachlichkeit, Verlässlichkeit. Nach Dienstschluss oder bei Reisen im Ausland sei er ein unterhaltsamer Gesellschafter mit Sinn für Pointen gewesen, streckenweise locker und wirklich humorvoll. Außerdem konnte er zuhören und vertraute dem Rat von Experten. Diese Eigenschaft verlor sich im Laufe der Zeit. Der 1. Sekretär der SED-Bezirksleitung Karl-Marx-Stadt, Siegfried Lorenz, urteilte rückblickend, zum Schluss sei er »an Ignoranz und Selbstgefälligkeit nicht mehr zu übertreffen« gewesen.[20]

Die negativen Eigenschaften, die von den Zeitgenossen genannt werden, sind ähnlicher Art. Die Sachlichkeit wurde als Kühle empfunden. Distanziert sei er gewesen und unnahbar, meist sogar misstrauisch. Die gepriesene Verlässlichkeit und Treue betraf nur seine Günstlinge. Personalentscheidungen zögerte er so unangemessen lange hinaus. Sein persönlicher Mitarbeiter Frank-Joachim Herrmann bot als Erklärung an, dass Honecker ein »harmonieorientierter Mensch« gewesen sei.[21] Das Festhalten an unfähigen oder moralisch untragbaren Personen kann aber auch mit seiner Scheu, Irrtümer einzugestehen, in Zusammenhang gestanden haben. Intriganten mussten sich mühen, auf simple Zuflüsterungen ließ sich Honecker im allgemeinen nicht ein. Allerdings war er anfällig für

Komplimente und Schmeicheleien. Unbequemes Nachfragen (»ja, aber«) schätzte er nicht, und ließ das den »Querdenker« auch spüren. Wer in seiner Nähe bleiben wollte, musste vor allem das lernen.[22]

Irrtümer korrigierte er stillschweigend, schon das Eingeständnis eines Irrtums fiel ihm schwer. Bei Meinungsunterschieden reagierte er sehr kühl. Hans Modrow erkennt rückblickend eine »leise Art«, die »dennoch etwas Schneidendes und Entschiedenes in sich trug.«[23]

Im Gespräch ließ er das Gegenüber nicht erkennen, ob ihm die Ausführungen zusagten oder nicht. Unsichere Menschen fühlten sich dadurch irritiert. Gelegentlich äußerte er sich auch nicht sofort, sondern speicherte nur. Auf Außenstehende wirkte das wie Gleichgültigkeit – aber Auseinandersetzungen wurden mit dieser Methode erst einmal vertagt.

Wenn er aber nicht das Gefühl hatte, sein bemühtes Pokergesicht aufsetzen zu müssen, gab er sich launisch und ließ sich anmerken, was einen Besucher erwartete. Hermann Kant beschrieb die zahlreichen Begrüßungsvarianten in einem langen Satz: »Entsprechend der jeweiligen Situation und ihrer Bewertung durch den Obersten Vorsitzenden wurde man an seinen Schreibtisch beordert oder in die Sesselgruppe gebeten, kam er einem an die Tür entgegen, oder durfte man zusehen, wie er länger in seine Akten sah, hörte man small talk über big people oder die ungnädige Frage: ›Also, was gibt's?‹, erhob sich der Generalsekretär an der mächtigen Stirnseite der Politbürotafel zur Begrüßung mit aufwendigem Handschlag über die Weite des Tisches, oder machte er zwecks Platzanweisung gerade so den Finger krumm.«[24] War er der Meinung, ein Gespräch mit dem Betreffenden bringe für ihn nichts, ließ Honecker nicht zu, dass derjenige mit ihm sprach. Jürgen Kuczynski, der über Jahre keinen Termin beim Generalsekretär erhielt, orakelte in sein Tagebuch hinein: »Warum wohl?«[25]

Bei Geburtstagen der Mitarbeiter gab Honecker seinen Obolus zum Geschenk, gratulierte, beteiligte sich aber nicht am gemütlichen Beisammensein. Diese Distanz verhinderte Kumpelhaftigkeit. Ging jemand über diese Grenze hinaus, wurde ihm das von Honecker klargemacht.

PS.: Russisch sprach Erich Honecker nicht, aber er verstand vieles. Manchmal auch das, was er nicht verstehen sollte.

B) WAS WEISS ERICH HONECKER?

Innerhalb des Zentralkomitees existierte ein Sektor Parteiinformation, in dem Berichte aus den Kreisen und Bezirken gesammelt und für die Parteiführung aufbereitet wurden. Das Infosystem funktionierte recht gut. Die Berichte der Bezirksleitungen nahm Honecker zur Kenntnis, maß ihnen jedoch keine hohe Wertigkeit zu, da in ihnen vor allem Erfolge gemeldet wurden. Trotzdem arbeitete er sie gründlich durch, unterstrich das Wesentliche und verteilte innerhalb des ZK Aufträge zur Kontrolle oder zur Lösung bestimmter Probleme. Dabei achtete er sorgfältig darauf, dass jedes Ressort nur die Information bekam, die es bekommen musste.

Als zuständiger Sekretär für die Abteilung Sicherheitsfragen fand er jeden Morgen seit den sechziger Jahren einen Polizeirapport des gestrigen Tages auf seinem Schreibtisch. Dieser enthielt Aufstellungen über Widerstandsdelikte ebenso wie die Zahl der Verkehrsunfälle. Später übernahm diese Aufgabe die Zentrale Auswertungs- und Informationsgruppe (ZAIG) des Ministeriums für Staatssicherheit. Meldungen über »besondere Vorkommnisse« wurden Honecker unverzüglich vorgelegt. Havarien und Unglücksfälle, neonazistische Schmierereien und Friedhofsschändungen, Massenschlägereien und Ausschreitungen, Grenzdurchbrüche und antisozialistische Veranstaltungen in Kirchen – Polizei und Stasi meldeten schnell und zuverlässig.[26]

Eingaben nahm Honecker ernst, Alexander Schalck meint sogar, sie seien ihm nicht selten »wichtiger als Politbürovorlagen« gewesen.[27] Ein Mitarbeiter seines Büros, Hubertus Ruhmke, kümmerte sich ausschließlich um diese Beschwerdeschreiben, die bei weitem nicht alle von »querulatorischer Impertinenz« waren, wie ein westdeutscher Beobachter meinte.[28]

Ruhmke ordnete die Briefe bestimmten Kategorien zu und erstellte eine statistische Übersicht.[29] Kategorien dieser Statistik waren unter anderem »Innerparteiliche Fragen«, »Landwirtschaft«, »Handel und Versorgung«, »soziale Fragen und Renten«, »bewaffnete Organe« »Schulwesen« und »Sonstiges«. Die größten Posten der Aufstellung waren »Reisen« (stets mit über 10 Prozent) und »Wohnungsfragen« (meist mehr als 30 Prozent).

Honecker hob die für ihn wichtigen Passagen der Auflistung stets durch Unterstreichungen hervor. So markierte er 1980 wie in allen folgenden Jahren die Posten Wohnungsfragen und Reisen. Durch den hohen Stellenwert, den die Wohnungsfragen einnahmen, sah sich Honecker bestätigt, die Sozialpolitik auf diesen Punkt zu konzentrieren. Auf einigen Statistiken unterstrich Honecker Textstellen, in denen Unmut über die extreme Wohnungsnot in kleinen Städten zum Ausdruck gebracht wurde. Im 5-Jahr-Plan 1981 bis 1985 konzentrierte sich das Wohnungsbauprogramm außerhalb Berlins auf kleinere Städte. Auch eher unbedeutende Siedlungen erhielten nun ein »Neubaugebiet«, das meist aus zehn bis dreißig Wohnblöcken bestand.

Keine Abhilfe schaffen konnte Honecker bei dem immer wiederkehrenden Lamento über Versorgungsengpässe, die ungenügende Kapazität für Reparaturen und in der Ersatzteilfrage. Angesprochen wurden in der Statistik auch das generelle Absinken des Lebensstandards und die zunehmende »Umweltverschmutzung«, beides taucht 1983 zum ersten Mal auf.

Die Frage des Reisens wurde von Honecker durchaus zur Kenntnis genommen. Texte, in denen prinzipielle Kritik am System des Gewährens von Reisegenehmigungen vorgenommen wurde, markierte er allerdings nicht. Statt dessen strich er jene Passagen an, in denen von »kleinlichen und überspitzten Auslegungen der bestehenden Regelungen« oder bürokratischen Missständen die Rede war. Erst als der Prozentsatz der Eingaben betreffend »Übersiedlungen BRD/NSW« über zehn Prozent stieg, unterstrich Honecker auch diese Position.

Besonders aufschlussreich ist die letzte von Erich Honecker durchgearbeitete Eingabenstatistik. Am 3. Februar 1989 nahm er die Zahlen für das Jahr 1988 zur Kenntnis und strich wie üblich die für ihn interessanten Passagen an.[30] Die Zahl der Eingaben hatte sich gegenüber dem Vorjahr um 15 Prozent erhöht. Fast 29 000 Bürger hatten sich mit ihren Beschwerden direkt an den Generalsekretär gewandt, so viele wie nie zuvor. Zwar war der Punkt Wohnungsfragen immer noch der größte Brocken der Statistik, nahm aber nur noch weniger als 20 Prozent ein. Auf Platz 2 der Liste rangierte die Position »Reisen in die BRD« (17,2 %), Platz 3 wurde von der Frage »Übersiedlungen BRD« (8,8 %) eingenommen. In dem ganzen Text findet sich jedoch keine Interpretation der beiden Zahlen. Ausführlich geht Honeckers Mitarbeiter Ruhmke jedoch auf die Wohnungsfragen und den Bereich »Handel und Versorgung« ein. Letzterer nahm mit 859 Eingaben (3 %) nur einen hinteren Platz ein, Honecker echauffierte sich aber, anders sind seine wütenden Anstreichungen nicht zu deuten. Er ringelte Zahlen ein und kreuzte Vorfälle an, offenbar wollte er diese Dinge »geklärt« haben. Und so wurden dann Zeitungsabonnements, Herrenschlafanzüge, Schrankwände, die Versorgung mit Milch, Fleisch und Fisch zu den Themen des Sommers 1989, in dem doch ganz andere Punkte auf der Tagesordnung hätten stehen sollen. Schalldämmmatten und Bremsscheiben statt Reisefreiheit – so kann Honeckers Prioritätensetzung im Februar 1989 beschrieben werden.

STATISTIK DER ERSTEINGABEN, DIE AN ERICH HONECKER GERICHTET WURDEN. (NUR ERSTEINGABEN)

Bereiche	1987	1988
Innerparteiliche Probleme	224	280
Staatliche Organe	396	411
Bereich Industrie und Verkehr	483	439
Bauwesen	864	855
Wohnungsfragen	5.678	5.645
Landwirtschaft	102	130
Handel und Versorgung	494	859
Reisen in die BRD/NSW	3.734	4.988
Übersiedlung BRD/NSW	2.094	2.560
Soziale Fragen und Renten	314	262
Rechtsfragen	813	840
Schulwesen	199	228
Gesundheitswesen	212	225
Bewaffnete Organe	509	517
Massenorganisationen	21	22
Sonstiges	635	753
Summe:	16832	19014

Quelle: BA Berlin (SAPMO) DY30/2590, Blatt 106.

Auch von Werner Jarowinski, zuständig für Handel und Versorgung, erhielt Honecker regelmäßig Berichte über Versorgungsmängel. Honecker unterstrich zum Beispiel eine Mitteilung, dass 1985 21 500 Tonnen Bananen eingeführt wurden – 1978 waren es noch 115 000 Tonnen gewesen. Außerdem erfuhr Honecker von Jarowinski die Schwarzmarktpreise für die einzelnen Autotypen. Honecker wusste also, dass ein VW Golf mit 80 000 Ostmark gehandelt wurde.[31]

Auf Berichte aus dem Bekanntenkreis oder der Familie reagierte Honecker sofort. Als ihm Tochter Sonja berichtete, dass Kinderanoraks fehlten, wurden welche beschafft. (Und freilich nur dort verkauft, wo Sonja Honecker wohnte.) Auch das Wehklagen eines Arztes der Charité bei Sonja Honecker half. Hier wurde umgehend Abhilfe geschaffen.[32] Wo freilich der direkte Draht fehlte, reagierte Honecker weniger hektisch.

Sehr wichtig waren auch die normalen Informationsquellen. Die Nachrichtenagentur ADN erstellte ein tägliches Bulletin, den »Dienst rot«. Hier waren Meldungen anderer Agenturen (Reuters, DPA, AP usw.) über die DDR abgedruckt, die sich nicht für eine Veröffentlichung »eigneten«. Von einem Mitarbeiter seines persönlichen Büros wurden für den Generalsekretär westdeutsche Zeitungen (FAZ, Die Welt) und Regionalzeitungen ausgewertet. Im Nachlass Honeckers finden sich auch Artikel aus Wirtschaftswoche, Handelsblatt und Spiegel mit seinen Anstreichungen. Der Westpresse billigte er hohen Wahrheitsgehalt zu, es ist aber nicht zutreffend, dass er ausschließlich die BILD-Zeitung gelesen haben soll. Hanna Wolf, die ehemalige Rektorin der Parteihochschule, las in den achtziger Jahren für ihn die Prawda und stellte ihm Rohübersetzungen der wichtigsten Grundsatzreden Michail Gorbatschows zu.

Telegramme und Briefe ausländischer und westdeutscher Politiker wurden ihm ausnahmslos vorgelegt. Honecker unterstrich, was ihm bedeutsam erschien und zeichnete die Dokumente mit seiner Paraphe »EH« ab.

C) POLITBÜRO, SEKRETARIAT, MINISTERRAT

Eine Anordnung, vom Zentralkomitee bestätigt am 24. Mai 1984, regelte die Zuständigkeiten innerhalb des Politbüros. Für Erich Honecker legte das Papier Folgendes fest: »Generalsekretär des ZK der SED, Vorsitzender des Staatsrates der DDR, Vorsitzender des Nationalen Verteidigungsrates, verantwortlich für Fragen der Innen- und Außenpolitik, Abteilung für Kaderfragen des ZK, Abteilung Verkehr des ZK.«[33]

Diese universale Zuständigkeit verstand Honecker als Auftrag, in jedem Gebiet zumindest die Leitlinien vorzugeben. Zu den wichtigsten Personen seines Staates pflegte Erich Honecker eine sehr innige und direkte Beziehung. Wirtschaftsfragen besprach er mit Günter Mittag persönlich, oft bei gemeinsamen Jagdausflügen am Mittwoch und am Sonnabend (oder Sonntag, das wurde ad hoc entschieden). Staatssicherheitsminister Erich Mielke kam mindestens einmal in der Woche zu Erich Honecker ins ZK-Gebäude. Meist besprachen sie Wichtiges nach der dienstäglichen Politbürositzung. Egon Krenz, eigentlich für Sicherheitsfragen verantwortlich, wurde zu den Treffen, in denen oft Tacheles geredet wurde, nicht hinzugezogen.

Trotzdem blieb die Machtausübung weitgehend institutionalisiert. Im Politbüro waren die wichtigen Parteifunktionäre und Minister versammelt. Die Sekretäre des ZK der SED fällten alle Entscheidungen, die die Partei betrafen. Der Ministerrat war Exekutionsorgan, seine Beschlüsse bindend für Wirtschafts- und Staatsapparat.

Ministerrat und Sekretariat waren dabei »Organe« zweiten Ranges. Das Sekretariat wurde es, der Ministerrat war von Anfang an als solches gedacht. Im Sekretariat wurden nur noch Beschlüsse minderer Wichtigkeit gefasst, mit Ausnahme der Kaderentscheidungen. Als ZK-Sekretäre setzte Honecker treu ergebene Funktionäre ein, die eine straffe Kontrolle über die Partei ausübten.

Der Ministerrat hatte von Anbeginn, so weist es eine Anweisung des Politbüros vom 17. Oktober 1949 aus, die Beschlüsse der SED-Parteiführung umzusetzen. Auch die Regierungsmitglieder der Blockparteien CDU, LDPD, DBD und NDPD hatten sich nach dieser Vorgabe zu richten, Regierungschef war ohnehin stets ein Mitglied der SED. Erich Honecker bekräftigte dieses Unterstellungsverhältnis und ließ ein Gesetz beschließen, das jetzt auch offiziell die führende Rolle der SED in der Regierung kodifizierte.[34]

Vertrauend auf die erfolgreiche politische Kastration des Ministerrates versammelte Honecker dort Kritiker und solche Funktionäre, deren Loyalität er anzweifelte.

Ministerpräsident Willi Stoph hatte mehrfach Honeckers Qualifikation bemängelt, beugte sich aber dem Pro-Honecker-Votum Leonid Breschnews. Mit Alfred Neumann, dem Stellvertreter Stophs, wechselte Honecker jahrelang kein Wort, weil sich Neumann geweigert hatte, den Brief zur Absetzung Ulbrichts zu unterzeichnen. Innerhalb des Ministerrates wurden Neumanns Kompetenzen radikal beschnitten. Unzweifelhaft zu Honeckers Gegnern gehörte Werner Krolikowski, Stellvertretender Ministerpräsident bis 1988, Informant des sowjetischen KGB. Honecker kann ihn trotzdem nach Gutdünken hin- und herschieben. Als Werner Felfe 1988 überraschend stirbt (wahrscheinlich an einem Schlaganfall bei der Jagd), macht Honecker Krolikowski zum Landwirtschaftssekretär. Auf dessen ehemaliger Position installiert er mit Günther Kleiber einen loyalen und aktionistischen Durchreißer.[35]

Die hier Genannten – Stoph, Neumann, Krolikowski, Kleiber – waren auch Mitglieder im Politbüro, dem eigentlichen Machtorgan der DDR. Außerdem gehörten ihm die ZK-Sekretäre und die Minister Erich Mielke und Heinz Keßler (Staatssicherheit und Verteidigung) an. Das Politbüro des Zentalkomitees der Sozialistischen Einheitspartei Deutschlands – so die exakte Bezeichnung – fällte alle wichtigen Entscheidungen. Hier beschließt man Volkswirtschaftspläne, Bewaffnung und Stärke der Nationalen Volksarmee, den Fortgang des Wohnungsbauprogramms, Infrastrukturprojekte, Energieversorgung. Aber auch Informationen über die Auswüchse der Perestroika und über die Versorgung mit Badekappen werden zur Kenntnis genommen.

Mit dem Machtantritt Erich Honeckers zieht eine neue Sachlichkeit in den Parteiapparat ein. Die Sitzungen des Politbüros am Dienstag schleppten sich unter der Leitung Ulbrichts von 10 Uhr morgens bis in die Abendstunden. Nun dauern die Sitzungen meist nur noch von 10 bis 14 Uhr.[36] Debattiert wird nicht, Sachfragen stehen im Mittelpunkt. Die Beschlussvorlagen sind besser vorbereitet, viele Probleme entscheidet Honecker gemeinsam mit anderen Politbüromitgliedern oder ZK-Sekretären vorab. Wenn seine

Paraphe »Einverstanden, E.H.« auf einer Vorlage zu lesen war, war die Sache damit praktisch beschlossen. Also suchte man *vor* einer Sitzung die Zustimmung Honeckers. War sie aus irgendeinem Grund nicht zu erhalten, machten sich Unruhe und Nervosität im ZK-Gebäude breit.[37] Alexander Schalck-Golodkowski berichtet in seinen Erinnerungen, dass Honecker gelegentlich die Übersicht verlor und unterschiedliche Entscheidungen zu ein und derselben Sache traf. Schalck: »Das Beste, was man dann machen konnte, war, einfach eine neue Vorlage einzureichen.«[38]

Stimmten mehr als die Hälfte der Politbüromitglieder einer Vorlage zu, galt sie als angenommen. Die theoretisch möglichen Gegenstimmen gab es jedoch nicht. Es konnte jedoch sein, dass sich neue Mehrheiten zu einem Problem ergaben. Dann wurde noch einmal beraten und ein neuer Beschluss gefasst. Auch später eingestandene Fehler wurden im »Vorwärtsschreiten«, also durch neue Beschlüsse, korrigiert.

PS.: Die Kehrseite der Arbeitsweise des neuen Generalsekretärs machte sich erst allmählich bemerkbar. Im Gegensatz zum frühen Walter Ulbricht ließ Honecker Grundsatzdebatten nicht zu. Die mangelnde Kommunikation zwischen den Mitgliedern führte zu Ressortdenken. Der kurze Dienstweg unter den »wichtigen« Politbüromitgliedern – besonders zwischen Honecker und Mielke, Mittag, Herrmann – schaltete die anderen von jeder Einflussnahme aus. Während Ulbricht klaglos wöchentlich dutzende Akten mit oft mehr als hundert Seiten durcharbeitete, sah Honecker umfangreiche Vorlagen nur oberflächlich durch. Er schätzte knappe Darlegungen, komplizierte Sachverhalte ignorierte er im Laufe der Zeit ganz. Im Vergleich mit Walter Ulbricht erscheint Honecker als faul. Doch sein Vorgehen war insgesamt effektiver – Ulbricht konnte den Apparat wochenlang mit der Ausarbeitung von Konzeptionen beschäftigen und dann doch bei einem Spaziergang einen völlig anderen Entschluss fassen. Im Gegensatz dazu bearbeitete Honecker Vorlagen zügig und stellte sie den Abteilungen mit seinen Randbemerkungen meist noch am selben Tag wieder zu. Sehr aufschlussreich sind derartige Notizen nicht. Meist handelt es sich um zustimmendes »Ja« oder ablehnendes »Nein«, gelegentlich findet sich auch ein »prüfen« oder »Maßnahmen einleiten« auf den Papieren. Kontrolliert hat er seine Untergebenen nicht. Im Gegensatz zu Wal-

ter Ulbricht, der sich in alles einmischte und auch kompetente Führungskräfte permanent unter Rechtfertigungsdruck setzte, vertraute Honecker »seinen« Leuten. Er verließ sich eben oft und gern auf den Sachverstand anderer.

D) HERRSCHAFT DURCH KORRUPTION

Karl Schirdewan, bis zu seinem Sturz 1958 zweiter Mann der Parteiführung, urteilte 1998 in seinen Lebenserinnerungen: »Während die Repression das Standbein des Stalinismus war, stützten sich die Poststalinisten um Breschnew und Honecker auf Korruption sowohl der breiten Masse und karriereorientierter Mittelschichten als auch auf eine größere Zahl, selbst auf den höchsten Führungsebenen, zunehmend indifferenter Funktionäre.«[39] Sozialpolitik als Korrumpierung? Das kann wohl nur ein eisenharter Kommunist so sehen. Aber im Hinblick auf die Funktionäre hat Schirdewan nicht unrecht. Denn aus der Sicht Erich Honeckers waren gerade die hohen Funktionäre zu korrumpieren, die absolute Führungsspitze war das eigentliche Ziel seiner Bestechungsversuche. Ihm ging es um das »Funktionieren« des Politbüros, wenn das Geld kostete, kostete es eben Geld. Die Gewährung von Wohlleben paarte sich dabei auf das Glücklichste mit der ja doch vorhandenen Parteidisziplin. Politbürokollege Günter Schabowski urteilt rückblickend: »Wir waren im Leihkommunismus angekommen. Der Generalsekretär hat's gegeben, er wird es nehmen, wenn du die Parteiräson, die Disziplin, die Spielregeln verletzt, die er bestimmt.« Und weiter: »Das kleine Wohlleben entwickelt eine beträchtliche Klebekraft an den, der es gewährt.«[40]

Es ist ja nicht so, als hätte die DDR-Funktionärselite in den fünfziger Jahren nicht in einem abgegrenzten »Städtchen« gewohnt. Der Majakowskiring in Berlin war wie alle Bonzenviertel in den Hauptstädten des sowjetischen Machtbereiches abgesperrt und mit Extra-Posten gesichert. Doch der ungarische Aufstand hatte die SED-Führung zutiefst schockiert, unmittelbar nach 1956 suchten Experten nach einem geeigneten Gebiet für den Bau einer »Intelligenzsiedlung«. Der Ort Wandlitz wurde wegen seiner günstigen Lage an Fernverkehrsstraße und Autobahn gewählt.[41] Um die sicherheitsrelevanten Details kümmerte sich Minister Mielke, den Architekten schauten Walter und Lotte Ulbricht auf die Finger. Erich Honecker war von Anbeginn einbezogen, hatte er doch Mielke zu kontrollieren und mit den Militärs die Bunkeranlagen zu planen. Im Sommer 1960 fasste das Politbüro den Beschluss zum Umzug, Eile schien geboten, da die Berlin-Krise durch immer neue internationale Verwicklungen forciert wurde.

Die Miete für ein möbliertes Haus in der Waldsiedlung belief sich auf etwa 400 DDR-Mark monatlich. Die Wochenendhäuser wurden extra abgerechnet. Diese Beträge lagen niedriger, obwohl einige Landsitze etwas üppiger ausgestattet waren als die Mittelklassevillen in der Waldsiedlung selbst.

Notwendigerweise waren umfangreiche Zuschüsse aus dem Staatshaushalt der DDR erforderlich. Der Untersuchungsausschuss des Bundestages zum Bereich Kommerzielle Koordinierung stellte fest, dass im Haushalt des MfS jährlich knapp 30 Millionen DDR-Mark für die Waldsiedlung in Wandlitz bereitgestellt worden waren.[42] Hinzu kamen Devisenaufwendungen. In der Zeit von 1980 bis 1989, so wollte man in der Wendezeit ermittelt haben, waren das 62 405 738 D-Mark. Jährlich wurden etwa 6 bis 7 Millionen D-Mark ausgegeben. Bei 27 Politbüromitgliedern entspricht das einer Konsumtion von reichlich 250 000 Mark pro Familie.

Kurios ist, dass sich alle Bilanzen der Verwaltung Waldsiedlung als korrekt erwiesen. Ost- und Westgeld wurde bis auf den letzten Pfennig abgerechnet. Der Verdacht von Straftaten erwies sich als nicht »begründet«, die Ermittlungsverfahren wurden eingestellt.

Das Personal der Siedlung, insgesamt 650 Personen, bestand ausschließlich aus Mitarbeitern des Ministeriums für Staatssicherheit. Sie waren in die militärische Struktur des Ministeriums eingebunden, hatten einen Fahneneid geschworen und noch eine spezielle Verpflichtung unterschrieben. Paragraph 257 des Strafgesetzbuches der DDR formulierte: »Wer die Ausführung des Befehls eines Vorgesetzten verweigert, wird mit Freiheitsstrafe bis zu fünf Jahren … bestraft.«

Die Dienstanweisung PS 5/87 des Leiters der Hauptabteilung Personenschutz des Ministeriums für Staatssicherheit befahl dann: »Durch qualifiziertes, einfühlsames Verhalten und gefühlvolles Handeln [ist] das subjektive Wohlbefinden der führenden Repräsentanten ständig [zu] gewährleisten.« Der Chef der Verwaltung Waldsiedlung formulierte rückblickend: »Es war unsere Aufgabe, den ›Repräsentanten‹ jeden Wusch von den Augen abzulesen. Fragen nach Sinn, Zweck und Berechtigung von Maßnahmen und Zuständen oder gar Widerspruch waren nicht gestattet.«[43]

Zu Gehorsam und Schweigen verpflichtet, erwiesen sich die Stasi-Leute als überaus dienstbare Geister, deren unbedingte Loyalität garantiert war. (Darüber hinaus fiel vom Tisch des kollektiven Monarchen so mancher Krümel ab, das mag die Lust am Dienen bestärkt haben.)

Generell erwies sich das üppig vorhandene Personal als das große Plus der Waldsiedlung. Die Kühlschränke der Häuser und Datschen füllten sich wie von selbst mit Getränken und Lebensmitteln. Der übliche Ärger mit Besorgungen aller Art entfiel, Handwerker standen jederzeit und an jedem Ort zur Verfügung.

Eingekauft wurde im sogenannten Ladenkombinat. Die Waren, nahezu ausschließlich aus dem »nichtsozialistischen Ausland« importiert, bot man zu überaus moderaten Preisen an. Eine Mark der DDR entsprach 1,7 Westmark, außerhalb der Mauern der Waldsiedlung waren üblicherweise 5 bis 7 Ost- für eine Westmark zu zahlen.

Im Ladenkombinat kauften ein: der Vorsitzende des Staatsrates, der Vorsitzende des Ministerrates, der Präsident der Volkskammer, der Vorsitzende der Plankommission, die Mitglieder des Politbüros der SED. Auch Söhne und Töchter sowie deren Ehepartner und Kinder waren zum Einkauf berechtigt. 1989 waren es ca. 40 Familien mit etwa 160 Peronen.

Lebensmittel aus der DDR wurden als »Feigenblatt«, so der Leiter der Waldsiedlung Schmidt, vorrätig gehalten, meist aber wieder aus den Regalen geräumt. Säfte und Konserven aus Polen und Bulgarien waren allenfalls als Nahrungsergänzung akzeptiert. Außerdem konnte per Katalog bestellt werden, das heißt, alles was bei Neckermann oder Spezialversandhäusern im Angebot war, gab es auch in der Waldsiedlung. Für den KoKo-Chef Alexander Schalck-Golodkowski war die Versorgung der Waldsiedlung eine Nebensache, aber »Ärger hatten wir deshalb genug«. Er berichtet von Bestellungen aus Katalogen und Sonderwünschen. Günter Schabowski fragte ihn wegen eines Computers, Günter Mittag wegen neuer Prothesen. Schalcks Frau kümmerte sich um einen Mantel für den winzigen Hermann Axen und um Zeitungsabos für »Hörzu«, »Brigitte« und »Auto, Motor, Sport«.

Zum Ärgernis für die Demonstranten des Jahres 1989 wurde dieses Bestellsystem, weil es sich um Produkte handelte, die den DDR-Bewohnern vorenthalten wurden. Aber sogar Schalck gibt sich in seinen Erinnerungen knurrig: »Viele von unseren Genossen, die Schuhe von Bally, Jacken von Bogner und Pullover von Peek & Cloppenburg trugen, zeigten sich nach der Wende wundersam überrascht davon, dass diese Dinge nicht »Made in GDR« waren. Der eine oder andere meinte gar, das alles sei ihm aufgenötigt worden. Und das in der Tat hat uns wiederum überrascht.«[44] Honecker zumindest wusste, dass seine Hemden von Seidensticker – auf denen er bestand – kein Produkt eines volkseigenen Betriebes waren.

Komplettiert wurde die Rundumversorgung durch Wochenendhäuser in den schönsten Winkeln Brandenburgs und Mecklenburgs. Anfangs stach aus dem Sammelsurium der Datschen und Waldhäuser allein Ulbrichts Alterssitz in Dölln heraus. Das Haus war zu Beginn der sechziger Jahre so umgebaut worden, dass der Staatsratsvorsitzende auch Gäste empfangen konnte.

Honecker änderte nach seinem Machtantritt 1971 zunächst überhaupt nichts, wer mochte, bezog irgendeinen Bungalow an irgendeinem See. Auf die Idee, »Ferienobjekte« zur Korrumpierung einzusetzen kam er erst, als es um das höchste Amt im Staat ging. Der Staatsratsvorsitzende Willi Stoph räumte das Amt 1976 mit deutlich hörbarem Murren, zeitgleich entstand gewissermaßen als »Abfindung« an der Müritz das »Objekt Birkenheide«. Stoph residierte zwar schon länger im Specker Forst, in den sechziger Jahren war Stophs Datscha aber eher durchschnittlich gewesen. Ab 1976 wurden 4 Millionen Mark verbaut, in den Achtzigern noch einmal 2,3 Millionen. Etwa ein Dutzend Gärtner und Hausangestellte gehörten zum ständigen Personal. Ein Pool war selbstverständlich, mehrere Gewächshäuser vertrieben dem Ministerpräsidenten die Zeit. Das zugeordnete Jagdrevier umfasste 14 400 Hektar Land. Ein besonderer Clou war der Stichkanal zur Müritz, so konnte Stoph mit seiner Jacht direkt in seinem Grundstück anlanden. Stoph zahlte 164,90 Mark Miete.[45] Der Leiter der Verwaltung Waldsiedlung, Stasi-Oberst Gerhard Schmidt äußerte sich trotzdem wie folgt: »Nach unseren Vermutungen hatte von den Eskapaden und zügellosen Ansprüchen des Herrn Stoph Erich Honecker keine Kenntnis erhalten.«

Doch fest steht: Erich Honecker bestimmte über die Verteilung und den Ausbau der »Freizeitobjekte« seiner Mitstreiter. Stets behielt er die Kontrolle, ging aber erstaunlicherweise taktvoll vor. Den persönlichen Gnadenerweis ließ er als Begleiterscheinung eines erreichten Status erscheinen.

Kaum eine Datsche eines Politbüromitgliedes war billiger als 1 Million Mark, wobei zu berücksichtigen ist, dass die Ostmark dank geringer Löhne nicht unbedingt weniger wert war als eine Westmark. Hermann Axens Gut in Born auf dem Darß kostete 7 Millionen. Er zahlte 217 Mark Miete monatlich. Konrad Naumann benötigte 6,5 Millionen Mark für seinen Bau. Seine Frau war angetan, mochte aber die asphaltierte Straße im Naturschutzgebiet nicht. Parteikontrolleur Erich Mückenberger, der letzte SPD-Mann im Politbüro, verbaute 2 Millionen. Günter Schabowski berappte für seine Datsche monatlich 165 Mark. 214,90 Mark zahlte Günter Kleiber für die Residenz am Samoter See. Das schilfgedeckte Anwesen wurde in den achtziger Jahren für 2,3 Millionen Mark errichtet, Schlachthaus und Bootsschuppen inclusive. Hagers altes Schlösschen war mit einer Monatsmiete von 300.- Mark zwar teuer, aber vergleichsweise angemessen bewertet. Das Haus war edel eingerichtet und verschlang pro Jahr 34 000 Mark Erhaltungskosten. Werner Eberlein, der 1989 Honeckers Parteiausschluss vorantrieb, profitierte von dem System ebenfalls. Für sein Häuschen am Rahmer See zahlte er bei monatlichen Energiekosten von 556 Mark 148 Mark Miete.[46]

Allein Krenz scherte aus. Er nutzte kein eigenes »Objekt« sondern wurde Stammgast im Gästehaus des Ministerrates in Dierhagen.

PS.: Die Jagdgebiete erfüllten noch einen anderen, und für den Staat DDR nützlichen, Zweck. Hasenjagden mit Diplomaten sorgten für ein entspanntes Klima und gaben Gelegenheit zum Small talk. Sol Polansky, Geschäftsträger der Botschaft der USA in Ostberlin, meinte zum Beispiel, dass es »wirklich gut« gewesen sei, mal wieder an der »frischen Luft« gewesen zu sein. In Anbetracht des allgemein feindseligen Tons der diplomatischen Chargen ein bemer-

kenswertes Lob.[47] Im Jagdschloss Hubertusstock traf sich Honecker im Dezember 1981 mit Helmut Schmidt, angemessener Rahmen für die deutsch-deutschen Gespräche. Wohl fühlten sich dort auch andere Gäste. So bedankte sich Krupp-Manager Berthold Beitz für die »hervorragend vorbereitete und organisierte Jagd« in dem »herrlichen Revier«.[48]

Ein weiteres Beispiel für die Nützlichkeit von Hubertusstock illustriert der Fall des nordrhein-westfälischen SPD-Urgesteins Friedhelm Farthmann, der 1990 in Thüringen nicht zum Ministerpräsidenten gewählt wurde. Farthmann, Fraktionschef seiner Partei im Düsseldorfer Landtag, reiste nicht weniger als zehnmal zur Jagd in die DDR. Er führte hier ein einziges offizielles Gespräch und pflegte ansonsten kapitale Böcke zu schießen. Des Abends erklärte er seinen verständnisvoll zuhörenden Saufkumpanen die rheinische Landespolitik. Den Mitarbeitern der Stasi blieb nichts anderes übrig, als den unter verbaler Inkontinenz Leidenden als Quelle zu führen. 1999 bestritt der korrupte und affärengeplagte Farthmann vehement, Kontaktperson des Ministeriums für Staatssicherheit gewesen zu sein.[49]

E) DER APPARAT

Wenn die Organisation stimmt, entscheiden die Kader alles, soll Stalin gesagt haben. Für den Staat DDR galt diese Handlungsanweisung unbedingt. Die planmäßig herangezogene Nachwuchskraft für ein bestimmtes Einsatzgebiet (Partei, Staatsapparat, Wirtschaft) – der Kader eben – fand sich auf allen Hierarchieebenen.

Honecker bekam die Zuständigkeit für Kaderfragen 1961 von Walter Ulbricht übertragen. Damit war Honecker in der Lage, ihm ergebene und für kompetent erachtete Personen in die entsprechenden Stellungen zu hieven. Auch Versetzungen konnte Honecker so in die Wege leiten, weigern konnte sich fast keiner. Das Zauberwort hieß: »Parteiauftrag!« 1983 gab er die Kompetenz für Personalfragen an Egon Krenz ab, blieb aber Mitglied der so genannten »Kaderkommission«. Jetzt wurden ihm alle Personalvorschläge im Umlauf vorgelegt.[50]

Dienstbar gemacht wurde der Kader durch die üblichen Verpflichtungen im Rahmen eines Arbeitsverhältnisses, ideologische Indoktrination und Androhungen von Sanktionen im Falle des Nichtfunktionierens. Hinzu kam eine gewisse Aura des Generalsekretärs. Man akzeptierte den Nimbus der persönlichen Redlichkeit, den sich Honecker durch die permante Erinnerung an seinen »antifaschistischen Kampf« selbst geschaffen hatte. Die SED-Mitglieder rechtfertigten mit dem Glauben an die Ehrbarkeit und die lauteren Motive Honeckers ihre eigene Erniedrigung. Die »Sache« wurde mit Honecker identifiziert – indem sie ihm dienten, glaubten sie für das Ganze zu handeln.

Dieser Mechanismus ergänzte sich hervorragend mit einer allgemeinen Sehnsucht nach Unfreiheit.

Gehorsam von anderen erwartete Honecker dabei mit derselben Selbstverständlichkeit, mit der er selbst sich lebenslang der Parteidisziplin gefügt hatte. Dass dies so auch hingenommen wurde, belegt eine Aussage von Alexander Schalck-Golodkowski: »Die Machtstellung des Generalsekretärs war für uns Genossen unantastbar und die größte Selbstverständlichkeit.«[51]

Im Haus des ZK ging es streng hierarchisch zu. Zuständigkeiten waren klar geordnet. Der Verkehr der einzelnen Abteilungen untereinander lief stets über den übergeordneten Sekretär. Nur selten wurde das Reglement durchbrochen, etwa wenn etwas kurzfristig abgestimmt werden musste. Ein Vorteil dieser strikten Abgrenzung war, dass unnützes Gefasel und bürokratisches Hin-und-Hergeschiebe vermieden wurde. Auch die Geheimhaltung – eine in der Illegalität eingeübte Praxis – profitierte. Ein Mitarbeiter im Haus des Zentralkomitees bekam stets nur die Informationen, die er für die Lösung einer bestimmten Aufgabe benötigte.

Experten von außerhalb des ZK wurden ebenfalls hinzugezogen. In der Arbeitsgruppe Zahlungsbilanz arbeiteten Ministeriale ebenso wie Bankdirektoren. Der Chef der Deutschen Handelsbank, Werner Polze, verfasste gelegentlich Einschätzungen, die Honecker direkt vorgelegt wurden. Auf bestimmten Gebieten meinte man, ohne Expertenrat auskommen zu können, das betraf wohl die Wissenschaften, die Landwirtschaft und bestimmte Industriezweige. Statt seine Zeit diesen elementaren Bereichen des Regierens zu widmen, kümmerte sich Honecker nicht selten um Nichtigkeiten. So bestellte er beim Fernsehjournalisten Karl Eduard von Schnitzler gelegentlich Kommentare und Zeitungskolumnen. Dann hätte man sich »mühsam«, so urteilt von Schnitzler, seiner Formulierungswünsche »erwehren« müssen, »um verständlich zu bleiben.«[52]

Der Apparat selbst vergrößerte sich in der Ära Honecker nicht. Rund 800 politische und 1200 technische Mitarbeiter waren in den 41 Abteilungen des Zentralkomitees beschäftigt.[53]

Zur Führungstätigkeit gehörte auch eine repressive Komponente. In den sechziger Jahren galt er im Apparat als »scharfer Hund«, erst in den achtziger Jahren verlor sich der Schrecken der Parteikontrollkommissionen.[54]

Honecker geizte aber auch nicht mit Lob, immer wieder wurden Orden, Ehrenbanner und andere Auszeichnungen verliehen. Die Ablehnung eines angetragenen Ordens ist nicht bekannt geworden.

Dass er auch die rhetorischen Tricks beherrschte, stellte Erich Honecker 1972 unter Beweis, als es darum ging, die von Breschnew angeordnete Enteignung der letzten privaten Betriebe durchzusetzen. Die Bezirkssekretäre waren durchaus nicht der Meinung, dass man auch die Kleinbetriebe enteignen müsste. Honecker setzte sich über ihre Bedenken hinweg und verpflichtete sie kraft seiner Autorität, nach vorn zu schauen. Dann schloss sich ein kumpelhaftes Schulterklopfen an, dass wir doch alle einer Meinung seien. Das stimmte zwar nicht, machte Kritiker aber automatisch mundtot. Dann appellierte Honecker an den revolutionären Geist der Arbeiter-und-Bauernmacht und stellte fest: »Aber ich glaube, wir brauchen hier unter uns keine Agitation zu betreiben, und ich brauche euch jetzt nicht zu überzeugen, sondern wird sind heute vielmehr zusammengekommen, um jetzt zu besprechen, wie diese Dinge in Angriff genommen werden müssen.«[55] Obwohl jeder der Anwesenden auf einer Parteischule den Dreisprung »Gemeinsamkeit herstellen – Unterschiede kleinreden – nach vorn orientieren« gelernt hatte, verzichteten sie auf kritische Wortmeldungen. Denn der unausgesprochene Punkt vier der kommunistischen Rhetorik droht immer Sanktionen an…

Innerhalb der Partei setzte Erich Honecker das Prinzip der Subsidiarität bewusst außer Kraft. Nicht die angemessene niedrigste Stufe der Hierarchie wurde mit Befugnissen ausgestattet. Die Kreisleitungen der SED machten Gemeinde- und Stadtpolitik. Die

Bezirksleitungen regierten die Kreise, das ZK schließlich mischte sich in alle Belange ein. Der Zuständigkeitswirrwarr sorgte dafür, dass Verantwortung nach oben delegiert wurde – wenn aber »Oben« entscheidet, verliert »Unten« automatisch Vollmachten.

Kurios dabei war, dass untergeordnete Hierarchien auch »stark« sein konnten. Zum Beispiel durch die Kraft der jeweils amtierenden Leiter oder durch geschickte Ausnutzung von Unterstellungsverhältnissen. Immer wieder verstanden es Kreissekretäre, wichtige Investitions- oder Bauvorhaben gegen Anweisungen von »Oben« durchzusetzen. Auch Einzelpersonen – LPG-Vorsitzende, Universitätsrektoren, Kombinatsdirektoren – konnten Kompetenzen an sich ziehen.

Selbst »oben« ist nicht immer alles klar geregelt. Das Volksbildungsministerium der Margot Honecker ist ein »starkes« Ministerium, obwohl eigentlich dem ZK der SED unterstellt. Die Bildungspolitik wird in Margot Honeckers Ministerium gemacht, die zuständige ZK-Abteilung verkümmert zu einem Pool politischer Mitarbeiter, der vor allem Jugendweihereden verfasst. Das Kulturministerium hingegen ist mit Hans-Joachim Hoffmann ausgesprochen schwach besetzt. Auf diesem Gebiet regiert Kurt Hager mit harter Hand und kleinen Notizzetteln.

Irrsinn? Uneffektiv? Das mag sein. Aber in jedem Falle garantierte die Doppelstruktur Eingriffe des Generalsekretärs, dessen Entscheidung dann Gesetz wurde.

Honecker rekrutierte für »spezielle« Aufgaben auch Diener außerhalb des regulären Parteiapparates. Die Unterhändler des deutsch-deutschen Geschäftes waren keine klassischen Funktionäre. Rechtsanwalt Wolfgang Vogel hielt den Kontakt zu Herbert Wehner und der regierenden SPD. Herbert Häber, immer schon für besondere Aufgaben in der Westarbeit zuständig, sorgte für gute Beziehungen zur CDU. Insbesondere pflegte er den Kontakt zu Kohls Mann fürs Schmierige Walter Leisler Kiep. Stasi-Mann Alexander Schalck-Golodkowski wiederum kam mit CSU-Politikern recht gut aus.

Fazit: Honecker regierte mit dem Apparat – und bei Bedarf an ihm vorbei.

F) DIE DIKTATUR

Stalin 1926:
»Die Diktatur des Proletariats schließt unbedingt den Begriff der Gewalt ein. Ohne Gewalt gibt es keine Diktatur.«[56]

Erich Honecker 1946:
»Es ist doch vollkommen klar und es bedarf dazu keines Beweises, dass kein vernünftiger Mensch Anbeter der Gewalt sein kann.«[57]

Erich Honecker 1959:
»Was uns Kommunisten betrifft, so ziehen wir die Methoden der Überzeugung und Umerziehung vor, sind aber zu jeder Zeit bereit, Gewalt mit Gewalt zu beantworten.«[58]

Die Organe, die Gewalt auszuüben in der Lage waren, unterstanden Erich Honecker direkt von 1957 bis 1981, indirekt bis 1989. Die Polizei und das Ministerium für Staatssicherheit waren tägliche Instrumente, um die Macht der Partei aufrecht zu erhalten, nicht etwa nur ultima ratio. Die Zahl derer, die im Gefängnis saßen, war trotz des Häftlingsfreikaufs durch die Bundesrepublik unverändert hoch. Nur in den Jahren 1979 und 1987/88 fiel sie dank zweier Amnestien unter 30 000.[59]

Auch die letzte Sanktion behielt sich Erich Honecker persönlich vor. Die Vollstreckung eines Todesurteils setzte seine ablehnende Gnadenentscheidung voraus. Die letzten Todesurteile wurden 1979, 1980 und 1981 verhängt. Alle drei Hingerichteten waren Angehörige des Ministeriums für Staatssicherheit. Einer hatte für den Bundesnachrichtendienst spioniert, die beiden anderen planten überzulaufen. Zumindest letztere hatten nach DDR-Recht nicht mit dem Tod bestraft werden dürfen.[60] Aus Honeckers Sicht war das aber unerheblich. Er erwartete von den Urteilen eine disziplinierende Wirkung auf den Repressionsapparat.

Honecker motivierte die Mitarbeiter des Ministeriums aber auch anders. Zu allen »runden« Jahrestagen der Formierung des MfS hielt er eine Festansprache, die erste im Februar 1960. Stets beschwor er die Wichtigkeit der Arbeit des Ministeriums für die Sicherung des Friedens und für den Aufbau der Arbeiter-und-Bauern-Macht. Immer wieder appellierte er an Ehre und Pflichtgefühl der Angehörigen des MfS. Und er versicherte schon 1960 den anwesenden Offizieren und Unteroffizieren: »Ihr könnt davon überzeugt sein, dass das Zentralkomitee unserer Partei in jeder Beziehung die Arbeit der Organe für Staatssicherheit in Durchführung der gestellten Aufgaben unterstützen wird.« Und noch deutlicher: »Die ganze Liebe unserer Partei gehört eurer Arbeit.«[61]

1970, zum 20. Jahrestag, arbeitete Honecker in seiner Rede die Merkmale des typischen Tschekisten heraus, »Erzogen von unserer Partei« werde der Angehörige des Ministeriums für Staatssicherheit »stets von einem klaren Klassenstandpunkt ausgehen.« Honecker: »Unerschütterliche Treue zum Marxismus-Leninismus und zur Partei der Arbeiterklasse, Klarheit im Denken und Handeln, Beharrlichkeit und eiserner Wille, die gestellten Ziele zu erreichen, Mut, Kühnheit und Standhaftigkeit charakterisieren die Angehörigen der Organe des Ministeriums für Staatssicherheit.« Ganz klar umriss er auch das Ziel der Arbeit des Ministeriums: »Aufspüren und Unschädlichmachen des Feindes.«[62] Auch der personelle Aus-

Erich Honecker bekennt sich zum »Schild und Schwert der Partei«, dem Ministerium für Staatssicherheit. Am 6. Februar 1985 verleiht er dem MfS den Karl-Marx-Orden und ein rotes Ehrenbanner des Zentralkomitees der SED (links: Staatssicherheitsminister Erich Mielke).

bau des MfS ist mit Erich Honecker verbunden. 1957 zu seinem Antritt als ZK-Sekretär für Sicherheitsfragen hatte die Staatssicherheit 14 400 Mitarbeiter, im Oktober 1989 waren es 91 000. 2200 Offiziere im besonderen Einsatz (OibE) infiltrierten Staatsapparat und Wirtschaft. Mehr als 260 000 Inoffizielle Mitarbeiter (IM) hatte das Ministerium im Laufe der Zeit rekrutiert, etwa 100 000 waren 1989 aktiv.

Unabdingbare Voraussetzung für die Wirksamkeit der Repression durch das Ministerium für Staatssicherheit waren die geschlossenen Grenzen. Sicher, die Westgrenze war auch Trennlinie zwischen den beiden Militärblöcken Warschauer Pakt und NATO. In erster Linie sollte jedoch die Flucht der Bevölkerung verhindert werden.

Die Schließung der Grenze am 13. August 1961 war nicht, wie Bundestagspräsident Wolfgang Thierse mit milder Nachsicht formulierte, die Verhängung von »Hausarrest« über die Bevölkerung.[63] Die geschlossenen Grenzen waren vielmehr unabdingbar notwendig für die Aufrechterhaltung der Parteiherrschaft, sie wurden zum integralen Bestandteil der Diktatur der Minderheit über die Mehrheit.

Erich Honecker ist schon bei der Abriegelung Westberlins maßgeblich beteiligt. Der Ausbau der Grenze lag in seinem Verantwortungsbereich als ZK-Sekretär für Sicherheitsfragen.

In der Funktion des Vorsitzenden des Nationalen Verteidigungsrates (ab 1971) oblag ihm auch formal die Entscheidung über alle grundsätzlichen politischen Fragen mit dem Grenzregime. So ordnete der Nationale Verteidigungsrat am 3. Mai 1974 an, den pioniermäßigen Ausbau der Grenze weiter fortzusetzen, es müsse überall ein einwandfreies Schussfeld gewährleistet sein. Und nach wie vor muss auch auch auf Flüchtlinge geschossen werden, wobei, so die Anweisung, »die Genossen, die die Schusswaffe erfolgreich angewandt haben, zu belobigen« seien.[64]

Honecker kann das Grenzregime nach Belieben gestalten. So setzt er 1982 das Grenzgesetz in Kraft, in dem es heißt: »Die Anwendung der Schusswaffe ist gerechtfertigt, um die unmittelbar bevorstehende Ausführung oder die Fortsetzung einer Straftat zu verhindern.«[65] Der Versuch eines »ungesetzlichen Grenzübertritts« wurde als Straftat betrachtet und konnte laut § 213 des DDR-Strafgesetzbuchs mit Gefängnis bis zu acht Jahren geahndet werden. Ein Jahr später wies Honecker als Geste gegenüber dem Kreditvermittler Franz-Josef Strauß an, mit dem Räumen von Minenfeldern zu beginnen und Selbstschussanlagen zu demontieren. Und 1989 hob das Politbüro den Schießbefehl auf, ohne jedoch das Grenzgesetz formal außer Kraft zu setzen.[66]

Zwischen 1961 und 1989 starben 764 Menschen an den Grenzen der DDR, darunter waren 16 Angehörige der Grenztruppen.[67]

G) IDEOLOGIE

Am 16. Februar 1970 referierte Erich Honecker vor den Studenten der Parteihochschule. Und er gab ihnen den guten Rat: »Wer in der heutigen Zeit aktiv teilnimmt an der revolutionären Umgestaltung der Gesellschaft, der braucht, wie unsere ganzen Erfahrungen zeigen, vor allem einen zuverlässigen marxistisch-leninistischen Kompass.«[68]

Sein persönlicher Kompass wurde zweimal ausgerichtet: 1930/31 auf der Leninschule der Kommunistischen Jugendinternationale und 1955/56 beim Besuch der Parteihochschule des ZK der Kommunistischen Partei der Sowjetunion.

Ein eigenständiges Weltbild hat sich Erich Honecker nie erarbeitet. Zeit seines Lebens scheute er die intellektuelle Debatte. Die ihm verordnete Schulung begriff er als Auftrag der Partei, sich Wissen anzueignen. Den Vorgaben des Politbüros der KPD folgend, arbeitete Honecker eifrig Agitationsbroschüren und kleinere Werke der kommunistischen Theoretiker durch. In Moskau studierte er systematisch – doch zum wissenschaftlichen und politischen Meinungsstreit fand er auch hier keinen Zugang. Als er 1946 die Frage beantworten sollte, welche Werke des wissenschaftlichen Sozialismus er gelesen habe, trug er in den Fragebogen ein: »Zahlreiche«.[69]

In der Erinnerung erschien ihm 1990 »Das ABC des Sozialismus« von Nikolai Bucharin als »eines der wertvollsten Werke der Einführung in die sozialistische Theorie und Praxis«. Das Bändchen gehörte zu den Büchern, die sein Vater besaß. Er urteilte: »Ich würde es mit Genuss noch einmal durcharbeiten.«[70] Bucharins Werk ist eher schlicht zu nennen.

Zur Pflichtlektüre jedes kommunistischen Funktionärs, und damit auch zu Honeckers Lektüre, gehörte in den zwanziger und dreißiger Jahren Stalins Buch »Über die Grundlagen des Leninismus«, das auf Vorlesungen beruhte, die der Georgier 1924 gehalten hatte.[71] Stalin galt bis in die fünfziger Jahre neben Marx, Engels und Lenin als »vierter Klassiker«. Honeckers Denken war im Wesentlichen von Stalin geprägt.

Er revidierte im Laufe der Zeit zwar seine glühende Verehrung für den sowjetischen Führer, war aber nicht bereit, Stalin zu verdammen. (Das Verbot des »Sputnik« wurde durch eine Gleichsetzung von Stalin mit Hitler ausgelöst.) Auch bestimmte Theoreme blieben in Honeckers Weltbild bestehen. 1991 gab er seiner Hoffnung auf einen neuen Sozialismus mit den Worten Ausdruck: »Der Kampf zwischen den Klassen wird sich verschärfen.«[72] Laut Stalin kommt es bei fortschreitender Entwicklung unausweichlich zur Verschärfung des Klassenkampfes, denn: »Noch niemals war es in der Geschichte der Fall, dass sterbende Klassen freiwillig vom Schauplatz abgetreten wären. Noch niemals war es in der Geschichte der Fall, dass die sterbende Bourgeoisie nicht alle ihr noch verbliebene Kraft erprobt hätte, um ihre Existenz zu behaupten.«[73]

Da Stalin seine Theorien stets in Abgrenzung zu sogenannten »Rechtsabweichlern« oder »Linksabweichlern« entwickelte, schärfte sich auch bei den Parteischülern der Blick für das Verlassen der politischen Linie. Als Honecker 1958 mit Karl Schirdewan abrechnete, prangerte er Schirdewans Abweichung an, er habe ein »Nachlassen des Kampfes gegen den Klassenfeind« gefordert.[74]

1965, nach der 11. Tagung des ZK, dem sogenannten Kahlschlag-Plenum, erkannte Honecker bei einem Vortrag vor Parteiaktivisten an, dass es nötig sei »solche Fragen wie Individuum und Gesellschaft im Zusammenhang mit den Problemen der Freiheit zu klären.« Doch Honecker meinte mit Freiheit natürlich nicht, über Kafka, Sartre und die Entfremdung nachzudenken oder gar die Diktatur des Proletariats in Frage zu stellen. Er erläuterte: »Im Grunde genommen will man uns mit der Proklamierung der absoluten Freiheit zurückzerren zum kleinbürgerlichen Freiheitsdenken, das mit dem Ende der Weimarer Republik seinen Bankrott offenbarte.«[75]

In den siebziger Jahren sorgte Honecker noch einmal für die Durchsetzung der Parteilinie: Er ließ Robert Havemann mit Hausarrest belegen. Havemann hatte das Regime von links attackiert, unter anderem die fortwährende Huldigung der »Götzen der Consumer Society« angeprangert.[76] Nicht anders der Fall Rudolf Bahro. Der formulierte seine »Alternative« zum bestehenden System als utopischen Kommunismus. Er wurde 1978 nach Rücksprache mit der zuständigen Abteilung des ZK – und damit wahrscheinlich auch mit Honecker – zu acht Jahren Gefängnis verurteilt.[77]

Honecker registrierte auch die Sprengkraft einer Debatte über die Geschichte der kommunistischen Weltbewegung sofort. Gorbatschow sah es anders, er ermutigte die Wissenschaftler seines Landes zur Suche nach reformatorischen Ansätzen in der Geschichte der Sowjetunion. Arroganterweise glaubte er nicht, dass die Bevölkerung auch etwas über die Leichenberge Stalins würde erfahren wollen.

Aber wenn es denn sein musste, wollte auch Erich Honecker bei der Geschichtsaufarbeitung nicht nachstehen. Also bemühte sich Honecker um sowjetische Archivalien über die Ermordung deutscher Kommunisten. Immerhin waren Weggefährten von ihm umgekommen, im Zentralkomitee saßen Männer, deren Väter als »Parteifeinde« denunziert und später umgebracht worden waren. Honecker bat um Kopien der Originaldokumente aus sowjetischen Archiven. Ein Gesprächsprotokoll mit Botschafter Kotschemassow vom 26. Februar 1988 weist aus: »Zu Problemen der Geschichte bekräftigte Genosse Erich Honecker, dass diese so geschrieben werden muss, wie sie war.«[78] Die Bitten Honeckers wurden abschlägig beschieden.

Als Honecker den Eindruck hatte, dass die Geschichtsdebatte der politischen Führung der Sowjetunion entglitt, ließ er einige Nummern sowjetischer Zeitschriften (»Neue Zeit«, »Sputnik«) nicht ausliefern. Die linken Intellektuellen der DDR waren ob dieser Bevormundung brüskiert, nie zuvor und nie wieder danach hat es so viele Eingaben zu einem ideologischen Thema gegeben. Nur ein einziger Genosse klatschte – unverlangt – Beifall und schrieb ans Zentralkomitee.[79] Honecker verarbeitete den Brief in seinem Referat vor den Mitgliedern des Zentralkomitees am 1. Dezember 1988. Die Geschichte des Kommunismus werde ganz sicher nicht im bürgerlichen Sinne umgeschrieben, stellte er fest und fügte einen Ausfall gegen das »Gequake wildgewordener Spießer« an.[80]

Nur ein Mal machte Honecker seinen Einfluss geltend, um reformorientiertes Gedankengut verbreiten zu lassen. Er setzte durch, dass Jürgen Kuczynskis Buch »Dialog mit meinem Urenkel« erscheinen konnte. 1977 lagen die Druckfahnen vor, wurden aber zurückbehalten. Kuczynski setzte sich für seinen Text ein und bat darum, dass ein kundiger Mensch sich der Sache annähme. Honecker, der Kuczynski schätzte, gab die Fahnen an Kurt Hager weiter. Hager ließ sich mit der Durchsicht des Manuskriptes Zeit. Von Honecker gedrängt, brachte er dann aber doch einige Striche an. So kürzte Hager folgende Passage: »Je straffer aber die zentrale Leitung, desto geringer das, was ich als die Demokratie für den einzelnen nennen möchte.«[81] Auch eine rhetorische Frage erregte Anstoß: »Kann man es persönlich, gesellschaftlich, historisch einer Partei- und Staatsführung übelnehmen, wenn sie sich sagt, lieber zuviel als zuwenig Vorsicht, auch wenn dadurch die Entwicklung des Sozialismus auf Gebieten wie der Demokratie und der individuellen Freiheit, der Wissenschaft und der Kunst und anderen verlangsamt wird?«[82] Die antistalinistischen Fragen fanden in Hager einen Stalinisten, der die Antwort gab. Trotz der Kürzungen erregte das Buch bei der Rektorin der Parteihochschule, Hanna Wolf, Ärger. Sie teilte das Kuczynski am 4. Januar 1984 mit. Ganz besonders zornig machte sie Kuczynskis Bemerkung, dass Lenin bei einem Blick auf den heutigen Sozialismus verblüfft registrieren würde, dass er »so relativ wenig entwickelt« sei. 65 Jahre Sozialismus wären aber doch keine lange Zeit für, so Wolf, »solche komplizierten revolutionären Prozesse«. Auch Kuczynskis Suchen nach einer neuen Theorie des Sozialismus stieß bei ihr auf Unverständnis, sie, Hanna Wolf kenne nur *eine* Theorie, »die von Marx, Engels und Lenin erarbeitete«. Ungerechtfertigt sei auch Kuczynskis Kritik an den Zuständen in der DDR und auch sein Erwähnen der Verbrechen der Stalinzeit sei falsch, die Rede Chruschtschows auf dem XX. Parteitag der KPdSU 1956 habe bloß »dem Gegner« »Munition« geliefert.[83]

Honecker erhielt drei Monate später eine Kopie des Schreibens, las es gründlich durch und gab es den Mitgliedern und Kandidaten des Politbüros zur Kenntnis. Und trotzdem: Er setzte sich für die weitere Verbreitung des Buches ein. Nachdem 50 000 Exemplare des Buches verkauft waren, wurde im Aufbau-Verlag das Papier knapp. Kuczynski wandte sich an Honecker und bat um ein zusätzliches Kontingent. Honecker stimmte zu. Bis zum Ende der DDR konnte der Bedarf aber nicht gedeckt werden.[84]

Wie jeder Parteiführer vor ihm ließ auch Honecker ein neues Parteiprogramm für die SED erarbeiten. In dem 1976 beschlossenen Text bezeichnete sich die SED zum ersten Mal offiziell als kommunistische Partei. Der Text hob die Geschichtsmächtigkeit der Arbeiterklasse hervor, beschrieb die Partei als führende Kraft bei der Gestaltung der Gesellschaft und erläuterte, warum das Beharren auf der Diktatur des Proletariats unumgänglich sei. Das Programm betonte die wachsende Rolle des »ideologischen Kampfes«, stattete das Mitglied aber nur mit dem altbekannten Kompass des Marxismus-Leninismus aus.[85]

Bis zum Ende der DDR sah Erich Honecker keine Notwendigkeit für die Weiterentwicklung des Marxismus-Leninismus, den er als abgeschlossenes unveränderbares Lehrgebäude ansah.

Den eigentlichen Wert der Ideologie erkannte Erich Honecker nicht. Weil er den Intellektuellen keine gesellschaftsgestaltende Kraft zubilligte, setzte er Ideologie auch nicht zu ihrer Verführung ein. Die prinzipielle Geringschätzung der Ideologie wird auch durch die materielle Ausstattung der dem ZK angeschlossenen Institute belegt. In den Parteischulen und Forschungseinrichtungen arbeiteten rund neunhundert Personen. Auffällig ist, dass hier – Stichtag 31. Dezember 1988 – zahlreiche Planstellen nicht besetzt waren. An den Landwirtschaftsinstituten blieben von 134 Stellen für politische Mitarbeiter 24 frei. Das Institut für Marxismus-Leninismus (323 Planstellen) kam mit 46 Mitarbeitern weniger aus. An der Parteihochschule sollten 437 politische Mitarbeiter tätig sein, es waren aber nur 373.[86] Der größte Teil dieser Personen war mit Editionen der Klassiker beschäftigt oder lehrte. Geforscht wurde kaum noch. Dazu kam die enorme Überalterung in den Instituten, junge aufgeweckte Geister suchte man dort vergebens. Ganz gleich, ob man dies als Sparsamkeit am falschen Platz oder vorsätzliche Torpedierung der Gesellschaftswissenschaften deutet, fest steht, dass die Partei ihr Gehirn amputierte. Honecker nahm die Personalstatistiken zur Kenntnis, sah aber keine Notwendigkeit, hier korrigierend einzugreifen.

Doch es waren vor allem die selbst auferlegten ideologischen Restriktionen, die zum Einstellen des Denkens führten. Spätestens in den achtziger Jahren hätte es eine ideologische Begründung für die Abkehr von der Konsumgesellschaft geben müssen. Denn eigentlich war die DDR zu arm für die Segnungen der Honeckerschen Sozialpolitik. Der Parteichef hätte einen ökonomischen und einen politischen Kurswechsel veranlassen müssen. Doch Philosophen wie Havemann oder Bahro, die zu Vordenkern eines solchen neuen Weges hätten werden können, waren wegen ihrer Distanz zur Parteilinie Repressionen unterworfen. Statt einer Philosophie der Askese gab es nur die Askese der Philosophie.

PS.: Einen eigenständigen ideologischen Beitrag hat Erich Honecker aber doch geleistet: die Instrumentalisierung des Antifaschismus. Seine Haft in Brandenburg lässt ihn besonders integer erscheinen und verleiht ihm innerhalb des Jugendverbandes Gewicht, besonders gegenüber den ehemaligen Unterführern der Hitlerjugend, die das organisatorische Rückgrat der FDJ bilden. Man habe sich künftig »würdig solcher Männer, Frauen und Jugendlichen« zu erweisen, »die Hitlers verbrecherischem Wahnsinn entgegentraten und dafür ihr Leben auf den Richtblöcken und in den Konzentrationslagern lassen mussten«, formuliert Honecker 1946.[87] Das wirkt, und Honecker begreift, dass sich Reue trefflich instrumentalisieren lässt. Auch später erinnert er immer wieder an die toten Genossen und legitimiert damit alles nur Erdenkliche: die Wiederaufrüstung, die Kollektivierung, den Mauerbau. In Buchenwald beschwört er die Einheit der Arbeiterklasse und verspricht »auch in Westdeutschland die Lebensfragen unseres Volkes« zu lösen.[88] Den von Westberliner Polizisten erschossenen DDR-Grenzer Peter Göring ehrt Honecker postum als Helden des antifaschistischen Widerstandes und stellt Fotos von ihm Seite an Seite mit Ermordeten der NS-Diktatur aus.[89] Als er an die Spitze des Staates kommt, wird die Rolle derer, die in Gefängnissen und Zuchthäusern saßen, noch mehr herausgestellt, Politik aus dem Exil und der Emigration zählen plötzlich nicht mehr. Immer mehr nimmt der Antifaschismus die Züge eines Rituals, einer moralischen Verpflichtung auf die »Sache«, an. Letztlich zementiert Honecker damit die Herrschaft der Alten und verhindert einen Generationswechsel. Wer wollte denn den Opfern des Faschismus die Berechtigung zum Führen eines antifaschistischen Staates absprechen?

H) PERSONENKULT

Erich Honecker war als FDJ-Vorsitzender bekennender Anhänger des Personenkultes[90] um Stalin, »der uns«, wie er 1951 formulierte, »lehrt, wie man entschlossen für die Sache des Volkes kämpft und siegt.« Eine von Honecker initierte Grußbotschaft des jungen Deutschland an den »großen Führer des weltumspannenden Weltfriedenslagers« soll von vier Millionen Jugendlichen unterzeichnet worden sein. Dem Mann im Kreml teilte er auf der Abschlusskundgebung eines Jugendtreffens mit, im Rahmen des FDJ-Aufgebotes zu »Ehren des großen Stalin« hätten 1 056 998 Jugendliche sein Werk »Über die Grundlagen des Leninismus« studiert. Zum Abschluss der Kundgebung sprach Honecker dann die rituelle Beschwörungsformel jener Tage: »Lang lebe unser weiser Lehrmeister und Führer, unser bester Freund, der große Stalin!«[91]

Wie Erich Honecker die Enthüllungen über die Stalinschen Verbrechen aufgenommen hat, ist im Detail nicht bekannt. Später hat er stets von den »verhängnisvollen Folgen des Personenkultes« um Stalin gesprochen. Gründlich befasste er sich mit dem Problem »Personenkult« erst 1961, als Chruschtschow das Thema noch einmal auf die Tagesordnung eines Parteitages gesetzt hatte. Also musste der »Personenkult« auch in der DDR behandelt werden, Erich Honecker erörterte das Thema am 25. November 1961 vor den Mitgliedern des ZK. »Als Marxisten-Leninisten sind wir«, so formulierte Honecker, »entschiedene Gegner jedweden Personenkults.« »Wir werden aber«, setzte er fort, »wie in der Vergangenheit so auch in Zukunft jedem auf die Finger klopfen, der es wagt, unsere im revolutionären Kampf bewährten Führer mit Schmutz zu bewerfen.« Die Werktätigen, meinte Honecker, wüssten sehr gut zwischen Personenkult und der »Autorität bewährter Arbeiterführer zu unterscheiden.«[92]

Sein eigenes Image richtete er danach aus. In den ersten Jahren seiner Herrschaft gab sich Erich Honecker bewusst bescheiden. Er ließ sich z. B. im Neuen Deutschland stets als »Dachdecker« apostrophieren. Übertriebenen Pomp vermied er zunächst. Seine Appelle an die Geschichtsmächtigkeit der Arbeiterklasse auf dem VIII. Parteitag der SED und im 76er Parteiprogramm lassen sich auch so deuten, dass er sich eben als Arbeiterführer empfunden hat. Erich Honeckers Sprache war, so urteilte der Historiker Stefan Wolle, von erschreckender Armseligkeit: »Er schien kaum in der Lage, drei Sätze hintereinander frei zu sprechen.«

Während dem FDJ-Vorsitzenden durchaus eine passable Rhetorik bescheinigt wurde, fehlte Honecker dafür später offenbar wirklich das Gespür. Auch nicht einmal so schlechte Redemanuskripte verdarb Honecker dadurch, dass er zu früh oder zu spät betonte. Erstaunlicherweise setzte er diese Betonungsstriche selbst. Der erste Satz des Toastes zu Ehren von Samora Machel, dem Präsidenten Moçambiques, liest sich in Honeckers Manuskript so: »Mit der Unterzeichnung des Vertrages über Freundschaft und weiterer bedeutsamer Dokumente haben unsere Gespräche und Verhandlungen ihren erfolgreichen Abschluss gefunden.« Im weiteren Text sind die Worte »zwischen« und »dass« markiert. Zur »Festigung des natürlichen Bündnisses« der beiden Staaten werde die DDR einen »wichtigen Beitrag« leisten.[93]

Aber auch die Worte, die er wählte (oder für die sein Redenschreiber Frank-Joachim Herrmann verantwortlich zeichnete) blieben stereotyp. »Ruhmreich« und »Sowjetunion« bildeten in seinen Reden ein unzertrennliches Begriffspaar. »Zustimmung« war aus Honeckers Sicht immer »millionenfach«, das »Vertrauensverhältnis« zur Partei »unzerstörbar«, ein »Treffen« »bedeutungsvoll«. Hätte vor dem Wort »Durchführung« nicht das Wort »schöpferisch« gestanden, hätte sich der Zeitungsleser gefragt, ob der Generalsekretär hier jemanden kritisieren wollte.

Honecker bemerkte nicht, dass seine pathetischen Formeln immer weniger zeitgemäß wirkten. Kritik tat er als »formalistische Nörgelei« ab, denn ihm war wichtiger, was gesagt wurde, als die Hoffnung, dass etwas gut »rüberkam«. An den Texten seiner Referate und Reden wurde immer sehr lange und ernsthaft gearbeitet. Klarheit sollte vor Schönheit gehen, Eleganz war nicht einmal angestrebt. Jede Aussage von ihm hatte einen hohen »Verbindlichkeitsgrad«, wie sein Redenschreiber Frank-Joachim Herrmann etwas verschämt formulierte.[94]

Er selbst wusste, dass er das Talent der Außenwirkung – Charisma – nicht besaß. Also verließ er sich auch bei der Stilisierung zum Staatsmann, spätestens ab 1976, auf die Kraft des Apparates. Es wurde alles getan, was nur denkbar erscheint: Fernsehauftritte, Zeitungsinterviews, Fotos mit Kindern, Fotos mit Olympiasiegern, Ordensverleihung an den Fliegerkosmonauten Siegmund Jähn,

150

Sehr geehrter Genosse Präsident Machel!

Liebe Genossen und Freunde!

Mit der Unterzeichnung des Vertrages über Freundschaft und Zusammenarbeit und weiterer bedeutsamer Dokumente haben unsere Gespräche und Verhandlungen ihren erfolgreichen Abschluß gefunden.

Der "Vertrag über Freundschaft und Zusammenarbeit zwischen der Deutschen Demokratischen Republik und der Volksrepublik Mocambique" ist von wahrhaft historischer Bedeutung für die weitere Gestaltung der Beziehungen zwischen der Deutschen Demokratischen Republik und der Volksrepublik Mocambique./Auf lange Sicht bestimmt er die Grundrichtung unseres gemeinsamen Weges und kündet von unserer Entschlossenheit, die Beziehungen fester Freundschaft und enger Zusammenarbeit zwischen unseren Parteien, Staaten und Völkern allseitig weiterzuentwickeln und zu vertiefen./

Redemanuskript für den Toast zu Ehren von Samora Machel, dem Präsidenten Moçambiques, mit von Erich Honecker angebrachten Betonungsstrichen.

Aufmärsche, Einweihungen, persönliche Gespräche, Massenverbundenheit, Lebensnähe, Emotionen.

Großveranstaltungen (»machtvolle Manifestationen«) wurden einer akribischen Regie unterworfen. Fackelzüge, Fahnen, Flakscheinwerfer – manch eine FDJ-Veranstaltung erinnerte an frühere Zeiten und auch die Parteitage waren keine nüchternen Arbeitstreffen. Massen versammelten sich in Stadien, Honecker sprach. Die Kraft der Klasse wurde durch die Macht der Masse ausgedrückt. Aufmärsche, Tribünen, Umzüge – zumindest auf einen Teil der Parteimitgliedschaft verfehlte das die Wirkung nicht. Ihnen wurde bewusst: Du bist nicht allein.

Inszenierungen mit Kindern mochte Honecker besonders. Dann fiel ihm auch Ungezwungenheit leicht. Erich Honecker besuchte eine Kinderkrippe und schien tatsächlich angetan. Ein Bild zeigt ihn mit einem vietnamesischen Mädchen auf dem Arm, das in der Pionierrepublik ein paar friedliche Wochen verbringt. Ein anderes beim Signieren von Halstüchern. Ein drittes beim Pionierfestival, mitsingend und mitschwingend. Wilfried Poßner, der letzte Chef der Pionierorganisation, bescheinigt ihm: »Erich Honecker schmückte sich nicht mit Kindern, er mochte sie. Wenn er von der Verantwortung der Gesellschaft für deren Heranwachsen in Frieden und sozialer Geborgenheit sprach, meinte er dies ernst.«[95]

Der Leibwächter Bernd Brückner erinnert sich an ein kalkuliertes Herangehen. Bei Fahrten durchs Land musste Honeckers Personenschutz darauf achten, nicht zu schnell an winkenden Schulklassen vorbeizufahren. Später kam es dann so weit, so Brückner, dass über Funk durchgegeben wurde: »Achtung, Kindergruppe links.« Dann stoppte die Fahrzeugkolonne und Honecker wechselte das Auto, weil man bei dem gepanzerten Citroën das Fenster nicht herunterlassen konnte.[96]

An die Zielgruppe »Kinder« richtete sich auch eine von der Akademie der pädagogischen Wissenschaften gestaltete Dia-Serie mit dem Titel »Erich Honecker, Erster Sekretär des ZK der SED – ein hervorragender Kommunist«.[94]

Die Lichtbilder sollten im Schulunterricht – anwendbar von Klasse 1 bis 12 – eingesetzt werden. In den Klassen 1 und 2 ging es darum, die Schüler mit der verantwortungsvollen Arbeit des Ersten Sekretärs bekannt zu machen. Dazu sollten Honecker-Dias in Verbindung mit Feierstunden und Unterrichtseinheiten zu den gesellschaftlichen Höhepunkten im Leben der Republik (Tag der Republik, Tag der Befreiung u.a.) zum Einsatz gebracht werden. In Klasse 7 wurde das revolutionäre Wirken Erich Honeckers eingebettet in den »Prozess der Klärung von Grundfragen der Entwicklung der sozialistischen Staats- und Gesellschaftsordnung.« In Klasse 8 sollten die Honecker-Dias im Staatsbürgerkunde-Unterricht unterstützend eingesetzt werden zur »Klärung der führenden Rolle der marxistisch-leninistischen Partei der Arbeiterklasse bei der Gestaltung des Sozialismus in der DDR.« In Klasse 10, 11 und 12 ging es darum, »konkrete Vorstellungen über das kämpferische Wirken Erich Honeckers an der Seite der Aktivisten der ersten Stunde für die Errichtung einer neuen demokratischen Ordnung zu vermitteln.« Jeweils auf höherem Niveau natürlich. Auch bei den Stoffeinheiten »Grundlagen unserer Erfolge«, »Vom Wesen der sozialistischen Demokratie« und »Grundzüge der sozialistischen Moral« könnten Dias vom Generalsekretär pädagogische Erfolge zeitigen. Zum Beispiel zur Stärkung patriotischen Handelns, mithin zur »Verstärkung der Bereitschaft, den Sozialismus zu verteidigen.« Sollte es den Lehrern nicht gelingen, mittels der Vorbildrolle Erich Honeckers Berufssoldaten zu werben, war doch ein Minimalziel vorgegeben: Den Schülern werden »tiefere Einsichten in die Verdienste Erich Honeckers um die Entwicklung unserer Republik vermittelt und Einblick in seine verantwortungsvolle Tätigkeit als Erster Sekretär des Zentralkomitees der SED gegeben«.

An das ganze Volk, nicht nur an die Schulkinder, richtete sich die durch das Fernsehen und die Zeitungen vermittelte repräsentative Außenpolitik Erich Honeckers. Hier wurde der Versuch unternommen, den Herrscher als aus dem gemeinen Volk herausgehobenes Wesen zu beschreiben, das auf Grund seiner staatsmännischen Kunst zur Leitung des Gemeinwesens gleichsam berufen ist. Erich Honecker stilisierte sich zum Weltpolitiker. Er konferierte mit Jaques Chirac, besuchte Indira Gandhi und erhielt eine Audienz beim Papst. Bei der Konferenz von Helsinki 1975 saß er zwischen dem westdeutschen Bundeskanzler Helmut Schmidt und dem amerikanischen Präsidenten Gerald Ford. Einen besseren Beweis für die Unentbehrlichkeit Erich Honeckers konnte es gar nicht geben.

Bei Auslandsreisen flocht Erich Honecker auch immer Gesten für die Daheimgebliebenen ein. Am Grab von Hans Beimler legte er einen Rosenstrauß nieder – ein Bekenntnis zur Tradition der Spanienkämpfer. Im Moçambique besuchte Honecker ein Entwicklungshilfeprojekt – eure Solidaritätsgelder sind nicht umsonst gewesen. In Cuba tauften Castro und Honecker einen Strand »Playa GDR« – die DDR wird geliebt.

Im Gegenzug festigten ausländische Staatsbesucher ihre eigene Stellung durch gemeinsame Auftritte mit Erich Honecker. So legte Österreichs Präsident Rudolf Kirchschläger am 13. Oktober 1983 einen Kranz in der Straße der Nationen der Gedenkstätte Buchenwald nieder und ließ sich dabei vom Antifaschisten Honecker begleiten. Die Staatsoberhäupter zweier Täternationen ehrten die Opfer. Beide taten dies ohne Schuldeingeständnis, aber mit dem Ziel, ihre Staaten von der Verantwortung für die nationalsozialistischen Verbrechen zu befreien.[98]

Die Stilisierung zum Staatsmann zementierte tatsächlich seine Stellung innerhalb des Landes, mindestens aber in der Partei. Ganz besonders deutlich wurde das nach seinem Besuch in der Bundesrepublik. Mit welcher Begründung hätte man denn den so überaus herzlich empfangenen Staatsmann Erich Honecker entmachten sollen?

PS.: Mit Übertreibungen und seltsamen Possen unterminierte er seine Stellung auch. Der Besuch in Magnitogorsk im Sommer 1989 wurde innerhalb der Partei als sentimentale Erinnerung an die schöne Zeit des Stalinismus empfunden. Warum schenkte Erich Honecker Nicolae Ceaucescu einen riesigen Plüschbären? Geradezu absurdes Theater gelang Honecker mit dem Bürgermeistertreffen in Berlin 1987. Mehr als 168 Stadtoberhäupter aus über 80 Ländern versammelten sich in Rufweite der Berliner Mauer, doch nicht um zu protestieren, sondern um einem Selbstlob Honeckers zu lauschen. Politik für den Frieden und das Wohl der Menschheit, das sei sein ganz persönlicher Auftrag, teilte er den Anwesenden mit.

Helmut Zilk aus Wien replizierte artig: »Sie haben auch unsere Vorstellungen ausgedrückt.« Addis Abebas Bürgermeister schloss sich der Meinung seines Vorredners an und schenkte Erich Honecker einen Löwen. Die SPD-Bürgermeister von Bremen, Dortmund, Frankfurt, Hamburg, Hannover, Köln, München, Neunkirchen, Nürnberg und Saarbrücken hatten zusammengelegt und überreichten eine Büste des Freiherrn vom und zum Stein. Hanno-

vers Stadtoberhaupt Herbert Schmalstieg wünschte Erich Honecker stellvertretend für die SPD-Genossen persönlich alles Gute. Bagdads OB Khalid al Janabbi überbrachte die Grüße von Saddam Hussein. Abdul-Rahman Khaled al Ghunaim die des Scheichs von Kuweit, Kang Hiwon die von Kim il Sung. Bangladesh war mit einem Oberst vertreten, Nigerias Diktatorenclique hatte einen Navy-Captain geschickt. Schade, dass aus den USA nur ein abgewählter OB vertreten war. Dafür entschädigte das, was er sagte. Er »beneide« Honecker sehr um »die sozialistischen Bedingungen«, die von den Menschen in der DDR geschaffen wurden. Er habe »die große Hoffnung, dass eines Tages das Volk in den USA auch begreifen wird, dass das wirklich für das Volk das Beste ist.«[99]

NACHTRAG: HERRSCHAFTSTECHNIK / VARIANTE 2

Man kann es aber auch anders sehen. Denn Erich Honeckers Macht ergab sich einzig und allein aus seiner Statthalterfunktion im Dienste der Sowjetunion. Seine Herrschaft beruhte nicht auf dem repressiven Dualismus von Partei und Staat. Zwei andere Faktoren waren entscheidend: Die in der DDR stationierten sowjetischen Truppen sicherten Erich Honeckers Regime innenpolitisch ab. Außenpolitisch garantierte die Sowjetunion durch ihre Atomraketen die Existenz der DDR.

Bevor Erich Honecker mit dem höchsten Amt in der sowjetischen Besatzungszone betraut wurde, bestellte ihn Leonid Breschnew zu sich und erklärte ihm noch einmal, dass es sich genau so und nicht anders verhalte. Die DDR sei, so Breschnew, »das Ergebnis des 2. Weltkrieges, unsere Errungenschaft, die mit dem Blut des Sowjetvolkes erzielt wurde.« Dann wurde er noch deutlicher: »Ich habe bereits einmal gesagt, dass die DDR nicht nur eure, sondern unsere gemeinsame Sache ist.«[100]

Erich Honecker sah das genauso. Oft und gern zitierte er Ernst Thälmann: »Die UdSSR ist das stärkste Rückgrat des Klassenkampfes des Weltproletariats, der eiserne Hort des Friedens, die Basis des Weltsozialismus.«[101]

Sie war auch das Rückgrat der DDR-Wirtschaft: Die Sowjetunion lieferte Erdöl, Erdgas, Steinkohle, Eisenerz, Roheisen, Kupfer,

Aluminium, Baumwolle, Faserholz und Zellstoff zur Papierherstellung.[102]

Als Gegenleistung für die Existenzgarantie plünderte die Sowjetunion die DDR aus. Die Werften an der Ostseeküste arbeiteten zu 75 Prozent für die Sowjetunion.[103] Die chemische Industrie lieferte Grundchemikalien und Hochveredeltes.[104] Kartoffelernte- und Werkzeugmaschinen, Ausrüstungen für die Lebensmittelindustrie, Mäntel, Schweinefleisch – die Palette konnte beliebig erweitert werden.[105] Außerdem wurde die DDR verpflichtet, sich mit Mensch, Geld und Material an der Erschließung von Erdgasfeldern und dem Bau von Leitungen zu beteiligen. Eine Aufgabe, die Egon Krenz bereitwillig mittels eines FDJ-Aufgebotes löste.[106] Die Kosten dafür betrugen 13 Milliarden Ost- und 822 Millionen Westmark. Auch die Erschließung von Zinnvorkommen wurde vertrauensvoll in die Hände von DDR-Ingenieuren gelegt, auf Handzeichen war dann auch noch ein »Tonerde-Aluminium-Komplex« zu errichten.[107]

Es ist nur logisch, dass Honecker nach der Kürzung der Erdöllieferungen 1981 Breschnew vorschlug: »Wenn es notwendig ist, bilden wir doch eine Weltunion der sozialistischen Länder. Die DDR würde sich daran beteiligen.«[108] Er wollte die DDR zu einer voll integrierten Sowjetrepublik machen, um nicht länger nur in der zweiten Reihe stehen zu müssen.

Aber so wie die Sowjetunion die DDR in der Erdölfrage im Stich ließ[109], gab sie die DDR 1990 preis. Die Sowjetunion hatte nur an einem einzigen Produkt wirklich Interesse gehabt: Uran. Jährlich exportierte die DDR 4820 Tonnen Uran in die Sowjetunion, 50 Prozent davon erhielt die Rüstungsindustrie.[110] Als im Zuge der weltweiten Abrüstung kein spaltbares Material mehr benötigt wurde, war die DDR nun völlig uninteressant geworden. Sie taugte nicht mehr zum Ausbeutungsobjekt und hatte ihre strategische Position als »Vorfeld« eingebüßt.

Der Historiker Michael Ploetz formulierte es vornehmer: Die Führer der UdSSR seien es leid gewesen, »die Bürde eines dysfunktionalen Imperiums weiterzuschleppen, das sie nur noch mit Handelssubventionen und Hilfsgeldern zusammenhalten konnten.«[111]

VII. VERMISCHTES: ERICH HONECKER...

... HAT RIVALEN

Rivale ist man nicht, zum Rivalen wird man gemacht. Allein die subjektive Einschätzung des Alpha-Rüden entscheidet, ob er ein Omega-Tier als Beta-Rüden, mithin als Wettbewerber um den ersten Platz im Rudel, betrachtet. Der notwendige Kampf wird mit aller Härte ausgetragen, oft stirbt das Beta-Tier. Das ist in der Natur so und war im Stalinismus so. Honecker war milder gestimmt. Er beschränkte sich darauf erkannte Wettbewerber wegzuloben, in minder einflussreiche Positionen abzuschieben oder aus Politbüro und ZK zu verstoßen.

Als Chef der Sicherheitsabteilung manövriert er systematisch den Spanienkämpferklüngel aus. Gleichaltrige oder nur wenig jüngere Politiker schiebt er per Parteiauftrag in die Bezirke ab. So stopft er Lücken mit talentierten und durchsetzungsfähigen Leuten. Gleichzeitig entfernt er Machthungrige aus der Zentrale und stärkt so, indem er den zentralen Apparat schwächt, seine eigene Position. Die Ausgesandten in der Provinz bleiben ihm trotzdem verbunden, weil sie mit einer enormen Machtfülle und Unabhängigkeit ausgestattet sind. Kontrollen gibt es bei den Bezirksfürsten nur selten. (Eine Ausnahme ist Hans Modrow.)

Seinen letzten ernsthaften Wettbewerber sortiert Erich Honecker 1985 aus. Nach der Entfernung Konrad Naumanns ist mit Putschgelüsten nicht zu rechnen. Egon Krenz hält still. Er möchte nicht wie Naumann enden.

KARL SCHIRDEWAN

Durch seinen jähen Absturz wurde Karl Schirdewan zur mythischen Figur. Erich Honecker, der die Anklagerede hielt, beschuldigte Schirdewan, eine parteifeindliche Plattform gebildet zu haben und ein Revisionist zu sein. Aus heutiger Sicht ein Lobgesang. Zahlreiche Idealisten sehen Schirdewan als Alternative zum Stalinisten Walter Ulbricht und meinen, es hätte doch eine andere, bessere DDR geben können.

Der Lebenslauf Karl Schirdewans liest sich wie viele andere. 1907 in Stettin geboren, Laufbursche, Bürogehilfe, Funktionär im Kommunistischen Jugendverband, illegale Tätigkeit, Verhaftung. Aus dem Konzentrationslager kommt Schirdewan als eisenharter Sektierer. Der versöhnliche, integrierende Kurs der SED gegenüber Nazis und Bürgerlichen ist ihm zuwider. Seinen Aufstieg in der SED verdankt er den sowjetischen Besatzern, 1953 ist der 46-Jährige Mitglied des Politbüros und praktisch »zweiter« Sekretär. Die Jungfunktionäre haben ihn wegen seines unnachgiebigen Durchgreifens »Dschingis Khan« getauft. Das Umdenken setzt bei Schirdewan, so datiert er es selbst, nach dem 17. Juni 1953 ein. Der sogenannte Neue Kurs, also die Hinwendung der Partei zu den Arbeitern, entspricht seiner Vorstellung vom Sozialismus. Mit dem Personenkult geht er bereits 1954 hart ins Gericht. »Der Personenkult widerspricht den Prinzipien der Partei«, formulierte er, denn er führe »zur Verletzung der schöpferischen Aktivität der Massen«. Ein Kollektiv sähe, so meinte Schirdewan, »die Lage in der ganzen Breite und Größe«, darum sei seine Entscheidung »zuverlässiger als die eines oder zweier Mitglieder.« Und weiter: »Wenn der Parteiführer das kollektive Denken ignoriert, aufhört mit der Meinung der Parteimassen zu rechnen, wird er bald auf den Weg des Administrierens, des Bürokratismus kommen.«[1]

Für eine wirkliche Erschütterung seines Weltbildes sorgt dann allerdings die Rede Nikita Chruschtschows auf dem XX. Parteitag der KPdSU. In der Nacht vom 25. zum 26. Februar 1956 enthüllt Chruschtschow den sowjetischen Delegierten das ganze Ausmaß der Stalinschen Verbrechen. Ohne Umschweife gibt Chruschtschow zu, dass Millionen Menschen umgebracht wurden, dass Stalin und Berija zehntausende Parteifunktionäre und Offiziere der Sowjetarmee ermorden oder unter falschen Anschuldigungen zum Tode verurteilen ließen. Den Deutschen, die wie alle Ausländer von dieser Sitzung des Parteitages ausgeschlossen sind, teilt ein Beauftragter des ZK der KPdSU den Inhalt der Rede mit. Schirdewan schreibt mit und unternimmt den Versuch, mit Walter Ulbricht über das Gehörte zu debattieren. Ulbricht meint, man solle den

Personenkult anprangern und darauf hinweisen, dass Stalin kein Klassiker sei. Punkt. Schirdewan widerspricht und fordert eine rückhaltlose Debatte. Ulbricht jedoch will dazu noch einmal mit den Sowjets Rücksprache nehmen, schließlich geht es nicht nur um einen taktischen Schwenk, sondern um Grundprinzipien des kommunistischen Weltbildes. Schirdewan fügt sich und informiert sowohl die Parteistudenten in Moskau als auch Mitglieder und Apparat des ZK der SED in der DDR nur über das Nötigste. Honecker ist einer der Studenten, die von Schirdewan nur knapp und verkürzt informiert werden. Das Verhältnis der beiden ist ohnehin mehr als gespannt und nicht ohne Grund betrachtet Honecker das als weiteren Beweis für das Misstrauen, das Schirdewan ihm entgegenbringt.[2] In der im April 1956 gebildeten Rehabilitationskommission kollidiert Schirdewan mit Walter Ulbricht und Erich Mielke, da er der Meinung war, einstige Funktionäre müssten wieder in ihre alten Positionen eingesetzt werden. Schirdewan scheint nicht gewusst zu haben, dass einige der Hinweggesäuberten von Ulbricht und Mielke in bester stalinistischer Zusammenarbeit an die Sowjets überstellt oder auf Anweisung zu Tode gefoltert worden waren.[3] Sollte Schirdewan jedoch bewusst die Konfrontation mit den Sicherheitsorganen gesucht haben – wofür es allerdings keinerlei Anhaltspunkte gibt – war er denkbar schlecht vorbereitet. Schirdewan gehört zwar als Sekretär des ZK zum inneren Zirkel der Macht, hat jedoch nur Einfluss auf die Partei selbst. Über Kontakte zu Polizei und Armee verfügt er nicht, seine Verbindung zum Staatssicherheitsminister Ernst Wollweber sind nur lose. Trotzdem scheint es so, als hätte Schirdewan durchaus etwas wie eine »Plattform« zusammenzimmern können. Zu seinen Verbündeten zählten unter anderem Industrieminister Erich Selbmann und die Parteiökonomen Gerhard Ziller und Fred Oelßner. (Alle drei hatten sich mit Ulbricht zerstritten, da dieser als stellvertretender Ministerpräsident den Wiederaufbau der Industrie der DDR als integralen Bestandteil der sowjetischen Volkswirtschaft betrieb.)

Ein schriftlich ausformuliertes politisches Programm hat Schirdewan nicht, in der Rückschau meint er, dies wäre »Selbstmord« gewesen.[4] Schirdewan entscheidet sich also, seinen Selbstmord auf Raten zu begehen.

Auf der 29. Tagung des ZK am 12. November 1956 rückt er Kritik am Personenkult in den Mittelpunkt der Diskussion und sorgt dafür, dass sich einige Delegierte kritisch gegenüber Walter Ulbricht äußern. Gleichzeitig schiebt er sich selbst in den Vordergrund, indem er sich auf der neuen sowjetischen Linie positioniert. Schirdewan 1994: »Ich will nicht verhehlen, dass ich bereit gewesen wäre, als einer der Sekretäre in einer neuen Führung Verantwortung zu übernehmen.«[5] Außerdem gab er zu, dass er die sowjetischen Botschafter über jeden seiner Schritte informierte, sogar Chruschtschow wurde in Kenntnis gesetzt.[6] Und Botschafter Puschkin hätte es, so Schirdewan, »auch für das beste« gehalten, dass Ulbricht durch »ihn, Karl Schirdewan, ersetzt werde«.[7]

Pech für Schirdewan: Beim Verlassen der Botschaft läuft er Paul Verner in die Arme, der umgehend Ulbricht informiert.

Ulbricht kann nun nicht anders, als den von Schirdewan begonnenen Machtkampf aufzunehmen. Die Auseinandersetzung mit Schirdewan wird auf dem 35. Plenum des Zentralkomitees am 4. Februar 1958 geführt. Die Regie der Abrechnung folgt strikt stalinistischem Muster. Ulbricht gibt bei der Eröffnung der Tagung den Kurs vor, bei der Gruppe »Schirdewan, Wollweber und andere« (der Mitangeklagte Gerhard Ziller hat inzwichen den Freitod gewählt) handle es sich um Fraktionsbildung und Revisionismus. Die eigentliche Abrechnung übernimmt Erich Honecker, der es nicht bei diesen abstrakten Floskeln belässt. Durchaus systematisch und mit einer Fülle von Fakten und Halbwahrheiten untermauert, erläutert er den Mitgliedern des Zentralkomitees die vermeintlichen Positionen der Gruppe um Schirdewan. Schritt für Schritt demontiert er jeden Einzelnen der Gruppe durch besondere Argumente. Industrieminister Selbmann wirft er Selbstherrlichkeit vor, berechtigterweise. Fred Oelßner habe mit der Arroganz des ausgebildeten Ökonomen die Landwirtschaftspolitik in Frage gestellt, Honecker kann ihm nachweisen, dass Oelßner selbst für einen Teil der Ungereimtheiten verantwortlich ist. Staatssicherheitschef Wollweber bezichtigt er, Informationen für das Politbüro und das ZK derart zu filtern, dass in der politischen Führung ein falsches Bild der Lage entstanden sei. Darüber hinaus sei es nicht richtig gewesen, sich auf die Arbeit in Richtung Westen zu konzentrieren. Honecker: »Der notwendige Kampf um die ständige Sicherung der Deutschen Demokratischen Republik fiel der Vernachlässigung anheim.« Erst nachdem Honecker diese »Fehler« und »Vergehen« aufgelistet hat, widmet er sich den aus seiner Sicht schwerwiegenderen Abweichungen Schirdewans. Der habe von »Demokratisierung gesprochen«, aber »nicht von der Notwendigkeit, Sicherungsmaßnahmen gegen die Unterminierungsarbeit des Gegners zu treffen.« Schirdewan hätte die Tätigkeit bestimmter parteifeindlicher Gruppierungen »falsch eingeschätzt«. Er hätte dafür plädiert, »die Auseinandersetzung sich entwickeln zu lassen.« Honecker entrüstet: »In der Konsequenz bedeutete das aber nichts anderes als sie zuzulassen.« Unter Hinweis auf die Unruhen in Polen und den Volksaufstand in Ungarn warnt Honecker davor, dass »sich unter dem Deckmantel des Kampfes gegen den Dogmatismus« die »Konterrevolution« organisiert. Mit kaum noch verhaltener Wut bescheinigt er Schirdewan »kleinbürgerlichen Größenwahn« und »grenzenlosen Unfehlbarkeitsdünkel« – Schirdewan hatte Honecker wohl zu oft seine intellektuelle Überlegenheit deutlich gemacht. Am Ende seines Referates schlägt Honecker den anwesenden Mitgliedern des ZK vor, »auf Grund des Parteistatutes die notwendigen Maßnahmen zur Unterbindung der fraktionellen Tätigkeit der Gruppe Schirdewan, Wollweber und andere« zu treffen.[8]

Aus Schirdewans Sicht waren das »Verleumdungen, Verzerrungen und Schmähungen«. Er erinnert sich: »Es war wie eine Inquisition aus dem Mittelalter.«[9]

Schirdewan und Wollweber werden aus dem ZK ausgeschlossen. Oelßner verliert seine Stellung im Politbüro.[10]

AUS DEM BERICHT DES POLITBÜROS AN DAS 35. PLENUM DES ZENTRALKOMITEES

[...]

IV. Über die fraktionelle Tätigkeit der Gruppe Schirdewan, Wollweber, Ziller und andere

Das Politbüro sieht sich verpflichtet, das Zentralkomitee über Auseinandersetzungen mit einer Gruppe von leitenden Genossen zu unterrichten, die fraktionsmäßig gearbeitet haben und das Ziel verfolgten, die Generallinie der Partei und die Parteiführung selber zu verändern. Um was handelt es sich?

[...] Die tiefgehenden Meinungsverschiedenheiten, die es mit dem Genossen Schirdewan gab, hätten im Rahmen von Diskussionen im Politbüro geklärt werden können, wenn nicht der Genosse Schirdewan durch seinen kleinbürgerlichen Größenwahn, seinen grenzenlosen Unfehlbarkeitsdünkel sowie durch seine fraktionelle Tätigkeit mit den Genossen Wollweber und Ziller die Dinge zugespitzt hätte. Es wurde schon auf die ernste Tatsache hingewiesen, daß bereits im Verlauf der Auseinandersetzungen im Herbst 1956 Genosse Schirdewan dazu überging, die Auseinandersetzungen mit verleumderischen Methoden zu führen und sie immer mehr zuzuspitzen. Für ihn spielte offenbar gar keine Rolle, daß zur damaligen Zeit der Gegner auf der gleichen Linie vorstieß und ihn allein dadurch in eine verwerfliche Position bringen mußte. Anstatt die überwiegende Mehrheit des Politbüros zu unterstützen und seine Haltung zu überprüfen, hielt er es für erforderlich, die Angriffe gegen Genossen Ulbricht verstärkt fortzuführen. Dabei glaubte er, wie er zum Ausdruck brachte, die gleichen Auffassungen zu vertreten wie die Mehrheit des Sekretariats. Im Zusammenhang mit dem provokatorischen Auftreten des Genossen Schirdewan gegen Genossen Ulbricht erklärte Genosse Rau, daß sich Genosse Schirdewan die Rolle des 1. Sekretärs des Zentralkomitees anmaßt, im Parteiapparat eine zweite Leitung schafft. Von den Mitgliedern und Kandidaten des Politbüros wurde erklärt, es könne keine zwei 1. Sekretäre des Zentralkomitees geben. Die Anmaßung des Genossen Schirdewan wurde zurückgewiesen. Genosse Schirdewan hatte die Illusion, für sein parteifeindliches Auftreten in der Partei Unterstützung zu finden. Die Genossen des Politbüros sagten Genossen Schirdewan unmißverständlich, daß er sich nicht länger erlauben soll, die Rolle des 1. Sekretärs zu spielen. Sie forderten ihn auf, seine Haltung zu überprüfen und seine Versuche, eine zweite Leitung zu schaffen, aufzugeben.

[...] Das Politbüro mußte sich im Verlaufe der Monate Dezember und Januar in Verbindung mit den Vorkommnissen [...] in langen Sitzungen mit allen diesen Fragen auseinandersetzen. Als Genosse Schirdewan zu den Fragen Stellung nehmen mußte, war er nicht bereit, die Schlußfolgerungen aus seinem Verhalten zu ziehen. Am 17. Dezember 1957 wurde Genosse Schirdewan vom Politbüro

aufgefordert, seine Haltung zu überprüfen und eine Stellungnahme abzugeben. Am 3. Januar 1958 lag eine solche Stellungnahme dem Politbüro noch nicht vor. Seine dann schriftlich abgegebene Erklärung wurde vom Politbüro als verleumderische Erklärung zurückgewiesen. Genossen Schirdewan wurde die Möglichkeit gegeben, eine neue Erklärung auszuarbeiten. Bis heute ist das nicht geschehen. Was soll man über ein solches den parteilichen Grundsätzen widersprechendes Verhalten des Genossen Schirdewan sagen?
Man muß zum Ausdruck bringen, daß alle Genossen des Politbüros zutiefst empört über die provokatorische Art des Auftretens des Genossen Schirdewan waren. Trotz der langen Aussprachen im Politbüro, trotz der durchgeführten persönlichen Aussprachen konnte man bei Genossen Schirdewan nicht den geringsten Ansatzpunkt zur selbstkritischen Überprüfung seiner Haltung feststellen. Er setzte vielmehr sein schändliches Spiel fort, indem er versuchte, alle gegen alle auszuspielen. Zuerst den Genossen Matern gegen Genossen Honecker und umgekehrt. Dann die Genossen des Politbüros gegen die sowjetischen Genossen. Unentwegt versuchte er, zwischen dem Genossen Grotewohl und Ulbricht zu differenzieren und sie gegeneinander auszuspielen. Dann verfiel er auf die »Idee«, Gegensätze zwischen der SED und KPD zu konstruieren und Genossen Reimann gegen Genossen Ulbricht zu stellen. [...] Nachdem die Vorkommnisse in der Wismut im Politbüro zur Sprache gekommen waren, hat Genosse Schirdewan keinerlei Bemühungen gemacht, um Genossen Ziller zu helfen, in ein ehrliches Verhältnis zur Partei zu kommen, so daß Genosse Ziller ein Opfer der fraktionellen Tätigkeit dieser Gruppe wurde.
Genosse Schirdewan erklärte, daß alles, was Ziller bei der Wismut sagte, die Atmosphäre widerspiegelt, die angeblich in der Partei herrsche. Welche Atmosphäre in der Partei tatsächlich herrscht, das hat unter anderem die Konferenz zur Verbesserung der Arbeitsweise der Partei demonstriert, nämlich eine kämpferische und selbstkritische Atmosphäre, getragen von dem Willen, konsequent die Beschlüsse der Partei durchzuführen. Aber was Genosse Ziller in der Wismut zum Ausdruck brachte, das spiegelte die faule Atmosphäre jener kleinen Gruppierung wider, die auf Grund ihrer durch die Entwicklung verurteilten Konzeption gegenüber der Entwicklung, die die Partei genommen hat, blind geworden war.

Die Ursachen für eine solche Haltung liegen ohne Zweifel darin, daß Genosse Schirdewan und die übrigen Genossen die Beschlüsse des XX. Parteitages völlig falsch verstanden haben. Sie waren der Meinung, daß die Politik der Entspannung auch ein Nachlassen des Kampfes gegen den Klassenfeind bedeutet. Sie verstanden nicht, daß die erfolgreiche Durchführung der Beschlüsse des XX. Parteitages und der III. Parteikonferenz die Stärkung der Deutschen Demokratischen Republik zur Voraussetzung hat. Da Genosse Schirdewan nicht bereit war, seine falschen Auffassungen, die durch die Entwicklung selber verurteilt wurden, zu korrigieren, sondern krampfhaften Ehrgeiz, Überheblichkeit und Unfehlbarkeit an den Tag legte, trieb es ihn auf den Weg der Gruppenbildung und eines prinzipienlosen Kampfes gegen den 1. Sekretär des Zentralkomitees, den Genossen Ulbricht.

Quelle: BA Berlin (SAPMO) DY 30/2059, Blatt 58,
zitiert nach der unkorrigierten Urschrift.

ERICH APEL

In den sechziger Jahren hatte Erich Honecker nur einen einzigen Rivalen, den Wirtschaftssekretär des Zentralkomitees Erich Apel. Nicht anders als Honecker verdankte er seinen Aufstieg Walter Ulbricht. Doch Apels Aufstieg war rasant. Er begann erst Ende der fünfziger Jahre, 1963 kontrollierte Apel alle Wirtschaftsabteilungen des ZK und hatte begonnen, den Staatsapparat nach seinen Vorstellungen umzugestalten. Das von ihm entwickelte Neue Ökonomische System der sozialistischen Planung und Leitung (NÖSPL) gilt als einziger erfolgversprechender Versuch, eine sozialistische Kommandowirtschaft zu reformieren. Logischerweise zählt Apel in der Geschichte des Kommunismus zu den positiven Gestalten, sein mysteriöser Selbstmord am 3. Dezember 1965 beförderte diesen Ruf noch. Kein Zweifel, Apels Ruf als Reformer ist gerechtfertigt. Erlaubt sei jedoch die Frage, ob es ihm um die Übernahme der Macht oder um Demokratisierung oder Mitbestimmung der Bevölkerung ging.

Erich Apel wird am 3. Oktober 1917 in Judenbach bei Sonneberg geboren. Sein Vater ist Werkzeugmachermeister, wird später Mitglied der NSDAP und noch später Mitglied der SED. Sohn Erich macht eine Lehre zum Maschinenbauer. Mit 21 Jahren ist er Maschinenwerkmeister und beginnt ein Studium an der Ingenieurschule Ilmenau. Nach zwei Semestern besteht er die Ingenieurprüfung mit »Gut«. Mitglied der NSDAP ist Apel nach eigener Aussage nie gewesen. Der Blitzstudent wird Soldat und im Dezember 1939 zu den Elektromechanischen Werken Peenemünde kommandiert. Dort wird seit 1937 unter der Leitung von Wernher von Braun an Raketenwaffen gearbeitet. Im August 1940 entlässt die Wehrmacht Apel und stellt ihn u. k. (»unabkömmlich«). Bereits im November ist der energische junge Mann mit den glänzenden organisatorischen Fähigkeiten Gehilfe des Betriebsdirektors der Heeresversuchsanstalt Peenemünde. Im Zuge der Serienproduktion von Raketenwaffen werden Teilbereiche des Betriebes verlagert. Insbesondere waren die Peenemünder von einer Studienreise zu den Heinkel Flugzeugwerken in Oranienburg beeindruckt, die Häftlinge aus dem benachbarten Konzentrationslager Sachsenhausen einsetzten. Dieses System habe sich »gut bewährt«, so der Bericht der Inspekteure, »wie auch überhaupt der Häftlingseinsatz erhebliche Vorteile bietet, da alle nichtarbeitseinsatzmäßigen Aufgaben von der SS übernommen werden.«[11] Man beschließt die Raketenproduktion in den Harz zu verlagern. Dort entsteht das Konzentrationslager Dora-Mittelbau. Die Triebwerke baut die Firma Linke-Hoffmann in Breslau. Dorthin kommt Apel mit einem Teil der Belegschaft im April 1943, noch bevor die Bombardierung Peenemündes durch die Amerikaner beginnt. Er wird »rechte Hand« des Betriebsdirektors Oswald Putze. Seine Aufgabe ist es, so schreibt er selbst in einem Lebenslauf, »von dort aus die Firmen innerhalb Deutschlands zu betreuen sowie fertigungstechnisch und organisatorisch zu beraten, die die in Peenemünde entwickelten Geräte in die Fertigung übernommen hatten.«[12] Weniger verklausuliert gesagt: Apel koordiniert wesentliche Bereiche der V2-Fertigung. 1944 wird er befördert, jetzt liegen Reparatur und Instandsetzung von sabotierten V-Waffen in seiner Hand. Als technischer Leiter des Werkes in Kleinbodungen (Tarnname »Peterbau GmbH«), einer Tochterfirma des Triebwerksproduzenten Linke-Hoffmann, arbeitet er eng mit dem Sicherheitsdienst der SS zusammen. Selbstverständlich ist er auch für den Einsatz von Häftlingen verantwortlich, Kleinbodungen hatte zu dieser Zeit bereits ein Außenlager des KZ Mittelbau-Dora.[13] Vor dem Eintreffen der Amerikaner setzt sich Apel mit anderen leitenden Mitarbeitern der Linke-Hoffmann-Werke in den Thüringer Wald ab.

Nach der Besetzung Thüringens durch die Sowjets – im Juli 1945 – werden die Triebwerksspezialisten der Reihe nach verhaftet. Putze schreibt später, es sei »kein Zufall« gewesen, daß sich fast die ganze Mannschaft im NKWD-Lager wiederfand. Ein Zeuge aus Bleicherode erinnert sich, Apel habe eigentlich »von Anfang an, ab Juli '45« für die Russen gearbeitet. Eine Transportliste weist ihn als »Vertrauensmann« aus und später bescheinigen ihm die russischen Offiziere in einer internen Beurteilung »Zuverlässigkeit und politische Treue zur Sowjetunion«.[14]

Inzwischen sucht eine Sonderkommission des Ministerrates der UdSSR nach V2-Spezialisten, die von den Amerikanern nicht abtransportiert wurden. Apel wird wieder gebraucht, ab 1. Juni 1946 ist er Hauptingenieur der Zentralwerke Bleicherode. Am 23. Juni holt er seinen ehemaligen Chef Oswald Putze mit Hilfe von NKWD-Generaloberst Serow aus dem Lager Buchenwald. Putze wiederum bringt fast die gesamte Führungsmannschaft der ehemaligen Linke-Hoffmann-Werke mit. Apel leitet jetzt die Fertigung von Triebwerken für eine sowjetische V2. Durch amerikanische Spionagetrupps unruhig geworden, beschließt die Sowjetunion die Verlagerung der Produktion nach Kasputin Jar in der Kasachischen Steppe. Am 22. Oktober 1946 werden die wichtigsten Mitarbeiter verschleppt. Einige protestieren, Apel wird befördert. In der Sowjetunion ist er leitender Ingenieur des Raketenprogramms mit einem gigantischen Gehalt von 5000 Rubeln. Sergej Koroljow, der sowjetische Chefingenieur des Programms, verdient gerade einmal die Hälfte. Apel ist verantwortlich für die Serienfertigung der sowjetischen V2, die jetzt R1 heißt.

1952 kehrt Apel in die DDR zurück und leitet die Abteilung Forschung und Entwicklung im Ministerium für Maschinenbau. In einem Lebenslauf legt er seine Verquickung in das V2-Programm dar. Für eine Karriere im SED-Staat ist das jedoch nicht weiter hinderlich. So wird Apel 1953 Leiter der Hauptverwaltung Kraftwerk-Arbeitsmaschinen, 1954 Bereichsleiter für Energie- und Elektromaschinenbau und 1955 Minister für Schwermaschinenbau. Kandidat der SED wird er am 21. Juni 1954, Mitglied erst 1957. Schon 1958 ist er Kandidat des Zentralkomitees und Leiter der Wirtschaftskommission beim Politbüro. In dieser Position ist Apel unter anderem für die Rüstungsindustrie und das Atomprogramm der DDR zuständig. Bei der Neuausgabe von Parteibüchern erhält er 1960 die Nummer 28. 1961 wird er Politbüromitglied und mit der Störfreimachung der Volkswirtschaft betraut. Dieses Programm soll die Unabhängigkeit der DDR bei einem möglichen Embargo des Westens sichern. Apel ist also Honeckers Zwilling bei der Vorbereitung des Mauerbaus. Honecker bereitet das Militärische vor, Apel macht die Wirtschaft fit. Als Walter Ulbricht am 18. August 1961 den großen Jubel-Appell der Kampfgruppen abnimmt, stehen Apel *und* Honecker direkt hinter ihm. Da auf den offiziellen ADN-Fotos Reihenfolge immer gleich Rangfolge ist, müssen wir davon ausgehen, dass Apel und Honecker tatsächlich die gleichwertigen, gleichrangigen »Macher« der »Maßnahme« vom 13. August sind. Konsequenterweise wird Apel 1962 stellvertretender Vorsitzender des Ministerrates und 1963 Vorsitzender der Staatlichen Plankommission. Apel koordiniert jetzt die gesamte Wirtschaft der DDR. Der Vorsitzende des Volkswirtschaftrates, Alfred Neumann, ein Fossil aus Zeiten der bedingungslosen Erfüllung russischer Planvorgaben, intrigiert nach Kräften gegen die neue, dezentrale Planung, entzieht sie ihm doch maßgebliche Kompetenzen. Neumann kämpft, wie er es als bolschewistischer Rummelplatzboxer gelernt hat. Bei einer Sitzung des Politbüros nennt er Apel ein »dummes Schwein« und versucht, ihn zu diskreditieren: »Einen politischen Verstand kannst du nicht haben, oder du bist ein Bandit.«[15]

Erich Honecker muss dem Aufstieg seines Rivalen tatenlos zusehen. Der Ausbau von Armee, Polizei und Staatssicherheit ist vorläufig zum Abschluss gebracht. Das wichtigste Tätigkeitsfeld der Partei ist jetzt die Wirtschaft, und die untersteht Erich Apel.

Noch in der Rückschau versucht Honecker Apels Stellung kleinzureden, in seinen Memoiren erwähnt er ihn überhaupt nicht. In dem ausführlichen Interview, das er 1990 gibt, sagt er: »Ich habe nicht die Absicht, Aussagen zu Personen zu machen, insbesondere, soweit sie belastend wären.«[16]

Denn Erich Honecker hat Apel in den Tod getrieben.

Seit Jahren sind Rohstoffverhandlungen mit der Sowjetunion Quelle für Reibereien. Nikita Chruschtschow bevorzugt die DDR, weil er sie für einen unentbehrlichen Vorposten des Sozialismus hält. Der neue Generalsekretär Leonid Breschnew hält Distanz zur DDR. Als eine seiner ersten Amtshandlungen hat er Anastas Mikojan, den Ministerpräsidenten der UdSSR, Freund und Verhandlungspartner Apels, entmachtet. Logischerweise fallen die 1965er Verhandlungsergebnisse für die DDR mager aus. Ohne Protektion aus der Sowjetunion aber ist Apel zum Abschuss freigegeben. Paul Fröhlich, Erster Sekretär der Bezirksleitung Leipzig, bläst zum Halali, er greift Apel im Politbüro an. Alfred Neumann demontiert die Plankommission, die »Planbürokraten« würden sich aus der Verantwortung für die Misere stehlen. Am 8. und 9. Juli 1965 kommt es auf der Ostseeinsel Vilm zur entscheidenden Krisensitzung. Es hagelt von allen Seiten Kritik. Besonders erschüttert ist Apel darüber, dass sich auch sein Intimus Günter Mittag auf die Seite der Kritiker schlägt. Gerhard Schürer, Nachfolger Apels und Teilnehmer der Tagung, urteilt in seinen Memoiren, das sei der Anfang von Apels Ende gewesen, »weil dieser an Erfolge gewöhnte, selbst sehr raue, oft ungerechte und dennoch sensible Mensch in tiefster Seele getroffen wurde.«[17]

In den folgenden Wochen gibt es zahlreiche Querelen, Apels einstiger Vertrauter Günter Mittag stellt sich immer offener gegen ihn. Die Staatliche Plankommission wird systematisch zum Sündenbock für alle Abstimmungsschwierigkeiten innerhalb der DDR-Wirtschaft gemacht. Der Ministerrat steht plötzlich außerhalb der Kritik. Fehler aus den vergangenen Jahren werden wieder ans Licht gezerrt. Die Inszenierung des großen Showdowns liegt bei Erich Honecker. Wie schon Jahre vorher bei der Beseitigung Karl Schirdewans bereitet Honecker die Entlarvung eines »Saboteurs« und »Karrieristen« vor. Nur vordergründig sollte es um Wirtschaftsfragen gehen. Kritische Stimmen zu Apels durchaus nicht kollegialem Führungsstil wurden eingesammelt, Arbeitsgruppen von ehrgeizigen Funktionären aus der zweiten Reihe trugen weiteres Material zusammen. Honecker arbeitet Apels Kaderakte durch, um die Spuren Apels zu den Konzentrationslagern zu rekonstruieren.

Apels Gegner sind gründlich vorbereitet.

Er nicht. Die Stimmung Apels an seinem Geburtstag am 3. Oktober sei so schlecht gewesen, dass sogar sein Pudel traurig auf dem Fensterbrett gelegen habe, berichtet sein Besucher Gerhard Schürer.

Ende November kommt Breschnew zu einem vertraulichen Besuch in die DDR und stellt klar, dass sämtliche ökonomischen Sonderwege abzublasen sind. Breschnew trifft sich mit Ulbricht, Honecker, Stoph und Mittag. Erich Apel ist nicht dabei, obwohl auch die deutsch-sowjetischen Wirtschaftsbeziehungen thematisiert werden. Hier wird auch der Fahrplan für die bevorstehende ZK-Tagung Mitte Dezember beschlossen. Die vier und Breschnew legen fest: 1. Die Reform wird gestoppt. 2. Die Kompetenzen Apels sind zu beschneiden. 3. Erich Honecker bereitet die ZK-Tagung vor. 4. Zum Tagesordnungspunkt 1 – seinem Bericht – sind keine Gäste einzuladen. Ein klares Indiz dafür, dass ernste Auseinandersetzungen bevorstehen.

Apel wehrt sich noch einmal. Am 1. Dezember schreibt er einen Brief an die Mitglieder des Politbüros und versucht, Detailfragen klarzustellen. Zur außerordentlichen Politbürositzung am 2. Dezember sind 38 Personen geladen, die gesamte Führung des Staates DDR ist anwesend. Man debattiert acht Stunden lang über den Entwurf des Volkswirtschaftsplanes für das Jahr 1966. Honecker, Mittag und Apels alter Erzfeind Alfred Neumann demontieren Apel. Die Vorlagen der Plankommission werden zur »Überarbeitung« an die Abteilungen des Zentralkomitees überwiesen. Am Abend sucht Apel das Gespräch mit Günter Mittag, man trifft sich im Funktionärsclub der Waldsiedlung. Erst hier erfährt er von dem Besuch Breschnews in der DDR, jetzt muss ihm klargeworden sein, dass er es nicht mit ökonomisch begründeter – also durch Argumente auszuräumender – Kritik, sondern mit einer perfiden Intrige zu tun hat.[18]

Am nächsten Morgen, kurz vor 10 Uhr, ist Erich Apel tot. Wie immer betritt er sein Büro im Haus des Ministerrates pünktlich, telefoniert und vereinbart Gesprächstermine. Am Nachmittag soll das Wirtschaftsabkommen mit der UdSSR unterzeichnet werden. Das Türenschlagen in seinem Zimmer verblüfft weder die Sekretärin noch den Leibwächter, da sich der cholerische Apel so abzureagieren pflegt. Erst als er das Telefon nicht abnimmt, wird die Sekretärin stutzig, sieht ihn tot an seinem Schreibtisch und ruft nach einem Arzt. Der Chefarzt der Poliklinik des Ministerrates findet ihn, so sein Bericht, »in seinem Schreibtischsessel halbliegend, mit nach hinten herunterhängendem Kopf vor, mit frischen Blutaustritten aus beiden Ohrgängen und den Mundwinkeln und mit frischem Blut auf der Brust und an der rechten Hand.«[19] Seine Dienstpistole befindet sich noch in der rechten Hand.

Wie der »Spiegel« jüngst enthüllte, fand die Untersuchungskommission keine Schmauchspuren an Apels Hand. Außerdem seien die Durchschusslöcher an den Schläfen gleich groß gewesen, bei einem aufgesetzten Schuss ist das eher selten. Darüber hinaus machte der findige Reporter einen Stasi-Mann ausfindig, der sich in betrunkenem Zustand gebrüstet hatte: »Und den Apel, dieses Schwein, das die deutsch-sowjetische Freundschaft untergraben wollte, den haben wir erschossen.« Ein Mord wäre im Haus des Ministerrates ohne weiteres möglich gewesen. Apels Büro verfügte über einen zweiten, unkontrollierten Ausgang, der Leibwächter saß im Vorzimmer bei den Sekretärinnen.[20] Ein Abschiedsbrief von Erich Apel existiert nicht.

In den Akten finden sich jedoch auch gegenteilige Indizien. Die Zeugenaussagen berichten nicht davon, dass an der Leiche manipuliert worden wäre. Die Obduktion im VP-Krankenhaus bestätigte das Ergebnis der Leichenschau, Medizinalrat Mangakis stellte in dem standardisierten Formular eine »Durchschussverletzung des Kopfes mit Zeichen zentralen Todes« fest. Ein regulärer Obduktionsbericht findet sich in der Kaderakte allerdings nicht, ob Mangakis Eintritts- und Austrittsöffnung der Kugel korrekt vermessen hat, kann nicht nachvollzogen werden. Ob überhaupt nach Schmauchspuren an der Hand des Toten gesucht wurde, muss bezweifelt werden. Allen Beteiligten schien der Selbstmord ganz offensichtlich. Es leuchtet auch nicht ein, warum für einen Mord nicht Apels einsames Jagdrevier oder die sehr gut kontrollierbare Waldsiedlung gewählt wurden.

Wichtiger aber ist, dass eine Reihe von Motiven für den Selbstmord Apels spricht, kein einziges jedoch für einen Mord.

Fest steht, dass Erich Apels kometenhafter Aufstieg schlagartig ins Stocken geraten war. Fest steht auch, dass er zwar die Rückendeckung Nikita Chruschtschows hatte, nicht aber die Leonid Breschnews. Chruschtschow betrachtete die DDR mit den Augen des offensiv gestimmten Weltrevolutionärs. Für ihn war die DDR ein der Unterstützung würdiges sozialistisches Land in der Mitte Europas. Breschnew sah in der DDR nichts anderes als ein strategisches Bollwerk gegen den Westen, eine militärisch sinnvolle Position und ein willkommenes Ausbeutungsobjekt. Erich Apel hatte versucht mit den Sowjets von gleich zu gleich zu verhandeln, durchaus störrisch hatte er um Erdöl und Stahl gerungen. Breschnew waren derartige Aufsässigkeiten seiner Vasallen zuwider. Es ist klar, dass er persönlich die Ablösung Apels nahelegte.

Hätte Breschnew Apel durch das KGB liquidieren lassen? Das wäre wohl zuviel der Ehre. Anzunehmen ist, dass Breschnew anwies, diese Personalie selbst zu lösen. Erich Honecker hatte das Entsprechende bereits vorbereitet. Apels Demontage auf dem bevorstehenden ZK-Plenum war beschlossene Sache. Seine Demütigung und anschließende Stigmatisierung als »Parteifeind« ebenfalls. Wenn aber bereits alles inszeniert war, warum sollte Honecker Apel erschießen lassen? Wer auch immer den Mord an Apel dann tatsächlich anordnen würde – es hätte wohl Sicherheitschef Erich Honecker sein müssen – er wäre ewig erpressbar gewesen.

Ein Selbstmord hingegen erscheint logisch und konsequent. Walter Ulbricht konnte Apel auf der Insel Vilm nicht vor Anfeindungen schützen, er würde ihn auch bei einer Auseinandersetzung im Zentralkomitee nicht verteidigen. Apel muss auch klar gewesen sein, dass Honecker den ZK-Mitgliedern eine bösartige Mischung aus Kritik und persönlicher Diffamierung präsentieren würde. Honecker würde seine Rolle beim Einsatz von KZ-Häftlingen herausstellen und ihn mit der großen Geste eines aufrechten Antifaschisten erledigen. Über all die Jahre sei man schmählich getäuscht worden... Von den Sowjets, die ihn bis 1964 protegiert hatten – und für die er sicher auch in der DDR tätig war – hatte er keine Unterstützung zu erwarten. Bestenfalls konnten ihm seine einstigen Freunde einen weichen Aufprall garantieren. Dass er tief fallen würde, muss Apel klar gewesen sein. Was aber tut jemand, dessen hervorstechendste Eigenschaft Ehrgeiz ist, wenn er begreift, dass seine Karriere ein für allemal vorbei ist?

Als klar wurde, dass Leonid Breschnew die Zustimmung zur Ablösung Walter Ulbrichts erteilen würde, geschah das unter der Maßgabe, dass Willi Stoph Ministerpräsident bleibt. Breschnew traute Honecker zwar die Führung der Partei zu, nicht aber die der Volkswirtschaft der DDR. Außerdem erhoffte er sich einen positiven Einfluss von Stoph auf Honecker, war Stoph den Sowjets doch schon seit Urzeiten innig verbunden.

Stoph wurde 1918 in Berlin geboren, war Maurer und Polier, absolvierte dann ein Fernstudium zum Techniker. Mit vierzehn Jahren tritt Stoph in den KJVD ein, 1931 in die KPD. Er soll antifaschistische Tätigkeit geleistet haben, Genaues ist nicht bekannt. 1935 wird er zu einem Artillerieregiment eingezogen und nach der Grundausbildung zum Oberkanonier befördert. Es folgen Kriegsdienst und Verwundung 1942. Ein Huldigungsartikel, den er anlässlich des Führergeburtstages für die Regimentswandzeitung schreibt, bleibt ewig an ihm hängen. Immer wieder nutzen Rivalen Stophs dieses Bekenntnis zum nationalsozialistischen Staat, angeblich muss er 1960 deswegen den Posten des Verteidigungsministers räumen.

Was Willi Stoph zwischen 1942 und 1945 getan hat, wissen wir ebenfalls nicht. 1945 ist er jedoch bereits Leiter der Abteilung Baustoffindustrie in der Zentralverwaltung der sowjetischen Besatzungszone. Da er offensichtlich gute Arbeit leistet, wird er 1948 Leiter der Abteilung Wirtschaftspolitik beim Parteivorstand der SED, 1953 ZK-Sekretär. Vorangegangen war die Ernennung zum Innenminister 1952. Ohne vorher mit der SED-Führung Rücksprache zu nehmen, setzt ihn der Chef der Sowjetischen Kontrollkommission in dieses Amt ein. Als Tschuikow Stoph den Beschluss zu Hause in dessen Wohnzimmer mitteilte, salutierte der Deutsche: »Jawohl Genosse Armeegeneral!«[21]

Als Innenminister koordiniert Stoph auch den Neuaufbau der Armee und wird dann erster Verteidigungsminister der DDR. Da Otto Grotewohl krank ist, leitet er »nebenbei« die Sitzungen des Ministerrates, möglicherweise ist sein Wechsel vom Posten des Verteidigungsministers zu dem des stellvertretenden Ministerpräsidenten also auch als Beförderung zu interpretieren. Nach dem Tod Grotewohls 1964 wird er auch formell Regierungschef. In dieser Position bleibt er bis 1989, nur unterbrochen durch die drei Jahre, in denen er Staatsoberhaupt war.

Obwohl Stoph ein guter Organisator ist und als durchsetzungsfähig gilt, prädestiniert ihn wohl vor allem die Treue zur Sowjetunion für diesen Posten.

Sein Regierungsstil wird nicht als unbedingt unangenehm empfunden, denn er legt Wert darauf, alle wichtigen Fragen im Vorfeld mit den Beteiligten »abzustimmen«. Dagegen hasst er es, mit mehreren Alternativen konfrontiert zu werden. Entscheidungen fällt er am liebsten allein und lässt sich auch durch bessere Varianten nicht umstimmen. In den deutsch-deutschen Verhandlungen beweist er Verhandlungsgeschick, dass die Treffen mit Willy Brandt in Kassel und Erfurt nicht zum Erfolg werden sollten, entsprach der Parteilinie, der er sich zu beugen hatte. Wie kaum ein anderer war Stoph »Parteisoldat«. Gerhard Schürer beschreibt ihn als »zuverlässig und bis zur Selbstverleugnung loyal gegenüber den Generalsekretären der SED«.[22] Bedauernd stellt auch Hans Modrow fest: »Nie öffnete sich Willi Stoph so weit, dass man ihm das Verlassen der offiziellen Linie nachsagen könnte.«[23]

Seine bedingungslose Loyalität ist wohl auch der Grund dafür gewesen, dass Honecker ihn 1973 zum Staatsoberhaupt macht. Nach seiner Wahl zum Staatsratsvorsitzenden stellt er sein Unterstellungsverhältnis demonstrativ heraus. Bereits in seiner Antrittsrede am 3. Oktober 1973 macht Stoph klar, dass die »Beschlüsse des VIII. Parteitages« maßgeblich für seine Tätigkeit sein werden. Und er verkündet auch, dass der Staatsrat künftig kein Machtzentrum mehr sein wird, sondern sich ganz auf die Repräsentation des Staates und die Außenpolitik konzentrieren will.[24]

Doch auch auf dem Gebiet der Außenpolitik gibt er stückweise Kompetenzen an Honecker ab. So unterschreibt Erich Honecker 1975 das Abschlussdokument der Konferenz von Helsinki und den Freundschaftsvertrag DDR/UdSSR.

Stophs Reise nach Somalia im Sommer 1976 wird in den DDR-Medien protokollarisch bereits nicht als die eines Staatsoberhauptes behandelt. Das Neue Deutschland beschreibt Stoph schlicht als Mitglied des Politbüros. Den Wahlaufruf der Nationalen Front verliest am 29. Oktober 1976 dann bereits Erich Honecker, der auch ein Kommuniqué des ZK der SED zur Kenntnis bringt: »Zur Konstituierung der leitenden Organe des Staatsrates sprach der

Generalsekretär des Zentralkomitees, Genosse Erich Honecker. Das Zentralkomitee bestätigte einstimmig die Vorschläge des Zentralkomitees der SED an die Volkskammer der Deutschen Demokratischen Republik zur Konstituierung der leitenden Organe des Staates.«[25] Stoph übernimmt es dann, der Volkskammer den Wechsel an der Spitze des Staates zu begründen. Knapp formuliert er, dass »grundsätzliche Entscheidungen« ohnehin der Generalsekretär treffe.

Demütigend für ihn selbst sind die folgenden Sätze. Er muss Honecker als den »würdigsten Kandidaten für die verantwortungsvolle Funktion des wichtigsten Repräsentanten unseres sozialistischen Staates« darstellen.[26] Stoph wird wieder Ministerpräsident, Horst Sindermann auf den Posten des Volkskammerpräsidenten abgeschoben. Um Gerüchten über Zerwürfnisse innerhalb der Führung das Wasser abzugraben, veröffentlicht das ND auf Seite 1 ein Bild, das die drei in trauter Einheit zeigt.

Obwohl Honecker ihn wieder zur Nr. 2 degradiert, stimmt Stoph dessen Sozialpolitik immer wieder zu. Gerhard Schürer berichtet, Stoph habe auf ein Papier, das vor der wachsenden Verschuldung warnte, geschrieben:

»Nicht die Zahlungsbilanz, sondern die Beschlüsse zur Einheit von Wirtschafts- und Sozialpolitik – Grundlage unseres Handelns«.[27] Stophs Opportunismus ist erklärbar, er hat Angst, künftig auf das private Wohlleben verzichten zu müssen. Denn zeitgleich mit der Rückstufung zum Ministerpräsidenten beginnt der Ausbau seines Reviers im Specker Forst. Willi Stoph fährt gern mit seiner Jacht auf der Müritz, liebt seine Gewächshäuser und mag auch nicht darauf verzichten, ein Rudel williger Diener durch seine künstlich angelegte Botanik zu scheuchen.[28]

Stoph geht also den ungefährlichen Weg des Widerstandes. Regelmäßig informiert er die Sowjets über die Interna aus dem Politbüro und schwärzt Honecker kräftig an. Dabei muss er jedoch mehrfach die Erfahrung machen, dass sich seine Gesprächspartner für die DDR nicht interessieren. Manchmal sind sie auch zu betrunken um zuzuhören.[29] Bei Konstantin Tschernenko allerdings findet er offene Ohren. Als dieser 1984 von Stoph Meldung über den bevorstehenden Besuch des DDR-Staatsratsvorsitzenden in Bonn erhält, wird Honecker nach Moskau bestellt und auf Linie gebracht.

Ende 1986 übergibt Stoph dem Apparat des sowjetischen Geheimdienstes in Berlin ein Paket mit Informationen über die Lage in der DDR. Er prangert die verhängnisvolle Wirtschaftspolitik an und berichtet vom bevorstehenden Bankrott der DDR. Denunzierende Notizen über Honeckers Haltung zur Perestroika runden die Sache ab. Stoph fordert Gorbatschow auf, Honeckers Gegner zu unterstützen und schlägt sogar ein Procedere zur Absetzung des Generalsekretärs vor.[30]

Zum ersten Mal kann man eine Unmutsäußerung Willi Stophs im Herbst öffentlich wahrnehmen. Unmittelbar vor dem 7. Oktober formuliert er in einer Rede zwei Sätze, die indirekt als Aufforderung zur Erneuerung lesbar sind. Das Neue Deutschland streicht diese Passage.[31] Es ist also nur logisch, dass Willi Stoph sich mit Egon Krenz zusammenfindet. Doch am Sonntag, dem 14. Oktober, als mehrere Verschwörer bei Harry Tisch versammelt sind, schlägt Krenz allen Ernstes vor, vor der Politbürositzung eine Delegation zu Honecker zu schicken um ihm ganz offen zu sagen: »Erich, wir sind zu der Auffassung gelangt, dass wir an der Spitze der Partei eine Veränderung brauchen. Die Entwicklung zwingt uns zu einem solchen Schritt. Wir bitten dich um deine Einsicht und um deine Unterstützung.«[32] Es muss Stoph angestrengt haben, ihm zu erklären, dass so etwas so nicht geht. Honecker würde doch sofort fragen: Wer schickt euch?, wer hat euch beauftragt? Stoph erklärt sich bereit, die Sache im Politbüro zur Sprache zu bringen. Also stellt er am 17. Oktober 1989 den Antrag, den Ablauf der Sitzung zu ändern: »Ich schlage vor: Erster Punkt der Tagesordnung ›Entbindung des Genossen Erich Honecker von seiner Funktion als Generalsekretär und Wahl von Egon Krenz zum Generalsekretär.‹«[33]

Gelohnt hat sich der Schritt für ihn nicht, am 7. November muss er mit seiner Regierung zurücktreten. Wenn Moskau den »Aufstand« etwas eher angeordnet hätte…

KONRAD NAUMANN

Um Konrad Naumanns Ausscheiden aus dem Politbüro im November 1985 ranken sich keinerlei Gerüchte, der Fall scheint klar. Und eigentlich sind alle, die sich jemals in Erinnerungen zum Problem Naumann äußerten, dankbar, dass sich Honecker dieses Genossen entledigt hat.

Keine Feststellung kommt ohne »Aber« aus. Denn Konrad Naumann, der Landarbeiter aus Holzhausen bei Leipzig, ist der Einzige im Politbüro, der es wagt, Erich Honecker zu widersprechen. Nur er hat den Mut, lange vor Gorbatschow Veränderungen anzumahnen. Doch seine persönliche Ekligkeit macht ihn unbeliebt, sein Säuferwahn unberechenbar.

Geboren am 25. November 1928, absolviert Konrad Naumann Mittel- und Aufbauschule und arbeitet als Knecht. 1945 tritt er in die KPD ein, wird Angestellter beim Landratsamt Leipzig, macht in der FDJ Karriere. Erich Honecker findet Gefallen an dem durchsetzungsfähigen und wortgewaltigen Jungfunktionär und macht ihn 1949 zum FDJ-Vorsitzenden in Mecklenburg-Vorpommern. Ewig lange bekleidet er FDJ-Positionen, noch 1964 ist er Mitglied des FDJ-Zentralrates. Dann endlich beginnt seine SED-Karriere. Erich Honecker holt ihn sich als Abteilungsleiter ins Zentralkomitee, Naumann ist jetzt zuständig für die Organisation der Partei. 1967 wird er 2. Sekretär der Bezirksleitung in Berlin, 1971 löst er Paul Verner als »Ersten« ab.

Seine Ex-Frau, die Theaterintendantin Vera Oelschlegel, urteilt rückblickend: »Welch ein Aufstieg! Welch eine Überforderung!« Doch überfordert ist Naumann nicht. Den Weg nach oben bahnt er sich zielstrebig. Er hat, was Honecker fehlt. Er kann in freier Rede überzeugen. Er flucht mit den Bauarbeitern, ist schnoddrig und kontaktfreudig und hat, wieder sei seine Ex-Frau zitiert: »Charme, der für drei gereicht hätte.« Daher dürfte die Einschätzung Margot Honeckers stimmen, die feststellte, Naumann sei ein »sehr fähiger Mann mit einem sehr schlechten Charakter« gewesen. Als Vera Oelschlegel als Ehefrau von Hermann Kant zu Konrad Naumann wechselt, ergibt sich ein bemerkenswerter Dialog. Kant: »Ich dachte, du bist mein Freund.« Naumann: »Du glaubst wohl an den Weihnachtsmann.« Schließlich trennt sich Oelschlegel von Naumann, weil er sie mit ihrer Tochter betrügt.[34]

Honecker steht trotz dieser Widerwärtigkeiten hinter ihm. Er mag ihn wohl auch deshalb, weil er ein wenig entschiedener und etwas weniger nachgiebig ist als er selbst. Naumann allerdings verwechselt Honeckers staatsmännischen Großmut mit mangelnder Härte. Schriftsteller Kant will Naumann seufzen haben hören, der Erich sei manchmal einfach zu weich.[35]

Gutwillige Beobachter konstatieren bei Naumann ab dem Ende der siebziger Jahre zunehmend Herrscherallüren und den Drang nach Höherem. Helmut Müller, Naumanns »Zweiter«, wird ins ZK bestellt und soll Auskunft geben. Man fragt ihn: »Was treibt Konni? Warum und mit wem trinkt er?« Müller zuckt mit den Achseln und antwortet: »Mit uns nicht mehr.« Honecker läßt Naumann ausrichten, er solle mit dem Trinken aufhören.

Wirklich verstört haben Honecker dann wohl die häufigen 4-Augen-Gespräche zwischen Naumann und Botschafter Abrassimow. Denn Abrassimow akzeptiert die Aufmüpfigkeiten Honeckers nicht und bringt ihn mehrfach bei Generalsekretär Tschernenko in Misskredit. Naumann war mittlerweile auch ein politisches Schwergewicht geworden: Chef der wichtigsten Bezirksleitung, Politbüromitglied und Sekretär des ZK. Distanz – und sei es nur in Nuancen – muss Honecker hellhörig machen. Es ist nur zu verständlich, dass Honecker nun die Notbremse zieht.

Als Vollstrecker dient ihm Kurt Hager. Hager schlägt Otto Reinhold, Chefökonom der SED und Leiter der Akademie für Gesellschaftswissenschaften, vor, Konrad Naumann doch einmal zu den künftigen Aufgaben der Partei referieren zu lassen. Naumann nimmt an, obwohl ihn Freunde vor einer »Falle« warnen. Dort entwickelt er ein Neun-Punkte-Programm. Heftige Kritik übt er an der Medienpolitik und an der Führung der »Reichsregierung«, die unfähig sei, die Arbeit der Ministerien zu koordinieren und den Staat zu leiten. Nur deshalb komme es immer wieder zu Schwierigkeiten bei der Versorgung der Bevölkerung.

Den Sinn der Blockparteien stellt er rundheraus in Frage, beklagt Privilegien für die Politiker der Blockparteien und für Wissenschaftler. Die Kulturpolitik habe keine Linie und bestünde nur aus taktischen Maßnahmen. Mehr nicht. Naumanns zweiter Sekretär Helmut Müller jedenfalls konstatierte: »Aus meiner Sicht gab es nicht mehr als abweichende Nuancen zur offiziellen Politik.«[36]

Obwohl dieses Programm als Konzeption zur Veränderung der SED wenig taugte, reichte es doch aus, um in bester stalinistischer Manier eine parteifeindliche »Plattform« zu konstruieren.

Naumanns Vortrag wird mitstenographiert. Kurt Hager fasst zusammen, kommentiert und gibt die Akte an Erich Honecker. Hager rückt Naumann in die Nähe der »Revisionisten« Alexander Dubcek und Stanislaw Kania. »Das Gerede über eine, der Wirklichkeit nicht entsprechende Erfolgspropaganda ist ein außerordentlich gefährliches Gerede«, stellt Hager fest und begründet seine Einschätzung: »Es wirkt zersetzend und schädlich und es kann, wenn dem nicht rechtzeitig begegnet wird, ... zur Entwicklung revisionistischer Positionen, zur Zersetzung der Partei und des Staates und zur Untergrabung der sozialistischen Entwicklung führen.«[37]

Am 5. November 1985 wird Naumann aus dem Politbüro ausgeschlossen, zwei Tage später gibt er seine persönliche Waffe ab und schreibt Honecker einen Abschiedsbrief: »Deine prinzipielle Kritik und die aller Genossen des Politbüros ist richtig und hat mich tief getroffen... Ich habe mich durch mein Verhalten selbst ausgestoßen...«[38]

Die offizielle Version lautet: Rücktritt aus gesundheitlichen Gründen. Innerhalb des Apparates wird diese Mär natürlich angezweifelt. Helmut Müller, 2. Sekretär und amtierender »Erster«, teilt dies Honecker am 25. November unverblümt mit: »Die Entbindung von Konrad Naumann« werde »mit Überraschung aufgenommen und vielfach mit guten Wünschen für die Gesundheit verbunden.« Verschiedentlich würden »karrieristische Gründe« und damit »Widersprüche zum Generalsekretär« vermutet.[39] Noch am selben Nachmittag nimmt Honecker an der Bezirksleitungssitzung teil und stellt klar, dass es eine Rückkehr von Naumann nicht geben wird.

Könnte man in Naumann den Vordenker einer Art DDR-Perestroika sehen? Vielleicht. Auch Gorbatschows Reformen hatten anfangs keinen fundierteren Ansatz. Naumann als Erneuerer der Partei? Möglicherweise auch das. In der SED der siebziger und frühen achtziger Jahre machte sich Missmut über die »Verbürgerlichung« der Partei breit. Zunehmend maulten die proletarisch fühlenden Genossen über Privilegien für Intellektuelle und die zunehmende Genex- und Westgeld-Wirtschaft. Naumann als »positive« Gestalt?

Ganz sicher nicht. Ob in linkem Populismus der Lösungsansatz für die Probleme der DDR-Gesellschaft zu finden gewesen wäre, darf bezweifelt werden. Ein Visionär jedenfalls war Konrad Naumann nicht. In dem Tagebuch für seine Geliebte und Adoptivtochter formulierte er seine Devise: »Wer Kommunist sein will, ändert bei Lebzeiten das Mögliche.« Unmögliches, Utopisches stand nie auf Naumanns Programm.

HANS MODROW

Seemann wäre er gern geworden, Maschinenschlosser wurde der 1928 in Jasenitz (Kreis Ueckermünde) Geborene. HJ-Führer auch.[40] Die Teilnahme am Volkssturm bringt ihn in Kriegsgefangenschaft. Vier Jahre verbringt er mit harter Arbeit und langsamem Umdenken. Nach der Antifa-Schule entscheidet er sich, in die sowjetische Besatzungszone zu gehen. Unmittelbar nach der Ankunft in Deutschland folgt ein Kadergespräch. Obwohl Modrow partout erst einmal einfacher Arbeiter werden will, »entdeckt« ihn die Parteiorganisation seines Betriebes. Er hält Vorträge in der Parteischule und vor Lehrlingen, die Arbeiter nennen ihn »den Russen«. Modrow: »Mein Elixier war die politische Debatte«.[41] Logischerweise wird Modrow FDJ-Funktionär und möchte studieren. Ein Kadergespräch mit Erich Honecker, dem FDJ-Vorsitzenden, macht diesem Traum ein Ende. Honecker nimmt Modrow in die Pflicht: »Es gibt welche, die studieren – und es gibt welche, die dafür sorgen, dass welche studieren. Und zu den letzteren, Hans Modrow, gehörst du.« Modrow stellt seinen persönlichen Traum zurück und ordnet sich ein – und unter. Modrow ist ein Gläubiger. Beim Fackelzug der Jugend am 11. Oktober 1949 trägt er die Fahne des FDJ-Landesverbandes. Seiner Liebsten gibt er im bulgarischen Badestädtchen Stalin (später »Drushba«) das Ja-Wort. Noch heute fungiert er als Herausgeber für Schriften, die allesamt den »guten Anfang« der DDR beschwören.[42] Modrow selbst über seine Zeit in der FDJ: »Der eingreifende Enthusiasmus jener Tage ist mir als eine der entscheidenden Empfindungen meines Lebens im Gedächtnis geblieben.« Honecker mag den energischen und eisenharten Funktionär, er macht Modrow zum Landesvorsitzenden der FDJ in Mecklenburg-Vorpommern. (Hier verfeindet er sich gründlich mit »seinem« 2. Sekretär, dem ebenfalls von Honecker geschätzten Konrad Naumann, der Weg beider wird sich noch des Öfteren kreuzen.[43])

Auch das Verhältnis zu Honecker bleibt nicht spannungsfrei. Bei den Auseinandersetzungen um den »Dienst für Deutschland«, also die Wiederbelebung des Reichsarbeitsdienstes, kommt es zum Krach. Modrow rückblickend: »An das inhaltliche Problem erinnere ich mich nicht mehr, es muss belanglos gewesen sein – nur die Schärfe der Zurückweisung habe ich nicht vergessen.«[44] Honecker wirft Modrow mangelnde Loyalität und Fraktionsbildung vor. Modrow hatte sich erdreistet, darauf hinzuweisen, dass der brandenburgische Landesvorsitzende mit ihm einer Meinung sei.

Der Brandenburger gerät in Vergessenheit, Modrow ist nicht zu kippen, da er sich der besonderen Wertschätzung der Sowjets erfreut. Außerdem ist er bis in die sechziger Jahre hinein mit Margot Feist-Honecker befreundet, auch das Stärke und Schwäche zugleich. Obwohl Modrow ab dem Zerwürfnis um den »Dienst für Deutschland« ein bestimmtes Misstrauen bei Honecker ausgemacht haben will, führt ihn sein Weg schnurgerade in den Zentralrat der FDJ. Der weitere Werdegang erscheint folgerichtig. Besuch der Komsomolhochschule. 1. Sekretär der FDJ-Bezirksleitung Berlins, 1. Sekretär der SED-Kreisleitung Berlin-Köpenick, Sekretär für Agitation und Propaganda der SED-Bezirksleitung Berlin. In der Zwischenzeit lernt Modrow weiter, er studiert extern an der Parteihochschule und an der Hochschule für Ökonomie Berlin-Karlshorst. 1966 promoviert er an der Humboldt-Universität mit einer Arbeit über die Kaderauswahl in der sozialistischen Industrie zum Dr. rer. oec. Die Arbeit ist 1990 von Modrow-Hassern als bolschewistisches Blabla abgetan worden. Doch fest steht, dass er sich einem zentralen Managementproblem, den Personalfragen, zuwandte. Und aus der Schar der wissenschaftsfeindlichen Funktionäre ragt er damit heraus.[45]

Werner Lamberz holt Modrow 1971 zu sich und macht ihn zum Leiter der Abteilung Agitation. Hier leistet er nicht unbedingt Bemerkenswertes (er ist der Erfinder der donnerstäglichen Anleitungen der Chefredakteure), gerät aber trotzdem wieder ins Blickfeld von Erich Honecker. Honecker hat gerade ein großes Kaderkarussell in Gang gesetzt, Werner Krolikowski ist Bezirkschef in

Dresden, soll Ministerpräsident werden. Wen also nach Dresden schicken?

Also bestellt Honecker Modrow zu sich. Mit »gewohnter Kühle«, aber zugleich mit der »unausgesprochenen Erwartung, die getroffene Entscheidung möglichst nicht durch Fragen, Zweifel und unangemessene Erkundigungen zu blockieren«, bietet er ihm die Stelle an. Modrows Vorgesetzter Werner Lamberz bedauert den Wechsel, sieht aber gute Aufstiegschancen. Modrow in seinen Memoiren: »Das hörte ich mir verwundert an, derartige Spekulationen sind mir stets fremd geblieben. Verantwortung wollte ich wahrnehmen, aber ein Mann des Apparates, der sehnsüchtig und kalkulierend nach oben blickt, wollte ich keineswegs sein.« Lotte Ulbricht, die Modrow in ihr weites Herz geschlossen hatte, tröstete ihn mit dem Spruch: »Wer am Hofe nicht gern gesehen ist, lebt als Teilfürst fern vom Hofe besser.«[46]

Der Schritt nach Dresden war Verbannung und Anerkennung zugleich. Denn Dresden war nicht nichts. Modrow zeichnete fortan für zehn Prozent der Bevölkerung, 8 Prozent des Viehbestandes und 12 Prozent der Industrieproduktion der DDR verantwortlich.[47] »Wichtiger« waren nur noch die Bezirke Halle und Karl-Marx-Stadt, in denen sich Chemie und Maschinenbau konzentrierten.

Ob Honecker die Installierung Modrows in Dresden bereut hat, wissen wir nicht mit Sicherheit, aber spätestens in den 80er Jahren wäre er ihn wohl gern losgeworden. Im Gegensatz zu Honecker verstand sich Modrow nicht als Kommunist, unterzeichnete seine Briefe nicht mit kommunistischem Gruß und sah die SED nicht ausschließlich als kommunistische Partei. Er meinte, dass die SED eine breitere Tradition habe als nur die kommunistische.

Derartiges war nach der Verabschiedung des 1976er Parteiprogramms nicht up to date, konnte aber auch nicht gut als »parteifeindlich« abgestempelt werden. Auch, dass er die Zentrale mit Sorgen belästigte, die man hätte vor Ort klären müssen – Wohnungsbau in Riesa oder Käseversorgung im Bezirk –, verbesserte sein Standing in Berlin nicht. 1989 schwärmen Parteikontrolleure aus und durchleuchten den gesamten Parteiapparat. Doch alle Unzulänglichkeiten, die sie vorfanden, gab es auch anderswo: Sie müssten zentral behoben werden.

Für Unmut sorgt auch Modrows »Nebenaußenpolitik«. Der Nordkoreaner Kim Il Sung lädt ihn – und nur ihn – in sein Land ein. Regelmäßig besucht Modrow Japan, diskutiert über Wirtschaft und Politik. Dresdner Orchester gastierten dort, eine Porzellanausstellung begeistert Hunderttausende. Viel Renommee also für den Bezirkssekretär, der nicht einmal Mitglied des Politbüros ist.

Dass die Westpresse ihn als Anhänger Gorbatschows und als Hoffnungsträger bezeichnet, hilft Modrow nicht unbedingt. Je euphorischer die Urteile im Westen über ihn ausfallen, desto misstrauischer begegnet man ihm im ZK. Dass sich westdeutsche Sozialdemokraten in Dresden die Klinke in die Hand geben, ist ebenfalls nicht besonders nützlich.

Und noch etwas macht ihn bei Honecker zutiefst suspekt. Modrow handelt stets nach dem Motto: Nimm von allem nur so viel, wie du und deine Familie brauchen, »dann fehlt dir nichts, wenn's wieder mal abwärts geht.« Da die Korrumpierung seiner Mitarbeiter zum Herrschaftsstil Honeckers gehört, erscheint ihm diese mönchische Askese als gefährlich. Modrow irrt sich allerdings, wenn er meint: »Ein Mensch, der sich in den Konsum- und Besitzstrudel ziehen lässt, ist nicht mehr berechenbar.« Im Gegenteil – nur der, der nach Besitz strebt, korrumpierbar ist, kann vorausberechnet werden. Macht auszuüben, ohne davon selbst zu profitieren, diese Auffassung teilte Honecker nicht.

Gerettet hat Modrow allein seine innige Beziehung zur KPdSU, möglicherweise auch zum sowjetischen Nachrichtendienst. In der Kriegsgefangenschaft besuchte Modrow eine Antifa-Schule. Modrow: »Das System der Kriegsgefangenenlager war vom KGB gestaltet, die Antifa-Schule diente der Kaderqualifizierung.« Und angesprochen auf seine Stasi-Akte antwortete er: »Meine MfS-Akte ist offensichtlich vom sowjetischen militärischen Aufklärungsdienst übernommen. ... Allein meine Kontakte zu den Sowjets ließen es offenbar schon für gerechtfertigt erachten, meine Akte in Moskauer Besitz zu übernehmen.«[48] Ob Modrow nun für den KGB gearbeitet hat, ist nicht nachzuvollziehen, ist auch gleichgültig. Fest steht, dass er in der sowjetischen Botschaft ein und aus ging und diese Besuche auch vor seinen Genossen geheimhielt. Dass Modrow nie ins Bodenlose gestürzt ist, dürfte er diesen Kontakten verdanken. Michail Gorbatschow gibt in seinen Memoiren pikanterweise zu, dass nicht er selbst Modrow vor der Absetzung bewahrt hat. Aber: »Man ließ die Sache nach Einwänden aus Moskau bald auf sich beruhen.«[49]

Kein Zweifel: Hans Modrow wäre die bessere Alternative zu Erich Honecker gewesen. Manfred von Ardenne bescheinigte Modrow, er sei ein »kluger und dynamischer Wirtschaftsstratege« gewesen. Darüber hinaus konstatiert der mit seinen Urteilen gewiss nicht freimütige Wissenschaftler »Lauterkeit seines Charakters«.[50] Gerade deshalb fügt er sich, lässt sich integrieren. Er stellt klar: »Ich war keineswegs ein Dissident im eigenen Lager, war kein Widerständler, Fraktionsbildner oder Abweichler. Mich brachten wachsender Formalismus auf, mich stieß protokollarischer und propagandistischer Eifer mehr und mehr ab, und ich hatte nach wie vor kein Gefühl für Intrigen.«[51]

Als Hans Modrow im November 1989 endlich beauftragt wird, die Regierungsgeschäfte zu übernehmen, tritt er mit der Illusion an, es sei noch was zu retten im Staate DDR: »Nach der ersten Koalitionsrunde glaubte ich, wir würden es schaffen, wirklich eine deutsche demokratische Republik zu etablieren.«[52]

Doch dazu hätten Hans Modrows sowjetische Freunde die Weichen etwas früher stellen müssen.

... TREIBT INNERDEUTSCHEN HANDEL

Das komplizierte Geflecht der deutsch-deutschen Wirtschaftsbeziehungen ist bisher noch nicht Gegenstand systematischer Forschungen gewesen. Dem KoKo-Untersuchungsausschuss des Bundestages ging es ausdrücklich um die Ergründung der Tätigkeit der »Werkzeuge des SED-Regimes«. Also mochte auch er kein Licht ins Dunkel fallen lassen. In dem 4944 Seiten starken Bericht findet sich kein einziges Wort zur Kreditvergabe an die DDR, die ja immerhin unter Umgehung des Kontrollratsgesetzes 53 abgewickelt wurde. In ihm ist nicht von der »Gestattungsproduktion« von Trinkfix und Schokolade die Rede, nicht von der für Stinnes tätigen Erdölraffinerie in Schwedt.[53]

Auch hier wird nicht der Versuch gemacht, einen Abriss der deutsch-deutschen Wirtschaftbeziehungen zu geben. Es geht lediglich um Fälle, in denen ein Agieren Erich Honeckers nachvollzogen werden kann. Das gestaltet sich schwierig, weil nicht bekannt ist, was der für die Wirtschaft verantwortliche Günter Mittag mit Erich Honecker im Einzelnen besprochen hat. Da Mittag nach seiner Entfernung aus dem Politbüro eine Woche Zeit zum Aufräumen hatte, konnte er Akten und Gesprächsvermerke vernichten. Er räumte 16 Panzerschränke leer. Honecker muss aber zumindest über die wichtigsten innerdeutschen Handelsbeziehungen informiert gewesen sein. Zum einen schüttelte er den Wirtschaftsbossen aus der Bundesrepublik auf der Leipziger Messe die Hand, wurde also vorher sicher gebrieft, mit wem er es zu tun hatte und welchen Umfang die Geschäftsbeziehungen mit diesem Gesprächspartner hatten. Zum anderen finden sich auf zahlreichen Papieren untergeordneter Stellen, so etwa in denen des Bereiches Kommerzielle Koordinierung, Bearbeitungsvermerke Honeckers.

Seine Paraphe prangt auf zahlreichen Schreiben, so auf dem einer Geschäftsfrau aus Essen. Die wendet sich 1982 an den »lieben Erich Honecker« und bietet an, der DDR »wirtschaftlich zu helfen«. Honecker notiert auf dem Brief der Dame: »Gen. A. Schalck«. Wenige Tage später erhält Schalck einen Nachweis über die finanziellen Verhältnisse der Geschäftsfrau. Schalck legt das Schreiben zu den Akten, die Kreditlinie der Geschäftsfrau bei der Stadtsparkasse Essen liegt bei 5000 Mark.[54]

Auch das Schreiben der Schlossbrauerei Neunkirchen (Saarland/BRD) wird Erich Honecker (Ostberlin/DDR) vorgelegt. Der Brauereidirektor wendet sich an Honecker, der »die Brauerei ja sicher noch in guter Erinnerung« habe, um ihn für den Absatz von Dosenbier zu gewinnen. Die Herren Geschäftsführer Seibert und Prechtl fügen auch ein Argument bei: »Damit Sie sich von der hervorragenden Qualität des Neunkirchener Bieres überzeugen können, lassen wir Ihnen als kleines Präsent eine Kostprobe unseres Spitzenerzeugnisses.« Biertrinker Honecker kostet und gibt das Schreiben weiter: »Gen. G. Mittag zur Prüfung. EH 24.1.86«[55]

Ein anderes Mal entscheidet Honecker selbst. Als die Dresdner Bank 1984 versucht, Aufträge an Dresdener Künstler zu vergeben, lehnt Erich Honecker auf Drängen Günter Mittags ab, denn, so Mittag, »aus ökonomischer Sicht besteht kein Interesse der DDR.« Außerdem würden »Konzerne, Banken und andere Wirtschaftsorganisationen der BRD versuchen, über diesen Weg ihre politischen

Interessen zu organisieren.« Kurt Hager, im Politbüro eigentlich für die Belange der Kunst zuständig, wurde von der Entscheidung »GM«s und »EH«s, so notierte Alexander Schalck auf der Vorlage, durch »Gen. GM inform.[iert].«[56]

Und trotzdem, ob Erich Honecker von den Dubiositäten kleineren Ausmaßes, wie dem Verkauf von Antiquitäten oder dem Handel mit Blutkonserven, gewusst hat, ist nicht eindeutig nachzuvollziehen. Die Details der Schmuggel-, Dreiecks- und Devisengeschäfte, die bei den EG-Behörden für Unruhe sorgten, hat er vermutlich nicht wahrgenommen.

Ein anderer Bundestagsausschuss hat aber immerhin herausgefunden, dass Honecker eine ganze Reihe von Strohmännern hatte, die für verschiedene Konten – für die er in seiner Funktion als Generalsekretär weisungsberechtigt war – zeichnen konnten. Geführt wurden diese Konten bei der Deutschen Handelsbank AG (DHB) in Ostberlin. Von dort aus wurde Geld an verschiedene Tarnfirmen und Stiftungen überwiesen. Der Untersuchungsausschuss versuchte den Weg dieser Transaktionen nachzuvollziehen und stieß auf Altbekanntes: Stiftungen in Liechtenstein, Treuhandfirmen in der Schweiz, Aktiengesellschaften in Luxemburg, deren Teilhaber wiederum Briefkastenfirmen aus Liechtenstein waren.[57] Einige der Gründungsurkunden von Parteifirmen tragen die Unterschrift Honeckers. Der überwiegende Teil bestand jedoch schon vor Honeckers Machtantritt.[58] Für die SED waren im Ausland honorige Geschäftsleute, Bankiers, Stasi-Agenten und Kommunisten aus verschiedenen Ländern tätig. Schwerpunkte waren Westdeutschland, Westberlin, die Schweiz und Liechtenstein. Ein kleiner Teil des Geldes wurde von Firmen der Kommunistischen Partei Österreichs verwaltet, die dann Geschäfte im Auftrag der SED machte. In Gesprächen mit dem Vorsitzenden der KP Österreichs, Franz Muhri, erteilte Honecker Aufträge für die Tätigkeit dieser Firmen. Erich Honecker ließ sich anfangs schriftlich informieren, interessierte sich in den achtziger Jahren aber nicht mehr für Details und überließ die Kontrolle dem Wirtschaftssekretär Günter Mittag.[59] Aus Österreich floss dann vierteljährlich Geld zurück nach Ostberlin, auf ein Konto, das 1974 im Auftrag Erich Honeckers bei der Staatsbank eröffnet worden war. Zwischenstationen waren zunächst die Bank für Handel und Effekten in Zürich, später die Central Wechsel- und Creditbank in Wien. Nachgewiesen hat der

Untersuchungsausschuss Zahlungen in Höhe von 117 000 Mark pro Quartal.[60]

Bei den Konten 528 und 628 der Deutschen Handelsbank Berlin[61] ging es jedoch um ganz andere Größenordnungen. Vom Konto 528 wurden die Kirchen der DDR finanziert. Auf das Konto 628 flossen die Erlöse des Häftlingshandels. Am Ende der DDR lagen auf diesem Konto 2,2 Milliarden Mark.[62]

1990 behauptete Erich Honecker: »Ich selbst konnte keinen Betrag von diesen Konten, seit sie bestanden, abheben und durch Scheck in eine Richtung dirigieren.«[63] Gelogen hat er allerdings, als er behauptete, er habe das Zentralkomitee von Einnahmen und Ausgaben auf diesen Konten informiert. Denn es handelte sich eben nicht um Konten der Partei, sondern um persönliche Konten des Generalsekretärs. Alles, was diese Konten anging, besprach er lediglich mit Wirtschaftssekretär Günter Mittag und KoKo-Chef Alexander Schalck-Golodkowski.

Für beide Konten existieren keine Ausgabenbelege mehr, was sich in der Rückschau für alle Beteiligten als überaus angenehm erweist. Es handelt sich jedoch um Größenordnungen, die sich mit den bereits angeführten nicht gleichsetzen lassen. Hier wurden monatlich zwischen zwanzig und 150 Millionen D-Mark bewegt. Insgesamt muss es sich um eine Summe von mindestens 5 Milliarden Mark gehandelt haben, allein der Häftlingshandel erbrachte 3,5 Milliarden D-Mark.

Die Briefe im Fundus des Generalsekretärs belegen dabei eine Herzlichkeit, die über das rein Geschäftliche hinausging. Berthold Beitz, Vorsitzender des Aufsichtsrates von Krupp, bedankte sich beispielsweise für das »wunderschöne« Schachspiel aus Meißener Porzellan und zeichnete mit »Ihr Ihnen ergebener Berthold Beitz.«[64] Rudolf von Benningsen-Foerder (VEBA) lasst Erich Honecker 1984 ausrichten, dass man ihm bei dem bevorstehenden Besuch in Westdeutschland gern ein Industrieobjekt der VEBA zeigen würde. Man denke dabei an ein Kernkraftwerk oder eine Anlage für die Erdölverarbeitung im Combi-Crack-Verfahren.[65] Franz-Josef Strauß bat 1984 via Alexander Schalck-Golodkowski, dass die bayerischen Werke der Linde AG eine »Gelegenheit« erhielten, »ihre Leistungsfähigkeit im Anlagenbau unter Beweis zu stellen.«[66]

Ein großer Brocken im deutsch-deutschen Business war auch die sogenannte Gestattungsproduktion. Ein Pionier des Ganzen war Schokoladenfabrikant Peter Ludwig, der 1979 hinsichtlich der »Grundeinstellung« zu den innerdeutschen Geschäften »volle Übereinstimmung« zwischen sich und der SED-Spitze feststellte und seinem Gesprächspartner Alexander Schalck versicherte: »Wir werden uns weiterhin nach Kräften um einen Ausbau der so erfreulich gewachsenen Geschäftsbeziehungen bemühen.«[67] Tatsächlich wurde das Produktionsvolumen in der Folgezeit ausgeweitet. In der DDR wurden fortan nicht nur Trinkfix (1979: 6000 Tonnen), und Trumpf-Instant-Pudding (1979: 700 Tonnen), sondern auch Schokolade und Pralinen für die westdeutsche Monheim-Gruppe produziert.

Im Auftrag westdeutscher Firmen produzierten DDR-Betriebe seit den 70er Jahren Zigaretten, Autoersatzteile, Stoffe, Hosen und Unterhosen.

Insgesamt waren nach einer offiziellen Bekanntmachung der Bundesregierung 1990 zum Export nach Westdeutschland vorgesehen: Rohtabak, Stabstahl, Walzdraht, Grobblech, Feinblech, nahtlose Stahlrohre, geschmiedeter Stahl, kalt gewalzte Stahlprofile, Glas-Christbaumschmuck, Porzellangeschirr, Steingut, Glas, Isolierflaschen, Textilien, Benzin, Dieselkraftstoff, Heizöl, Pflastersteine, Ferrosilicium, Wand- und Bodenfliesen, Fieberthermometer, Handstrickgarn und Scheuertücher.

Manche dieser Positionen beeindrucken. Handelte es sich doch bei den Textilien um 35 Millionen Paar Socken, 50 Millionen Feinstrumpfhosen und 3,3 Millionen Tonnen Bettwäsche.[68] Die avisierten Fliesen (1,6 Millionen Quadratmeter!), Thermoskannen, Bettwäsche und fehlerfreies Geschirr waren aus ostdeutscher Sicht heikle Waren, sie gab es in den Läden der DDR nicht. Aus westdeutscher Sicht wurde der Stahlexport misstrauisch beäugt, vor allem in Nordrhein-Westfalen glaubte man Arbeitsplätze gefährdet.[69]

Drei umsatzstarke Exportgeschäfte, von denen zwei in der erwähnten Bekanntmachung nicht bekannt gemacht wurden, verdienen genauere Betrachtung: Häftlinge, Hornvieh und Benzin. Über alle drei Positionen war Erich Honecker detailliert informiert.

In den Jahren 1963 bis 1989 wurden von der Bundesrepublik 33 755 politische Häftlinge freigekauft. Die DDR nahm insgesamt knapp 3,5 Milliarden Mark ein.[70] Darüber hinaus ergab sich der Effekt der »politischen Giftmüllentsorgung« (Stefan Wolle), wäre doch jeder in die DDR entlassene politische Häftling ein potentieller politischer Unruhefaktor gewesen.

Der Freikauf von Häftlingen begann im Juni 1962 unter reichlich abenteuerlichen Umständen. Die Verhandlungsführer beider Seiten gaben vor, für jeweils unterschiedliche Interessengruppen zu sprechen. Doch obwohl das Diakonische Werk als Vermittler wirkte und auf DDR-Seite der Privatmann und Rechtsanwalt Wolfgang Vogel als Ansprechpartner firmierte, war allen Beteiligten klar, dass Bundesregierung und Staatssicherheit mit am Tisch saßen. Bereits das erste derartige Geschäft war nicht wenig lukrativ. Produkte im Wert von 34 0000 D-Mark wurden gegen acht Häftlinge getauscht. Daraus errechnete sich das für viele Jahre gültige Kopfgeld in Höhe von 40 000 Westmark. 1977 erhöhte die DDR die Prämie schlagartig auf 95 847 D-Mark. Verhandlungsführer Vogel teilte dem Spiegel-Reporter Norbert Pötzl Anfang der 90er Jahre den Grund für die seltsame Zahl mit: Eigentlich sollten 96 000 Mark gefordert werden. Aber einer der Beteiligten habe dann befunden, dass man den Betrag »irgendwie krumm machen« müsse, »damit das nicht so wie ein Pro-Kopf-Preis aussieht.«[71]

Die Bundesregierung war zwischenzeitlich der Meinung, dass der Häftlingshandel nicht mehr vertretbar sei. Mit dem Inkrafttreten des Grundlagenvertrages am 21. Juni 1973 müsse sich auch der Charakter der humanitären Beziehungen dem neuen Geist der Zusammenarbeit anpassen, meinte man. Ein Unterhändler Bonns wurde also im April 1973 in Ostberlin vorstellig, in der Absicht, Honecker zu bewegen, künftig auf finanzielle Gegenleistungen für die Freilassung von Gefangenen zu verzichten. Honecker muss brüskiert gewesen sein, er brach die Verhandlungen zu diesem Thema ab.[72] Das zerbrochene Porzellan kittete Herbert Wehner, SPD-Fraktionschef im Bundestag und Freund Honeckers aus gemeinsamer kommunistischer Parteiarbeit. Er suchte Honecker »privat« am 30. oder 31. Mai 1973 in Wandlitz auf und sprach das Thema der humanitären Beziehungen an. Wehner erreichte nichts

A. Schalck

Berlin, 10.10.1989

Generalsekretär des
Zentralkomitees der SED

Genossen Erich Honecker

Lieber Genosse Honecker !

Ich kann Dir mitteilen, daß am heutigen Tage
eine Vereinbarung über

75,0 Mio VM

unterzeichnet wurde.

Bitte um Kenntnisnahme.

Mit kommunistischem Gruß

Die letzte Mitteilung über den Freikauf von Häftlingen erhält Erich Honecker am 10. Oktober 1989 von Alexander Schalck-Golodkowski. Am 12. Oktober zeichnet sie Honecker ab und gibt sie an Günter Mittag weiter, der sie der Ablage zuordnet.

anderes als die Rückkehr zum früheren Procedere, Honecker war nicht bereit, eine Minderung der Einnahmen aus dem Geschäft hinzunehmen. Das Geld wurde der DDR nicht direkt überwiesen. Es wurden Waren zur Verfügung gestellt, nach Aussage des zuständigen Staatssekretärs vor allem Südfrüchte, Kaffee und Rohstoffe. Die entsprechenden Akten des Bereiches Kommerzielle Koordinierung weisen aus, dass es sich in den achtziger Jahren praktisch ausschließlich um Erdöl und Metalle, meist Kupfer, Quecksilber und Wolfram, handelte. Das Material kam jedoch nicht, wie man es sich im Westen erhofft hatte, der DDR-Wirtschaft zugute. Die KoKo-Firma Intrac machte zu Geld, was sich zu Geld machen ließ. Der Erlös der Transaktionen wurde auf dem Konto 628 gutgeschrieben, über das allein Erich Honecker verfügen konnte. Zeichnungsberechtigt war Alexander Schalck-Golodkowski.[73] Er suchte Honecker alle 14 Tage im Haus des Zentralkomitees auf und besprach mit ihm alle Einzelheiten. In der Wendezeit vernichtete Schalck die Notizen über die Gespräche mit den westlichen Verhandlungspartnern. Auch die Zahlungsbelege für das Konto 628 wurden auf Anweisung geschreddert. In den KoKo-Akten finden sich lediglich Schalcks Briefe an Honecker. Das liest sich dann am 26. April 1979 so: »Lieber Genosse Honecker! Ich teile Dir mit, dass am 26.04.1979 20 Mio DM auf das Konto 628 gutgeschrieben wurden. Der Vertragspartner hat mitgeteilt, dass er bereit ist, in der 2. Hälfte Mai weitere 60 Mio DM gutzuschreiben. Bitte um Kenntnisnahme. Mit kommunistischen Gruß! Alexander Schalck.«[74]

Die letzte dieser Meldungen, datiert vom 10. Oktober 1989, wies als Betrag 75 Millionen Mark aus und wurde von Honecker abgezeichnet.[75]

BENZIN

Der in den Westen übergesiedelte DDR-Funktionär Hermann von Berg berichtete 1988 von »devisenlosen Öllieferungen der Bundesrepublik ins volkseigene Kombinat nach Schwedt, damit dort nicht die Arbeitslosigkeit ausbricht.«[76] Selten hat ein Analytiker so daneben gelegen, handelte es sich doch um ein Geschäft westdeutscher Konzerne mit der DDR zum Nachteil des Westberliner Verbrauchers. Westberlin bezog etwa zwei Drittel seines Benzins (und Diesels) aus der DDR. Die dem Bereich Kommerzielle Koordinierung zugeordnete Raffinerie in Schwedt produzierte fast ausschließlich für Stinnes, eine Tochter der VEBA AG (heute Teil der E.ON). Einziger Zwischenhändler war dabei die Stinnes-Tochter Fa. Rex/Schulte-Frohlinde GmbH & Co. KG. Diese Firma belieferte die Tankstellen aller großen Konzerne (DEA, Aral, Schell, Esso) und nutzte ihre Monopolstellung weidlich aus. So ist der Kraftstoff im Schnitt 2 bis vier Pfennige teurer als in Hamburg.

Als Westberlins Wirtschaftssenator Elmar Pieroth sich bei der VEBA über die Preisabsprachen zum Nachteil der Westberliner Verbraucher beschwert, wird er am 8. Juni 1988 von Vorstandschef Rudolf von Benningsen-Foerder gerüffelt. Dass die VEBA an diesem Geschäft verdient, spielt der Konzernchef herunter und fragt Pieroth, ob er »eine in Jahrzehnten gewachsene Beziehung, die im vitalsten Interesse von West-Berlin liegt«, gefährden wolle.

STINNES & INTRAC VS. CDU

Am 8. Juni 1988 schrieb Rudolf von Bennigsen-Foerder, Vorstandsvorsitzender der VEBA AG (heute E.ON) an Elmar Pieroth, Wirtschaftsenator in Westberlin, um einige Dinge klarzustellen. Pieroth hatte mehrfach geäußert, dass die Benzinpreise zu hoch seien und machte dafür die Tochterfirma REX der Stinnes AG, die wiederum zu VEBA gehörte, verantwortlich. Stinnes belieferte alle Tankstellenketten Westberlins mit Benzin aus der zur KoKo gehörenden Intrac-Raffinerie in Schwedt (DDR). Es ging um eine Summe von mehreren Millionen D-Mark.

Sehr geehrter Herr Pieroth,

wir haben wiederholt über die Mineralöllieferungen DDR/West-Berlin gesprochen. Wie Sie wissen, bin ich in der Angelegenheit völlig anderer Meinung.
Im Nachgang zu unserem Gespräch am 18.5.1988 in Bonn habe ich den Vorstandsvorsitzenden der STINNES AG, Herrn Dr. Knau-

er, gebeten, noch einmal die Argumente zusammenzufassen, die für unsere/meine Haltung maßgeblich sind. Ich halte es für meine Pflicht, Ihnen diesen vertraulichen Vermerk zuzuleiten – auch wenn ich mir damit erneut Ihren Unwillen zuziehen sollte.
Ich möchte insbesondere unterstreichen, daß es in dieser Sache um viel mehr geht als nur um den Ergebnisbeitrag für eine Enkelgesellschaft des VEBA-Konzerns, der in der Größenordnung von 0,5 Pf/l Vergaserkraftstoff liegt. Eine in Jahrzehnten gewachsene Beziehung, die im vitalsten Interesse von West-Berlin liegt, ist durch die Haltung des Senats auf das äußerste gefährdet. Ich wiederhole daher meine Bitte, dem Wunsch der INTRAC nach Freigabe der Zusatzmengen für REX zu entsprechen.
Wegen der Bedeutung der Angelegenheit habe ich mir erlaubt, mit Durchschrift meines Schreibens auch die Herren Bundesminister Dr. Schäuble und Staatssekretär von Würzen zu informieren.

Mit freundlichen Grüßen
Benningsen

Quelle: BA Berlin (SAPMO) DL 2/KoKo/1401, Blatt 178.

Um Pieroth zusätzlich unter Druck zu setzen, teilt von Benningsen-Foerder auch Kanzleramtsminister Schäuble und dem zuständigen Staatssekretär von Würzen den Vorfall mit. Logischerweise erhält auch der DDR-Partner Kopien der Schreiben, soll man sich doch selbst einen Reim auf die Reibereien zwischen Bund und Westberlin machen können.[77] Interessant ist, dass von Benningsen-Foerder seinerseits von ostdeutscher Seite unter Druck zu setzen war. Nimmt man an, dass die von ihm selbst angegebene Gewinnspanne von 0,5 Pfennigen pro Liter korrekt war[78], handelte es sich bei einem Handelsvolumen von 2 Millionen Tonnen am Anfang der achtziger Jahre um einen zusätzlichen Nettogewinn von etwa 10 Millionen Mark.[79] Die DDR drohte damit, 450 000 Tonnen Benzin so anzubieten, »dass diese Menge zum überwiegenden Teil an Rex vorbeiläuft.«[80] Von Benningsen-Foerder intervenierte wie erhofft, das Geschäft konnte fortgesetzt werden. Der Vertrag zwischen der KoKo-Firma Intrac und der Stinnes-Tochter Rex Handelsgesellschaft Schulte-Frohlinde GmbH & Co. KG sah einen

178

R. v. BENNIGSEN-FOERDER
VORSITZENDER DES VORSTANDES DER
VEBA AKTIENGESELLSCHAFT

KARL-ARNOLD-PLATZ 3
4000 DUSSELDORF 30
RUF (0211) 4579220

8. Juni 1988

Herrn Diplom-Volkswirt
Elmar Pieroth MdA
Senator für Wirtschaft und Arbeit
Martin-Luther-Straße 105

1000 Berlin 62

D/ Herrn Dr.Knauer

STINNES AG							
Vorstand							
Kn	Br	v. Br	Fr	v. Kl	Ri	Si	
Ma	vB	09. JUNI 1988				Rev	UPC
B+B	Fi	RW	Data	R	St		RG
A	K						WV

Sehr geehrter Herr Pieroth,

wir haben wiederholt über die Mineralöllieferungen DDR/West-Berlin gesprochen. Wie Sie wissen, bin ich in der Angelegenheit völlig anderer Meinung.

Im Nachgang zu unserem Gespräch am 18.5.1988 in Bonn habe ich den Vorstandsvorsitzenden der STINNES AG, Herrn Dr. Knauer, gebeten, noch einmal die Argumente zusammenzufassen, die für unsere/meine Haltung maßgeblich sind. Ich halte es für meine Pflicht, Ihnen diesen vertraulichen Vermerk zuzuleiten - auch wenn ich mir damit erneut Ihren Unwillen zuziehen sollte.

Ich möchte insbesondere unterstreichen, daß es in dieser Sache um viel mehr geht als nur um den Ergebnisbeitrag für eine Enkelgesellschaft des VEBA-Konzerns, der in der Größenordnung von 0,5 Pf/l Vergaserkraftstoff liegt. Eine in Jahrzehnten gewachsene Beziehung, die im vitalsten Interesse von West-Berlin liegt, ist durch die Haltung des Senats auf das äußerste gefährdet. Ich wiederhole daher meine Bitte, dem Wunsch der INTRAC nach Freigabe der Zusatzmengen für REX zu entsprechen.

Wegen der Bedeutung der Angelegenheit habe ich mir erlaubt, mit Durchschrift meines Schreibens auch die Herren Bundesminister Dr. Schäuble und Staatssekretär Dr. von Würzen zu informieren.

Mit freundlichen Grüßen

Bennigsen

Anlage

VEBA-Vorstandschef Benningsen-Foerder übt 1988 Druck auf die CDU aus – zu Gunsten von Alexander Schalck-Golodkowskis Firma Intrac.

Umsatz von 10 Milliarden D-Mark für die Jahre 1986 bis 1990 vor.[81]

Die DDR ihrerseits versicherte dem Stinnes-Generaldirektor vom Bruck am 2. November 1988, man werde alles tun, um das Vordringen von Tschechen und Polen »auf den Westberliner Markt vereiteln zu können.«[82] Die Nachrichtenagentur dpa hatte von den erneuten Preisabsprachen Wind bekommen und meldete: »Die Berliner können frühestens ab 1991 mit einer Lockerung ihrer über dem Niveau des Bundesgebietes liegenden Benzinpreise rechnen.«[83] Ob man sich bei Stinnes über das Ableben der DDR gefreut hat?

HORNVIEH

Der innerdeutsche Handel war nicht in jedem Fall vorteilhaft für die DDR. Das undurchsichtige Fleischgeschäft mit westdeutschen Großschlachtereien dürfte sogar zur wirtschaftlichen Schieflage der DDR beigetragen haben. 1982/83 erwies sich der Export von Mastbullen, den Alexander Schalck-Golodkowski (SED) mit Friedrich März (CSU) eingefädelt hatte, als Segen für die DDR. Die DDR lieferte gegen Bargeld und finanzierte den notwendigen Import von Futtergetreide und Schrot langfristig über Kredit. Die im Land selbst entstehenden Aufwendungen interessierten zunächst nicht, da der »Liquiditätsengpass« des Staates unter allen nur denkbaren Anstrengungen behoben werden musste. Also beschloss das Sekretariat des ZK der SED, geleitet von Erich Honecker, so zu verfahren.

Langfristig fielen jedoch bei der sogenannten »Lohnveredelung« – Getreide zu Fleisch – immer größere Kosten an. Die Kredite für das Futtergetreide mussten irgendwann zurückgezahlt werden. In der Sowjetunion war Getreide nicht mehr im Tausch gegen Waren zu beziehen, da die sowjetische Landwirtschaft die Arbeit eingestellt hatte. Mithin standen den Erlösen von 1,4 Milliarden D-Mark für Fleisch im schlechtesten Fall (1984) Ausgaben in Höhe von 1,7 Milliarden D-Mark für das Futtergetreide gegenüber. Auch im besten Geschäftsjahr (1987) war das Verhältnis nicht übermäßig günstig. 1,3 Milliarden wurden eingenommen, 900

Millionen D-Mark ausgegeben. Die Exportüberschüsse von 400 Millionen werden aber durch die anderen Kosten mehr als aufgefressen, so dass der reguläre Staatshaushalt das KoKo-Schweinefleisch-Geschäft mit Summen zwischen 500 Millionen Mark und 1,2 Milliarden Mark jährlich subventionieren musste. Insgesamt kostete der Spaß zwischen 1983 und 1987 5,7 Milliarden Ost-Mark an Subventionen, zusätzlich entstanden 130 Millionen D-Mark Verlust. Netto wurde also zwischen 1983 und 1987 nicht eine Westmark für das exportierte Fleisch eingenommen. 1988 gab es ein kleines Plus, für 1989 war ebenfalls ein geringer Überschuss geplant.[84]

Zum ökonomischen Minus gesellte sich ein innenpolitisches. Da nach dem Sekretariatsbeschluss zum Fleischexport jedes Rind urplötzlich zum Devisenbringer mutierte, wurde Rindfleisch fortan auf DDR-Speisezetteln nicht mehr gesichtet. Roastbeef und Rouladen waren knapp und spätestens als Schweinslende nur noch überteuert im »Delikat«-Laden verhökert wurde, fühlte sich der DDR-Bewohner wieder einmal betrogen. Sollte das der tiefere Sinn des Mastbullen-Deals gewesen sein? Hatte Strauß-Freund Friedrich März im Sinn, durch Abwerbung der Rinder eine revolutionäre Situation erzeugen zu wollen?

Das zu vermuten, hieße die CSU zu überschätzen.

... MACHT SPORTPOLITIK

Den Lesern seiner Autobiografie vertraute Erich Honecker 1982 an: »In meinen frühen Jugendjahren war ich Geräteturner, trieb regelmäßig Gymnastik und spielte gern Handball. Auch heute noch liebe ich das Geräteturnen. Allerdings komme ich über tägliche Freiübungen kaum hinaus. Gern gehe ich auf die Jagd.«[85] In Kurzfassung: Sport war Erich Honecker eigentlich egal. Er verfolgte weder fanatisch Fußballspiele wie Staatssicherheitsminister Erich Mielke, noch trieb er selbst Sport wie Walter Ulbricht, Kurt Hager oder Werner Lamberz. Für Honecker hatte Sport also lediglich zwei Dimensionen: a) Gesunderhaltung des Körpers um Leistungen für den Sozialismus erbringen zu können, b) Sport gleich Politik. Eine mögliche c) Freude am Spiel oder d) die sinnvolle Freizeitbeschäftigung rangierten in Honeckers Prioritätenskala ganz unten.[86]

Zu Punkt a) gehörte das Sporttreiben für militärische Zwecke, auf eine tiefergehende Erörterung wird an dieser Stelle jedoch verzichtet.[87] Auch der Breitensport muss unter dem Blickwinkel der Volksgesundheit betrachtet werden. Der Deutsche Turn- und Sportbund hatte 3,6 Millionen Mitglieder und mehr als 10 000 Sportgemeinschaften. Darüber hinaus gab es in jedem Bezirk Leistungszentren sowie Kinder-und-Jugend-Sportschulen. Die Sportschule in Kienbaum bei Fürstenwalde besuchte Honecker immer wieder und brachte auch Staatsgäste, so den finnischen Präsidenten Urho Kekkonen, mit.

1988 wurden etwa 1,5 Milliarden Mark für den Sport – Leistungssport und Breitensport – aufgewandt, etwa 0,7 Prozent des Staatshaushaltes. Im Verhältnis von Aufwand und Ergebnis mutet das nicht schlecht an.[88] Eine Ursache dafür ist jedoch in der miserablen Entlohnung der Sportler zu sehen. Diese erhielten zwar zahlreiche Kleinstprivilegien, wurden aber trotzdem kurz gehalten. Ein »Lada« galt als gutes Honorar, Alexander Schalck tauschte diesen in Russland gegen das Fleisch von 20 Schweinen ein. Den Sportlern wurde eine gesicherte Perspektive garantiert, sie bekamen also das, was sie sich auch selbst erarbeitet hätten: Ausbildung und Auskommen. Zu Geld machen durften sie internationale Erfolge nicht, erst bei Katarina Witt machte die DDR 1988 eine Ausnahme. Und die genehmigte Erich Honecker persönlich.[89]

Unmittelbar nach 1945 ist organisierter Sport verboten, die Alliierten befürchten die Wiederbetätigung der nationalsozialistischen Sportfunktionäre. Ihre Vermutung bestätigt sich, als ab 1948 Sport wieder erlaubt ist. Im Westen geht die erste Garnitur der Reichssportführung wieder an den Start, im Osten die Hitlerjugend. Entsprechend lange dauert es, bis der Osten den Westen überflügelt.

Walter Ulbricht orientiert von Anbeginn auf einen »überparteilichen« Sport, er will weder das sowjetische Modell, noch die Wiederbelebung des kommunistischen Sportverbandes »Fichte«. Also werden die sportlichen Aktivitäten in der FDJ konzentriert, Honecker ist nicht unglücklich darüber, scheint ihm das doch ein Mittel, an die unpolitischen Jugendlichen heranzukommen. Ab 1952 existiert jedoch ein eigenes Staatssekretariat für Sport, Leiter wird Manfred Ewald, bis 1988 wird er Präsident des Deutschen Sportbundes und bis 1990 Chef des Nationalen Olympischen Komitees der DDR sein.

Politisch interessant wird der Sport durch die innerdeutschen Rivalitäten, die seit den 50er Jahren das Bild bestimmen. Die Ausscheidungswettkämpfe zur Qualifikation für Weltmeisterschaften und Olympische Spiele geraten zu Medienereignissen ersten Ranges. Der DDR schadet es dabei nicht, dass ihre Sportler oft benachteiligt werden. Um so schwerer wiegen dann die Siege von Gustav-Adolf »Täve« Schur oder der Motorrad-Geländefahrer aus Zschopau. Die Bronzemedaille des Skispringers Harry Glaß in Cortina d'Ampezzo beweist, dass es in der DDR Wintersport gibt – und, dass es die DDR gibt.

Erich Honecker erkennt sehr zeitig, dass ein Teil des Glanzes auf ihn zurückfällt, wenn er sich mit Sportlern zeigt. Schon als FDJ-Chef huldigt er dem Ausnahmeradfahrer Täve Schur. Honecker macht es dabei auch nichts aus, dass der frenetische Beifall der FDJler auf dem V. Parlament 1955 »Täve« gilt. Schur vertritt die DDR mehr als nur ordentlich, Honecker verneigt sich gern vor den Siegen des Mannes aus Heyrothsberge bei Magdeburg.[90] Ähnlich ist Honeckers Beziehung zu Katarina Witt. Auf einer Wahlkundgebung in Karl-Marx-Stadt überreicht sie Honecker einen Strauß Rosen. Bei einem Sportlerball trägt Honecker ihr Bukett. Honecker mag die Eiskunstläuferin aus Karl-Marx-Stadt tatsächlich, er steht sogar nachts auf, als 1988 von den Olympischen Spielen in Calgary übertragen wird. Witt läßt sich bereitwillig in die Propagandamaschine einspannen. Honecker überreicht ihr nach dem Sieg die Ehrenspange zum Vaterländischen Verdienstorden in Gold. Beim Dinner für die Olympiateilnehmer hält sie eine persönlich gefärbte Dankesrede.[91] Warum auch nicht. Wenn sie den Werktätigen des Landes dankt, das ihr und den anderen Sportlern die Siege ermöglicht, muss sie auch Honecker danken. Häme ist fehl am Platz. Denn es ist Honecker, der die DDR-Sportler exzessiv für seine persönliche Stilisierung ausnutzt. Erich Honecker beglückwünscht alle Olympiasieger, gibt Empfänge und Festessen für die Teilnehmer. Wenn der Sportbund Rechenschaft ablegt, sind immer Olympiasieger als schmückendes Beiwerk dabei. Speerwerferin Ruth Fuchs mit Margeriten, Skiläufer Ulrich Wehling mit Fahne, Kugelstoßer Ulf Timmermann mit Dankesworten. Erich

Honecker lässt sich mit den Siegern der Friedensfahrt fotografieren – mit Hans-Joachim Hartnick ebenso wie mit Olaf Ludwig.

Der hohe Stellenwert des Sports ergibt sich für Honecker ganz rational aus der erhofften Wirkung auf die Bevölkerung. Das Tor Jürgen Sparwassers im Fußballspiel gegen Westdeutschland 1972 ist aus politischer Sicht tausendmal mehr wert als ein Konzert des Gewandhausorchesters in Japan. Ein großer Teil der Bevölkerung identifiziert sich mit den Sportlern, schon allein um auch mal wer zu sein. Das verrottete Land DDR kann offenbar doch Sieger produzieren.

Immer wieder werden die Olympischen Spiele als innenpolitisches Instrument benutzt. Die Siege stärken das »Wir-Gefühl«, in den Zeitungen wird die »Länderwertung« stets an prominenter Stelle gedruckt. 1972 tritt die DDR in München erstmals mit einer selbstständigen Mannschaft an. 20 Goldmedaillen gibt es, in der Länderwertung ist das der dritte Platz. In Montreal geht es 1976 wieder einmal um die Systemauseinandersetzung. Die US-amerikanischen Funktionäre verkündeten, dass anlässlich des 200. Jah-

restages Unvergleichliches zu sehen sein würde. Sportchef Manfred Ewald möchte das den Amis versalzen. Am Ende ist der Triumph perfekt. Erster Platz der Länderwertung: Sowjetunion. Zweiter Platz: DDR. Dritter Platz: USA. Ewald in der Rückschau gekränkt: »Und die Leute, die sich heute über den Leistungssport mokieren, haben damals genauso gejubelt.«[92]

Den Boykott der Olympischen Spiele in Los Angeles setzten die sowjetischen Diplomaten gegen den ausdrücklichen Willen Honeckers durch. Der protestiert zwar, wird aber mit Verweis auf zwingend notwendige Rohstofflieferungen zur Räson gebracht. Gegenüber Gorbatschow setzt sich Honecker dann 1988 durch, obwohl die Sowjetunion auch gern diese Spiele boykottieren möchte. In Seoul kommt die DDR in der Länderwertung wieder von der USA ein. Wie gern hätte Erich Honecker diesen Triumph in Los Angeles erlebt...

Erich Honecker bewertet auch die Massenübungen als propagandistisch wertvoll und weist an, das System immer weiter zu perfektionieren. Für jeden Auftritt – sei es bei Demonstrationen

Linke Seite: Eine Kundgebung in Karl-Marx-Stadt am 5. Juni 1986 erhält ein wenig Glanz durch die Eiskunstlauf-Olympiasiegerin Katarina Witt, die Erich Honecker in seinem Wahlkreis mit einem Strauß Rosen begrüßt. Diese Seite: 150 000 »Sportler« heißen Erich Honecker am 20. Oktober 1986 in Phongjang willkommen. Ihm gefällt, was er sieht. Sportchef Manfred Ewald bekommt die Order, die Inszenierung der Nordkoreaner genau zu studieren und beim nächsten Turn- und Sportfest etwas Vergleichbares zu bieten.

oder Sportfesten – werden Tausende gedrillt. Dann erst werden die Besten ausgewählt. (Das sorgt auch für Unmut – so mussten einmal alle nicht so schönen Mädchen zu Hause bleiben. Die Wirkung auf die angereisten Gäste und Journalisten war ungeheuer, die Demoralisierung der als hässlich abgestempelten Turnerinnen auch.) Die sportliche Inszenierungskunst wird sogar zum Exportartikel. Die Organisatoren der Übungen werden nach Nigeria, Kamerun, Korea und China ausgeliehen. Die Nordkoreaner entwickeln das System weiter. Statt der Sportler benutzt man nun Soldaten. Accessoir ist nicht mehr das bunte Tuch, das geschwenkt wird und mit dem sich auf der Tribüne das Wort »DDR« bilden lässt. In Korea ist es ein Buch, das über den Kopf gehalten und auf Stichwort umgeblättert wird. Beim Staatsbesuch in Nordkorea am 20. Oktober 1986 empfängt man den ostdeutschen Parteiführer im Stadion mit dem Spruch: »Es lebe der hochverehrte Genosse Erich Honecker.« Noch in derselben Nacht bekommt Sportchef Manfred Ewald einen Anruf aus dem ZK, er möge sich den Empfang im Fernsehen anschauen. Das sei ein Musterbeispiel und das nächste Turn- und Sporttreffen könne doch wohl auch so aussehen... Ewald sträubt sich und erläutert Honecker, wie lange dafür trainiert worden sei: »Ich war der Meinung, dass das nicht mehr den Zweck des Sports erfüllte. Aber Erich Honecker war so begeistert, dass er nun meinte, wir sollten das nachmachen.«[93] Also wird das nächste Turn- und Sportfest noch ein bisschen perfekter als das letzte.

Von einer Bedingung für die sportlichen Erfolge, dem systematischen Doping, hat Honecker vermutlich nichts gewusst. Das scheint allein Sache des DTSB gewesen zu sein.[94] Dessen Leiter Manfred Ewald meldete Erich Honecker lediglich die Erfolge, aber nichts über die Opfer.[95]

Vor Gericht gestand Ewalds Anwalt das systematische Doping ein, plädierte aber auf Freispruch, weil »Doping zur Ereigniszeit keine Straftat« war. Wegen Beihilfe zur Körperverletzung wurde Ewald am 18. Juli 2000 zu einer Bewährungsstrafe von 22 Monaten verurteilt.[96]

Drei von vier Westdeutschen hielten 1987 Erich Honecker anlässlich einer Umfrage »eher für friedensliebend« als für »eher aggressiv«.[97] Er selbst war 1992 der Meinung, auch für seine Friedenspolitik vor Gericht zu stehen. Sein Staat DDR solle auch deshalb delegitimiert werden, weil er »wegen seines Eintretens für den Frieden hohes internationales Ansehen besaß.«[98]

Die persönliche Motivation für seine Friedenspolitik schilderte Erich Honecker 1991 noch einmal: »Niemand konnte die Leichen zählen, die unter den Trümmern begraben, in Feuerstürmen verbrannt waren. Die Tage wurden zur Nacht, da die Rauchschwaden die Sonne verdunkelten, und Nächte wurden zum Tag, erhellt durch die abgeworfenen ›Christbäume‹ und die Brände. Babys, Kinder und Jugendliche verloren ihre Eltern, die Eltern verloren in wenigen Sekunden ihre Kinder. Zu Tausenden, ja zu Zehntausenden gingen im Feuersturm dieses furchtbaren Bombenkrieges ganze Familien unter. Menschen wurden von Luftminen zerrissen! Phosphorbomben, Stabbomben, die von den Bombengeschwadern zu Tausenden abgeworfen wurden, machten die Erde zur Hölle. Häuser, ganze Straßenzüge und Stadtteile wurden vor unseren Augen zu einem Flammenmeer, aus dem es oftmals kein Entrinnen gab. – Zu keiner Stunde meines Lebens konnte ich all das vergessen.«[99]

Das schrieb Erich Honecker im Moskauer Exil. Warum aber ist aus ihm dann 1945, als der Krieg vorbei war, kein Pazifist geworden? Warum erlaubte er, dass die Sowjetunion in der DDR Atomwaffen stationierte? Warum baute er die NVA zu einer einsatzfähigen Koalitionsarmee aus? Warum ließ er die christliche Friedensbewegung unterdrücken und bespitzeln? Warum stimmte er den Kriegsplanungen des Warschauer Paktes zu, die Deutschland im Ernstfall zum atomaren Schlachtfeld gemacht hätten? Warum ließ er Besatzungsgeld für Westdeutschland drucken?

Dieser Widerspruch lässt sich auflösen. Zunächst einmal kann Erich Honecker unterstellt werden, dass er die Bekenntnisse zum Frieden als moralisches Druckmittel einsetzte. Der Kapitalismus wurde prinzipiell als kriegslüstern dargestellt, der Sozialismus als friedliebend.[100] Äußerte sich also jemand prowestlich, so galt er automatisch als Feind des Friedens, auch umgekehrt funktionierte die moralische Falle: Wer für den Frieden ist, muss für den Sozialismus sein.

Darüber hinaus gebrauchte die DDR-Propaganda, so stellte der Linguist David Yeandle fest, das Schlagwort »Frieden« obsessiv und entleerte es damit seines eigentlichen Wortsinns. Trotzdem kommt der Sprachforscher zu dem Schluss: »Zwar wird der Begriff Frieden teilweise für eigennützige propagandistische Zwecke benutzt, jedoch wäre es eine Fehleinschätzung zu behaupten, dass im Grunde nicht Frieden gemeint war, wenn von Frieden gesprochen wurde.«[101]

Frieden an sich meint aber Abwesenheit von Krieg, also muss unter Friedenspolitik Handeln zur Verhinderung von Krieg verstanden werden. In diesem Sinne war Erich Honecker ohne Zweifel Friedenspolitiker. Honecker wollte den Dialog für »eine breite Koalition der Vernunft«, wie er bei seinem Besuch in Bonn 1987 feststellte. Er, Honecker, sei kein »Verfechter eines Gleichgewichts des Schreckens«, vielmehr plädiere er für die These »Frieden schaffen mit immer weniger Waffen« und für »radikalste Abrüstung«.[102]

Zum selben Zeitpunkt wurde die Initiative »Frieden konkret«, die unter dem Dach der evangelischen Kirchen pazifistische Konzepte für Wehrersatzdienst, Abrüstung und die Veränderung der Inhalte der schulischen Erziehung erarbeitet hatte, vom Ministerium für Staatssicherheit unterwandert, diskreditiert und in innerkirchliche Konflikte manövriert.[103] Das Ziel dieser Aktionen war, eine andere als staatliche Friedenspolitik unmöglich zu machen.

Dieses Beharren auf der »einzig möglichen« Friedenspolitik, der des Staates, lässt sich durchaus mit der angenommenen Gefährdung für das System erklären. Ein institutionalisierter ziviler Friedensdienst, jenseits der bedrückenden Kompanien für sogenannte »Bausoldaten«, hätte die Wehrpflicht an sich in Frage gestellt. Dem Dienst in der NVA kam aber im Gesellschaftskonzept der SED eine disziplinierende Wirkung auf den männlichen Teil der Bevölkerung zu.

Honecker konnte und wollte sich Pazifismus ebensowenig als gesellschaftliches Leitbild vorstellen wie innerhalb der Opposition postulierte Basisdemokratie. Seine staatliche Friedenspolitik kann also nur politische, militärstrategische Ursachen gehabt haben. Als Honecker 1956 Sekretär für Sicherheitsfragen im ZK der SED wurde, war Nikita Chruschtschow gerade dabei, das militärische Konzept Stalins, das auf eine Abrundung des Imperiums zielte, abzulösen.[104] Der technische Fortschritt, insbesondere die mit Kernsprengköpfen ausgestattenen Raketenwaffen, ließ jetzt globale Eingriffe in die Politik möglich erscheinen – das Wettrüsten war geboren.

Erich Honecker scheute die mögliche, und ohne Zweifel verlustreiche Konfrontation nicht. In einer Rede vor der 11. Grenzbrigade im Oktober 1963 ging Honecker in die Vollen. Die erstaunliche »Verhandlungsbereitschaft der Imperialisten« war nach seiner Auffassung nur darauf zurückzuführen, »dass die militärische Überlegenheit der Sowjetunion und des ganzen sozialistischen Lagers ihre Wirkung ausübt.« Denn, so Honecker: »Wir sind stark, Genossen!« Er wolle hier nicht von der Stärke der marxistisch-leninistischen Weltanschauung sprechen, und auch nicht »über unsere für Westdeutschland beispielhaften Erfolge«. Nein, er wolle »über die Seite unserer Stärke sprechen, die sich in militärischer Überlegenheit ausdrückt.« Dann begann er, das Manöver »Quartett« auszuwerten. Honecker schwärmte von der ersten gemeinsamen Übung der Streitkräfte des Warschauer Vertrages mit deutscher Beteilung – 40 000 Soldaten der polnischen, tschechoslowakischen und sowjetischen Armee hatten mit der NVA Panzerschlachten und Luftlandeoperationen trainiert. Nun sei bewiesen, dass sie alle gemeinsam »im modernen Krieg Operationen größeren Ausmaßes führen können.« Und er kommt wieder auf seinen ersten Gedanken zurück: »Das alles war nur ein kleiner Ausschnitt der militärischen Überlegenheit und Unbesiegbarkeit der sozialistischen Armeen.« Dreimal beschwört Honecker in der Rede die Überlegenheit der östlichen Armeen – und alles nur, um »die Aggressoren zu zügeln«.[105]

Dass dies nicht nur leere Worthülsen zur Motivation der Truppe waren, berichtet der Schriftsteller Hermann Kant. Bei seinem ersten Besuch in Honeckers Arbeitszimmer führte ihm jener ein Modell einer Selbstfahrlafette vor und prahlte: »Die reicht über den Rhein!« Kant antwortete unüberlegt: »Also auch über die Saar!« und fing sich damit einen Blick ein, der, so Kant, »gut für die Galeere war.«[106]

Der Zorn Honeckers belegt, dass es ihm bei der Bekämpfung des »aggressiven Imperialismus«, der deutsch-deutschen Konfrontation, nicht um Zerstörung ging. Sein Ziel war ein anderes. Er formulierte es 1957 bei einer Jugendweiherede einmal sehr feierlich: »Das Licht des Sozialismus lässt uns erkennen, dass die Zukunft unseres Volkes nicht in der Sturmflut eines III. Weltkrieges versinken, sondern auf dem festen Fundament errichtet wird, auf dem sich unser Leben in der Deutschen Demokratischen Republik gestaltet. An den Strahlen dieses Lichtes werden sich bei fortschreitendem Aufbau des Sozialismus in der Deutschen Demokratischen Republik auch die Herzen der Werktätigen in Westdeutschland entzünden.«[107]

Die Aufrüstung der NVA war mithin als Teil eines revolutionsexportierenden kommunistischen Konzepts gedacht. Kein Wunder, dass auch schon Vorbereitungen für ein befreites Westdeutschland getroffen wurden. So druckten die Propagandaabteilungen der NVA Flugblätter für westdeutsche Städte, in denen dazu aufgerufen wurde, wieder an die Arbeit zu gehen und Ruhe zu bewahren. Ein Exemplar, das für Kiel gedacht war, stellte klar: »Die Stadt befindet sich in der Hand der Truppen der Nationalen Volksarmee der Deutschen Demokratischen Republik.«

EINWOHNER VON KIEL!

Die letzten Widerstandsnester des Gegners in der Stadt wurden zerschlagen. Die Stadt befindet sich in den Händen der Truppen der Nationalen Volksarmee der Deutschen Demokratischen Republik.
Die Armee des ersten Arbeiter- und Bauern-Staates Deutschlands ist nicht gekommen, um als Besatzungsmacht die werktätige Bevölkerung zu drangsalieren.
Wir sind gekommen, um mit dem Faschismus und Militarismus in Deutschland endgültig Schluß zu machen. Wir wünschen eine gute Zusammenarbeit mit den demokratisch gesinnten und aufbauwilligen Kräften der Stadt.

Bürger der Stadt!
Laßt Euch nicht durch Hetze und Verleumdungen beeinflussen. Bewahrt Ruhe! Die Anordnungen des Stadtkommandanten dienen

dazu, das öffentliche und wirtschaftliche Leben der Stadt schnellstens zu normalisieren. Befolgt sie! Arbeitet mit!

Arbeiter!
Setzt die Produktion der Betriebe in Gang. Sichert die laufende Wasser-, Strom- und Gasversorgung. Wendet Euch in allen Fragen an die Stadtkommandantur.

Geschäftsleute!
Helft bei der Versorgung der Bevölkerung. Öffnet Eure Läden. Die Bereitstellung der Waren erfolgt über die Stadtkommandantur. Leistet Schiebern und Spekulanten keinen Vorschub.

Unternehmer!
Nehmt die Produktion lebensnotwendiger Güter auf. Die Stadtkommandantur wird Euch behilflich sein.

Angehörige der Intelligenz!
Industrie und Handel beginnen mit der Arbeit. Steht nicht abseits. Die geistigen Fähigkeiten eines jeden sind unentbehrlich für den Wiederaufbau der Stadt.

Professoren und Doktoren der örtlichen Krankenanstalten und frei praktizierende Ärzte!
Helfen Sie, das Gesundheitswesen der Stadt aufzubauen. Gewähren Sie den Verwundeten und Kranken der Stadt jegliche Hilfe. Der medizinische Dienst der Nationalen Volksarmee wird Ihnen jede Unterstützung gewähren.

Bürger der Stadt!
Die Stadtkommandantur strebt an, die Gestaltung des städtischen Lebens in die Hände einer demokratischen Selbstverwaltung zu legen. Durch Eure aktive Mitarbeit helft Ihr, daß Ruhe, Ordnung und Sicherheit hergestellt werden und die Spuren des Krieges bald verschwinden.

Der Stadtkommandant

Quelle: BA Berlin (SAPMO) DY 30/IV 2/2.028/37.

EINWOHNER VON KIEL!

Die letzten Widerstandsnester des Gegners in der Stadt wurden zerschlagen. Die Stadt befindet sich in den Händen der Truppen der Nationalen Volksarmee der Deutschen Demokratischen Republik.

Die Armee des ersten Arbeiter- und Bauern-Staates Deutschlands ist nicht gekommen, um als Besatzungsmacht die werktätige Bevölkerung zu drangsalieren.

Wir sind gekommen, um mit dem Faschismus und Militarismus in Deutschland endgültig Schluß zu machen. Wir wünschen eine gute Zusammenarbeit mit den demokratisch gesinnten und aufbauwilligen Kräften der Stadt.

Bürger der Stadt!

Laßt Euch nicht durch Hetze und Verleumdungen beeinflussen.

Bewahrt Ruhe!

Die Anordnungen des Stadtkommandanten dienen dazu, daß öffentliche und wirtschaftliche Leben der Stadt schnellstens zu normalisieren.

Befolgt sie! Arbeitet mit!

Arbeiter!

Setzt die Produktion der Betriebe in Gang. Sichert die laufende Wasser-, Strom- und Gasversorgung.

Wendet Euch in allen Fragen an die Stadtkommandantur.

Geschäftsleute!

Helft bei der Versorgung der Bevölkerung. Öffnet Eure Läden. Die Bereitstellung der Waren erfolgt über die Stadtkommandantur. Leistet Schiebern und Spekulanten keinen Vorschub.

Unternehmer!

Nehmt die Produktion lebensnotwendiger Güter auf. Die Stadtkommandantur wird Euch behilflich sein.

Angehörige der Intelligenz!

Industrie und Handel beginnen mit der Arbeit. Steht nicht abseits. Die geistigen Fähigkeiten und Kenntnisse eines jeden sind unentbehrlich für den Wiederaufbau der Stadt.

Professoren, Doktoren

der örtlichen Krankenanstalten und frei praktizierende Ärzte!

Helfen Sie das Gesundheitswesen der Stadt aufzubauen. Gewähren Sie den Verwundeten und Kranken der Stadt jegliche Hilfe. Der medizinische Dienst der Nationalen Volksarmee wird Ihnen jede Unterstützung gewähren.

Bürger der Stadt!

Die Stadtkommandantur strebt an, die Gestaltung des städtischen Lebens in die Hände einer demokratischen Selbstverwaltung zu legen.

Durch Eure aktive Mitarbeit helft Ihr, daß Ruhe, Ordnung und Sicherheit hergestellt werden und die Spuren des Krieges bald verschwinden.

Der Stadtkommandant

NVA-Flugblatt für den Einsatz im »befreiten« Westdeutschland, gedruckt 1959.

Ein Überläufer brachte 1960 einiges von dem Material nach Westberlin. Auf einer Pressekonferenz wurden die Flugblätter präsentiert – aus dem Osten schallte es erwartungsgemäß, dass es sich um Fälschungen handle. Ein aktenkundig gewordener Rüffel, den Honecker von Agitationschef Albert Norden erhielt, beweist das Gegenteil.[108]

Auch später noch war man für den Ernstfall gerüstet. Für den Sieg im deutsch-deutschen Bürgerkrieg hatte die SED 1968 die Blücher-Medaille gestiftet. Ein Briefwechsel zwischen Verteidigungsminister Hoffmann, Generalsekretär Honecker und Ministerpräsident Stoph bezeugt, dass die Verleihung dieses Ordens noch in den achtziger Jahren für möglich gehalten wurde.[109]

Für das besetzte gegnerische Territorium gab es sogar schon eine eigene Währung. 1980 lagen 4,9 Milliarden Mark »Militärgeld« für den Umlauf in Westdeutschland bereit.[110] Ein fiktiver Bundestagsabgeordneter namens »Dr. Bühnemann« wandte sich im Entwurf eines Flugblattes aus »Waldhausen« an die Bevölkerung, damit jene den »skrupellosen Generalen den Gehorsam« verweigere. Und »Dr. Bühnemann« forderte dann: »Frieden, damit in unserem leidgeprüften Land eine neue, eine gerechte Ordnung errichtet werden kann. Eine Ordnung, die frei ist von Krieg, sozialer Ungerechtigkeit und menschlichem Elend!«[111] Welche andere Ordnung als die sozialistische sollte gemeint sein?

Honecker wusste von diesen Vorbereitungen, er hat sie sogar initiiert. Die Ordnung zur Durchführung von »Spezialpropaganda«, die eben diese Überlegungen enthielt, wurde vom Nationalen Verteidigungsrat beschlossen, dessen Vorsitzender er war.

Aber offenbar begriff Erich Honecker als einer der ersten Politiker des Ostblocks, dass die Systemauseinandersetzung nicht zu gewinnen war. Spätestens die Kürzung der Erdöllieferungen für die DDR – und die Begründung, etwas anderes als Öl könne man nicht exportieren – müssen ihm die Augen über den Zustand der Sowjetunion geöffnet haben. Ohnehin wurde auf höchster Ebene stets über die hohen Ausgaben gesprochen. Die DDR trug einen großen Teil der Kosten für die Stationierung der Gruppe der sowjetischen Streitkräfte in Deutschland. Das Uran für die Kernsprengköpfe lieferte die DDR bis 1980 zum Vorzugspreis, was Extra-Ausgaben in Höhe von 2,8 Milliarden Mark verursachte.[112]

Der Milliardenkredit der westdeutschen Banken tat ein Übriges. Wenn Geld nur noch beim Klassengegner zu mobilisieren war, konnte die Systemauseinandersetzung nicht gewonnen werden. Honecker besann sich also 1983 auf das von Lenin in den zwanziger Jahren entwickelte Prinzip der friedlichen Koexistenz.[113] Der Revolutionsführer hatte sich auf dem VIII. Gesamtrussischen Kongress (22. bis 29. Dezember 1920) vor den bolschewistischen Delegierten für den Abbruch der Weltrevolution und zahlreiche Friedensschlüsse rechtfertigen müssen. Für Lenin war der Frieden die Voraussetzung, »dass wir uns dem Werk des wirtschaftlichen Aufbaus gründlich widmen und eine längere Zeit hindurch ruhig, fest und zuversichtlich arbeiten können.« Und dafür müsse man, so Lenin, auch Zugeständnisse machen.[114]

Zum Eingeständnis, dass der offensive Kurs beendet werden müsse, kam die Erkenntnis von der Ungewinnbarkeit eines atomaren Krieges. Beide deutschen Staaten wären lediglich Schlachtfeld gewesen. Was aber, wenn es das zu befreiende Volk nach dem Befreiungskrieg nicht mehr gibt? Es ehrt Honecker, dass er sich nicht scheute, diese Erkenntnis öffentlich zu machen.

1983 formulierte er auf einer Konferenz zu Ehren von Karl Marx, dass die Gefahr eines Nuklearkrieges »das Leben der Völker überschattet.« Das zu erwartende Inferno würde die Selbstvernichtung der Menschheit bedeuten. Das zu verhindern und einen sicheren Frieden zu gewährleisten, sei das Wichtigste unserer Zeit. Nur so würden weiterer sozialer Fortschritt und die Lösung anderer gesellschaftlicher Probleme möglich. Diese Argumentationkette war auch von anderen Politikern schon benutzt worden. Für Aufsehen sorgten jedoch die folgenden Sätze, in denen er als »Gebot der Stunde« formulierte, »alle politischen und gesellschaftlichen Kräfte, die den Frieden aufrichtig wollen, ungeachtet unterschiedlicher politischer Programme, weltanschaulicher Positionen und religiöser Bekenntnisse, über Klassenschranken, über Trennendes hinweg zusammenwirken« sollten, um die Völker vor der »Katastrophe eines Nuklearkrieges zu bewahren.« Divergenzen würden so zwar nicht aufgehoben, meinte Honecker, aber: »Die Verteidigung des Friedens als höchstes Gut der Menschheit ist das vorrangige, gemeinsame, einigende Interesse.« Und an die Adresse all jener, die ihn bezichtigten, die Aggressivität des Kapitals zu unterschätzen, richtete er erläuternde Worte: »Selbst die Realisierung von Profit wird durch einen nuklearen Weltkrieg illusionär.« Und weiter: »So entsteht die historische Chance, dass im Kampf für den Frieden die unterschiedlichsten Kräfte zueinander finden und dieser Kampf eine Breite erlangt, wie sie bisher nie bestand.«[115]

Mithin müsste es Honecker ernst gemeint haben, als er 1986 in seinem Schlusswort auf dem XI. Parteitag sagte: »Die Wahrung des Friedens auf der Erde und im Kosmos ist die wichtigste Aufgabe der Gegenwart, und unsere Partei leistet dazu weiterhin ihren aktiven und konstruktiven Beitrag.«[116]

Es konnte aus seiner Sicht aber ausschließlich die Partei – mit ihm als Generalsekretär an der Spitze – sein, die konstruktive Beiträge zu erbringen hatte. Eine unabhängige Friedensbewegung war nicht gefragt.

... SUCHT (K)EINEN NACHFOLGER

»Über eine gewisse Überalterung im Politbüro habe ich mir persönlich ja auch Gedanken gemacht.« Als Erich Honecker diesen Satz formulierte, war er 77 Jahre alt und wenige Monate zuvor gestürzt worden.[117] Ein kurzer Blick in den Sitzungssaal des Politbüros belegt, dass Honecker hier keineswegs untertrieben hat. Im Oktober 1989 war Ministerpräsident Willi Stoph 75 Jahre alt. Horst Sindermann, der Volkskammerpräsident, zählte 74 Jahre. Honeckers Intimfeind Alfred Neumann war Jahrgang 1909. Noch vier Jahre älter war Staatssicherheitsminister Erich Mielke. Kurt Hager, seit 1955 für Wissenschaften, Kultur und Ideologie zuständig, war wie Honecker ein Mann des Jahrgangs 1912. Der Außenpolitiker Hermann Axen war 73, Planungschef Gerhard Schürer 68 Jahre alt. Günter Mittag, zuständig für Wirtschaft, zählte 1989 zwar nur 63 Jahre, war aber an schwerem Diabetes erkrankt, beide Beine waren amputiert. Krank waren auch Werner Jarowinski (Kirchenfragen, Handel und Versorgung) und Gewerkschaftsführer Harry Tisch, ein Alkoholiker. Eine Reihe von Politbüromitgliedern war nur in diese Funktion gelangt, weil Honecker sie für treu ergeben oder ungefährlich hielt. Horst Dohlus etwa war 26 Jahre lang Leiter der ZK-Abteilung Parteiorgane und seit 1976 Mitglied des Politbüros, ein Mann ohne jegliche Persönlichkeit. Auch Werner Walde und Achim Böhme, die Bezirkssekretäre von Cottbus und Halle, mit 63 und 60 Jahren vergleichsweise jung, hatten keinerlei eigenes Profil. Honecker hatte sie gefunden, also waren sie loyal.

Von anderem Kaliber war der Bezirkssekretär Karl-Marx-Stadts, Siegfried Lorenz. Zwar muss auch er eine »Entdeckung« Honecker genannt werden, doch der 59-Jährige verfügte über Sachverstand und einen scharfen Intellekt. Mit 21 Jahren wurde er Abteilungsleiter im FDJ-Zentralrat. Honecker beförderte ihn dort 1954 zum Sekretär. 1966 machte er ihn zum Abteilungsleiter für Jugendfragen im ZK – Lorenz half Honecker hier in einer vertrackten politischen Situation. Denn Honecker hatte gerade Ulbrichts Günstling Kurt Turba auf rüde Weise »abgesägt«. Lorenz erwies sich als ruhig agierender, kühl kalkulierender Kopf, der die aus dem Ruder gelaufene FDJ systematisch auf Linie brachte. Als ZK-Abteilungsleiter war Lorenz Chef von Egon Krenz, der die Pionierorganisation leitete. Die beiden sind bis heute eng befreundet. 1976 wurde Lorenz Erster Sekretär der SED in Karl-Marx-Stadt. Dort ließ Honecker ihn versauern – möglicherweise hat er ihn wie Hans Modrow auch als möglichen Rivalen betrachtet. Kandidat des Politbüros wird Lorenz erst 1985, auf Betreiben von Krenz. Eigene Ambitionen hat Lorenz nicht (mehr), er will sich für den sieben Jahre Jüngeren einsetzen.

Von Honecker entdeckt worden war auch Werner Felfe. 1954 holte er Felfe in den FDJ-Zentralrat, nach der Ernährungskrise 1979/80 wurde er im Politbüro zuständig für die Landwirtschaft. Felfe starb 1988 bei einer Jagd. Manche wollen ihn ob diverser Zornesausbrüche zu den Kritikern Honeckers zählen. Eine Bestätigung für dieses Gerücht findet sich nicht. Obwohl sich Planungschef Gerhard Schürer Felfe sehr gut als Nachfolger Honeckers vorstellen konnte, hatte dieser Honeckers Führungsanspruch nie in Frage gestellt.

Noch zwei weitere Mitglieder wären mögliche Nachfolger gewesen, kamen aber nicht in Frage. Der Medienverantwortliche Joachim Herrmann war bei Honeckers Sturz 59 Jahre alt, hätte also das »richtige« Alter gehabt. Honecker sah in ihm durchaus einen möglichen Erben, aber wegen seiner hündischen Ergebenheit war er im Kollegenkreis verhasst, mithin nicht mehrheitsfähig. Günter Schabowski hätte als Erster Sekretär Berlins eigentlich ein politisches Schwergewicht sein müssen. Honecker hatte den Ideologen ohne eigenes Profil aber eben seiner Schwäche wegen für dieses Amt ausgesucht. So rieb sich Schabowski bei der Führung seiner Parteiorganisation auf, ohne dass es ihm gelang, eine wirkliche Hausmacht zu formieren.

Im Herbst 1989 konnte also wirklich nur der Benjamin des Politbüros, der 52-jährige Egon Krenz, Nachfolger Honeckers werden. Nur er war innerhalb des Kollektives Politbüro mehrheitsfähig. Mit seiner Funktion als ZK-Sekretär für Sicherheitsfragen konnte er de facto über Polizei, Staatssicherheit und die Armee verfügen. Krenz hatte es also in der Hand, Honecker zu entmachten. Den Gründen für sein allzulanges Zögern wird noch nachzugehen sein.

Der Vollständigkeit halber soll hier aber noch über andere Varianten nachgedacht werden. So hätte ja innerhalb der SED auch ein anderer zum Zug kommen können, Hans Modrow zum Beispiel. Den Bezirkssekretären waren jedoch nicht einmal Polizei und Staatssicherheit in ihren Bezirken exklusiv unterstellt. Sie hatten zwar politische Weisungsbefugnis, die Befehle kamen jedoch aus Berlin. Modrow hätte lediglich innerhalb des Zentralkomitees opponieren können, aber welche Befugnisse hatte schon das ZK? Es hätte also zwingend ein Sekretär des ZK oder ein Mitglied des Politbüros sein müssen, aber: siehe oben...

Auch alle anderen Optionen waren undenkbar. Ein Kabinett der Technokraten und Wirtschaftsfachleute hätte nur von einem »starken« Mann eingesetzt werden können. Den gab es aber nicht. Und ein Militärputsch? Verteidigungsminister Heinz Keßler war mit Honecker seit 1945 eng befreundet und unbedingt loyal. Krenz wartete mit seiner Machtübernahme eine Dienstreise Keßlers ab. Auch wenn diese Vorsicht in der Rückschau übertrieben scheint, wird eine gehörige Portion Respekt sichtbar.[118] Über die anderen Generale und Obersten ist zu wenig bekannt, um ihr politisches Schwergewicht einschätzen zu können. Lässt man jedoch alle Staatsstreiche dieser Welt Revue passieren, so zeigt sich, dass Militärs nur dann Erfolg hatten, wenn sie gleichzeitig Militärs *und* Politiker waren, Juan Perón etwa war Arbeitsminister.[119]

Kurzum: Krenz, und nur Krenz, kam 1989 als Nachfolger Honeckers in Frage.

Ein kurzer Blick in den Lebensauf des Egon Krenz zeigt jedoch, dass der von Anbeginn keine Ambitionen dieser Art hat. Der 1937 in Kolberg Geborene flüchtet mit seiner Mutter nach Damgarten. Eine neue Heimat findet er bei den Jungen Pionieren. Als Erich Honecker in Rostock eine Rede hält, ist er dabei und holt sich dann ein Autogramm. Honecker setzt seinen Namenszug in den Pionierausweis von Krenz, schaut ihm tief in die Augen und fragt: »Wirst du auch ein guter FDJler werden?« Unverzüglich gibt ihm Krenz darauf sein Pionierehrenwort. Die Gründung der DDR erlebt er als Freundschaftsratsvorsitzender seiner Schule. Mit 13 Jahren ist er begeisterter und eifriger Volkskorrespondent. Da er Journalist werden will, entscheidet er sich für eine Ausbildung zum Schlosser, er hofft auf die Delegierung des Betriebes. Ein FDJ-Funktionär überredet ihn allerdings, Unterstufenlehrer zu werden. Am Lehrerbildungsinstitut ist er Chef der FDJ-Grundorganisation. Auch in seiner Armeezeit hat Krenz diverse FDJ-Funktionen auf Divisionsebene inne. Sofort nach seiner dreijährigen Dienstzeit wird er hauptamtlicher Funktionär. Obwohl Krenz gern als Lehrer arbeiten möchte, lässt er sich von Georg Ewald, dem 1. Sekretär der SED-Kreisleitung Rügen, für diese Tätigkeit gewinnen. (Ewald wird später Landwirtschaftsminister und Kandidat des Politbüros.) Nur ein Jahr lang ist Krenz Vorsitzender der FDJ-Kreisleitung Rügen, dann wird er Chef der FDJ im Bezirk Rostock. Karl Mewis, der 1. Sekretär der Bezirksleitung der SED, möchte das 24jährige Organisationsgenie zum Oberbürgermeister Rostocks machen, Krenz traut sich diese Funktion allerdings nicht zu. Statt dessen geht er nach Berlin und wird Sekretär des Zentralrates der FDJ. Sein Verantwortungsbereich ist die politische Arbeit an den Universitäten und Hochschulen. Ansprechpartner in der Partei ist Erich Honecker, der Gefallen an dem zuverlässigen Mann aus dem Norden findet. 1964 wird der 27-Jährige zum 3-Jahres-Lehrgang an die Parteihochschule des Zentralkomitees der KPdSU in Moskau geschickt. Damit ist klar, dass die SED-Führung glaubt, Krenz sei für eine höchste Funktion geeignet. Nach seiner Rückkehr übernimmt Krenz die Leitung der Pionierorganisation und arbeitet eng mit Margot Honecker, der Bildungsministerin, zusammen. Ihr Mann Erich ist im ZK für Jugendfragen zuständig. Insgesamt ist das Ehepaar Honecker mit Krenz zufrieden, nur einmal wird er zur Abmahnung einbestellt. Ohne Instinkt zu beweisen, hat er Lobeshymnen auf Walter Ulbricht verfasst, wenige Wochen später ist Ulbricht entmachtet. 1974 wird Egon Krenz 1. Sekretär der FDJ und wird in dieser Funktion alt. Erich Honecker schenkt ihm seine Autobiografie mit der Widmung: »Meinem Freund und Kampfgenossen Egon in fester Verbundenheit.«[120] 1983, mit 46 Jahren, darf er endlich das FDJ-Hemd ausziehen und in den Parteiapparat wechseln. Sein plötzlich ergrautes Haar gibt zu diversen Spekulationen Anlass. Doch Krenz ist gesund. Von Honecker erhält er die Zuständigkeit für Sicherheit und Kaderfragen. In seinen Erinnerungen zeigt sich Krenz darüber verblüfft – er hatte sich eigentlich vorgestellt einen Bezirk, am liebsten Rostock, zu übernehmen. Doch Honecker macht ihn zum Vollmitglied des Politbüros und stellvertretenden Vorsitzenden des Staatsrates. Krenz ist jetzt Nr. 2 in der SED und im Staat DDR.

Dass er auch nur die Nr. 2 bleiben möchte, beweist eine Anekdote aus dem Jahr 1984, die Krenz in seinen Erinnerungen zum Besten gibt. Krenz zufolge hat ihm Dmitri Ustinow, Marschall und Verteidigungsminister der Sowjetunion, die Nachfolge Honeckers angeboten: »Sehen Sie nicht, dass Ihr Chef alles verspielt?«[121] Doch Honecker war durchaus nicht dabei, die DDR zu ruinieren. Er hatte sich lediglich eines Vergehens schuldig gemacht: Er widersetzte sich der Stationierung von Mittelstreckenraketen in der DDR. Für Ustinow, der die Sowjetunion in den Afghanistankrieg gestürzt hatte, war jegliches Beharren auf dem Kurs der Entspannung eine Todsünde.

Krenz bewies Loyalität und moralische Qualitäten. Weitere positive Eigenschaften werden ihm von Freunden bescheinigt: aufgeschlossen und tatkräftig, fleißig und unermüdlich, aber taktischen Manövern abhold sei er gewesen. Völlig abwegig sind diese Urteile nicht, immerhin lässt er innerhalb des ZK-Apparates auch einen Vorschlag für gründliche politische Reformen diskutieren, den ihm der Dresdener Gelehrte Manfred von Ardenne am 31. Oktober 1985 zustellte. Von Ardenne hatte nicht weniger als eine Änderung der »deformierten Regierungsstruktur« nach kybernetischen Prinzipien gefordert, da sonst das »Hineintreiben« der despotischen Zustände in »sie aufhebende revolutionäre Ereignisse« drohe. An die Stelle der administrativen Befehlsstruktur wollte er sich selbst regulierende Regelkreise setzen. Dazu seien »Rückkopplungsorgane« notwendig, die mittels Volksaussprache, genügender Publizität und öffentlicher Diskussion eine fortlaufende Kontrolle über die Regierenden ermöglichen sollten. Nicht genug damit, von Ardenne empfahl eine Veränderung der Struktur der »obersten Ebene«, im Klartext: Entmachtung des Politbüros.[122] Krenz lässt das Papier tatsächlich zirkulieren, Honecker bewertet das als Vertrauensbruch. Hinzu kommt, dass Krenz Honecker empfiehlt, sich doch mit Gorbatschow einmal unter vier Augen auszusprechen, seine Politik sei doch vernünftig. Krenz: »Ich weiß genau, das war der Moment, an dem die guten Beziehungen zwischen ihm und mir zerbrachen.«[123] Ob Krenz übertreibt, ist nicht nachvollziehbar. Fakt ist jedoch, dass Mielke und Honecker sich immer dienstags nach der Politbürositzung zusammensetzen um Tagesfragen zu klären, Krenz ist nicht dabei.

Die Abwendung Honeckers von ihm scheint Krenz gekränkt zu haben. Denn er schätzt Honeckers politische und menschliche Qualitäten tatsächlich. In seiner Autobiografie gibt er eine Empfindung als junger FDJler wieder: »Erich war in Ordnung.«[124] Und an der Last, von den Westmedien zum Nachfolger stilisiert zu werden, habe er schwer getragen.

Also war Egon Krenz zu anständig um mit ein paar Stasi-Leuten zum Jagdhaus Wildfang zu fahren und Honecker einen Rücktritt »aus gesundheitlichen Gründen« unterschreiben zu lassen?

Kampfgefährte Wilfried Poßner, der Chef der Pionierorganisation – von Krenz liebevoll »mein kleiner Lenin genannt« –, bringt in seinen Erinnerungen ein paar Kratzer auf dem makellosen Bild des treuen Egon an. Krenz habe es durchaus geschmeichelt, dass man ihn als Nachfolger handelte. Sein Leitungsstil sei autoritär gewesen, der FDJ-Zentralrat in vielem nur das verkleinerte Spiegelbild des SED-Politbüros. Um seine Karriere habe sich Krenz immer besondere Sorgen gemacht: »Anecken wollte er auf keinen Fall. Er litt unter der panischen Furcht, einmal einen politischen Fehler zu begehen, der ihm die Kritik Honeckers oder gar den Verlust seiner Gunst hätte einbringen können.«[125]

Was nun? Loyalitätsfalle oder stümperhafter Karrierismus? Oder doch die widrigen äußeren Umstände?

Von allem ein bisschen. Egon Krenz hatte nicht nur gegen innere Widerstände zu kämpfen, auch die Mechanismen der Macht erschwerten ihm den Weg nach oben. Geht man davon aus, dass es immer einen Bonus des Amtsinhabers, möglicherweise sogar ein gewisses Charisma des »Führers« an sich gibt, musste Krenz also einen Nimbus abräumen, der im Laufe der Zeit nicht geringer geworden ist.[126] Es ist unbestritten, dass Erich Honecker Mitte der achtziger Jahre noch voll leistungsfähig war. Er leitete Politbüro und ZK-Sekretariat straff und souverän. Weder das innerparteiliche Raunen noch die gewöhnlich gut informierten Medien des Westens wussten von Führungsschwäche oder Krankheit zu berichten. Der Staatsbesuch in Bonn schließlich zementierte den Ruf des alten, erfahrenen und auch international akzeptierten Staatsmannes. Erst als sich Erich Honecker im Sommer 1989 selbst demontierte, war der Weg für Krenz frei. Nur ein diskreditierter Honecker konnte überhaupt beseitigt werden.

Warum besuchte er Erich Honecker im Krankenhaus und ließ ihn ständig irgendwelche Papiere absegnen? Warum sprach er nicht im Juli mit Stoph, Keßler oder Mielke?

Statt dessen lässt er sich in Urlaub schicken. Immerhin teilt Krenz uns mit, er wäre nur »unter großer psychischer Anspannung« gefahren. Und: »Ich sah zu dieser Zeit noch keine Möglichkeit, mich gegen eine solche Verbannung aufzulehnen.«[127] Er wollte sich auch nicht auflehnen. Als er im Februar 1989 von Gerhard Schürer über den wahren Stand der Staatsverschuldung informiert wird, erschrickt er. Er erkennt: »Wir leben auf Kosten unserer Enkel. Daran wird jeder Nachfolger Honeckers scheitern.«[128]

Im Klartext: Eigentlich will Egon Krenz jetzt gar nicht mehr Staats- und Parteichef werden. Das vorgezeichnete Scheitern hält ihn davon ab, in die Initiative zu gehen. Er möchte nicht. Deshalb muss er im Oktober 1989 von anderen gedrängt werden, Honecker nun endlich zu entmachten.

Was wäre denn gewonnen gewesen, hätte Egon Krenz gewollt? (Und nicht im November 1989 als Manager des Neuen jämmerlich versagt?)

Stellen wir uns doch einmal folgendes Szenario vor: Die Schuldenkrise wäre lösbar gewesen bei hinreichender politischer Stabilität. Krenz hätte das Dogma des Brotpreises antasten, Getreideimporte einstellen, die Privatisierung in Gang setzen müssen. Dabei wäre politische Kontrolle noch durchaus möglich gewesen. Privatisierung und Joint-ventures hätten aus eigener Kraft gesteuert werden können. Die DDR hatte ja »Tafelsilber«, das nicht für eine Mark verhökert hätte werden müssen. Für das Tankstellennetz von Minol zum Beispiel wurde ja offenbar einiges gezahlt, dieses Geld hätte auch im Staatshaushalt der DDR landen können.[129]

Manch einem mag diese Vorstellung gefallen. Doch analog zur Sowjetunion oder dem Rest des Ostblocks wäre die Komsomolgeneration Rückgrat der neuen Wirtschaftsklasse geworden. Und ebenso selbstverständlich wie anderswo hätte diese Symbiose der jungen aber altgedienten Kader Ost und der erfahrenen Kolonialökonomen zu einem undurchdringlichen, durch und durch korrupten Filz geführt. »Bisnesmeni« nach russischem Muster? Ein lohnendes Szenario? Für wen?

Der Großteil der Bevölkerung hatte im Sommer 1989 nichts anderes zu verlieren als seine Ketten und erwartete nichts. Die Segnungen des Staates Bundesrepublik erwiesen sich als unverhofftes Geschenk. Aber all jene, die im Staat DDR am kollektiven Eigentum partizipierten, hätten auch von der Umwandlung in privates Eigentum profitiert. Mit dem Eingeständnis, ein Mann des Überganges sein zu müssen, hätte Krenz die geordnete Überführung der Strukturen der DDR in die Marktwirtschaft gewährleistet. Seine Verweigerungshaltung im Sommer 1989 ließ den Partei- und Jugendfunktionären, den Bürokraten, den Wirtschaftsmanagern der volkseigenen Industrie keine Chance. Geschadet hat Krenz mit seinem eigennützigen Zögern ausschließlich der Klasse, die er repräsentierte.[130]

WERNER LAMBERZ

Ihm wäre so etwas nicht passiert. Werner Lamberz, ursprünglich von Honecker als Nachfolger ausgewählt, war ein virtuoser Herrschaftstechniker mit einem Blick für das Wichtige. Der Schriftsteller Jan Eik, der unmittelbar nach der Wende dem Schicksal von Werner Lamberz nachging, urteilte mit leichtem Gruseln: »In ihm steckte ein Diktator anderen Formats als in Honecker.«[131]

Erich Honecker äußerte tatsächlich einmal den Gedanken, sich im Alter von 65 Jahren aus der Tagespolitik zurückzuziehen.[132] Zum Nachfolger baute er Lamberz auf, in seinem Interviewbuch von 1990 bestätigte er das noch einmal.[133] Der potentielle Parteichef starb allerdings am 6. März 1978 bei einem Hubschrauberabsturz in der libyschen Wüste. Lamberz, auf internationale Anerkennung bedacht, hatte versucht, im Eritrea-Konflikt zu schlichten. Zu diesem Zweck verhandelte er mit Libyens Revolutionsführer Muammar al-Gaddafi, dem großer Einfluß auf eine der kriegführenden Parteien nachgesagt wurde. Für den Rückweg vom Zeltlager in der Wüste in die Hauptstadt Tripolis wurde ein Hubschrauber aus der Staffel des libyschen Staatschef ausgesucht. Unmittelbar nach dem Start geriet der Hubschrauber ins Trudeln und stürzte ab, kein einziger Insasse überlebte. Jan Eik hat die wesentlichen Auszüge des Untersuchungsberichtes der libyschen Polizei veröffentlicht. Es scheint so, als wäre ein Defekt am Rotor des Hubschraubers die Ursache für den Absturz gewesen.[134] Sollte es also ein Attentat gewesen sein, galt es Gaddafi. Honecker hat bestimmt nicht »dahintergesteckt«, obwohl dies verschiedene »Zeitzeugen« zu berichten wussten. Weder die Flugzeit noch der gewählte Hubschrauber standen vorher fest. Darüber hinaus galt eine Anweisung, dass DDR-Diplomaten im Ausland niemals Hubschrauber benutzen sollten. Dass sich Lamberz dem widersetzen würde, hätte kein ihm missgesonnener Politiker in Ostberlin wissen können. Da die SED nur einen pompösen Nachruf, nicht aber den Untersuchungsbericht veröffentlichte, entstand notwendigerweise ein Mythus vom liberalen Kronprinzen, ein aus der deutschen Geschichte nur zu bekannter Vorgang. Doch im Gegensatz zum 99-Tage-Kaiser Friedrich III. gibt es für eine »liberale« Grundeinstellung des Werner Lamberz keinerlei Hinweise.[135] 1929 in Mayen geboren, absolviert er die Adolf-Hitler-Schule, dann eine Lehre als Heizungsmonteur. Schulkameraden erinnern sich: Er sei ein »geborener Führer« gewesen.[136]

Der Krieg verschlägt ihn nach Luckenwalde. Dort tritt er 1947 in SED und FDJ ein und übernimmt sofort »Funktionen«. 1948 ist er Chef der FDJ im Kreis. Nach dem Studium an der Komsomolhochschule in Moskau wird er Mitglied des Zentralrates der FDJ und Freund Erich Honeckers. Später arbeitet er beim Weltbund der Demokratischen Jugend (WBDJ). Er leitet dessen Büro für Propaganda. 1963 wird Lamberz Mitglied des Zentralkomitees der SED und Abteilungsleiter für Auslandsinformation, 1966 übernimmt er die wichtige Abteilung für Agitation und arbeitet eng mit dem erfahrenen – und glänzenden – Journalisten Albert Norden zusammen.[137] Zu den sowjetischen Parteistellen hat er ausgezeichnete Beziehungen, Tätigkeit für den KGB ist ihm nachgesagt worden. Lamberz und Sowjetbotschafter Abrassimow kamen auch privat gut miteinander aus und besuchten sich gegenseitig.[138]

Wie auch immer – 1971 ist er es, der in Moskau die Inthronisation von Erich Honecker in die Wege leitet. Lamberz ist Mitautor von Honeckers Referat auf dem VIII. Parteitag. Belohnen lässt er sich geschickterweise nicht mit dem Posten des »2. Sekretärs«. Die Verantwortung für die Parteiorganisation bekommt Paul Verner übertragen, der später stets am Gängelband Honeckers gehalten werden wird. Lamberz sucht sich die Medien als innenpolitisches und die Weltrevolution als außenpolitisches Arbeitsgebiet aus. Er unternimmt zahlreiche Reisen nach Afrika und sorgt – gegen heftigen Widerstand – für eine Neustrukturierung der Entwicklungshilfe (und des Außenhandels) der DDR. Meriten erwirbt er sich auch als Briefträger der Sowjetunion, mehrfach fungiert er als Ansprechpartner für Befreiungsbewegungen, die mit Moskau nicht direkt Kontakt aufnehmen wollen oder können. Im Konflikt zwischen Eritrea und Äthiopien vermittelt er zunächst nicht ohne Erfolg, handelt es sich doch um einen ideologischen Konflikt innerhalb der Linken.[139]

Kein Zweifel – Lamberz hatte Ambitionen zum »Weltpolitiker« und glänzende persönliche Anlagen dazu. Er war geistig flexibel, unerhört intelligent und scheint auch Charisma gehabt zu haben, eine Eigenschaft, die kommunistischen Politikern gewöhnlich fehlt. Aber Lamberz war auch ein Hardliner, wie Zeitgenossen feststellen mussten. Einer Journalistendelegation, die zum Treffen von Stoph und Brandt in Kassel fuhr, gab er den »guten Rat« auf den Weg: »Und keiner vergisst: Ihr fahrt in Feindesland.«[140] Anlässlich der Eröffnung des Parteilehrjahres 1967 prägte er den Spruch: »Die Ideologen des Antikommunismus werden als die Don Quichottes des zwanzigsten Jahrhunderts in die Geschichte eingehen.«[141] Auch der Sprecher der Aktuellen Kamera Klaus Feldmann beurteilt seinen obersten Dienstherren rückblickend nicht eben euphorisch. Wenn sich Lamberz auch, so Feldmann, »bereitwillig die Sorgen und Nöte anhörte, Ungerechtigkeiten vermied, so war er doch einer aus der Altherrenriege des Politbüros.«[142] Es scheint, als hätte Lamberz die Medien nicht anders gegängelt, als später Joachim Herrmann. Auch Lamberz kontrollierte die Nachrichtensendungen und kümmerte sich um unsinnige Detailfragen des Fernsehens. Sein damaliger Mitarbeiter Hans Modrow urteilte rückblickend: »Er verbrauchte sich regelrecht in aktualitätsbedingter Geschäftigkeit.«[143] Die Historikerin Jana Wüstenhagen urteilt: »Lamberz also ebenso ein Dogmatiker? Zweifelsohne, ja.«[144] Was aber nun spricht dafür, dass Lamberz ein Nachfolger von anderem Kaliber gewesen wäre als der ewig zaudernde Krenz? Die ihm nachgesagten Führerqualitäten in jedem Fall. Vor allem aber war Lamberz extrem ehrgeizig.

Andere Faktoren sprechen ebenfalls für Lamberz, ein Unterschied zu Krenz wird hier jedoch kaum sichtbar. Lamberz war innerhalb der SED-Hierarchie anerkannt. Krenz auch. Wie Krenz hat Lamberz Honeckers Führungsrolle nie in Frage gestellt. Als der Spiegel 1976 Lamberz als Rivalen Honeckers und Generalsekretär in Wartetellung beschrieb, äußerte sich Lamberz wie folgt: »Es gibt keine Opposition in unserer Partei ... und es wird sie auch nicht geben, weil dafür aber auch jede Grundlage fehlt. Doch das werden unsere Gegner nie begreifen.«[145]

Kurzum: Honecker mochte Lamberz und vertraute ihm, daran konnte auch ein Zeitschriftenaufsatz nichts ändern, in dem Lamberz leise Zweifel an der Sozialpolitik angemeldet hatte.

Honecker hatte sogar schon den ersten Schritt zur Neuverteilung der Staatsämter eingeleitet. 1976 erklärte er sich zum Generalsekretär der SED und zum Staatsratsvorsitzenden. Der von ihm ungeliebte aber kompetente Stoph wurde wieder Ministerpräsident, Sindermann abgeschoben. Hinter dem Generalsekretär wäre Platz für einen »Ersten« Sekretär gewesen. Ein Triumvirat also hätte die DDR beherrscht: Werner Lamberz als Parteichef, Willi Stoph als Vorsitzender des Ministerrates und Erich Honecker als Staatsratsvoritzender. Und dann? Öffnung der DDR oder gnadenlose Bolschewisierung? Freiwilligenbrigaden der NVA nach kubanischem Vorbild in Simbabwe, Moçambique, Nikaragua oder Beschränkung auf eine Handlangerrolle Moskaus? Weltrevolution oder real existierender Sozialismus? Deutsch-deutsche Annäherung oder immerwährender Klassenkampf?

Ein defekter (oder manipulierter?) Hubschrauber sorgte dafür, dass diese Überlegungen Spekulation bleiben.

VIII. SCHLUSSBEMERKUNG

Der Dichter Stephan Hermlin war 1991 recht ratlos, was die Verantwortung Erich Honeckers für das Scheitern der DDR anging: »Es ging eine Weile ganz gut und ging dann doch wieder nicht gut.«[1] Politbürokollege Gerhard Schürer wollte vor allem eine persönliche Überforderung erkennen, die sich dann noch mit Arroganz gepaart habe. Aus dem bescheidenen Honecker sei ein »uneinsichtiger, überheblicher, für Rummel und Schmus zugänglicher Politiker« geworden.[2] Und Erich Honeckers Weggefährte Hans Modrow zeigte sich vor allem verbittert über den Stillstand in den achtziger Jahren: »Honecker kam aus einer Familie, in der das Leben schon dann ein Erfolg war, wenn der Mensch zu essen hatte, sich kleiden konnte, warm und trocken wohnte und wenn er Arbeit hatte. Das war Honeckers Sozialismus, und der war für ihn in der DDR erreicht. Jeder, der dafür nicht Dankbarkeit zeigte, war im Grunde genommen ein Feind.«[3]

Modrow hat Recht: Zu den Versäumnissen Erich Honeckers als Parteiführer gehörte, die Programmatik der SED an die gewandelten Verhältnisse anzupassen. Und als Staatsoberhaupt ließ Honecker den Stillstand zu, weil er glaubte, angekommen zu sein. Das, was in der DDR war, sei »auf jeden Fall ein Stück« vom Sozialismus gewesen, schrieb Honecker 1991.[4]

Daher war es nur folgerichtig, dass Honecker statt eines Neubeginns immer wieder die Revolution beschwor und ihre Vordenker Karl Marx, Friedrich Engels und Lenin zitierte. Die Erfüllung des Plans wurde zur revolutionären Tat stilisiert, sie war es auch, aber nicht als solche erlebbar. Die Bevölkerung entpolitisierte sich, zog sich zurück. Die Partei war nicht mehr Avantgarde sondern Karrieristen- und Massenorganisation. Doch das Scheitern Erich Honeckers ist nicht das übliche tragische Paradox des Revolutionärs, der seine Revolution verrät, indem er sie macht. Denn als Erich Honecker 1957 in verantwortliche Positionen kam, war die Gesellschaft schon geformt. Sie war das Ergebnis einer stalinistischen Revolution.

Diese Umwälzung aller Besitzverhältnisse und hierarchischen Strukturen war nach der Machtübernahme der Partei in den vierziger Jahren Stück für Stück nach einem vorgegebenen Konzept realisiert worden. Das Werkzeug dieser Revolution war die starke politische Polizei, die zur Ausschaltung der Bourgeoisie und der Reste von Adel und faschistischem Establishment benutzt wurde.

Nach dem Sieg im Klassenkampf suchten die Partei und ihr repressives Organ nach immer neuen Gegnern und fanden sie, indem sie sie produzierten. Die DDR blieb als Revolutionsgesellschaft organisiert, obwohl sie ihre Umbrüche bereits hinter sich hatte. Die Änderung der Produktionsverhältnisse beseitigte den Widerspruch zwischen dem gesellschaftlich erzeugten Mehrwert und seiner privaten Aneignung. Lohnerhöhungen und Wohnungsbauprogramm sollten sozialen Frieden stiften. Die immer währende Herrschaft der ersten FDJ-Generation setzte den Generationenkonflikt künstlich außer Kraft.

Stellte sich die erhoffte Übereinstimmung zwischen Volk und Partei trotzdem nicht her, wurde der, der anderer Meinung war, zum Gegner erklärt. Der Automatismus der Diktatur kam in Gang, sorgte jedoch nicht für die Lösung der Widersprüche, sondern produzierte neue. Der Repressionsapparat erzeugte Unfrieden anstelle von Sicherheit.

In der Rückschau erscheint es als selbstverständlich, dass die Bevölkerung die Partei für überflüssig hielt. Damit war auch der Untergang des Staates DDR besiegelt, der von ihr geschaffen worden war. An der Spitze von Partei und Staat stand Erich Honecker, der an dem eingespielten Dualismus von Partei und Diktatur jedoch nichts ändern wollte und ändern konnte. Er forderte noch am 9. Oktober 1989, weiter voranzuschreiten: durch »Kontinuität« in eine »sozialistische Zukunft«.[5]

IX. ANHANG

II. LEBEN. ABSCHNITT 1: AUFSTIEG

1 Klassenkamerad Erich Voltmer in der Saarbrücker Zeitung. Zit. nach Peter Przybylski, Tatort Politbüro – Die Akte Honecker, Reinbek 1992, S. 37.

2 Faksimile der Geburtsurkunde in: BA Berlin NY4167/vorl. 8.

3 Heinz Lippmann, Honecker – Porträt eines Nachfolgers, Köln 1971, S. 15.

4 Reinhold Andert, Wolfgang Herzberg, Der Sturz – Erich Honecker im Kreuzverhör, Berlin und Weimar 1990, S. 103f. Im Folgenden zitiert als: Der Sturz.

5 Der Sturz, S. 130.

6 Mit ausführlichen Milieustudien: Klaus Michael Mallmann, Kommunisten in der Weimarer Republik – Sozialgeschichte einer revolutionären Bewegung, Darmstadt 1996.

7 Für diese Version spricht, dass sein Bruder Karl Robert Honecker ebenfalls einen anderen Weg einschlägt als den vom Vater vorgegebenen. Er wird Gefolgschaftsführer der Hitlerjugend und Offizier. Robert Honecker stirbt 1946 in einem britischen Kriegsgefangenenlager in Ägypten an Bilharziose.

8 So der Fragebogen in seiner Personalakte. Die Kaderakte hat die Signatur BA Berlin (SAPMO) DY30/ IV2/11/v. 5344 und ist folgend als »Kaderakte« zitiert.

9 Der Sturz, S. 129.

10 Hier sind in den von ihm ausgefüllten Fragebögen verschiedene Daten genannt.

11 Mallmann zitiert ausgiebig aus Protokollen und Berichten, hier: S. 145. Er erkennt einen neuen Typus des »Parteisoldaten«, der unbeirrt von der Spaltung der Arbeiterbewegung 1918 »ideologisierter« und »linientreuer« agierte.

12 Zit. nach: Lippmann, S. 28.

13 BA Berlin NY4167/vorl. 8.

14 Ebenda und Erich Honecker, Aus meinem Leben, Berlin 1989 (Erstausgabe 1981), S. 41. Im folgenden zitiert als: Aus meinem Leben

15 Mallmann bewertet den autoritären »Führer-Begriff« kritisch, er entsprach aber durchaus dem Geist der Zeit. Mallmann, S. 145.

16 Mallmann, S. 191.

17 BA Berlin (SAPMO) DY30/2337.

18 Diese hätten freilich schon existieren müssen. Das Versagen des geheim operierenden Apparates, der auch die Verhaftung des Parteiführers Ernst Thälmann zu verantworten hatte, blieb ein Trauma der deutschen Kommunisten und spielte auch bei der 1937er Säuberung eine Rolle. Als Honecker die Verantwortung für Sicherheitsfragen übernimmt, wird kein einziger vor 1945 in diesem Bereich tätiger Genosse beschäftigt werden. Die Stasi ist, scheint's, ein Jugendobjekt.

19 Faksimile in BA Berlin, NY4167/ vorl. 7.

20 Aus meinem Leben, S. 81.

21 Am 27. Februar 1935. Faksimilie in: BA Berlin NY4167/vorl. 7.

22 Den Pass erhielt er in Zürich, wahrscheinlich von der sogenannten »Roten Kapelle«, einer von Sandor Rado geführten Agentengruppe des sowjetischen Geheimdienstes GRU.

23 Der Sturz, S. 162.

24 Jürgen Kuczynski versicherte in Erinnerungen glaubhaft, dass die KPD ab 1934 Funktionäre mit »jüdischem« Aussehen auswechselte. Ihn erboste das, er gestand der Parteiführung aber zu, dass sie damit richtig handelte. Bei ihm hatte die Zahl der Haussuchungen so zugenommen, dass an kontinuierliche Parteiarbeit nicht zu denken war.

25 Vgl. Adolf Schönke, Kommentar zum Strafgesetzbuch für das Deutsche Reich, München und Berlin 1941.

26 Zit. nach: Przybylski, S. 209.

27 BA Berlin NY4167/vorl. 7.

28 Aus meinem Leben, S. 91.

29 Alle Angaben nach: BA Berlin NY4162/vorl. 7.

30 BA Berlin (SAPMO) DY30/2558, Blatt 130.

31 Aus meinem Leben, S. 84.

[32] Günther Wieland, Das war der Volksgerichtshof, Berlin (Ost) 1989, S. 72.
[33] BA Berlin NY4162/vorl. 7.
[34] Diese Unterscheidung wurde vor Gericht bis zum Beginn des Zweiten Weltkrieges strikt gehandhabt. Von der SED-Propaganda wurde Landesverrat (§ 89 StGB) ebenso wie Vorbereitung zum Hochverrat (§ 83 StGB) unter Widerstand subsummiert. So wurde etwa aus Liselotte Herrmann, die nie Mitglied der KPD war, aber den Plan einer Munitionsfabrik kopierte, um ihn an sowjetische Agenten in der Schweiz zu geben, eine kommunistische Widerstandskämpferin. Die Gerichtsakten zum Fall Herrmann befinden sich im Bundesarchiv Berlin, Signaturen NJ 1629, NJ 5809, NJ 10710, NJ 10712.
[35] Kurt Hager, Erinnerungen, Leipzig 1996, S. 45.
[36] BA Berlin NY4167/vorl. 7.
[37] BA Berlin NY4167/212.
[38] BA Berlin SgY30/1977/2 (Erinnerungen Max Frenzel).
[39] Ich bin dem Glauben an »Hängulin-Tee« nachgegangen. Er ist uralt, als Zusatz wird üblicherweise Soda vermutet, das aber nach Aussagen von Chemikern durchaus nicht zu Impotenz führt. Wahrscheinlich handelt es sich um eine »Wandersage«. Zu diesem Thema vgl. Jean-Noel Kapferer, Gerüchte – Das älteste Massenmedium der Welt, Leipzig 1996.
[40] BA Berlin SgY30/1593/2 (Erinnerungen Wilhelm Thiele).
[41] Max Frenzel, Wilhelm Thiele, Artur Mannbar, Gesprengte Fesseln, Berlin (Ost) 1976. Das Solidarsystem der Kommunisten, das andere Häftlinge ausgrenzte, konnte für die Benachteiligten tödlich enden. Insbesondere für das Konzentrationslager Buchenwald ist eine heftige Debatte um die »roten Kapos« geführt worden. Doch sollte man bei dieser Diskussion Ursache und Wirkung nicht verwechseln.
[42] Der Spiegel 45/1977, S. 89.
[43] BA Berlin SgY30/1977/2, S. 532.
[44] Erich Honecker, Skizze seines politischen Lebens, Berlin (Ost), 1977, S. 36.
[45] So Dieter Borkowski, Erich Honecker – Statthalter Moskaus oder deutscher Patriot?, Gütersloh 1987, S. 105ff.
[46] BA Berlin SgY30/1593/2.
[47] Wehrnummer 12/165/97/7. BA Berlin NY4167/3.
[48] Der Sturz, S. 165.
[49] Przybylski, S. 60.
[50] BA Berlin NY4167/vorl. 7.
[51] Für die Henker gibt es als Motivation 40 Zigaretten pro Exekution.
[52] Vgl. Wolfgang Leonhard, Die Revolution entlässt ihre Kinder, Leipzig 1990, Ders., Spurensuche – vierzig Jahre nach »Die Revolution entlässt ihre Kinder, Köln 1992 und auf neuestem Stand: Peter Erler u.a., »Nach Hitler kommen wir« – Dokumente zur Programmatik der Moskauer KPD-Führung 1944/45 für Nachkriegsdeutschland, Berlin 1994.
[53] Der Sturz, S. 200.
[54] Kaderakte.
[55] Ulrich Mählert, Gerd-Rüdiger Stephan, Blaue Hemden/Rote Fahnen – Die Geschichte der Freien Deutschen Jugend, Opladen 1996, S. 16.
[56] An Horst Brasch in England. BA Berlin NY4167/16.
[57] Vgl. Helmut Müller, Wendejahre 1949-1989, Berlin 1999, S. 22.
[58] Heinz Keßler, Zur Sache und zur Person, Berlin 1997, S. 130.
[59] Vgl. Mählert, Stephan, S. 28.
[60] Alfred Fleischhacker, Das war unser Leben, Berlin 1996, S. 228.
[61] Keßler, Zur Sache, S. 138.
[62] Vgl. Mählert, Stephan, S. 37.
[63] BA Koblenz, Bild 183/V/138.
[64] Erich Honecker, Die Rolle der Freien Deutschen Jugend im geistigen Ringen unserer Zeit – Rede auf der IV. Tagung des Zentralrates der Freien Deutschen Jugend am 28.30. November 1946 in Berlin, Berlin 1947.
[65] Zit. nach: Karl Otto Paetel, Nationalbolschewismus und nationalrevolutionäre Bewegungen in Deutschland, Schnellbach 1999 (Reprint der Ausgabe von 1965), S. 253.

[66] Kaderakte, Blatt 153.
[67] Kaderakte, Blatt 157.
[68] Hermann Kant, Abspann – Erinnerungen an meine Gegenwart, Berlin 1994, S. 282.
[69] Hans Modrow mit Hans-Dieter Schütt, Ich wollte ein neues Deutschland, Berlin 1998, S. 70.
[70] Vgl. Borkowski, S. 154f.
[71] Manfred Ewald, Ich war der Sport – Wahrheiten und Legenden aus dem Wunderland der Sieger, Berlin 1994, S. 223.
[72] BA Berlin NY 4167/16.
[73] Ebenda.
[74] Mählert, Stephan, S. 74.
[75] Junge Welt, 5.12.1950, S. 1.
[76] Junge Welt, 28.12.1949, S. 1.
[77] BA Berlin NY4167/16.
[78] Modrow, Ich wollte..., S. 54.
[79] So erinnert sich Hermann von Berg, Vorbeugende Unterwerfung, München 1988, S. 43.
[80] Ausführlich: Ulrich Mählert, Die Freie Deutsche Jugend 1945-1949 – Von den »Antifaschistischen Jugendausschüssen« zur SED-Massenorganisation: Die Erfassung der Jugend in der Sowjetischen Besatzungszone, Paderborn u.a. 1995.
[81] Junge Welt, 18.8.1951, S. 1.
[82] Junge Welt, 20.8.1951, S. 2.
[83] Zit. nach: Helmut Müller, Wendejahre 1949-1989, Berlin 1999, S. 16.
[84] J. Stalin, Fragen des Leninismus, Berlin (Ost) 1955, S. 797.
[85] Vgl. Mählert/Stephan, S. 102.
[86] Zit. nach: Junge Welt, 6.3.1951, S. 4.
[87] Zit. nach: Michael Herms und Karla Popp, Westarbeit der FDJ 1946 bis 1989 – Eine Dokumentation, Berlin 1997, S. 59f.
[88] Zit. nach: Herms, Popp, S. 177.
[89] Westdeutsche Zeitungen berichteten, zwei FDJler hätten das Feuer aus Pistolen 08 eröffnet. Von ostdeutscher Seite wurde dies dementiert.
[90] Michael Buddrus, Die Organisation Dienst für Deutschland – Arbeitsdienst und Militarisierung in der DDR, Weinheim und München 1994, S. 29.
[91] Ebenda, S. 38.
[92] Ebenda, S, 53.
[93] Ebenda, S. 212f.
[94] Hermann Weber, Geschichte der DDR, München 1999, S. 162.
[95] So Hans Modrow, der nicht weniger Mut und Treue zur Partei bewies. Vgl. Modrow, Ich wollte..., S. 65.
[96] Dierk Hoffmann, Karl-Heinz Schmidt, Peter Skyba (Hrsg.), Die DDR vor dem Mauerbau – Dokumente zur Geschichte des anderen deutschen Staates 1949-1961, München und Zürich 1993, S. 190.
[97] Das berichtet Przybylski, der jedoch keine exakten Daten abgibt. Przybylski, S. 80.
[98] Zum Beginn der Querelen zwischen Schirdewan und Honecker, vgl. Müller, S. 74.
[99] Vgl. Herms, Popp, S. 226.
[100] Karl Schirdewan, Aufstand gegen Ulbricht – Im Kampf um politische Kurskorrektur, gegen stalinistische, dogmatische Politik, Berlin 1994, S. 65f.
[101] BA Koblenz, ADN-ZB 30750/170 N.
[102] Kaderakte, Blatt 125.
[103] Hans Bentzin, Meine Sekretäre und ich, Berlin 1995, S. 137.
[104] Monika Kaiser, Machtwechsel von Ulbricht zu Honecker – Funktionsmechanismen der SED-Diktatur in Konfliktsituationen 1962 bis 1972, Berlin 1997, S. 373.
[105] Bentzin, S. 142.
[106] Siegfried Prokop im Gespräch mit Alfred Neumann, Poltergeist im Politbüro, Frankfurt/Oder 1996, S. 227.
[107] BA Berlin (SAPMO), DY30/2512.
[108] Gemeint ist die Phase des Suchens nach Verbündeten. Die Partei allein kann zwar durch Gewalt die Macht übernehmen, muss aber dann die Gesellschaft gestalten. Und das kann sie, so meint Stalin, nicht allein.Vgl. J. Stalin, Fragen des Leninimus, Berlin (Ost) 1955, S. 156.
[109] Vgl. Jens Gieseke, Abweichendes Verhalten in der totalen Institution – Delinquenz und Disziplinierung der hauptamtlichen MfS-Mitarbeiter in der Ära Honecker. In: Roger Engelmann und Clemens Vollnhals (Hrsg.),

Justiz im Dienste der Parteiherrschaft – Rechtspraxis und Staatssicherheit in der DDR, Berlin 1999, S. 531ff.

[110] Vgl. Wilfriede Otto, Erich Mielke – Aufstieg und Fall eines Tschekisten, Berlin 2000, S. 233.

[111] Die sowjetisch-deutsche Aktiengesellschaft »Wismut« war zuständig für den Abbau des Urans.

[112] In der Lagerordnung des Haftarbeitslagers Stalinstadt findet sich die Formulierung, dass bei Ausbruchsversuchen »ohne Anruf sofort scharf geschossen« wird. Vgl. BA Berlin DO1/11/1460, Blatt 349. Später verfasste Lagerordnungen enthalten derartige Passagen nicht, hier war der Einsatz der Schusswaffe bei Gefahr für das Leben der Bewacher vorgesehen.

[113] Eigene Recherchen zum Thema Strafvollzug haben sich niedergeschlagen in einem Aufsatz mit dem Titel »GULag DDR? Zur Ökonomie des Strafvollzuges in der DDR«, der demnächst in einem Sammelband zur DDR-Justiz erscheinen wird.

[114] BA Berlin DO1/32.0/28741.

[115] BA Berlin (SAPMO) DY30/2059, Blatt 34.

[116] Ebenda, Blatt 53.

[117] Ebenda, Blatt 54ff.

[118] Vgl. Otto Wenzel, Kriegsbereit – der Nationale Verteidigungsrat der DDR 1960 bis 1989, Köln 1995.

[119] Dokumente der SED, Band VIII, Berlin (Ost) 1962, S. 11f.

[120] BA Berlin DO 1/11/319, Brief Marons S. 5f., Vorkommnisse Blatt 7 bis 32.

[121] Mitschrift des Leiters der Politverwaltung. In: Ebenda, Blatt 34.

[122] Aus meinem Leben, S. 203.

[123] BA Berlin (SAPMO) DY30/IV2/9.02/20, Blatt 201f.

[124] Zit. nach: Jürgen Rühle, Gunter Holzweißig, 13. August 1961 – Die Mauer von Berlin, Köln 1988, S. 73.

[125] Ebenda, S. 164.

[126] Hier am 2. Februar 1961 mit Bezug auf die Polit-Schule der NVA in Berlin-Treptow. BA Berlin (SAPMO) DY30/IV2/12/20, Blatt 43.

[127] BA Berlin (SAPMO) DY30/JIV2/202/65, Blatt 84.

[128] Ebenda, Blatt 109ff.

[129] BA Berlin DO1/11/1014.

[130] BA Berlin (SAPMO) DY30/JIV2/202/65, Blatt 109ff.

[131] Vgl. Michael Lemke, Die Berlinkrise 1958 bis 1963 – Interessen und Handlungsspielräume der SED im Ost-West-Konflikt, Berlin 1995, S. 164.

[132] Information über die Ursachen der wirtschaftlichen Schwierigkeiten der DDR, 4.8.1961. In: BA Berlin (SAPMO) DY30/JIV2/202/30.

[133] Chronik der Polizeischule Aschersleben.

[134] BA Berlin (SAPMO) DY30/JIV2/202/65, Blatt 1ff.

[135] BA Berlin DO1/11/1130. Es handelt sich um die Tagesberichte des Operativstabes der HVDVP, die einzelnen Mitgliedern des Politbüros und der Regierung zugestellt wurden.

[136] Anklageschrift im Verfahren gegen den Nationalen Verteidigungsrat 1992, zit. nach Uwe Wesel, Der Honecker-Prozess – Ein Staat vor Gericht, Frankfurt am Main 1994, S. 28.

[137] BA Berlin (SAPMO) DY30/2552, Blatt 3ff.

[138] Das Aufgebot wurde gleichzeitig mit dem Befehl 9/61 des Innenministers verkündet, die Aktion war also von Honecker vorab mit Karl Maron und Walter Ulbricht abgestimmt. Einen formalen Beschluss des Sekretariats des ZK oder des Politbüros scheint es jedoch nicht gegeben zu haben. Vgl. Durchführungsverordnung zum Befehl des Ministers in: LAM, SED-BL Halle, IV/2/3/619, Blatt 92ff.

[139] U.a. LAM, SED-BL Halle, IV/2/3/619, Blatt 163ff.

[140] BA Berlin DO1/11/1120, Blatt 1f.

[141] BA Berlin DO1/11/1120, Blatt 14. Die Forschung über den Widerstand in der DDR zeichnet ein merkwürdig verschobenes Bild. Folgt man der Arbeit von Erhart Neubert, scheint sich Opposition vor allem auf die achtziger Jahre zu beschränken. Wer aber saß dann in den 60er Jahren im Ge-

fängnis? Die von Neubert georteten demokratischen Kommunisten können es nicht gewesen sein – solche gab und gibt es nicht. Vgl. Erhart Neubert, Geschichte der Opposition in der DDR 1949 – 1989, Berlin 1997.

142 Information des ZK der SED an die Bezirksleitungen, LAM SED-BL Halle, IV/2/3/581, Blatt 95f.

143 BA Berlin (SAPMO) DY30/2518, Blatt 6f und 18f.

144 Ebenda, Blatt 41ff.

145 Die zweite, nicht realisierte Stufe sah vor: Erhöhung der Eigenverantwortung der Betriebe durch die Partizipation an den selbst erwirtschafteten Gewinnen; Veränderungen im Kreditsystem, Kontrolle der Kredite durch die Banken; Abschaffung der restriktiven Planung zu Gunsten einer gesellschaftlichen Rahmenplanung

146 Stenographische Niederschrift der Beratung des Sekretariats des Zentralkomitees mit den ersten Bezirkssekretären am 19. Juni 1963, Blatt 77.

147 BA Berlin (SAPMO), DY30/IV 2/2.029/10, Blatt 11.

148 Vgl. Nikola Knoth, Das 11. Plenum – Wirtschafts- oder Kulturplenum? In: Günther Agde, Kahlschlag, Berlin 1991, S. 67.

149 Erich Honecker, Bericht des Politbüros an die 11. Tagung des ZK der SED, 15. – 18. Dezember 1965, Berlin 1966.

150 Günter Agde, Zur Anatomie eines Tests. In: Agde, Kahlschlag, S. 141.

151 Stefan Heym, Die Langeweile von Minsk. In: Stefan Heym, Wege und Umwege – Streitbare Schriften aus fünf Jahrzehnten, München 1998, S. 353ff.

152 Zit. nach: Stefan Heym, Tatsachen und Dokumente – Rede vor der Vollversammlung des Berliner Schriftstellerverbandes (Februar 1966). In: Wege und Umwege, S. 368.

153 Und zwar im LDPD-Verlag »Der Morgen« als Lizenzausgabe. Im Westen erschien das Buch bereits 1974. Stefan Heym, 5 Tage im Juni, Berlin (Ost) 1989.

154 BA Berlin (SAPMO) DY30/2186, Blatt 18f.

155 Zit. nach: Weber, S. 265.

156 Lutz Prieß, Vàclav Kural, Manfred Wilke, Die SED und der »Prager Frühling« 1968 – Politik gegen einen Sozialismus mit menschlichem Anlitz, Berlin 1996, S. 63.

157 Über den Verfassungsentwurf konnte per Ankreuzen eines »Ja«-Feldes oder eines »Nein«-Feldes entschieden werden. Es gab sogar Kabinen, in die man sich zur Stimmabgabe zurückziehen konnte. Von 12 208 986 Stimmberechtigten nahmen 11 970 889 an dem Volksentscheid teil. 11 536 803 stimmten mit »Ja«.

158 Ausführlich: Armin Mitter, Stefan Wolle, Untergang auf Raten – Unbekannte Kapitel der DDR-Geschichte, München 1993.

159 Vgl. Prieß, Kural, Wilke, S. 196.

160 Vgl. ebenda, S. 245.

161 Dokumente der SED, S. 125.

162 Prieß, Kural, Wilke, S. 245.

163 Ba Berlin (SAPMO) DY30/2072, Blatt 2 und 9.

164 BA Berlin (SAPMO) DY30/2542, Blatt 43.

165 Gerhard Naumann, Eckhard Trümpler, Der Flop mit der DDR-Nation 1971, Berlin 1991, Vgl. S. 194f.

166 Erich Honecker, Mit dem Blick auf das Jahr 2000 die Aufgaben von heute lösen, Berlin (Ost) 1970, S. 70.

167 BA Berlin (SAPMO) DY30/2118, Blatt 24.

168 Ebenda, S. 38.

169 Ebenda, S. 162.

170 Vgl. Przybylski, S. 285.

171 Kaiser, S. 373.

172 Diese Autoren nennt Hans Modrow, der die Namen vermutlich von Werner Lamberz erfahren hat. Modrow, Ich wollte..., S. 126.

173 BA Berlin (SAPMO) DY30/2118, Blatt 280ff.

174 Markus Wolf, Spionagechef im Kalten Krieg, München 1997, S. 256f.

III. LEBEN. ABSCHNITT 2: OBEN

1 BA Berlin (SAPMO), DY30/2077, Blatt 3.

2 Modrow, Ich wollte..., S. 129.

3 BA Berlin (SAPMO) DY30/2575, Blatt 1.

4 Die Weltbühne, Nr. 24, 15. Juni 1971, S. 39f.

5 BA Berlin (SAPMO) DY30/2118, Blatt 269.

6 Modrow, Ich wollte..., S. 141.

7 BA Berlin (SAPMO) DY30/JIV2/ 202/ 25.

8 BA Berlin (SAPMO) DY30/2118, Blatt 288.

9 BA Berlin (SAPMO) DY30/IVA2/ 2.024/7. Bereits 1931 führte Honecker mit seiner Agit./Prop.-Gruppe im KJVD Friedrich Wolffs Stück »Cyankali« auf. In den sechziger Jahren erörterten Inge Lange, Kurt Hager und Erich Honecker schon einmal die Zweckmäßigkeit einer Fristenlösung, scheiterten aber am Veto Walter Ulbrichts.

10 Vgl. dazu: Eduard Schreiber, Zeit der verpassten Möglichkeiten. In: Schwarzweiß und Farbe DEFA-Dokumentarfilme 1946-92, Berlin 1996, S. 130.

11 BA Berlin (SAPMO) DY30/2159, Blatt 197.

12 Bentzin, S. 242.

13 BA Berlin (SAPMO) DY30/2159, Blatt 197.

14 Vgl. Stefan Wolle, Die heile Welt der Diktatur – Alltag und Herrschaft in der DDR 1971-1989, Bonn 1998, S. 50.

15 Vgl. ebenda, S. 187 und Weber, S. 293.

16 Berliner Zeitung, 23.3.1999, S. VIII.

17 Folgende Zitate aus der stenografischen Niederschrift der Beratung des Sekretariats des Zentralkomitees mit den 1. Sekretären der Bezirksleitungen der SED im Hause des Zentralkomitees am Montag, dem 21. Februar 1972, BA Berlin (SAPMO) DY30/ 2144.

18 BA Berlin (SAPMO), DY30/2375, Blatt 138.

19 Dokumentation zu den innerdeutschen Beziehungen – Abmachungen und Erklärungen, Bonn 1989, S. 22.

20 BA Berlin (SAPMO) DY30/2550.

21 Vgl. Wolf, Spionagechef, S. 213.

22 Belege über Zahlungen an die evangelischen Landeskirchen in: BA Berlin DL2/KoKo/1060.

23 Die Briefe der DKP sind enthalten in: BA Berlin (SAPMO) DY30/2401.

24 DY30/2401, Blatt 89.

25 Der Spiegel 46/1995, S. 38. Korrigierend: Thomas Auerbach, Einsatzkommandos an der unsichtbaren Front – Terror und Sabotagevorbereitungen des MfS gegen die Bundesrepublik Deutschland, Berlin 1999.

26 BA Berlin, DL2/KoKo/1054, Blatt 18. Der Überweisungsbeleg weist als Spender Walter Welker aus, als die Abteilung Verkehr 320 000 DM an Schalck übergibt, quittiert man Spende Welker.

27 BA Berlin, DL2/KoKo/1054, zum Beispiel Blatt 43.

28 BA Berlin, DL2/KoKo/1054.

29 BA Berlin (SAPMO) DY30/2532.

30 Die Zahl der Internierten stieg von 2283 (1972) auf 9983 (1973) an. Grundlage dafür war der Paragraph 249 DDR-StGB, der die Einweisung in Arbeitslager vorsah, wenn »sich jemand aus Arbeitsscheu einer geregelten Arbeit hartnäckig entzieht, obwohl er arbeitsfähig ist.« Vgl. Falco Werkentin, Politische Strafjustiz in der Ära Ulbricht, Vom bekennenden Terror zur verdeckten Repression, Berlin 1997, S. 360 und 378.

31 BA Berlin (SAPMO) DY30/2514, Blatt 143f.

32 BA Berlin (SAPMO) DY30/2455, Blatt 20.

33 Konferenz der kommunistischen und Arbeiterparteien Europas, Berlin 29. und 30. Juni 1976 – Dokumente und Reden, Berlin 1976.

34 Wolfgang Leonhard, Eurokommunismus – Herausforderung für Ost und West, München 1978, S. 170.

35 Hermann Axen, Ich war ein Diener der Partei, Berlin 1996, S. 379.

36 Zit: nach Weber, S. 434.

[37] Axen, Diener, S. 360.

[38] StAL, SED-BL Leipzig, IV/C-2/3/269, Blatt 99.

[39] Erich Honecker, Helsinki und wir – Interview des Neuen Deutschland, 6. August 1975. In: Honecker, Reden und Aufsätze, Bd. 3, S. 464ff.

[40] Vgl. Przybylski, S. 320.

[41] BA Berlin (SAPMO) DY30/2550, Blatt 42ff.

[42] So erhielt Nikaragua 1983 20 Millionen Dollar vom Häftlingskonto. Vgl. BA Berlin (SAPMO) DL2/KoKo/1053, Blatt 46f.

[43] Vgl. Hans-Adolf Jacobsen, Gert Leptin, Ulrich Scheuner, Eberhard Schulz, Drei Jahrzehnte Außenpolitik der DDR – Bestimmungsfaktoren, Instrumente, Aktionsfelder, München und Wien 1979 und aktuell: Benno-Eide Siebs, Die Außenpolitik der DDR 1976-1989 – Strategien und Grenzen, Paderborn, München, Wien, Zürich 1999.

[44] Vgl. BA Berlin DL2/KoKo/1031, Blatt 27ff. Detailliert: Hans Joachim Döring, »Es geht um unsere Existenz« – Die Politik der DDR gegenüber der Dritten Welt am Beispiel von Mosambik und Äthiopien, Berlin 1999.

[45] Nach: Carl-Heinz Janson, Totengräber der DDR – Wie Günter Mittag den SED-Staat ruinierte, Düsseldorf u.a. 1991, S. 65.

[46] BA Berlin (SAPMO) DY30/2379, Blatt 67.

[47] Ebenda, Blatt 70ff.

[48] Die Entwertung der DDR-Mark hätte, im Gegensatz zu dem heute durch den IWF favorisierten »Floaten« (u.a. beim thailändischen Baht) keine positiven Effekte für die Wirtschaft gehabt, da es sich ohnehin um eine Binnenwährung handelte. Folge wäre – wie in Polen – die Verarmung der Ärmsten gewesen.

[49] Vgl. Jürgen Nitz, Länderspiel – Ein Insider-Report, Berlin 1995, S. 11ff.

[50] Werner Maser, Helmut Kohl – Der deutsche Kanzler, Berlin, Frankfurt am Main 1990, S. 104.

[51] BA Berlin DL2/KoKo/1040, Blatt 107.

[52] Ebenda, Blatt 101 und 157.

[53] Direkte Kredite wurden prinzipiell nicht genehmigt. In der Praxis des innerdeutschen Handels bildete sich das Forfaitierungsgeschäft heraus, d.h. dass Banken die Forderungen von BRD-Exporteuren gegenüber DDR-Außenhandelsbetrieben aufkauften und diese dann kreditierten.

[54] Zit. nach: Detlef Nakath, Gerd-Rüdiger Stephan (Hrsg.), Die Häber-Protokolle, Schlaglichter der SED-Westpolitik 1973-1985, Berlin 1999, S. 399.

[55] Notizen über die Gespräche finden sich in: BA Berlin (SAPMO) DY30/2399.

[56] BA Berlin (SAPMO) DY30/2115, Blatt 36f.

[57] Das Protokoll des Gespräches ist abgedruckt in: Erich Honecker, Moabiter Notizen, Berlin 1994, S. 203f.

[58] Heiner Sauer, Hans-Otto Plumeyer, Der Salzgitter-Report, Frankfurt am Main und Berlin 1993, S. 27f.

[59] BA Berlin (SAPMO) DY30/2399, Blatt 102.

[60] So der handschriftliche Vermerk auf dem Schreiben. BA Berlin (SAPMO) DY30/2399, Blatt 109.

[61] Franz-Josef Strauß. Die Erinnerungen, Berlin 1989, S. 491. Strauß irrte allerdings, als er glaubte, Honecker mit 50 Flaschen bestem fränkischen Wein eine besondere Geburtstagsfreude zu machen. Honecker blieb Biertrinker bis zum Schluss, er mochte DAB-Pilsener.

[62] Vgl. BA Berlin (SAPMO) DY30/2399, Blatt 184ff.

[63] In einem Interview mit der arabischen kommunistischen Zeitschrift »Al Nahj«, das selbstverständlich mehrfach nachgedruckt und »popularisiert« wurde. In: Honecker, Reden und Aufsätze, Band 12, Seite 270.

[64] Alle Gesprächsvermerke sind abgedruckt in den Moabiter Notizen.

[65] Der Besuch von Generalsekretär Honecker in der Bundesrepublik Deutschland, Dokumentation, Bonn 1988, S. 27.

[66] Ebenda, S. 32.

67 Alexander Schalck-Golodkowski, Deutsch-deutsche Erinnerungen, Reinbek 2000, S. 270.

68 Kleines politisches Wörterbuch, Berlin (Ost) 1978, S. 258.

69 Zit. nach Manfred Wilke, Reinhardt Gutsche, Michael Kubina, Die SED-Führung und die Unterdrückung der polnischen Oppositionsbewegung 1980/81, Köln 1994, S. 32.

70 Michail Gorbatschow, Erinnerungen, Berlin 1995, S. 711.

71 BA Berlin (SAPMO) DY30/2558, Blatt 96ff.

72 BA Berlin (SAPMO) DY30/2386, Blatt 21ff.

73 BA Berlin (SAPMO) DY30/2558, Blatt 77ff.

74 Neues Deutschland, 16.11.1989, S. 2.

75 Neues Deutschland, 19./20.11.1988, S. 2.

76 Erich Honecker, Zu dramatischen Ereignissen, Hamburg 1992, S. 87.

77 BA Berlin (SAPMO) DY30/2116, Blatt 324ff.

78 Keßler, Zur Sache, S. 239.

79 Zit. nach: Jochen Staadt, Honecker tänzelte. In: FAZ, 7. Oktober 1999, S. 12.

80 BA Berlin (SAPMO) DY30/2389, Blatt 132.

IV. LEBEN. ABSCHNITT 3: ABSTURZ

1 Gorbatschow, S. 720.

2 Schalck-Golodkowski, S. 322.

3 BA Berlin DL2/KoKo/1126, Blatt 43.

4 Eine denkbare Option wäre zum Beispiel der Verkauf von Grund und Boden an Ausländer gewesen. Anfragen von Westberliner Seite dazu hatte die DDR 1979 brüsk abgelehnt. Vgl. BA Berlin DL2/ KoKo/1174, Blatt 397f. Vorausgegangen sein soll eine Konsultation mit sowjetischen Diplomaten, die massives Unverständnis äußerten, dass von sowjetischen Truppen »befreites« Gebiet an den »Gegner verhökert werden solle. Nach dem Machtantritt Michail Gorbatschows wäre in dieser Frage vermutlich eine andere Entscheidung gefallen. Entsprechende Schritte hat die DDR jedoch nicht unternommen. Weder eine Eigentumsgarantie für ausländische Investoren noch gemeinsame Gesellschaften (Joint ventures) waren für die SED-Führung um Erich Honecker vorstellbar.

5 Zur britischen Position: Joachim Mitdank, Diplomatische Offensive in Richtung Westeuropa? In: Birgit Malchow (Hrsg.), Der Letzte macht das Licht aus – Wie DDR-Diplomaten das Jahr 1990 im Ausland erlebten, Berlin 1999, S. 74.

6 Neues Deutschland, 20.1.89, S. 2.

7 Außenpolitik der Bundesrepublik Deutschland – Dokumente von 1949 bis 1994, Köln 1995, S. 588.

8 Peter Kirschey, Wandlitz, Waldsiedlung – Die geschlossene Gesellschaft, Berlin 1990, S. 59.

9 BA Berlin (SAPMO) DY30/2120, Blatt 76ff.

10 Egon Krenz reklamiert für sich, dass Henrich ungeschoren davon kam. Vgl. Egon Krenz, Herbst '89, Berlin 1999, S. 42. Er intervenierte jedoch erst im April bei Honecker, da war dessen Entscheidung, nichts zu unternehmen, schon gefallen.

11 Vgl. Neubert, S. 800ff.

12 Die Information der Zentralen Auswertungs- und Informationsgruppe des MfS, die Honecker am 8. Mai erhielt, ist abgedruckt in: Armin Mitter, Stefan Wolle, Ich liebe euch doch alle! Befehle und Lageberichte des MfS – Januar bis November 1989, Berlin 1990, S. 34.

13 Z.B. in: BA Berlin (SAPMO) DY30/879.

14 Hans-Hermann Hertle, Gerd-Rüdiger Stephan (Hrsg.), Das Ende der SED – Die letzten Tage des Zentralkomitees, Berlin 1997, S. 43.

15 BA Berlin (SAPMO) DY30/2535.

16 Keßler, S. 246.

17 Frank-Joachim Herrmann, Der Sekretär des Generalsekretärs, Berlin 1995, S. 10 und 12.

18 Egon Krenz, Wenn Mauern fallen – Die friedliche Revolution: Vorgeschichte – Ablauf – Auswirkungen, Wien 1990, S. 141.

[19] BA Berlin (SAPMO) DY30/2398, Blatt 175f.

[20] Gerd Vehres, Ungarn-Fan im Strudel der Gefühle: In: Malchow, S. 115ff.

[21] Hans Modrow: »Ich bekam ein Fernschreiben des Generalsekretärs, das der 1. Sekretär Karl-Marx-Stadt und der 1. Sekretär Dresden erhielten, und zwar mit der nackten Mitteilung: Es werden Züge aus Prag in die Bundesrepublik geleitet. Wir möchten euch darüber in Kenntnis setzen. Erich Honecker – Das war alles.« Modrow, Ich wollte..., S. 269.

[22] Etwas pathetischer: Hans-Dietrich Genscher, Erinnerungen, Berlin 1995, S. 22f.

[23] Zit. nach: Jochen Staadt, Honecker tänzelte. In: FAZ, 7.10.1999, S. 12.

[24] Eberhard Czichon, Heinz Marohn, Das Geschenk – Die DDR im Perestroika-Ausverkauf, Köln 1999, S. 142.

[25] Krenz, Herbst '89, S. 100.

[26] Czichon, Marohn, S. 138.

[27] Ebenda, S. 142.

[28] Ebenda, S. 143.

[29] BA Berlin (SAPMO) DY30/2121, Blatt 54ff. Von einer möglichen Reduzierung des Sicherheitsapparates sprach Honecker zum ersten Mal in seinem Brief an die ZPKK am 12. Dezember. Mittlerweile war ihm aufgegangen, dass die Verschwörung mit der Staatssicherheit abgesprochen war. Vgl. Zu dramatischen Ereignissen, S. 85.

[30] BA Berlin (SAPMO) DY30/2121, Blatt 58ff.

[31] Zit. nach: Hertle, Stephan, S. 50.

[32] Krenz, Wenn Mauern fallen, S. 140.

[33] Der Spiegel 42/1999, S. 78.

[34] Zit. nach: Hertle, Stephan, S. 51.

[35] Der Spiegel, 42/1999, S. 79.

[36] Das berichtet Egon Krenz, Herbst '89, S. 117f.

[37] Zit. nach: Henrik Eberle, Denise Wesenberg (Hrsg.), Einverstanden E.H., Berlin 1999, S. 45f.

[38] Hertle, Stephan, S. 103.

[39] Edda.

[40] BA Berlin DL2/KoKo/1126, Blatt 90.

[41] Der Spiegel 46/1999, S. 190.

[42] Abgedruckt in: Zu dramatischen Ereignissen, S. 87.

[43] Ebenda, S. 80.

[44] Die Verhandlungen über die einstigen Mitglieder des Politbüros vor der Zentralen Parteikontrollkommission finden am 20. Januar 1990 statt. Obwohl man niemandem gründlich zuhören mag, dauert die Aktion bis zum nächsten Morgen. Fast alle trifft es, Krenz, Hager, Neumann, Herrmann, Dohlus, Keßler, Lange... Völlig bizarr war die schematisierte Begründung, die alle Verstoßenen erhielten: »ungenügende Verbundenheit und mangelhaftes Vertrauen zur Sowjetunion«. Dazu Heinz Keßler: »Ich glaubte falsch gehört, falsch gelesen zu haben.« Keßler, S. 322.

[45] Landesamt für Verfassungsschutz, Verfassungsschutzbericht, Berlin 1992, S. 56.

[46] So viel Edelmütigkeit rief missgünstige Beobachter auf den Plan, die meinten, in Wirklichkeit sei das Arrangement mit der Führung der brandenburgischen Landeskirche vereinbart gewesen. Manfred Stolpe habe Honecker einen letzten Dienst erwiesen. Diese Darstellung trifft jedoch nicht zu, Holmer wurde – wie Gerüchte besagen – vorzeitig in Ruhestand geschickt.

[47] Neues Deutschland, 31.5.1994, S. 5.

[48] Rainer Eppelmann, Fremd im eigenen Haus – Mein Leben im anderen Deutschland, Köln 1993, S. 371ff.

[49] Modrow, Ich wollte..., S. 444.

[50] Hans Modrow macht für die »Mobilisierung« des Volkszorns das Neue Forum verantwortlich. Wer aber war zu diesem Zeitpunkt das Neue Forum?

[51] Zu dramatischen Ereignissen, S. 89.

[52] Ebenda, S. 5.

[53] Friedrich Wolff, Verlorene Prozesse 1953-1998 – Meine Verteidigungen in politischen Strafverfahren, Baden-Baden 1999, S. 274.

[54] Ebenda, S. 280.

[55] Ebenda, S. 295.

[56] Uwe Wesel, Der Honecker-Prozess – Ein Staat vor Gericht, Frankfurt am Main 1994, S. 61.

[57] Die Erklärung ist vollständig abgedruckt in Wolff, S. 321 bis 331.

[58] Vielleicht ist das wahr, vielleicht auch nicht. Goethes »Mehr Licht!« ist auch gefälscht. Höhnisch kommentierte BILD: »Seine letzte Botschaft blieb der Welt erspart.« BILD, Ausgabe Halle, 30.5.1994, S. 2.

[59] BILD, Ausgabe Halle, 1.6.1994, S. 1.

[60] Aus meinem Leben, S. 20.

V. ERICH HONECKER PERSÖNLICH

[1] Hier zitiert nach Engels' Anti-Dühring und wie so oft absichtlich ahistorisch missverstanden.

[2] In Przybylskis Buch erfüllt das Nicht-Bekenntnis zu Lotte Grund die Funktion, Honecker als ehrlosen Schurken darzustellen. In seinen 1991er Notizen »Zu dramatischen Ereignissen« ging er nicht auf diese Vorwürfe ein, beschrieb sie jedoch als rundum ehrenwerte Frau. Aber ob er sie nun geheiratet hat, wissen wir nicht.

[3] Reimer Hinrichs, Krankheit ohne Leidensdruck. In: Kursbuch 111 »In Sachen Erich Honecker«, S. 78.

[4] Bentzin, S. 219.

[5] Modrow, Ich wollte..., S. 94.

[6] Wolle, S. 175.

[7] Eppelmann, S. 375.

[8] Landesarchiv Merseburg, SED-BL Halle IV/2/3/453, Blatt 36f.

[9] BA Berlin (SAPMO) DY30/IV2/1/264, S. 55.

[10] BA Berlin (SAPMO) DY30/JIV2/3/781, Blatt 2.

[11] BA Berlin (SAPMO) DY30/IV2/1/264, Blatt 63.

[12] BA Berlin (SAPMO) DY30/IV2/1/264, Blatt 60.

[13] Bentzin, S. 220.

[14] Borkowski, S. 168.

[15] Kaderakte, Blatt 25.

[16] Jürgen Kuczynski, Fortgesetzter Dialog mit meinem Urenkel, Berlin 1996, S. 152.

[17] Hermann, Sekretär, S. 117.

[18] Noch eine zweite Enkeltochter Viviane wird erwähnt.

[19] Paul Bergner, Die Waldsiedlung, Wandlitz 1994, S. 51.

[20] Schalck-Golodkowski, S. 222.

[21] Bergner, S. 61.

[22] Klaus Steffen, Barbara Henninger, Essen wie Erich, Das Beste aus Honeckers Hofküche, Berlin 1999, S. 37.

[23] Kant, Abspann, S. 530.

[24] Gerd Schmidt, Ich war Butler beim Politbüro, Protokoll der Wahrheit über die Waldsiedlung Wandlitz, Schkeuditz 1999, S. 54.

[25] BILD, Ausgabe Halle, 30.5.1994.

[26] Schmidt, S. 93.

[27] Statistisches Jahrbuch der Deutschen Demokratischen Republik 1955, S. 98. Diese erste Ausgabe des Jahrbuches enthält Angaben bis 1950. Zuverlässige statistische Angaben über die Einkommen der unmittelbaren Nachkriegszeit existieren nicht. Entscheidend war in dieser Zeit jedoch die Sonderversorgung für die Funktionäre. Zigaretten und Schnaps bedeuteten mehr als die entwertete Reichsmark.

[28] Auch heute bekommt der Bundeskanzler das zehnfache Gehalt eines gut verdienenden Arbeiters.

[29] Schalck Golodkowski, S. 216.

[30] Steffen, S. 32 und BILD, Ausgabe Halle, 30.5.1994.

[31] Neues Deutschland, 31.5.1994, S. 5

[32] Der Sturz, S. 393.

[33] In den Moabiter Notizen spricht Erich Honecker von 184 000 Mark. Vgl. Moabiter Notizen, S. 100. Honeckers Anwalt Friedrich Wolff nennt jedoch die angegebene Zahl. Als Beleg führt er den Beschlagnahmebescheid der Staatsanwaltschaft an. Margot Honeckers Kontostand betrug 77 502,98 Mark. Dieses Vermögen wurde nicht eingezogen, um den Lebensunterhalt der Familie zu gewährleisten. Vgl. Wolff, S. 248.

[34] Die Welt online, 15.6.1999 in: www.welt.de/daten/1999/ 06/15/0615de117811.htx

[35] Gefeiert wurde das Fest der Christen allerdings. Nur eisenharte Heuchler wie der Leipziger Bezirkssekretär Paul Fröhlich zelebrierten ein »Tannenbaumfest«.

36 Schmidt, S. 52.

37 Willi Fahnenschmidt, DDR-Funktionäre vor Gericht – Die Strafverfahren wegen Amtsmissbrauch und Korruption im letzten Jahr der DDR und nach der Vereinigung, Berlin 2000, S. 3.

38 Schalck-Golodkowski, S. 222.

39 Ebenda, S. 222f.

40 Bergner, S. 92.

41 Ebenda, S. 82.

42 Zu dramatischen Ereignissen, S. 88.

43 Steffen, S. 42ff.

44 Das wurde Gegenstand von Ermittlungen zum Thema Amtsmissbrauch und Korruption. Vgl. Fahnenschmidt, S. 46.

45 Der Sturz, S. 389.

46 Der Sturz, S. 396.

47 BA Berlin (SAPMO) DY30/2379, Blatt 2.

48 Rudolf Chowanetz (Hrsg.), Erich Honecker – Ein Leben für das Volk, Berlin 1987.

49 Vgl. Fahnenschmidt, S. 50.

50 Der Nationalpreis der DDR war höher dotiert (I. Klasse – 100 000 Mark, II. Klasse – 50 000 Mark, III. Klasse 25 000 Mark.). Zyniker erkennen freilich einen Zusammenhang zwischen Verleihung des Karl-Marx-Ordens und »Verdiensten« Erich Honeckers. 1969 hätte er ihn danach für seine Beteiligung an der Niederschlagung der Prager Frühlings im Vorjahr erhalten. 1972 für den Sturz Walter Ulbrichts 1971. 1977 für die Ausbürgerung Wolf Biermanns im Jahr zuvor. 1982 für die schwerste Versorgungskrise, die die DDR je durchlitt. Doch 1987?

51 Alle westlich orientierten Diktatoren Südamerikas erhielten in den fünfziger Jahren das Bundesverdienstkreuz, das weisen Veröffentlichungen aus. Eine systematische Übersicht wollte mir das zuständige Bundespräsidialamt nicht zugänglich machen, warum wohl?

52 Detailliert: Gerhardt Ronneberger, Deckname Saale, High-Tech-Schmuggler unter Schalck-Golodkowski, Berlin 1999.

53 BA Berlin, DL2/KoKo/1053.

54 Exemplarisch: Wjatscheslaw Kotschemassow, Meine letzte Mission, Berlin 1994, S. 58.

55 Erich Honecker, Vorwort für: Nikolai Ostrowski, Wie der Stahl gehärtet wurde, Berlin (Ost) 1985.

56 Denise Wesenberg, Kosten und Nutzen der Traditionspflege – Aspekte des Bauernkriegspanoramas Bad Frankenhausen. In: Hallische Beiträge zur Zeitgeschichte, Heft 4, 1998, S. 143ff.

57 Kaderakte.

58 Briefwechsel in: BA Berlin/DA5/11571.

59 Der Sturz, S. 108.

60 Der Sturz, S. 80 und 434.

61 Bergner, S. 50. Bergner mutmaßt, die Blumen könnten ihn an eine große Liebe oder die FDJ erinnert haben. Die wahre Erklärung für dieses Verhalten findet sich in Asterix Band VII. Hier stellt ein Gote fest: »Man kann doch Barbar sein und trotzdem Blumen lieben!« René Goscinny und Albert Uderzo, Asterix und die Goten, Stuttgart 1990, S. 11.

62 Der Sturz, S. 134.

63 BA Berlin, NY4167/16.

64 Gerd Koenen, Die Großen Gesänge – Lenin, Stalin, Mao Tse-tung – Führerkulte und Heldenmythen des 20. Jahrhunderts, Frankfurt am Main 1991, S. 218.

65 Zit. nach: Serwu & Co. Wir woll'n unsern alten Erich wieder ham!, Berlin 1992, S. 15.

66 Zit. nach ebenda, S. 59.

67 BA Berlin (SAPMO) DY30/2575, Blatt 1.

VI. HERRSCHAFTSTECHNIK

1 Max Weber, Wirtschaft und Gesellschaft – Grundriss der verstehenden Soziologie, Köln und Berlin (West) 1964, S. 38.

2 Otfrid Arnold und Hans Modrow billigen der Ideologie einen ähnlich hohen Stellenwert wie staatlichen Maßnahmen zu: »In der Praxis war diese Führungsrolle [der Partei] eine im Wesentlichen mit administrativen,

aber auch mit ideologischen Mitteln durchgesetzte politische Herrschaft der SED-Führung über die Gesellschaft.« Otfrid Arnold, Hans Modrow, Das große Haus – Struktur und Funktionsweise des Zentralkomitees der SED. In: Hans Modrow (Hrsg.), Das Große Haus, Berlin 1994, S. 12. Maßgeblich: Klaus Schröder unter Mitarbeit von Steffen Alisch, Der SED-Staat – Partei, Staat und Gesellschaft 1949-1990, München 1998, besonders S. 607ff.

3 Milovan Djilas, Die neue Klasse, München 1958, S. 83. Es ist auch von einer »Dienstklasse« von 1,5 bis 2 % gesprochen worden. Diese Zahl läge erheblich niedriger als die, die man nach Dijlas ansetzen müsste.

4 J. Stalin, Fragen des Leninismus, Berlin (Ost) 1955, S. 79.

5 BA Berlin (SAPMO) DY30/2577, Blatt 208ff. In der Druckfassung fehlen diese Passagen.

6 BA Berlin (SAPMO) JIV/8.

7 BA Berlin (SAPMO) DY30/2531, Blatt 5.

8 BA Berlin (SAPMO) DY30/2531, Blatt 6.

9 Vgl. Stalin, Fragen des Leninismus, S. 152. Zu den Grundlagen der stalinistischen Revolution in der Sowjetischen Besatzungszone vgl. Manfred Wilke, Kommunismus in Deutschland und Rahmenbedingungen politischen Handelns nach 1945. In: Manfred Wilke, Anatomie der Parteizentrale – Die KPD/ SED auf dem Weg zur Macht, Berlin 1998, besonders S. 42.

10 BA Berlin (SAPMO) DY30/2575, Blatt 100.

11 Stalin, Fragen des Leninismus, S. 47. Stalin denkt hier Engels zu Ende, der 1875 an Bebel schrieb: »Da nun der Staat doch nur eine vorübergehende Einrichtung ist, deren man sich im Kampf, in der Revolution bedient, um seine Gegner gewaltsam niederzuhalten, so ist es purer Unsinn, vom freien Volksstaat zu sprechen: Solange das Proletariat den Staat noch gebraucht, gebraucht es ihn nicht im Interesse der Freiheit, sondern zur Niederhaltung seiner Gegner.« Zit. nach: Konrad Löw, Das Rotbuch der kommunistischen Ideologie: Marx & Engels – Die Väter der Terrors, München 1999, S. 209.

12 Programm der Sozialistischen Einheitspartei Deutschlands, Berlin (Ost) 1976, S. 40.

13 Ebenda, S. 5.

14 Stalin, Fragen des Leninismus, S. 101.

15 Ebenda, S. 163.

16 Vgl. Arnold, Modrow, in: Modrow, Das Große Haus, S. 12.

17 Jürgen Kuczynski, »Ein linientreuer Dissident«, Berlin 1994, S. 228.

18 Herrmann, Sekretär, S. 22.

19 Die folgenden Angaben wurden den im Literaturverzeichnis aufgezählten Memoiren entnommen.

20 Brigitte Zimmermann, Hans-Dieter Schütt, ohnMacht – DDR-Funktionäre sagen aus, Berlin 1992, S. 155.

21 Herrmann, Sekretär, S. 10.

22 So wie Egon Krenz, der uns diese Eigenschaft seines Chefs berichtet. Krenz, Wenn Mauern fallen, S. 113.

23 Modrow, Ich wollte..., S. 97.

24 Kant, Abspann, S. 529f.

25 Kuczynski, Linientreuer Dissident, S. 396.

26 Eine Auswahl bieten Mitter, Wolle, Ich liebe Euch doch alle!

27 Schalck-Golodkowski, S. 270.

28 Thomas Roethe, Arbeiten wie bei Honecker – Leben wie bei Kohl – Ein Plädoyer für das Ende der Schonfrist, Frankfurt am Main 1999, S. 106. Den Eingaben kam dabei ein hoher Stellenwert zu. Da weder eine Verwaltungsgerichtsbarkeit noch eine Kontrolle der Bürokratie durch die Legislative existierten, blieb die »Eingabe« eine der wenigen Einflussmöglichkeiten der Bevölkerung. In Artikel 103 der 1968 erlassenen Verfassung wurde festgelegt, dass sich jeder Bürger mit »Eingaben (Vorschlägen, Hinweisen, Anliegen oder Beschwerden)« an die Volksvertretungen oder staatlichen Organe wenden dürfe. Gleichzeitig besagte Artikel 2 des Paragraphen, dass »die für die Entscheidung

verantwortlichen Organe verpflichtet«(!) seien, diese Schreiben innerhalb der »gesetzlich vorgeschriebenen Frist« zu beantworten. Dem Bürger dürfe, so heißt es weiter in der Verfassung, »aus der Wahrnehmung dieses Rechtes kein Nachteil entstehen.« Es scheint so, als sei in der Regel nach diesen Vorgaben verfahren worden. Zwar wurden Eingaben gelegentlich nicht »bearbeitet«, weil der Beschwerdeführer politisch oder anderweitig nicht genehm war. (So 1989 bei einer Eingabe von Jörg und Regine Hildebrandt, die bei der Parteiführung höheres Realitätsempfinden anmahnten. Das Schreiben wurde nicht beantwortet, weil es sich bei den beiden um »Nichtwähler« handelte. Der zuständige Mitarbeiter im ZK notierte: »Im Büro des Genossen Honecker wird in analogen Fällen ebenso verfahren.« Zit. nach Einverstanden, E.H., S. 318.) Von einer generellen Überprüfung sämtlicher Eingaben durch das Ministerium für Staatssicherheit kann aber, obwohl dies immer wieder kolportiert wird, nicht die Rede sein. Die sich im Laufe der Zeit entwickelnde »Eingabenkultur« spiegelt letztlich ein bestimmtes Spektrum der systemimmanenten Kritik wider. Protest gegen die Art und Weise der Herrschaft ist in den Briefen kaum zu finden. Manche Eingabe rüttelte aber indirekt an den Festen des Regimes, etwa wenn das Recht auf Reisefreiheit und den Wechsel des Wohnortes eingefordert wurde.

29 Zu folgenden Angaben vor allem die Akten BA Berlin (SAPMO) DY30/ 2589 und 2590.

30 Folgend: BA Berlin (SAPMO) DY30/ 2590, Blatt 106 ff.

31 BA Berlin (SAPMO) DY30/vorl. SED 41852.

32 Schalck-Golodkowski, S. 155.

33 Vgl. Arnold, Modrow, in: Modrow, Das Große Haus, S. 32.

34 Die Anweisungen sind abgedruckt bei Matthias Judt, DDR-Geschichte in Dokumenten, Bonn und Berlin 1998, S. 77 und S. 81.

35 Als Nebeneffekt ergab sich, dass die Sowjetunion mit dem Ministerpräsidenten der DDR und seinen beiden ersten Stellvertretern (Stoph, Neumann, Krolikowski) drei zuverlässige Informanten und Diener besaß. Im Parteiapparat selber schienen diese aber rar geworden zu sein. Eindeutig ein Fehler in der Perzeption der ostdeutschen Verhältnisse, auch hervorgerufen durch die Unterschätzung der Rolle der Partei und die Überbetonung des Sicherheitsapparates im eigenen Land.

36 Eine Mittagspause wurde nicht gemacht. Für die Mitglieder und Kandidaten des Politbüros, nicht aber für vortragende Gäste, gab es Schnittchen. Diese Erkenntnis verdanken wir dem ewig hungrigen Alexander Schalck, der mit Glück im Vorraum gelegentlich ein Halberstädter Würstchen abfassen konnte.

37 Daran erinnert sich Manfred Uschner, Mitarbeiter Hermann Axens. Vgl. Judt, S. 49.

38 Schalck-Golodkowski, S. 149.

39 Karl Schirdewan, Ein JahrhundertLeben, Berlin 1998, S. 282.

40 Günter Schabowski, Der Absturz, Berlin 1991, S. 106.

41 Im Wesentlichen wird hier der Darstellung von Bergner gefolgt, als erstaunlich präzise erwiesen sich auch die Memoiren von Gerd Schmidt, dem Leiter der Verwaltung Waldsiedlung.

42 Bundestagsdrucksache 12/7600, Bonn 1994, Textband S. 291.

43 Schmidt, S. 26.

44 Schalck-Golodkowski, S. 218f.

45 Bergner, S. 84.

46 Bergner, S. 96ff.

47 BA Berlin DA5/9654.

48 BA Berlin DY30/2413, Blatt 23ff.

49 Vgl. Hubertus Knabe, Die unterwanderte Republik, Berlin 1999, S. 113.

50 Das SED-Handbuch verzeichnet die Kaderkommission nicht. Vgl. Andreas Herbst, Gerd-Rüdiger Stephan, Jürgen Winkler, Die SED, Berlin 1997, S. 884ff. In den Archivalien des Persönlichen Büros finden sich jedoch die von

Honecker abgezeichneten Listen. Vgl. z.B. BA Berlin (SAPMO) DY30/2127.

51 Schalck-Golodkowski, S. 147.

52 Karl-Eduard von Schnitzler, Der Rote Kanal, Hamburg 1992, S. 90.

53 Zahlenangaben in: BA Berlin (SAPMO) DY30/2180.

54 Diese arbeiteten eng mit dem Ministerium für Staatssicherheit und der Justiz zusammen. Das Procedere war immer gleich. Erst Untersuchung durch Parteiorgane und Ausschluss, dann Verhaftung und Aburteilung. Wenn immer wieder Gegenteiliges behauptet wird, so jüngst von Alexander Schalck-Golodkowski, geschieht dies, um individuelle Schuld abzuwälzen.

55 BA Berlin (SAPMO) DY30/2144, Blatt 2.

56 Stalin, Fragen des Leninismus, S. 169.

57 Honecker, Die Rolle der FDJ im geistigen Ringen unserer Zeit, S. 19.

58 BA Berlin (SAPMO) DY30/2575, Blatt 101.

59 Statistiken in: Falco Werkentin, Politische Strafjustiz in der Ära Ulbricht – Vom bekennenden Terror zur verdeckten Repression, Berlin 1997, S. 378.

60 Fregattenkapitän Wilfried Baumann, Hauptmann Werner Teske, Major Gert Trebeljahr. FAZ, 30.9.1995, S. 8.

61 BA Berlin (SAPMO) DY30/2514, Blatt 101.

62 Ebenda, Blatt 140.

63 Wolfgang Thierse, Helden aus Verzweiflung. In: FAZ, 7. Oktober 1999, S. 14.

64 Laut der Anklageschrift gegen Mückenberger u.a., vgl. FAZ 20.2.1996, S. 7.

65 Zit. nach: Dietmar Schultke, »Keiner kommt durch« – Die Geschichte der innerdeutschen Grenze 1945-1990, Berlin 2000, S. 192.

66 Laut Anklageschrift gegen Mückenberger u.a., FAZ, 20.2.1996, S. 7. Die Aufhebung des Schießbefehls reklamiert auch Egon Krenz für sich.

67 Vgl. Schultke, S. 194.

68 BA Berlin (SAPMO) DY30/2577, Blatt 2.

69 Kaderakte.

70 Der Sturz, S. 144.

71 Stalin, Fragen des Leninismus, S. 9.

72 Zu dramatischen Ereignissen, S. 15.

73 Stalin, Fragen des Leninismus, S. 317.

74 BA Berlin (SAPMO) DY30/2059, Blatt 58.

75 BA Berlin (SAPMO) DY30/2186, Blatt 21.

76 Neubert, S. 220.

77 Ebenda, S. 230.

78 BA Berlin (SAPMO) DY30/2386, Blatt 43.

79 BA Berlin (SAPMO) DY30/IV2/2.037/36, Blatt 163ff. Im Wortlaut abgedruckt in: Einverstanden E.H., S. 67.

80 Mit dem Blick auf den XII. Parteitag die Aufgaben der Gegenwart lösen – Aus dem Bericht des Politbüros an die 7. Tagung des ZK der SED, Berichterstatter: Genosse Erich Honecker, Berlin 1988, S. 9 und 11.

81 Jürgen Kuczynski, Dialog mit meinem Urenkel, Neunzehn Fragen und ein Tagebuch (ungekürzte Fassung), Berlin 1996, S. 18.

82 Ebenda, S. 172.

83 BA Berlin (SAPMO) DY30/2559, Blatt 1ff.

84 Reformkommunismus als Mangelware! Vgl. BA Berlin (SAPMO) DY30/2560, Blatt 1.

85 Programm der SED, Berlin (Ost) 1976 besonders S. 16.

86 Zahlenangaben in: BA Berlin (SAPMO) DY30/2180.

87 Honecker, Die Rolle der FDJ, S. 15.

88 BA Berlin (SAPMO) DY30/2335, Blatt 12.

89 Vgl. Helmut Roewer, Antifaschismus – Zur Karriere eines politischen Kampfbegriffs. In: In guter Verfassung, Erfurt 1997, S. 154.

90 Die Kommunistische Partei Russlands hatte Lenin zum roten Zaren stilisiert. Die Zaren wiederum sahen sich als legitime Fortsetzer des byzantinischen Kaiserreiches, Großfürst Ivan III. von Moskau hatte 1472 die Nichte des letzten byzantinischen Kaisers, Zoe-Sophia, geheiratet. Mit der Gründung des Zartums 1589 übernahm Russland auch formal das Erbe des byzan-

tinischen Kaisertums. Moskau betrachteten die Zaren als »drittes Rom«, sich selbst nur zu gern als Gottkaiser. Die Stilistik der byzantinischen Kunst prägte die russischen Formen der Verehrung Gottes. Im Mittelpunkt des Kultus steht der triumphierende, auferstandene Christus. Jesus wird als strahlender, siegreicher Pantokrator abgebildet, nicht wie im Westen als leidender Schmerzensmann. Im Kreise der zahlreichen Engel und Heiligen beherrscht der russische Christus die Kirchenkuppeln, nicht anders ließ Stalin sich und sein Politbüro verewigen. Dass Stalin bewusst an die christliche Tradition anknüpfte, ist unbestritten. Die Einbalsamierung von Lenins Leiche machte diese zur Reliquie, den Delegierten des II. Sowjetkongresses erläuterte Stalin die Gründe für diesen, Lenins Intentionen widersprechenden, Akt der Heiligenverehrung. »Sie haben in diesen Tagen«, so formulierte er drei Tage nach Lenins Tod am 26. Januar 1924, »die Wallfahrt Zehntausender und Hunderttausender von Werktätigen zur Bahre des Genossen Lenin gesehen. Bald werden Sie die Wallfahrt der Vertreter von Millionen Werktätigen zum Grabe des Genossen Lenin sehen.« Stalins Worte, »dass Lenin der genialste aller genialen Männer ist und dass solche Männer nur einmal in Jahrhunderten geboren werden«, suggerierte ebenfalls, dass es sich bei dem verstorbenen Kommunistenführer um einen Heiligen gehandelt haben musste. Für Stalin war der Kult um Lenin jedoch nur das Fundament für seine eigene Überhöhung. Stefan Hermlin, der 1949 eine Ode an Stalin dichtete, konnte gar nicht anders als festzustellen, dass Stalin »der Lenin dieser neuen Tage« war.

91 Zit. nach: Koenen, S. 229f.

92 BA Berlin (SAPMO) DY30/2060, Blatt 10f.

93 BA Berlin (SADMO) DY30/2470, Blatt 149ff.

94 Herrmann, Sekretär, S. 51.

95 Wilfried Poßner, Immer bereit, Berlin 1995, S. 41.

96 Die Welt online, 14.12.1999. In: www.welt.de/daten/1999/12/14/1214b01142529.htx

97 Akademie der Pädagogischen Wissenschaften, Beiheft zur Lichtbildreihe »Erich Honecker, Erster Sekretär des ZK der SED – ein hervorragender Kommunist«, o.O. 1974.

98 BA Koblenz (ADN-ZB) 1983/1013/25 N.

99 Neues Deutschland, 2. Juni 1987, S. 3 und 4.

100 Zit. nach: Przybylski, S. 280.

101 Hier zitiert nach Erich Honeckers Ansprache auf einem Feldmeeting der Landstreitkräfte am 21. Juni 1984. Honecker, Reden und Aufsätze, Band 10, S. 181.

102 Moabiter Notizen, 68.

103 Von 1945 bis 1981 wurden in der DDR 4800 zivil nutzbare Schiffe gebaut, 3412 (70 Prozent) davon gingen in die Sowjetunion. Darunter waren 46 Hochseefahrgastschiffe, 261 Hochseefrachter, 173 Trawler, 419 Fang-und-Gefrierschiffe. 1985 bis 1990 wurden auf der Peene-Werft 12 Fregatten der Parchim-II-Klasse für die Sowjetunion gebaut, geschätzter Wert: eine Milliarde Mark. Berechnet nach: Manfred Neumann, Dietrich Strobel, Vom Kutter zum Containerschiff, Berlin (Ost) 1981 und Weyers Flotten-Taschenhandbuch 1994/96, Bonn 1994, Seite 216.

104 BA Berlin, DL2/KoKo/1031, Blatt 508.

105 BA Berlin (SAPMO) DY30/2388, Blatt 143.

106 BA Berlin, DL2/KoKo/1031, Blatt 513.

107 BA Berlin (SAPMO) DY30/2388, Blatt 139.

108 Zit. nach Wilke, Gutsche, Kubina, S. 32.

109 Honecker wurde mehrfach gewarnt, den Ausbau der Petrolchemie voranzutreiben. Vgl. Siegfried Wenzel, Plan und Wirklichkeit – Zur DDR-Ökonomie – Dokumentation und Erinnerungen, St. Katharinen 1998, S. 72f.

[110] BA Berlin (SAPMO) DY30/2379, Blatt 79. Diese Angaben machte Honecker im Gespräch mit Russakow, den er auch auf die daraus resultierende Energiebilanz hinwies. Die DDR lieferte der SU also – rechnerisch – 40 Millionen Tonnen Einheitsbrennstoff, und erhielt 40,7 Millionen Tonnen (vor der Kürzung) zurück.

[111] Michael Ploetz, Wie die Sowjetunion den Kalten Krieg verlor – Von der Nachrüstung zum Mauerfall, Berlin und München 2000, S. 337.

VII. VERMISCHTES

[1] Zit. nach: Schirdewan, Jahrhundertleben, S. 317.

[2] Ders., Aufstand gegen Ulbricht, S. 80: »Wenn Erich Honecker mir später in einem Interview vorwarf, ich hätte ihn damals nicht zusätzlich informiert, schließlich war er Kandidat des Politbüros, so kann ich nur feststellen, dass ich nicht verpflichtet war, ihm irgendwelche internen Mitteilungen zu machen.«

[3] Schirdewan forderte u.a. die Rehabilitierung von Willi Kreikemeyer, Lex Ende, Paul Merker, Heinz Neumann, Kurt Müller und Fritz Sperling. Ende und Neumann waren tot, Sperling und Müller waren als westdeutsche KPD-Funktionäre auf Drängen der Sowjets verhaftet worden. Bei Kreikemeyer scheint es sich um eine Art Privatgefangenen Mielkes gehandelt zu haben, der vermutlich auch auf dessen Anweisung ermordet wurde. Kreikemeyer wusste, dass auch Mielke Geld des vermeintlichen Agenten Noel Field entgegengenommen hatte. Vgl. Wolfgang Kießling, Leistner ist Mielke, Berlin 1998. Wilfriede Otto bestätigt diese Variante. Vgl. Otto, S. 147.

[4] Schirdewan, Aufstand, S. 104.

[5] Schirdewan, Aufstand, S. 107.

[6] Dolmetscher Bogomolow berichtet allerdings, dass Schirdewan lediglich eine Abmahnung Ulbrichts erreichen wollte. Dessen Führungsstil sei unerträglich geworden, er, Schirdewan bitte daher, »auf Ulbricht Einfluss auszuüben, damit er seine nächste Umgebung nicht mehr malträtiere.« Für eine derart nichtige Bemerkung hätte es einer Privataudienz beim Botschafter wohl nicht bedurft. Alexander Bogomolow, Ohne Protokoll, Berlin 2000, S. 84.

[7] Zit. nach Schirdewan, Aufstand, S. 131.

[8] BA Berlin (SAPMO) DY30/2059, Blatt 58ff.

[9] Schirdewan, Aufstand, S. 143.

[10] 1987 erhielt Schirdewan auf Anweisung Honeckers den Orden »Stern der Völkerfreundschaft in Gold«, der Geehrte bedankte sich artig. BA Berlin (SAPMO), DY30/2337, Blatt 158.

[11] Michael J. Neufeld, Die Rakete und das Reich, Berlin 1997, S. 226.

[12] BA Berlin (SAPMO), Kaderakte Erich Apel, DY30/IV2/11 v. 5.

[13] Kaiser bestreitet dies, ist in diesem Punkt allerdings nicht korrekt informiert. Vgl. Kaiser, S. 124. Exakt: Angela Fiedermann, Torsten Heß, Markus Jaeger, Das Konzentrationslager Mittelbau-Dora – Ein historischer Abriß, Berlin und Bonn 1993, S. 51.

[14] Liste Nr. 1 für die deutschen Spezialisten des NI 88, 21.10.46, Russisches Staatsarchiv für Wirtschaft, Register 397, Vorgang 1, Akte Nr. 3, Blatt 186.

[15] Zit. nach: Der Spiegel 10/2000, S. 62.

[16] Der Sturz, S. 281.

[17] Schürer, S. 75.

[18] Kaiser, S. 105.

[19] Kaderakte Erich Apel, BA Berlin (SAPMO) DY30/IV/2/11/v.5.

[20] Der Spiegel 10/2000, S. 64.

[21] Bogomolow, S. 47.

[22] Schürer, S. 185.

[23] Modrow, Ich wollte..., S. 344.

[24] Willi Stoph, Zur weiteren Entwicklung der sozialistischen Gesellschaft in der DDR, Berlin (Ost) 1974, S. 503.

[25] ND, 29.10.1976, S. 1.

[26] Ebenda.

[27] Schürer, S. 187.

[28] Dabei soll er sich ausgesprochen widerwärtig verhalten haben, meint Schmidt, Butler beim Politbüro, an mehreren Stellen.

29 So beim »Gespräch« zwischen Podgorny und Stoph Ende der 70er Jahre. Dolmetscher Bogomolow vermutet allerdings kulant, dass Podgorny einfach zu »doof« gewesen sei, um Fragen zu stellen. Bogomolow, S. 149.

30 Iwan Kusmin, Die Verschwörung gegen Honecker. In: Deutschlandarchiv 1994, S. 287.

31 Modrow, Ich wollte..., S. 263.

32 Krenz, Wenn Mauern fallen, S. 143.

33 Krenz, Herbst, S. 116.

34 Alle Angaben in: Vera Oelschlegel, Wenn das meine Mutter wüsste, Berlin 1991.

35 Kant, Abspann, S. 468.

36 Müller, S. 287.

37 Ebenda, S. 286f.

38 Einverstanden, E.H., S. 61.

39 BA Berlin (SAPMO) DY30/2204, Blatt 25f.

40 Wie Helmut Kohl und andere. Eine soziologische Untersuchung über den Karriereverlauf einstiger HJ-Führer gibt es nicht. So ist nicht nachzuweisen, ob die Kaderauswahl der HJ dergestalt war, dass aus den Erwählten »eben etwas wurde«. Erbracht ist lediglich der Gegenbeweis: Die gesamte politische Klasse (und alle Wirtschaftsführer) der beiden deutschen Staaten der fünfziger und sechziger Jahre rekrutierte sich aus der Führerschaft der HJ. Ausnahmen waren lediglich jene, die sich bereits vor 1933 für eine andere Ideologie (z.B. Kommunismus, Katholizismus) entschieden hatten. Die Jugendverbände Nachkriegsdeutschlands eigneten sich weniger gut als Sprungbrett. Ein Laufbahn in FDJ, SDS, Jusos und der Jungen Union hatte nicht unbedingt einen Aufstieg zur Folge, in den »echten Parteien« saßen ja schon die recht jungen, aber kampferprobten HJ-Führer.

41 Modrow, Ich wollte..., S. 46. Im weiteren sind Zitate aus diesem Buch nicht nachgewiesen.

42 Hans Modrow, Unser Zeichen war die Sonne, Berlin 1996.

43 Modrow: »Für mich gab es nur zwei Möglichkeiten: mich entweder zu beugen und auf bessere Zeiten zu hoffen – ... oder die Auseinandersetzung anzunehmen, ihn zu isolieren und klarzustellen, wer der Landesvorsitzende ist. Ich habe den letzteren Weg gewählt und mir damit, bis an das Ende seiner Laufbahn im Politbüro der SED, einen persönlichen Feind zugezogen, der seine Niederlage im Schweriner FDJ-Sekretariat nie verwand.« Modrow, Ich wollte..., S. 55.

44 Vgl. dazu auch Buddrus, a.a.O.

45 Der Wert einer Promotion ermisst sich allein aus dem jeweiligen Umfeld, interkulturelle Bewertungen sind unzulässig. Und immerhin nahm Modrow Ulbrichts Aufforderung zur Verwissenschaftlichung des Leitens ernst. Vgl. Hans Modrow, Rainer Falke, Ermittlung, Auswahl und Entwicklung von Nachwuchskadern für Führungsfunktionen in der sozialistischen Industrie. Dargestellt am Beispiel von Großbetrieben der VVB Hochspannungsgeräte und Kabel, Diss. Humboldt-Universität Berlin 1966.

46 Modrow, Ich wollte..., S. 154f.

47 Auch für 14,1 Prozent der Straßenverkehrsunfälle und 12,3 Prozent aller Sparguthaben. Statistisches Jahrbuch der DDR 1977, Berlin (Ost), 1977, S. 39f.

48 Modrow, Ich wollte..., S. 19.

49 Gorbatschow, S. 929.

50 Manfred von Ardenne, Erinnerungen, fortgeschrieben – Ein Forscherleben im Jahrhundert des Wandels der Wissenschaften und politischen Systeme, Düsseldorf 1997, S. 538.

51 Modrow, Ich wollte..., S. 218.

52 Ebenda, S. 330.

53 Deutscher Bundestag, 12. Wahlperiode, Drucksache 12/7600.

54 Schalck erhielt die Mitteilung formlos von Hans Haase, möglicherweise Mitarbeiter einer Westberliner Detektei. BA Berlin DL2/KOKO/1400, Blatt 427ff.

55 BA Berlin DL2/KoKo/1391, Blatt 115.

56 Die Dresdner Bank hatte an die Ausgestaltung einer Schalterhalle in Fürth durch Eberhard Göschel gedacht.

Alexander Schalck überbrachte die Ablehnung Walter Leisler Kiep. DL2/KoKo/1392, Blatt 190.

57 Deutscher Bundestag 13. Wahlperiode, Drucksache 13/10900.

58 Ebenda, S. 118.

59 Aussage des Außenhandelsministers Gerhard Beil vor dem Untersuchungsausschuss. Ebenda, S. 113 und 125.

60 BT Drucksache 13/10900, S. 127.

61 Der Verkauf von 64 % der Anteile der DHB an die Bank für Gemeinwirtschaft zum Preis von 225 Millionen Mark unmittelbar nach der Übernahme der DDR hat für Unruhe gesorgt. Angesichts der zu bedienenden Altkredite in Höhe von 6,5 Milliarden Mark dürfte sich der Kaufpreis tatsächlich bereits durch die fälligen Zinszahlungen amortisiert haben. Wo die Aktiva der DHB geblieben sind, konnte nicht ermittelt werden. Berichte des Bundesrechnungshofes verschleiern den Sachverhalt eher, als dass sie aufklären. Insgesamt wurden Altschuldenforderungen der DDR von rund 43 Milliarden D-Mark zum Preis vom 900 Millionen D-Mark verkauft. Kritisch setzt sich mit der Materie auseinander: Ilona Wiesejahn, Die Übernahme des ostdeutschen Bankensystems – Ein Milliardengeschäft für westdeutsche Großbanken. In: Icarus, Nr. 3/1988, S. 5 (mit Literaturangaben S. 13f.)

62 Schalck-Golodkowski, S. 208.

63 Der Sturz, S. 395.

64 BA Berlin (SAPMO) DY30/2413, Blatt 23ff.

65 BA Berlin DL2/KoKo/1392, Blatt 144.

66 Ebenda, Blatt 47.

67 BA Berlin DL2/KoKo/1174, Blatt 87.

68 Bundesanzeiger, 30.8.1988, Seite 3906.

69 BA Berlin DL2/KoKo/1401, Blatt 235f.

70 Ludwig Rehlinger, Freikauf – Die Geschäfte der DDR mit politisch Verfolgten 1963-1989, Berlin 1991, S. 247.

71 Norbert F. Pötzl, Basar der Spione, München 1999, S. 154.

72 In den Archivalien des Büros Honecker findet sich dazu keine Notiz. Hier beschrieben nach Rehlinger, S. 77.

73 Schalck-Golodkowski, S. 208.

74 BA Berlin, DL2/KoKo/1053, Blatt 44.

75 Ebenda, Blatt 1.

76 Von Berg, S. 63.

77 BA Berlin DL2/KoKo/1401, Blatt 179 und 180.

78 Ebenda, Blatt 178.

79 1988 lieferte die DDR 240 000 Tonnen Benzin und 1 150 000 Tonnen Diesel nach Westberlin, grob überschlagen müssten in diesem Jahr also neben der normalen Handelsspanne jährlich 8 Millionen Mark Extraprofit bei der VEBA hängen geblieben sein. BA Berlin, DL2/KoKo/641/1.

80 BA Berlin DL2/KoKo/1401, Blatt 182.

81 Ebenda, Blatt 537.

82 Ebenda, Blatt 113.

83 Ebenda, Blatt 168.

84 BA Berlin DL2/KoKo/854.

85 Aus meinem Leben, S. 227.

86 Hier lassen sich zahlreiche Zeitzeugen anführen, nicht zuletzt: Manfred Ewald, a.a.O.

87 Ein Beispiel des Widerstandes gegen die forcierte Militarisierung der Gesellschaft war der »Berliner Appell« 1982, der u.a. Wehrkundeunterricht und die sogenannte Zivilverteidigung kritisierte. Vgl. Neubert, S. 408.

88 So meint Ewald, S. 92.

89 Ebenda, S. 99.

90 Als der Weltmeister 1958 in die SED eintrat, wurde er Mitglied der Volkskammer, heute ist er Mitglied des Bundestages. Es ist nicht nachzuvollziehen, wer 1958 die Zusammensetzung des Parlamentes bestimmte. Honecker lagen die Listen der zu wählenden Abgeordneten spätestens ab 1971 vor, es könnte aber sein, dass er schon damals »Täve« so ehren wollte.

91 Vgl. dazu Katarina Witt, Meine Jahre zwischen Pflicht und Kür, München 1994, S. 168.

92 Ewald, S. 213.

93 Ebenda, S. 51.

[94] Die Idee zum systematischen Doping wurde offenbar auf einer Sitzung der Leistungssportkommission 1974 in Leipzig geboren. Akten zum Thema Sport fanden sich in dem Bestand »Büro Honecker« nicht.

[95] Die Kugelstoß-Europameisterin Heidi Krieger erhielt über einen Zeitraum von zehn Jahren das männliche Wachstumshormon Oral-Turinabol. Nach der Wende ließ sie eine Geschlechtsumwandlung vornehmen. Eine Magdeburger Schwimmerin bekam die »blauen Pillen« ab ihrem zwölften Lebensjahr verabreicht. Ihr Sohn wurde mit einen Klumpfuß geboren. Vgl. Neues Deutschland, 31. Mai 2000, S. 15.

[96] Neues Deutschland, 10./11.6. 2000, S. 9 und Schlagzeilen unter www.yahoo.de am 18.7.2000.

[97] Vgl. David N. Yeandle, Frieden im »neuen Deutschland«: das Vokabular des »Friedenskampfes«. Eine linguistische Analyse und Dokumentation des Friedensvokabulars in der offiziellen Sprache der DDR vornehmlich der ausgehenden 80er Jahre, Diss. Heidelberg 1991, S. 157.

[98] Wolff, S. 330.

[99] Zu dramatischen Ereignissen, S. 76.

[100] Der Militärhistoriker Reinhard Brühl konstatierte: »Die besonders in den siebziger Jahren propagierte Losung »Je stärker der Sozialismus, desto sicherer der Frieden!« war ja im Grunde immer wieder auch eine Rechtfertigung weiterer Verteidigungsanstrengungen.« Vgl. Reinhard Brühl, Militärpolitik. In: Herbst, Stephan, Winkler, Die SED, S. 329.

[101] Yeandle, S. 22 und 161.

[102] Der Besuch von Generalsekretär Honecker, S. 33.

[103] Neubert, S. 655.

[104] Vgl. dazu John Lewis Gaddis, We now know – rethinking cold war history, Oxford 1997, S. 221ff.

[105] BA Berlin (SAPMO) DY30/2518, Blatt 15ff.

[106] Kant, Abspann, S. 182.

[107] BA Berlin (SAPMO) DY30/2531, Blatt 3.

[108] BA Berlin (SAPMO) DY30/IV2/2.028/1, Blatt 99.

[109] Ploetz, S. 59.

[110] Ebenda, S. 58.

[111] Text in: Ebenda, S. 54.

[112] BA Berlin (SAPMO) DY30/2379, Blatt 79.

[113] Der Begriff selbst stammt von Nikita Chruschtschow, Lenins Politik meinte jedoch nichts anderes. Darüber hinaus konnte Chruschtschow in den 70er und 80er Jahren schlecht als Autorität in theoretischen Fragen gelten. Mithin galt Lenin als Begründer der friedlichen Koexistenz.

[114] Lenin, Ausgewählte Werke, Band VI, S. 12.

[115] Zit. nach: Wolfgang Scheler, Krieg und Frieden, Marxistische Lesehefte Nr. 5, Berlin 1999, S. 72f.

[116] Zit. nach: Yeandle, S. 16.

[117] Der Sturz, S. 55.

[118] Von Keßler wiederum wird überliefert, dass er der Verrentung seines Freundes Honecker so skeptisch nicht gegenübergestanden haben soll.

[119] Beispiele gibt: Wilfried Nippel (Hrsg.), Virtuosen der Macht – Herrschaft und Charisma von Perikles bis Mao, München 2000. Mindestvoraussetzung scheint außerdem die Teilnahme an einer Offiziersverschwörung zu sein, als Beispiele ließen sich Juan Perón, Muammar al-Gaddafi, Joachim Yhombi-Opango, Denis Sassou-Nguesso, Laurent-Desiré Kabila, Jerry Rawlings und Hugo Banzer nennen.

[120] Krenz, Wenn Mauern fallen, S. 99.

[121] Krenz, Herbst '89, S. 61.

[122] Vgl. Henrik Eberle, Contra »deformiertes Regierungssystem« – Zum gescheiterten Reformvorschlag Manfred von Ardennes aus dem Jahr 1985 (mit Dokumentenanhang). In: Hallische Beiträge zur Zeitgeschichte, Heft 4, 1998, S. 90ff.

[123] Krenz, Wenn Mauern fallen, S. 121.

[124] Ebenda, S. 100.

[125] Poßner, S.118.

[126] Anregend, aber im Detail abwegig: Georg Eickhoff, Das Charisma der

Caudillos: Cárdenas, Franco, Perón, Frankfurt am Main 1999.

[127] Krenz, Wenn Mauern fallen, S. 29.

[128] Krenz, Herbst '89, S. 64.

[129] Monopolstellung garantiert Monopolprofit. Mittlerweile befasst sich ein Bundestagsauschuss mit der Minol Privatisierung an Elf. Selbst im sozialistischer Umtriebe unverdächtigen Kroatien geht man erst jetzt an die behutsame Privatisierung der staatlichen Ölgesellschaft.

[130] Zur Abgrenzung der »Neuen Klasse« von den alten Kategorien Bourgeoisie und Proletariat vgl. Djilas, Die neue Klasse, besonders S. 83.

[131] Jan Eik, Tod eines Kronprinzen – Werner Lamberz und der Hubschrauberabsturz in Libyen. In: Jan Eik, Besondere Vorkommnisse – Politische Affären und Attentate, Berlin 1995,

[132] So die Aussage von Vera Küchenmeister vor dem Volkskammer-Untersuchungsausschuss.

[133] Der Sturz, S. 55.

[134] Eik, S. 141.

[135] Andererseits stellte am 2. August 1883 der »Sozialdemokrat« fest: »Etwas liberaler als sein Vorgänger ist jeder Fürst – und hier steckt das Körnchen von Wahrheit im Mythus vom liberalen Kronprinzen – ... allerdings meist liberal wider Willen, ›mehr der Not gehorchend als dem eigenen Triebe‹, und unter dem allmächtigen Druck der geschichtlichen Entwicklungsgesetze.« Eine interessante Überlegung, obwohl dieses »Gesetz« nur selten zu gelten scheint. Zit. nach: Gustav Seeber, Heinz Wolter, Monarchen und Minister – Sozialdemokratische Publizistik gegen Monarchismus und Volksbetrug, Berlin (Ost) 1974, S. 52.

[136] Zit. nach: Eik, S. 100.

[137] Norden war u.a. Chefredakteur des Ruhr-Echo und Stellvertreter des Chefredakteurs der Roten Fahne. Er deckte die Affäre um die Tscherwonzen-Fälscher auf und arbeitete nach der Emigration in New York für die anti-deutsche Propaganda. Seinen Frieden mit der SED konnte er nur machen, indem er sich von seinen jüdischen Wurzeln, den Rechtsabweichlern der KPD und von seinen Kameraden in der Emigration distanzierte. Vgl. Jochen Staadt, Albert Norden. In: Deutsche Politiker 1949-1969, Band 2, Darmstadt 1999, S. 18.

[138] Bergner, S. 132.

[139] Detailliert nach Auswertung der Archivalien: Jana Wüstenhagen, »...das Maximum für die DDR herausholen« – Die Rolle von Werner Lamberz im Eritrea-Konflikt 1977/78. Unveröffentlichtes Manuskript.

[140] Von Berg, S. 197.

[141] Zit. nach Wüstenhagen.

[142] Klaus Feldmann, Nachrichten aus Adlershof, Berlin 1996, S. 118.

[143] Modrow, Ich wollte..., S. 132. Es ist wie überall, gibt ein brillanter Kopf die Linie vor, folgen alle bereitwillig. Stirbt dieser Kopf und tut ein weniger eloquenter Nachfolger das gleiche, wird die Sackgasse als solche empfunden und entlarvt. Quod licet jovi, non licet bovi.

[144] Vgl. Wüstenhagen.

[145] BA Berlin (SAPMO) NY 4205/44, Blatt 177, zit. nach Wüstenhagen. Der folgend erwähnte Aufsatz ist: Werner Lamberz, Partei und Massen. In: Einheit 7/1972, besonders S. 851. Lamberz spricht hier von unerfüllbaren Bedürfnissen und davon, dass die Partei Bedürfnisse durch Erziehung steuern müsse.

VIII. SCHLUSSBEMERKUNG

[1] Stephan Hermlin, Bruchstücke der Erinnerung an Ulbricht und Honecker. In: Agde, Kahlschlag, S. 245.

[2] Schürer, S. 173.

[3] Modrow, Ich wollte..., S. 442.

[4] Zu dramatischen Ereignissen, S. 41.

[5] Zit. nach Honeckers Notizen für die Politbürositzung am 9.10.1989, BA Berlin (SAPMO) DY30/2121, Blatt 56.

LITERATUR (AUSWAHL)

ERICH HONECKER

- Antwort auf aktuelle Fragen, Zwei Interviews, Berlin (Ost) 1971
- Aus meinem Leben, Berlin (Ost) 1989
- Die führende Rolle der Partei im System der Diktatur des Proletariats, Berlin (Ost) 1959
- Ein Leben für das Volk, Berlin (Ost) 1987
- Für den zuverlässigen Schutz des Sozialismus und die Sicherung des Friedens, Dresden 1987
- Frieden – höchstes Gut der Menschheit, Berlin (Ost) 1987
- Mit dem Blick auf das Jahr 2000 die Aufgaben von heute lösen, Berlin (Ost) 1970
- Mit Stalin für den Frieden, Berlin (Ost) 1950
- Reden und Aufsätze, Berlin (Ost) 1977ff.
- Skizze seines politischen Lebens, Berlin (Ost) 1977
- Unser Ziel: Der freie Mensch, Berlin (Ost) 1947
- Unter dem Banner des Internationalismus, Berlin (Ost) 1972
- Zu dramatischen Ereignissen, Hamburg 1992
- Zum Nationalen Jugendfestival der DDR, Berlin (Ost) 1979
- Akademie der Pädagogischen Wissenschaften der Deutschen Demokratischen Republik, Beiheft zur Lichtbildreihe: Erich Honecker, Erster Sekretär des ZK der SED – ein hervorragender Kommunist, Berlin (Ost) 1974
- Andert, Reinhold, Wolfgang Herzberg, Der Sturz, Erich Honecker im Kreuzverhör, Berlin 1990
- Bezirksleitung Berlin der SED (Hrsg.), Erich Honecker in Berlin, Berlin (Ost) 1982
- Borkowski, Dieter, Erich Honecker, Statthalter Moskaus oder deutscher Patriot? München 1987
- Deutz-Schroeder, Monika, Jochen Staadt (Hrsg.), Teurer Genosse, Briefe an Honecker, Berlin 1994
- Kursbuch Heft 111, In Sachen Erich Honecker, Berlin 1993
- Serwu & Co. Co, Wir woll'n unsern alten Erich wieder ham!, Berlin 1994
- Steffen, Klaus, Barbara Henniger, Essen wie Erich, Das Beste aus Honeckers Hofküche, Berlin 1999

DOKUMENTE, QUELLEN, »KLASSIKER«

- Bundesministerium für innerdeutsche Beziehungen (Hrsg.), Der Besuch von Generalsekretär Honecker in der Bundesrepublik Deutschland, Dokumentation zum Arbeitsbesuch des Generalsekretärs der SED und Staatsratsvorsitzenden der DDR, Erich Honecker, in der Bundesrepublik Deutschland im September 1987, Bonn 1988
- Burckhardt, Jacob, Historische Größe, Weinheim 1994
- Dokumentation zu den innerdeutschen Beziehungen, Abmachungen und Erklärungen, Leck 1989
- Dokumente der Sozialistischen Einheitspartei Deutschlands, Berlin (Ost) 1949ff.
- Dokumente zur Außenpolitik der Regierung der Deutschen Demokratischen Republik, Berlin (Ost) 1954ff
- Deutscher Bundestag 12. Wahlperiode, Bericht des 1. Untersuchungsausschusses (»Der Bereich kommerzielle Koordinierung und Alexander Schalck-Golodkowski – Werkzeuge des SED-Regimes«), Drucksache 12/7600, Bonn 1994.
- Deutscher Bundestag 13. Wahlperiode, Beschlussempfehlung und Bericht des 2. Untersuchungsausschusses (»DDR-Vermögen«), Drucksache 13/ 10900 Bonn 1998
- Djilas, Milovan, Die neue Klasse, München 1958
- Eberle, Henrik (Hrsg.), Mit sozialistischem Gruß! Parteiinterne Hausmitteilungen, Briefe, Akten und Intrigen aus der Ulbricht-Zeit, Berlin 1998
- Ders., Denise Wesenberg (Hrsg.), Einverstanden, E.H., Parteiinterne Hausmitteilungen, Briefe, Akten und Intrigen aus der Honecker-Zeit, Berlin 1999
- Eco, Umberto, Die Grenzen der Interpretation, München u.a. 1992

- Herms, Michael, Karla Popp (Hrsg.), Westarbeit der FDJ 19461989, Eine Dokumentation, Berlin 1997
- Hornbogen, Lothar, Detlef Nakath, Gerd-Rüdiger Stephan, Außerordentlicher Parteitag der SED/PDS, Protokoll der Beratungen am 8./9. und 16./17. Dezember 1989 in Berlin, Berlin 1999
- In Sachen Biermann, Protokolle, Berichte und Briefe zu den Folgen einer Ausbürgerung, Berlin 1994
- Junge Welt
- LeBon, Gustave, Psychologie der Massen, Stuttgart 1982
- Lochen, Hans-Hermann, Christian Meyer-Seitz (Hrsg.), Die geheimen Anweisungen zur Diskriminierung Ausreisewilliger, Dokumente der Stasi und des Ministeriums des Innern, Köln 1992
- Luxemburg, Rosa, Gesammelte Werke, Berlin (Ost) 1970
- Macchiavelli, Nicolo, Auswahl, Frankfurt am Main 1956
- Marx, Karl, Friedrich Engels, Ausgewählte Werke, 6 Bde., Berlin (Ost) 1981
- Merkel, Ina (Hrsg.), Wir sind doch nicht die Meckerecke der Nation, Briefe an das Fernsehen der DDR, Berlin 2000
- Mitter, Armin, Stefan Wolle, »Ich liebe euch doch alle ...« Befehle und Lageberichte des MfS Januar-November 1989, Berlin (Ost) 1990
- Nakath, Detlef, Gerd-Rüdiger Stephan (Hrsg.), Die Häber-Protokolle, Schlaglichter der SED-Westpolitik 19731985, Berlin 1999
- Dies., Von Hubertusstock nach Bonn, Eine dokumentierte Geschichte der deutsch-deutschen Beziehungen auf höchster Ebene 1980-1987, Berlin 1995
- Naumann, Gerhard, Eckhard Trümpler (Hrsg.), Von Ulbricht zu Honecker, 1970 Krisenjahr, Berlin (Ost) 1990
- Neues Deutschland
- Seid bereit! Liederbuch der Thälmann-Pioniere, Leipzig o.J.
- J. W. Stalin, Fragen des Leninismus, Berlin (Ost) 1955
- Ders., Werke, Berlin 1950ff.
- Statistisches Jahrbuch der Deutschen Demokratischen Republik, Berlin (Ost) 1955ff.
- Strafgesetzbuch der DDR, Berlin (Ost) 1988
- Verfassungen deutscher Länder und Staaten von 1861 bis zur Gegenwart, Berlin (Ost) 1989
- Vertrag über die Grundlagen der Beziehungen zwischen der Bundesrepublik Deutschland und der Deutschen Demokratischen Republik vom 21.12.1972 sowie ergänzende Texte und Dokumente, o.O. o.J.

(AUTO)-BIOGRAPHIEN

- Ardenne, Manfred von, Ich bin ihnen begegnet, Düsseldorf 1997
- Ders., Erinnerungen fortgeschrieben, Düsseldorf 1997
- Axen, Hermann, Ich war ein Diener der Partei, Berlin 1996
- Barth, Bernd-Rainer, Christoph Links, Helmut Müller-Enbergs, Jan Wielgohs, Wer war wer in der DDR, Ein biographisches Handbuch, Frankfurt/M. 1996
- Bentzien, Hans, Meine Sekretäre und ich, Berlin 1995
- Berg, Hermann von, Vorbeugende Unterwerfung, Politik im realen Sozialismus, München 1988
- Bogomolow, Alexander, Ohne Protokoll, Berlin 2000
- Ewald, Manfred, Ich war der Sport, Wahrheiten und Legenden aus dem Wunderland der Sieger, Berlin 1994
- Feldmann, Klaus, Nachrichten aus Adlershof, Berlin 1996
- Frenzel, Max, Wilhelm Thiele, Artur Mannbar, Gesprengte Fesseln, Berlin (Ost) 1976
- Genscher, Hans-Dietrich, Erinnerungen, Berlin 1995
- Froh, Klaus, Ruediger Wentzke, Die Generale und Admirale der NVA – Ein biographisches Handbuch, Berlin 2000
- Haffner, Sebastian, Anmerkungen zu Hitler, München 1978
- Hager, Kurt, Erinnerungen, Leipzig 1996

- Herrmann, Frank-Joachim, Der Sekretär des Generalsekretärs, Berlin 1996
- Hoffmann, Horst, Die Deutschen im Weltraum, Berlin 1998
- Jähn, Sigmund, Erlebnis Weltraum, Berlin (Ost) 1983
- Janson, Carl-Heinz, Totengräber der DDR, Düsseldorf u.a. 1991
- Kant, Hermann, Abspann, Erinnerungen, Berlin 1991
- Keßler, Heinz, Zur Sache und zur Person, Berlin 1996
- Kotschemassow, Wjatscheslaw, Meine letzte Mission, Berlin 1994
- Krenz, Egon, Wenn Mauern fallen, Die friedliche Revolution: Vorgeschichte – Ablauf – Auswirkungen, Wien 1990
- Ders., Herbst '89, Berlin 1999
- Kriese, Delle, Nach der Schlacht, Die Renft Story – von der Band selbst erzählt, Berlin 1998
- Kuczynski, Jürgen, Dialog mit meinem Urenkel, Neunzehn Briefe und ein Tagebuch, Berlin 1996
- Ders., Memoiren 1945-1989, Berlin 1994
- Maser, Werner, Helmut Kohl, Der deutsche Kanzler, Frankfurt am Main 1990
- Ders., Adolf Hitler, Legende, Mythos, Wirklichkeit, München 1971
- Modrow, Hans (Hrsg.), Das Große Haus, Berlin 1995
- Ders., Ich wollte ein neues Deutschland, Berlin 1998
- Möbis, Harry, Von der Hoffnung gefesselt, Zwischen Stoph und Mittag – unter Modrow, Berlin 1999
- Müller, Helmut, Wendejahre 1949-1989, Berlin 1999
- Nekrassow, Vladimir F. (Hrsg.), Berija, Henker in Stalins Diensten, Berlin 1992
- Neumann, Alfred im Gespräch mit Siegfried Prokop, Poltergeist im Politbüro, Frankfurt an der Oder 1996
- Oelschlegel, Vera, »Wenn das meine Mutter wüßt ...«, Berlin 1991
- Oppelland, Torsten, Deutsche Politiker, Darmstadt 1999
- Otto, Wilfriede, Erich Mielke. Biographie, Berlin 2000
- Podewin, Norbert, Walter Ulbricht, Eine neue Biographie, Berlin 1995
- Poßner, Wilfried, Immer bereit: kämpfen, spielen, fröhlich sein, Berlin 1995
- Przybylski, Peter, Tatort Politbüro, Die Akte Honecker, Reinbek 1992
- Ders., Tatort Politbüro, Bd. 2: Honecker, Mittag und Schalck-Golodkowski, Berlin 1992
- Quermann, Heinz, Ihr Heinz, der Quermann, Meine bunten Erinnerungen, Berlin 1997
- Ronneberger, Gerhardt, Deckname »Saale«, High-Tech-Schmuggler unter Schalck-Golodkowski, Berlin 1999
- Schabowski, Günter, Der Absturz, Berlin 1991
- Schirdewan, Karl, Aufstand gegen Ulbricht, Berlin 1994
- Ders., Ein Jahrhundert Leben, Erinnerungen und Visionen, Berlin 1998
- Schmidt, Gerd, Ich war Butler beim Politbüro, Protokoll der Wahrheit über die Waldsiedlung Wandlitz, Schkeuditz 1999
- Schürer, Gerhard, Gewagt und verloren, Frankfurt an der Oder 1996
- Schnitzler, Karl-Eduard von, Der Rote Kanal, Hamburg 1992
- Selbmann, Fritz (Hrsg.), Die erste Stunde, Porträts, Berlin 1969
- Stern, Carola, Ulbricht, Eine politische Biographie, Köln 1965
- Stolper, Armin, Wir haben in der DDR ein ganz schönes Theater gemacht, Berlin 1999
- »Unpersonen« – wer waren sie wirklich? Bucharin, Rykow, Trotzki, Sinowjew, Kamenew, Berlin (Ost) 1990
- Witt, Katarina, Meine Jahre zwischen Pflicht und Kür, München 1994
- Wolf, Markus, Spionage-Chef im geheimen Krieg, Erinnerungen, München 1997
- Wolff, Friedrich, Verlorene Prozesse 1953-1998. Meine Verteidigungen in politischen Verfahren, Baden-Baden 1999
- Zimmermann, Brigitte, Hans-Dieter Schütt (Hrsg.), Noch Fragen, Genossen! Berlin 1994
- Dies. (Hrsg.), OhnMacht, DDR-Funktionäre sagen aus, Berlin 1992

DARSTELLUNGEN

- Agde, Günter (Hrsg.), Kahlschlag, Das 11. Plenum des ZK der SED 1965, Studien und Dokumente, Berlin 1991
- Amnesty International, Deutsche Demokratische Republik, Rechtsprechung hinter verschlossenen Türen, Bonn 1992
- Ash, Timothy Garton, »Und willst du nicht mein Bruder sein ...«, Die DDR heute, Hamburg 1981
- Aus Politik und Zeitgeschichte, Beilage zur Wochenzeitung Das Parlament
- Bahrmann, Hannes, Christoph Links, Chronik der Wende. Die Ereignisse in der DDR zwischen 7. Oktober 1989 und 18. März 1990, Berlin 1999
- Beck, Thomas, Politschulung der DDR-Grenztruppen, Sindelfingen 1989
- Bergner, Paul, Die Waldsiedlung, Wandlitz 1994
- Brzezinski, Zbigniew, Das gescheiterte Experiment. Der Untergang des kommunistischen Systems, Wien 1989
- Buddrus, Michael, Die Organisation »Dienst für Deutschland«. Arbeitsdienst und Militarisierung in der DDR, München 1994
- Courtois, Stéphane, Nicolas Werth, Jean-Louis Panné, Andrzej Paczkowski, Karel Bartosek, Jean-Louis Margolin: Das Schwarzbuch des Kommunismus. Unterdrückung, Verbrechen und Terror, München 1998
- Czichon, Eberhard, Heinz Mahron, Das Geschenk, Die DDR im Perestroika-Ausverkauf, Köln 1999
- Eberle, Henrik, Kopfdressur, Zur Propaganda der SED in der DDR, Asendorf 1994
- Eik, Jan, Besondere Vorkommnisse, Politische Affären und Attentate, Berlin 1995
- Engelmann, Roger, Clemens Vollnhals (Hrsg.), Justiz im Dienste der Parteiherrschaft, Rechtspraxis und Staatssicherheit in der DDR, Berlin 1999
- Enquete-Kommission »Aufarbeitung von Geschichte und Folgen der SED-Diktatur in Deutschland« im Deutschen Bundestag, hrsg. vom Deutschen Bundestag
- Eppelmann, Rainer, Horst Möller, Günter Nooke, Dorothee Wilms (Hrsg.), Lexikon des DDR-Sozialismus, Paderborn 1996
- Erler, Peter u.a. (Hrsg.), »Nach Hitler kommen wir«. Dokumente zur Programmatik der Moskauer KPD-Führung 1944/45 für Nachkriegsdeutschland, Berlin 1994
- Fricke, Karl Wilhelm, Politik und Justiz in der DDR, Köln 1979
- Furet, Francois, Das Ende der Illusion, der Kommunismus im 20. Jahrhundert, München 1996
- Gaddis, John Lewis, We now know, Rethinking Cold War History, Oxford 1997
- Geserick, Rolf, 40 Jahre Presse, Rundfunk und Kommunikationspolitik in der DDR, München 1989
- Grunenberg, Antonia, Antifaschismus – ein deutscher Mythos, Hamburg 1993
- Hacker, Jens, Deutsche Irrtümer, Schönfärber und Helfershelfer der SED-Diktatur im Westen, Berlin 1992
- Heinson, Gunnar, Lexikon der Völkermorde, Reinbek 1998
- Helwig, Gisela, Rückblicke auf die DDR, Köln 1995
- Hemmo, Klaus, Helsinki – mehr als drei Tage im Sommer, Berlin o.J.
- Henrich, Rolf, Der vormundschaftliche Staat, Leipzig, Weimar 1990
- Herbst, Andreas, Winfried Ranke, Jürgen Winkler, So funktionierte die DDR, 3 Bde., Reinbek 1994
- Hertle, Hans-Hermann, Gerd-Rüdiger Stephan, Das Ende der SED. Die letzten Tage des Zentralkomitees, Berlin 1997
- Heym, Stefan, Wege und Umwege, Einmischung, München 1998
- Hofmann, Jürgen, Detlev Nakath (Hrsg.), Konflikt, Konfrontation, Kooperation, Deutsch-deutsche Beziehungen in vierzig Jahren Zweistaatlichkeit, Schkeuditz 1998
- Holzer, Jerzy, Der Kommunismus in Europa, Frankfurt am Main 1998
- Holzweißig, Gunter, Zensur ohne Zensor, Die SED-Informationsdiktatur, Bonn 1997

- Jäger, Manfred, Kultur und Politik in der DDR 1945-1990, Köln 1995
- Judt, Matthias (Hrsg.), DDR-Geschichte in Dokumenten, Bonn 1998
- Kaiser, Monika, Machtwechsel von Ulbricht zu Honecker, Berlin 1997
- Kappelt, Olaf, Die Entnazifizierung in der SBZ sowie die Rolle und der Einfluß ehemaliger Nationalsozialisten in der DDR als ein soziologisches Phänomen, Hamburg 1997
- Kenntemich, Wolfgang, Manfred Durniok, Thomas Karlauf (Hrsg.), Das war die DDR, Eine Geschichte des anderen Deutschland, Berlin 1993
- Klein, Thomas, Wilfriede Otto, Peter Grieder, Visionen, Repression und Opposititition in der DDR (1949-1989), 2 Bde., Frankfurt/O. 1996
- Knabe, Hubertus, Die unterwanderte Republik. Stasi im Westen, Berlin 1999
- Koehler, John O., Stasi, the untold story of the East German Secret Police, Boulder 1999
- Koenen, Gerd, Die großen Gesänge, Lenin, Stalin, Mao Tse-tung: Führerkulte und Heldenmythen des 20. Jahrhunderts, Frankfurt am Main 1991
- Krömke, Claus, Das »Neue ökonomische System der Planung und Leitung der Volkswirtschaft« und die Wandlungen des Günter Mittag, Berlin 1996
- Lapp, Peter Joachim, Gefechtsdienst im Frieden – Das Grenzregime der DDR, Bonn 1999
- Lehmann, Hans Georg, Deutschland-Chronik 1945 bis 1995, Bonn 1996
- Lemke, Michael, Die Berlinkrise 1958-1963. Interessen und Handlungsspielräume der SED im Ost-West-Konflikt, Berlin 1995
- Lieser-Triebnigg, Erika, Recht in der DDR, Köln 1985
- Löw, Konrad, Das Rotbuch der kommunistischen Ideologie, Marx und Engels – Die Väter des Terrors, München 1999
- Lüdtke, Alf, Peter Becker (Hrsg.), Akten. Eingaben. Schaufenster. Die DDR und ihre Texte, Berlin 1997
- Mählert, Ulrich, Gerd-Rüdiger Stephan, Blaue Hemden – Rote Fahnen, Die Geschichte der Freien Deutschen Jugend, Opladen 1996
- Mählert, Ulrich, Die Freie Deutsche Jugend 1945-1949, Paderborn u.a. 1995
- Mallmann, Klaus-Michael, Kommunisten in der Weimarer Republik, Sozialgeschichte einer revolutionären Bewegung, Darmstadt 1996
- Mampel, Siegfried, Karl C. Thalheim (Hrsg.), Die DDR – Partner oder Satellit der Sowjetunion, München 1980
- Maser, Werner, Kommunisten beten nicht, Köln 1963
- Mertens, Lothar, Davidstern unter Hammer und Zirkel – Die jüdischen Gemeinden in der SBZ/DDR und ihre Behandlung durch Partei und Staat, Hildesheim 1997
- Mertens, Lothar, Dieter Voigt, Humanistischer Sozialismus? Der Umgang der DDR mit der Bevölkerung dargestellt an ausgewählten Gruppen, Münster 1995
- Meuschel, Sigrid, Legitimation und Parteiherrschaft in der DDR, Frankfurt am Main 1992
- Modrow, Hans (Hrsg.), Unser Zeichen war die Sonne, Berlin 1996
- Naimark, Norman M., Die Russen in Deutschland, Die sowjetische Besatzungszone 19451949, Berlin 1997
- Neubert, Ehrhart, Geschichte der Opposition in der DDR 1949-1989, Berlin 1997
- Neues Forum Leipzig, Jetzt oder nie – Demokratie! Leipziger Herbst '89, Leipzig 1989
- Pekelder, Jacco, Nederland en de DDR, Utrecht 1998
- Ploetz, Michael, Wie die Sowjetunion den Kalten Krieg verlor, Berlin 2000
- Podewin, Norbert, Walter Ulbrichts späte Reformen und ihre Gegner, Berlin 1999
- Pötzl, Norbert F., Basar der Spione, Die geheimen Missionen des DDR-Unterhändlers Wolfgang Vogel, München 1999
- Prieß, Lutz, Václav Kural, Manfred Wilke, Die SED und der »Prager Frühling« 1968. Politik gegen einen »Sozia-

lismus mit menschlichem Antlitz«, Berlin 1996
- Rauhut, Michael, Schalmei und Lederjacke, Berlin 1996
- Reich-Ranicki, Marcel, Ohne Rabatt, Über Literatur aus der DDR, Stuttgart 1991
- Rohnstock, Katrin (Hrsg.), Erotik macht die Häßlichen schön, Sexueller Alltag im Osten, Berlin 1995
- Rühle, Jürgen, Literatur und Revolution, Die Schriftsteller und der Kommunismus in der Epoche Lenins und Stalins, Köln 1987
- Sauer, Heiner, Hans-Otto Plumeyer, Der Salzgitter-Report, Die Zentrale Erfassungsstelle berichtet über Verbrechen im SED-Staat, München 1991
- Schlosser, Horst Dieter, Die deutsche Sprache in der DDR zwischen Stalinismus und Demokratie, Köln 1990
- Schultke, Dietmar, »Keiner kommt durch« – Die Geschichte der innerdeutschen Grenze 1945-1990, Berlin 2000
- Seiffert, Wolfgang, Norbert Treutwein, Die Schalck-Papiere, DDR-Mafia zwischen Ost und West, München 1991
- Siebs, Benno-Eide, Die Außenpolitik der DDR 19761989, Strategien und Grenzen, Paderborn 1999
- Sommer, Stefan, Lexikon des DDR-Alltags, Berlin 1999
- Staritz, Dietrich, Geschichte der DDR, Frankfurt am Main 1997
- Süß, Walter, Staatssicherheit am Ende, Warum es den Mächtigen nicht gelang, 1989 eine Revolution zu verhindern, Berlin 1999
- Timm, Angelika, Alles umsonst? Verhandlungen zwischen der Claims Conference und der DDR über »Wiedergutmachung« und Entschädigung, Berlin 1996
- Dies., Hammer, Zirkel, Davidstern – Das gestörte Verhältnis der DDR zu Zionismus und Staat Israel, Bonn 1996
- Timmermann, Heiner (Hrsg.), Diktaturen in Europa im 20. Jahrhundert – der Fall DDR, Berlin 1996
- Ulrich, Andreas, Jörg Wagner (Hrsg.), DT64, Das Buch zum Jugendradio 19641993, Leipzig 1993
- Vom Himmel auf die Erde ins Gefecht, Die Fallschirmjäger der Nationalen Volksarmee, Düsseldorf 1992
- Wagner, Peter, Pop 2000, 50 Jahre Popmusik und Jugendkultur in Deutschland, Hamburg 1999
- Walther, Joachim, Sicherungsbereich Literatur, Schriftsteller und Staatssicherheit in der Deutschen Demokratischen Republik, Berlin 1996
- Weber, Hermann, Geschichte der DDR, München 1999
- Weiß, Helmut, Verbraucherpreise in der DDR, Wie stabil waren sie?, Schkeuditz 1998
- Wenzel, Plan und Wirklichkeit, Zur DDR-Ökonomie, Dokumentation und Erinnerungen, St. Katharinen 1998
- Werkentin, Falco, Politische Strafjustiz in der Ära Ulbricht, Berlin 1997
- Wesel, Uwe, Der Honecker-Prozeß, Ein Staat vor Gericht, Frankfurt am Main 1994
- Wilke, Manfred, Reinhard Gutsche, Michael Kubina, Die SED-Führung und die Unterdrückung der polnischen Oppositionsbewegung 1980/ 81, Köln 1994
- Wolf, Herbert, Hatte die DDR je eine Chance? Hamburg 1991
- Wolffsohn, Michael, Die Deutschland-Akte, Tatsachen und Legenden, München 1996
- Wolle, Stefan, Die heile Welt der Diktatur, Alltag und Herrschaft in der DDR 1971-1989, Bonn 1998
- Wünsche, Wolfgang (Hrsg.), Rührt euch! Zur Geschichte der NVA, Berlin 1998
- Wüstenhagen, Jana, Der spanische Bürgerkrieg in Historiographie und Schulbüchern der DDR (19531989), Hamburg 1997

PERSONENREGISTER

Die DDR im Lexikon.
Lexikon der DDR-Sportler
Lexikon der DEFA-Spielfilme
Lexikon
DDR-Alltags
Lexikon der DDR-Stars
Rocklexikon der DDR
Je Band etwa
350 – 400 Seiten,
viele Abbildungen,
DM 29,80.
Bücher aus dem Verlag Schwarzkopf & Schwarzkopf

MUSIK, SZENE, MEDIEN, POLITIK DER DDR
Gerhard Gundermann:
Rockpoet und Baggerfahrer
Die Gagarin-Story
Wir sind doch nicht die Meckerecke der Nation!
Wir wollen immer artig sein ...
AMIGA
PEITSCHE OSTEN LIEBE
Als ich wie ein Vogel war
Gerulf Pannach: Die Texte
NACH DER SCHLACHT
DIE RENFT STORY –
VON DER BAND SELBST ERZÄHLT.
KLAUS RENFT
ZWISCHEN LIEBE UND ZORN
DIE AUTOBIOGRAFIE

GREGOR GYSI
Gregor Gysi: Neue Gespräche über Gott und die Welt
Über Gott und die Welt
GREGOR GYSI
FRECHE SPRÜCHE
GREGOR GYSI:
NICHT NUR FRECHE SPRÜCHE

DER AUTOR

Henrik Eberle, 1970 in Karl-Marx-Stadt geboren, studierte Geschichte an der Martin-Luther-Universität Halle (Saale). Tätig als Chefredakteur, wissenschaftlicher Mitarbeiter und Journalist. 1998 veröffentlichte er das Buch »Mit sozialistischem Gruß! Parteiinterne Hausmitteilungen, Briefe, Akten und Intrigen aus der Ulbricht-Zeit« im Schwarzkopf & Schwarzkopf Verlag, 1999 (gemeinsam mit Denise Wesenberg) »Einverstanden, E.H. Parteiinterne Hausmitteilungen, Akten und Intrigen aus der Honecker-Zeit«, ebenfalls bei Schwarzkopf & Schwarzkopf.

VOM GLEICHEN AUTOR LIEFERBAR

EINVERSTANDEN, E.H.
Parteiinterne Hausmitteilungen, Briefe, Akten und Intrigen aus der Honecker-Zeit
352 S. ISBN 3-89602-188-5; 29,80DM

MIT SOZIALISTISCHEM GRUSS!
Parteiinterne Hausmitteilungen, Briefe, Akten und Intrigen aus der Ulbricht-Zeit
320 S., ISBN 3-89602-146-X; 24,80 DM

DANK

Allen Mitarbeitern der Archive in Berlin und Koblenz schulde ich Dank. Ohne ihre sachkundige Beratung und intensive Betreuung hätte dieses Buch nicht entstehen können. Inga Grebe hat mich bei Recherchen unterstützt. Daniel Bohse erstellte das Personenregister. Außerdem sei gedankt: Evelyn Finger, Wiebke Janssen, Matthias Neugebauer, Stefan Schäfer, Dietmar Schulze, Matthias Uhl, Dirk Wesenberg, Jana Wüstenhagen, Holger Zaunstöck und den Mitarbeitern des Verlages Schwarzkopf & Schwarzkopf. Sie alle wissen wofür. Vor allen anderen möchte ich aber meiner Mutter, Sabine Ludewig, endlich einmal danken. Nicht nur, weil sie mich gepflegt hat als ich krank war, sondern für alles.

IMPRESSUM

Henrik Eberle: Anmerkungen zu Honecker. ISBN 3-89602-318-7